国武将列伝❖6

東海編

柴 裕之・小川 雄 編

戎光祥出版

はしがき

十五世紀後半における内乱（享徳の乱《きょうとくのらん》、応仁《おうにん》・文明の乱《ぶんめいのらん》）を経て始まっていった戦国時代は、各地域における動向の活発化のもとで、それまでの国内のあり方に大きな「変革」をもたらしていった時代として評価されている。そして、その時代状況に応じて、各地にはさまざまな個性豊かな戦国武将が登場・活躍していく。

本書が扱う東海地方もまた、多くの個性豊かな戦国武将がみられるところである。その一方で、同地方は戦国の世のなかで「天下人」へと登り詰めて国内の統合（「天下一統《てんかいっとう》」）をなし遂げ、新たな時代・社会を築いていった地方としてよく知られている、織田信長《おだのぶなが》・羽柴《はしば》（豊臣《とよとみ》）秀吉《ひでよし》・徳川家康《とくがわいえやす》という、いわゆる「三英傑」が誕生し飛躍していったところでもある。そのため、一般的にはどうしても信長・秀吉・家康に注目が集まり、今川義元《いまがわよしもと》や斎藤道三《さいとうどうさん》、織田信秀《のぶひで》といった武将たちについては、少しずつ改善されつつはあるが、その「引き立て役」となってしまっている感が拭えない。

しかし、彼らの存在を抜きにしてしまっては、東海地方の戦国史を語ることはできないだろう。換言すれば、彼らの活躍があったからこそ、その時代的潮流のもとで信長（秀吉は信長のもと織田家武将として活躍）・家康は台頭していったのである。そこで、本書では信長・家康の台頭以前に焦点をしぼり（ただし彼らが各地域にそれぞれ勢力を及ぼしていくのは時期が異なるので、その時期は画一的ではない。また、その後であっても本書で取り扱った方がよいと判断した主に駿河今川家関係の戦国武将は加えている）、東海地方の戦国史を知るうえで欠かすことのできない武将たちについて紹介する。このため、他の巻と異なって、本書で取り上げる武将が限定的なところがある。ただし、信長・秀吉・家康と彼らに関わる武将たちについては、引き続き『戦国武将列伝』シリーズとして『織田編』『豊臣編』の刊行がそれぞれ用意されている。本書以降の時期に活躍する武将たちについては、そちらもあわせて参照してもらえれば幸いである。

近年、東海地方については、『静岡県史』や『愛知県史』、『岐阜県史』、『三重県史』といった県史の史料編が出揃うなど各自治体史の発刊があいついでいる。また、『戦国遺文 今川氏編』や『戦国遺文 土岐・斎藤氏編』といった当該時期に関わる史料集の刊行がおこなわれつづけ、研究をしていくにあたっての史料環境が整ってきている。それにともなって、とくに東海地方を代表する政治勢力のひとつである駿河今川家については研究が進み、今川家にとどまらない東海戦国史における多くの事実が明らかになっている。さらに、一色《いっしき》（斎藤）・織田・北畠《きたばたけ》などの大名やその傘下にあった国衆《くにしゅう》についても、研究の進展がみられはじめている。今後は、これまでの信長・秀吉・家康の事績をなぞるだけに収斂しない東海戦国史が描かれていくであろう。

本書は、そうした近年の研究状況とそれにともなっての最新成果をふまえて、当該地域の三四項目四五武将がとりあげられ記述がなされている。そこには、「新知見」もみられ、武将の履歴だけにとどまらない今後における東海戦国史研究の発展にも役立つ書籍になるであろうと自負している。他の巻ともども専門家はもとより歴史に興味関心のある多くの方々にぜひとも手に取って読んでいただければ、編者としては望外の喜びである。もちろん、本書でとりあげた戦国武将のみで東海戦国史のすべてを語り尽くせるわけではない。まだまだ取り上げるべき戦国武将やその時代に活躍した人々は多くいる。これらの人物たちについては、本書の刊行が契機となって、今後さらなる研究の進展のうえで紹介できる機会を期待する。

本書を他巻と一緒に読んでもらい、今後における戦国史研究の発展とともに、戦国武将とそれを通じた戦国時代・社会はもとより各地域それぞれの戦国史についても、より多くの方々に広く興味関心をもって理解を深めてもらえることを切に願う。最後に、ご多忙のなか、執筆いただいた皆様に厚く御礼を申し上げます。

二〇二四年五月

柴 裕之

目次

凡　例

一、本書では、戦国時代に主に東海地方（駿河・遠江・三河・尾張・伊勢・志摩・美濃）で活躍した武将四五人を取り上げ、各武将の事蹟や個性、そして彼らは何のために戦っていたのかをまとめた。

一、各項目に掲載した系図のうち、特に注記がない場合、本書掲載の武将はゴチック体で表記している。

一、人名や歴史用語には適宜ルビを振った。読み方については、各種辞典類を参照したが、歴史上の用語、とりわけ人名の読み方は定まっていない場合も多く、ルビで示した読み方が確定的なものというわけではない。また、執筆者ごとに読み方が違う場合もあり、各項目のルビについては、各執筆者の見解を尊重したことをお断りしておきたい。

一、用語についても、それ自体が論点となりうるため、執筆者間で統一をしていない。

一、掲載写真のうち、クレジットを示していないものについては、戎光祥出版編集部撮影のものである。

戦国時代の東海関係図
信濃
甲斐
遠江
駿河
伊豆
大宮城
富士氏
吉原城
葛山城
葛山氏
長久保城
興国寺城
三枚橋城
蒲原城
今川氏
江尻城
駿府城
久能城
用宗城
田中城
葉梨城
勝坂城
篠ヶ峰城
樽山城
犬居城
天野氏
光明寺城
二俣城
天方城
松井氏
諏訪原城
小山城
杜山城
蔵王城
懸川城
飯尾氏
朝比奈氏
引間城
馬伏塚城
高天神城
頭陀寺城
小笠原氏

飛驒
美濃
大桑城
苗木城
清水城
安藤氏
北方城
稲葉氏
斎藤氏
稲葉山城
金山城
遠山氏
菩提山城
曽根城
別府城
神篦城
犬山城
岩村城
大垣城
岩倉城
織田氏
清須城
龍泉寺城
勝幡城
尾張
武節城
那古野城
末森城
広瀬城
足助城
古渡城
梅戸氏
梅戸城
衣城
三河
鳴海城
沓掛城
大給松平氏
大鳥居城
大高城
寺部城
大給城
奥平氏
刈谷城
上野城
岩津城
作手城
伊勢
緒川城
水野氏
岡崎城
常滑城
安城城
岡崎松平氏
長篠城
坂部城
神戸城
山中城
長沢城
西条城
牛久保城
東条城
井伊谷城
石巻城
井伊氏
吉良氏
長野氏
二連木城
長野城
今橋(吉田)城
堀江城
津城
牧野氏
船形山城
戸木城
田原城
木造城
戸田氏
木造氏
大河内城
北畠氏
田丸城
志摩
田城

葛山氏元

——今川・武田・北条の狭間で生きた河東地域最大級の国衆

駿相甲三国同盟の〝立役者〟

いわゆる駿相甲三国同盟《すんそうこうさんごくどうめい》は、数ある戦国大名間の盟約のなかでも、もっとも著名な事例のひとつといえよう。そしてその成立と崩壊双方をある意味で決定づけたのが、駿河国駿河郡葛山《かずらやま》（静岡県裾野市）を本拠とする国衆・葛山氏元《うじもと》（一五二〇〜一五七三）である。仮名《けみょう》は八郎《はちろう》。官途名は左衛門佐《さえもんのすけ》、のち備中守《びっちゅうのかみ》。

駿河国の河東《かとう》地域（駿河郡・富士《ふじ》郡）は、同盟を構成する三大名——駿河今川《いまがわ》氏・相模北条《ほうじょう》氏・甲斐武田《たけだ》氏——の勢力圏が交錯する「境目」の地であり、葛山氏は、同地域における最大級の国衆であった。それだけに、その向背が三大名の勢力均衡に及ぼす影響力は甚大であり、氏元に地位の保障と版図拡大をもたらす一方、破滅へと導くこととともなったのである。

氏元をめぐる系譜関係

氏元の先代にあたる氏広《うじひろ》は、北条家からの養子であった。その生家における系譜上の位置付けをめぐってかつて論争があったものの、こんにちでは、伊勢宗瑞《いせそうずい》（北条早雲《そううん》）の子息とするのが定説化している〔黒田二〇一八〕。氏元自身もまた養子とされ、実父は氏広義弟の播磨守貞氏《はりまのかみさだうじ》とも伝わるが、こちらの出自はなお未詳のままである〔有光二〇〇九〕。

一方で、氏元および妻子の生年については、同時代史料に明証がある。永禄九年（一五六六）、京都吉田《よしだ》社神主の吉田兼右《かねみぎ》が、「駿州葛山女房」の求めに応じて「守」を遣わした旨の記事である〔兼右卿記〕〔黒田一九九七〕。「葛山　四十七／おちよ　四十一／松千代　十七／はやち　廿二／おふち　十四／竹千代　十一／久千代　六」とあり（／は便宜上挿入した）、それぞれに付された数字は年齢（数え年）とみてよかろう。

「葛山」が氏元を指し、逆算すれば永正十七年（一五二〇）出生となる。年齢的（大永六年〔一五二六〕出生）に「おちよ」が氏元室（＝「葛山女房」）とみられ、北条氏綱《うじつな》の息女とされている。両者の婚姻の時期は不明であるが、五人の子女のうち最年長の「はやち」の生年が天文十四年（一五四五）であるから、それ以前とみてよい。なお、この「はやち」は今川一門の瀬名氏詮《せなうじあき》に嫁したという。

三人の男子については、次男・竹千代《たけちよ》が北条氏のもとで人質とされていたことがしられるものの、ほかに所見をえられない。つまり、この三子はいずれも家督継承者たりえなかったのである。実子を差し措いて氏元の跡を襲ったのは、武田信玄《しんげん》の子息で、次女「おふち」の聟養子となったとみられる信貞《のぶさだ》であった。

氏元の家督継承と河東一乱

氏元の初見史料は、天文四年正月二十二日、駿府東漸寺《すんぷとうぜんじ》（静岡市葵区）における月次会《つきなみかい》（歌会）始の記事で、「葛山八郎氏元」が頭人としてみえる〔為和集〕。年齢（十六歳）に鑑みれば元服直後と思われ、この会は、駿府社交界への御披露目を兼ねてもいたのだろう。宗瑞子息の義父・氏広は今川一門として遇されており〔為広駿州下向日記〕、駿府に屋敷を構えてもいた〔為和集〕。氏元は、今川・北条両氏の蜜月関係のなかで成人したのである。

しかし、両氏の関係は氏広の最晩年に破綻する。前年に家督を継承した今川義元《よしもと》が天文六年、両氏共通の敵であった武田氏と婚姻関係を結ぶと、これに反発した北条氏綱が駿河へ侵入したのである。この第一次河東一乱において、当然にというべきか、氏広は生家である北条方に与した。その影響か、北条氏は吉原《よしわら》（静岡県富士市）まで進出を果たす。だが、翌七年の九月十九日には、鶴岡八幡宮寺《つるがおかはちまんぐうじ》（神奈川県鎌倉市）で、「氏綱舎弟」の「葛山殿《（氏広）》」のための「祈願」がなされている〔快元僧都記〕。このとき、氏広は病床にあったのだろう。氏広の没年月日は未詳であるが、同八年四月十二日付の某（氏広後室か）朱印状には氏広の法号と目される「龍光院殿《りゅうこういんでん》」がみえ〔山田文書〕、この間のことと考えられている。氏元と氏綱息女「おちよ」の婚姻は、河東一乱の勃発、さらに氏広の死没と連続する危機のなか、葛山・北条両家の紐帯として期待されていたに違いない。

だが、氏元はその期待に必ずしも応えなかった。天文十四年に至り、今川義元は武田晴信《はるのぶ》（信玄）にも来援を請い、河東奪還に本腰を入れる。焦点となったのが北条方の長久保《ながくぼ》城（静岡県長泉町）攻防戦であり、十月二十九日に講和が成立、北条氏は駿河から撤退する〔高白斎記〕。この第二次河東一乱において、氏元は今川方に立っていたと目されている。一乱終結後、氏元は順調に駿府社交界に復帰しており、また、御厨《みくりや》地方（静岡県御殿場市周辺）への勢力伸長が確認されるようになるからである。天文十四年に比定される、「長久保城高橋口」における戦功を賞する九月二十三日付の氏元感状〔吉野文書〕も、攻城方として発給されたとみてよい。一方、氏元の最初の発給文書である天文十一年七月十日付判物〔光長寺文書〕では、北条氏が長久保で実施した「半済《はんぜい》」が踏襲されているから、この時点ではいまだ北条方であった。つまり、氏元が今川方に転じたのはこれ以降となる。

この間の氏元の動向を直接うかがいうる史料は管見に触れない。そこで目を今川方に転ずると、天文十二年四月十四日付の、大岡《おおおか》庄内日吉山王社《ひえさんのうしゃ》（静岡県沼津市）への神領安堵が目を惹く。この義元判物は、一乱勃発以前の同三年二月二十一日、今川氏輝《うじてる》による安堵を追認したものであるが、興味深いのは、同年十二月二日付で、「御屋形」（氏輝）の「御判」を踏襲する判物を氏広が下している点である〔以上、日枝神社文書〕。一乱以前には、今川氏・葛山氏にいわば両属していた同社宛の義元判物は、のちの展開に鑑みるなら、このときすでに氏元が今川方に通じていた可能性を示唆しよう。なお、第二次河東一乱に先立っては、室町将軍家による今川・北条両氏への講和斡旋が天文十三年からなされている。この調停は今川氏からの要請によるものと目されており、北条氏は交渉に消極的であった〔大石二〇一二〕。ここから、講和条件は今川方に有利（北条氏の駿河撤退であろう）であったと推測されるが、その前提として、氏元の翻心による形勢逆転を想定しうるかもしれない。

河東一乱終結後、今川・北条両氏の間にはなお緊張が継続するものの、失地挽回が果たされた以上、今川氏には、北条氏とことさらに敵対する理由はなかった。北条氏としても、優先すべきは関東の戦線であった。三国同盟成立に至る路程において、氏元の向背が転轍機の役割を担った蓋然性は高く、結果的にだが、以後、葛山・北条両氏の関係も安定へと向かう。

今川領国下の氏元

河東一乱終結の翌天文十五年四月七日、氏元は、歌道の門弟となるにあたって起請文を呈している〔古今消息集六〕。弟子入りした相手は冷泉為和《れいぜいためかず》であろう。翌年正月、為和から藤原定家《ふじわらのていか》自筆本伊勢物語《いせものがたり》の模写本を授けられている〔宮内庁書陵部所蔵伊勢物語奥書〕。また同年に為和は、六月・閏七月・八月と三度にわたり氏元邸で月次会を催している〔為和集〕。帰参後の氏元は、駿府において着実に地歩を築いていた。

天文十八年七月に為和が没したため〔国史大辞典〕、以後、徴証は得がたくなるものの、たとえば、弘治二年（一五五六）から翌年にかけて駿府に滞在した公家・山科言継《やましなときつぐ》の日記にも、葛山一族が散見される〔言継卿記〕。とくに、今川義元の歌会始（弘治三年正月二十九日）に参列した三郎《さぶろう》、今川氏真《うじざね》の歌会記事（同年正月十五日・二月二十五日）などにみえる左衛門佐は、列席者の配列に鑑みてきわめて高位にあり、このうち左衛門佐が氏元と考えられている〔池上一九九六〕。一方の三郎については、今川氏滅亡後、武田氏のもとで長窪（長久保）〔浅羽本系図四十七〕や古沢《ふるさわ》（静岡県御殿場市）〔東北遺物展覧会記念帳〕の知行主としてみえるが、氏元との系譜関係は不明である。

なお、弘治三年正月十五日には、「葛山近所」にて火災が発生、百余間が焼失し、東漸寺の寮舎も灰燼に帰したという〔言継卿記〕。東漸寺は、現在の静岡市葵区伝馬町の円光院《えんこういん》に位置したとされ、この「葛山」が氏元を指すとすれば、その屋敷の立地をうかがう手掛かりとなる〔有光二〇〇〇〕。

今川氏権力内における氏元の存在感をうかがわせる事例に、天文二十年と推定される、三河国牛久保《うしくぼ》（愛知県豊川市）の国衆・牧野保成《まきのやすしげ》の訴訟一件がある〔松平奥平家古文書写〕。自身の知行への侵害に保成が抗議したもので、氏元は保成に対し、口添えを約して宥める書状を送っている。同様の書状は、今川氏の三河侵攻を統括した太原崇孚《たいげんそうふ》（雪斎《せっさい》）や、今川家臣の筆頭格とみられる三浦氏員《みうらうじかず》からも遣されており、保成にとって氏元は、この両名に伍する発言力を期待しうる存在と映っていたのであろう。

軍事面では、河東一乱終結後、三国同盟の崩壊まで、今川領国の東方で軍事衝突は確認されなくなり（一部の軍記物では、天文二十三年に〝第三次河東一乱〟があったとするが〔関八州古戦録など〕、事実とは認めがたい）、主戦場は三河・尾張へと転じる。氏元の関与は断片的にしられるのみであるが、天文十九年八月二十日には、「今度尾州へ出陣」に関わり、具足・馬料として知行を給付している〔植松徳氏所蔵文書」。この尾張侵攻は「六万計《ばかり》」（本成寺文書）とも伝わる大がかりな出兵であり、ために氏元も動員されたのであろう。氏元は後年、神山宿《こうやまじゅく》（静岡県御殿場市）の伝馬負担について、「苅屋《かりや》（愛知県刈谷市）・笠寺《かさでら》（名古屋市南区）出陣」の際に定めたとしている（武藤文書）。氏元の同宿への関与は天文十九年から確認されるから（同）、両者の「出陣」は同一のものとみてよかろう。天文二十二年九月の「出陣」（大泉寺文書）も、三河方面であろうか。また、永禄八年には、「三州八幡《やわた》（愛知県豊川市）番中」の被官・吉野《よしの》日向守《ひゅうがのかみ》が前年に遠州「牛飼原野《うしかいはらの》陣（静岡県森町）」へ参陣した軍忠を賞している（吉野文書）。いわゆる遠州忩劇の鎮圧に動員されたものであろう。ただし、このとき氏元自身も三遠にあったかは判断しがたい。

外交面においては、先述のとおり、次男・竹千代を人質として北条氏へ差し出している。このことは、永禄八・九年の両度にわたる、「竹千代殿御飯米」費用の小田原《おだわら》（神奈川県小田原市）納入指示からわかる（陶山静彦氏所蔵江成文書）。氏元は、北条氏と領域を接する「境目の国衆」であると同時に、今川氏の重臣的地位も占めていた。氏元の人質提出は、この両側面からなされたものといえよう。もっとも、「人質」と表現はしたものの、「おちよ」の実子であれば、北条家当主の氏政《うじまさ》には従兄弟にあたる。氏元も、両家の紐帯として厚遇を期待しうる人選をしたはずであり、竹千代は、むしろ賓客として小田原に迎えられたことだろう。三国同盟が盤石であるかぎり、竹千代の生活は安泰のはずであった。

氏元の発給文書と領域支配

氏元の発給文書は現在五四点が知られており、うち五一点が領域支配に関わる（残る三点中二点については既述、一点は本文を欠く〔後述〕）。その特徴としてまず目を惹くのが、二四点に及ぶ印判状である。いずれも六角形内に印文「万歳」を刻んだ朱印を用いており、印形から三期に分類され、年次比定の手掛かりとなる。なお、発給文書の署名にはいずれも実名が用いられており、そこから官途名・受領名を確かめることはできない。

発給文書にみえる地名の分布から氏元の支配領域をうかがうと〔則竹二〇〇五〕、駿河郡のほぼ全域を覆っていたとみられる。ただし、御厨地方への進出が確認されるのは天文十九年五月二十日付の氏元判物が初見で〔武藤文書〕、これが、今川氏への帰参に対する見返りと目されていることは先述した。

氏元の駿河郡支配は、排他的一円性を持つものではなかった。まず、興国寺《こうこくじ》城（静岡県沼津市）の存在があげられる。近世以降、〝北条早雲最初の居城〟として著名となるが〔今川家譜など〕、同時代史料に現れるのは天文十八年以降で、しかも、そのころ取り立てられた城であるらしい〔諸州古文書二十四〕。普請には義元みずから見分に訪れており〔高白斎記〕、また、城番として周辺の土豪が輪番で動員されるなど〔判物証文写附二など〕、今川氏の直轄城郭として東方の押さえを担った。さらに、西《さい》光寺《こうじ》（同）など今川氏から寺領安堵・諸役免除をうける寺院もあり〔西光寺文書など〕、岡宮浅間宮《おかのみやせんげんぐう》（同）

のように、今川氏・葛山氏双方から権益を保証される事例もあった〔岡宮浅間神社文書・判物証文写今川三〕。

一方、氏元の支配領域は富士郡にも及んでいた。たとえば、先述の吉野日向守は同郡山本《やまもと》（静岡県富士宮市）の土豪で、富士・駿河両郡に都合百貫文を宛行われている。富士浅間宮（同）の正月祭礼退転に際しては、毎年五十疋が日向守の「抱之地」から支出されることとなった〔以上、吉野文書〕。日向守は、葛山氏領の代官を務めてもいたのであろう。

氏元の領域支配政策として著名なものに検地《けんち》がある。天文二十一年十一月十五日付の、駿河郡佐野《さの》郷（静岡県裾野市）における検地割付がのこされている〔柏木文書〕。その特徴として、田・畠をそれぞれ上中下に等級づけて反別斗代を設定するという、今川氏とも北条氏とも異なる独自の定納高算出方法があげられる。もっとも、これを葛山氏の検地方式として一般化できるかは慎重な検討を要しよう。

なお、この検地割付には氏元の署判や印判はなく、植松元俊《うえまつもととし》ら三名が連署している（検地結果をうけた氏元の安堵状が別に出されている〔同〕）。氏元被官による文書発給において注目すべきが垪和広基《はがひろもと》（左馬助《さまのすけ》・山城守《やましろのかみ》）であろう〔大石二〇二〇〕。氏元が進出する以前の御殿場地方に勢力を張っていた垪和氏の一族とみなされており、神山宿の支配に関わって判物を下している〔武藤文書〕。また、署判部分のみの写のため内容は不明ながら、氏元朱印の下部に広基と右衛門尉某の署判が据えられた文書様式も伝わっている〔東京大学史料編纂所架蔵古文書花押七〕。文書行政の一定の発達がみてとれよう。

氏元の支配領域は、北は富士山麓から南は駿河湾沿岸におよび、また街道が縦横に走るため、多様な生業が営まれていた。それに応じて、たとえば海村である口野《くちの》五ヶ村（静岡県沼津市）においては、イルカの納入も指示されている〔植松文書〕。街道沿いの宿場では駄賃稼が認められる一方、関銭徴収や伝馬役の負担が求められていた〔武藤文書など〕。なお、三国同盟の崩壊過程においては武田領国に対する「塩留《しおどめ》」が人口に膾炙しているが、その実施を裏付けるとされている史料は、今川氏の発給文書ではなく氏元の朱印状である（永禄十年八月十七日付）〔芹沢文書〕。氏元の流通掌握あってこその奇策であった。

三国同盟の崩壊と氏元の武田氏服属

永禄十一年十二月、武田・徳川両氏の今川領国侵攻によって、三国同盟はついに瓦解する。ここでも氏元は、事態の展開を少なからず方向づけた。軍記物においては、氏元は駿府にあった武田信玄の父・信虎《のぶとら》の今川領国顚覆計画に荷担し、それが潰えたのちも、今川家中への内通工作を信玄から依頼されていたという〔松平記など〕。

その真偽はさておき、氏元が積極的に武田方へ転じたのは事実である。荒河治部少輔《あらかわじぶのしょう》は、「葛山備中守殿（氏元）」に「同心」して駿河国瀬名谷《せなだに》（静岡市葵区）に退却したことを信玄から賞されている〔甲州古文書〕。その時期は不明ながら、同国薩埵山《さったやま》（同清水区）において衝突があった同月十二日〔赤見文書〕の直前であろうか。離反者の続出により今川氏真の迎撃軍は総崩れとなり、武田軍は翌十三日に駿府に乱入〔別本歴代古案十四〕、氏真は遠江国へ逃れた。

このとき氏元は、縁戚関係にある瀬名氏とともに今川館を信玄に明け渡したという〔今川家譜など〕。戦況を越後上杉《うえすぎ》氏に報じる上野国衆・由良成繁《ゆらなりしげ》の覚書は、信玄の陣所が駿府に置かれたことについて、「かつら山替候間如此」（原文）としている（同月二十八日付）〔上杉家文書〕。難解な一文であるが、軍記物の記述を裏付けるものかもしれない。

順調かにみえた信玄の駿河制圧だが、蹉跌を余儀なくされる。今川氏救援を掲げる北条氏も駿河へ侵入したからである。北条氏と境を接する氏元は、その余波をまともに浴びることとなった。先述の由良成繁覚書には、「かつら山要害」を北条方が「則（＝乗っ取り）候」とある。本拠地陥落の日にちは不明ながら、北条氏は早くも十三日には興津（静岡市清水区）まで進出しているから、当主不在の氏元領の抵抗は微弱で、むしろ北条方へ与する動向が大勢であった模様である。第二次河東一乱時とは異なり、氏元の目算は足下から突き崩された。ともに従前より河東地域に影響力を及ぼしていた今川・北条からの二者択一とは、勝手が違ったということであろうか。いずれにせよ氏元は、自身の権力基盤を喪失した。

なお、北条氏との断交と関わって興味深い史料がある。翌永禄十二年三月二十八日、氏元は三輪《みわ》与兵衛《よへえ》に知行を給付するが、それは「今度竹千代に別して奉公せしむるによ」るものであった〔判物証文写附二〕。竹千代とは先にみた氏元の次男であり、同九年には人質として小田原にあった。それは以後も同様であったろう。氏元の背信に際して、竹千代の身柄が北条氏の手中にあった場合、竹千代は報復として殺害されたであろうか。

おそらく、そうはならなかったであろう。こののち、遠江をも逐われた氏真は北条氏の庇護下に入るが、その際に北条氏は、今川家の名跡を北条氏直《うじなお》に譲渡させ、駿河出兵の大義名分としている。それを可能としたのは、北条・今川両家の「縁者之筋目」であった〔坍和氏古文書など〕。ここから推せば、北条氏が、「おちよ」の血を引く可能性の高い竹千代を葛山家の新当主に擁立する展開も、十分想定されよう。与兵衛の「別して奉公」とは、そうした葛山家分裂の危機を未然に阻止したことではなかろうか。与兵衛が、それをいかにして果たしたかは不明である。しかしそれは、容易ならざることであったに違いない。

氏元の最期

三国同盟の崩壊は結果として、国衆としての葛山氏、そして氏元自身の破滅を招いた。駿河侵攻の緒戦において、氏元領がまたたくまに北条氏に併呑される様相をみた信玄は、氏元に見切りをつけるとともに、来歴的に北条氏の影響の色濃い葛山家中と支配領域とを、直接的に掌握する必要を認識したのではなかろうか。

氏元の発給文書は、〔永禄十三年〕三月二十日付をもって終見とする〔森文書〕。次代の葛山家当主として現れるのが、先述のとおり、武田信玄の子息・信貞である。信貞の史料上の初見は元亀三年〔一五七二〕

葛山氏墓所　静岡県裾野市・仙年寺境内

五月で〔普明寺所蔵文書〕、このときすでに当主の立場にあった。氏元は、家督を実子に譲ることも叶わなかった。

軍記物において氏元は、信玄の処遇に不満を募らせて逆心を抱き、露顕して処刑されたとされる。その最期は、信濃国諏方《すわ》〔長野県諏訪市〕において一門もろとも磔にされたとも〔松平記〕、諏訪湖に入水したともいう〔甲乱記〕。臨済宗僧・鉄山宗純《てつざんそうじゅん》の法語によれば、氏元は、「府命〔信玄の命令〕」により諏訪湖上で消息を絶ったという。それは天正元年〔一五七三〕の「二月之終」のことであった。享年五十四。戒名は瑞栄居士《ずいえいこじ》〔仏眼禅師語録　中〕。

氏元の最晩年には、旧領である駿河郡も武田領国に編入されていた。しかし、当主である信貞に、領域支配に関する文書の発給は確認しえない。武田領国下の駿河郡は、直轄領的な性格が強かったとされる〔柴辻二〇〇七〕。すなわち、自律的な国衆としての葛山氏が復活することは、ついになかった。そして葛山氏自体も、天正十年、武田氏の滅亡にいわば殉ずるかたちで、実質的に命脈を絶たれることとなる。

〔糟谷幸裕〕

【主要参考文献】

有光友學「戦国の動乱と葛山氏」（『裾野市史　第八巻　通史編一』第二編第三章、二〇〇〇年）
有光友學「葛山氏の系譜」（同『戦国史料の世界』岩田書院、二〇〇九年）
池上裕子「戦国時代の葛山氏」（『小山町史　第六巻　原始古代中世通史編』第十四章、一九九六年）
大石泰史『城の政治戦略』（ＫＡＤＯＫＡＷＡ、二〇二〇年）
大石泰史「対立から同盟へ」（黒田基樹編著『北条氏康とその時代』戎光祥出版、二〇二一年）
糟谷幸裕「葛山信貞」（丸島和洋編『武田信玄の子供たち』宮帯出版社、二〇二二年）
黒田基樹『戦国大名領国の支配構造』（岩田書店、一九九七年）
黒田基樹『戦国北条家一族事典』（戎光祥出版、二〇一八年）
柴辻俊六「駿東郡葛山領の支配」（同『戦国期武田氏領の形成』校倉書房、二〇〇七年）
則竹雄一「戦国の争乱と沼津」（『沼津市史　通史編原始・古代・中世』第三編第三章、二〇〇五年）

富士信忠——聖俗両面で活躍した国衆

戦乱の世を生き延びた大宮司

世界文化遺産となった富士山《ふじさん》の南麓にある、富士信仰の総本山・富士山本宮浅間大社《せんげんたいしゃ》（静岡県富士宮市）。今でも多くの参拝客を集める神社で、本宮の長官にあたる大宮司の職を幕末まで世襲したのが富士氏である。

とくに、戦国時代の当主だった富士信忠《のぶただ》は、富士郡の戦乱や戦国大名今川《いまがわ》氏の滅亡という危機を乗り越え、かろうじて生き残りを果たしている。ここでは、彼の数奇な生涯について見ていこう。

富士氏の系譜と支配領域

富士氏は南北朝時代から本宮の大宮司として活動がみられ、史料上では元弘三年（一三三三）九月に後醍醐《ごだいご》天皇から駿河国下島郷《しもじま》（静岡市駿河区）の地頭職を寄進されたのが初見である。また、駿河の富士上方《かみかた》（富士郡北部、現在の富士宮市一帯）や勾金郷《まがりかね》（静岡市駿河区）・栗原郷《くりはら》（同前）などに社領を持ち、応永二十五年（一四一八）八月には富士上方から段銭《たんせん》・棟別銭《むなべつせん》などを徴収し、社殿の造替料に宛てることを、室町幕府から許可されている。

　室町から戦国時代初期までの富士氏は在国奉公衆《ざいこくほうこうしゅう》として将軍の足利氏と直接関係を持ち、駿河守護《しゅご》の今川氏に従属する存在ではなかった。この関係が変化するのは、今川氏親《うじちか》・氏輝《うじてる》父子の代からである。

富士大宮周辺地図　国土地理院地図をもとに筆者作成

その後、富士氏は今川氏に従属し、駿河の富士上方を支配する国衆として存立しながら、聖と俗の両面で地域を支配する立場にあった。

　戦国時代の史料から富士氏の支配領域（大宮司領）を見てみると、北は柚野《ゆの》・精進川《しょうじがわ》・北《きた》山《やま》・上野《うえの》、東は村山《むらやま》・小泉《こいずみ》・杉田《すぎた》、南は貫戸《ぬくど》・山本《やまもと》・星山《ほしやま》、西は駿河・甲斐国境の稲子《いなこ》までが大宮司領であったことが判明する。また、淀師《よどし》の金宮《かんのみや》、山本の石宮《いしのみや》、小泉の若宮《わかみや》など、領域内の摂社が大宮司の支配下にあったことがうかがえる。

富士山本宮浅間大社　静岡県富士宮市

河東一乱

天文元年（一五三二）、富士信忠は今川氏輝の身辺を警護する馬廻に任命された。このときは幼名の宮若丸《みやわかまる》で名がみえる。その後、天文五年に義元が今川氏の家督を継ぎ、北条氏綱《ほうじょううじつな》との戦争（河東一乱《かとういちらん》）に突入すると、今川方について戦った。

「河東一乱」では富士郡が戦場となり、地域の寺社が「大破」するなど、大きな被害を受けた。そのなかで、信忠は小泉（富士宮市）の上坊に立て籠もって北条方の軍勢を退ける活躍をみせたが、「河東一乱」が天文十四年に終息した後、信忠の動向は不明となる。

その背景には、「富士殿謀反」といわれる事件があった。戦国時代初期の富士氏の当主は忠時《ただとき》・親時《ちかとき》のように「時」を通字とするのに対し、信忠以降の当主は「信」を通字としており、信忠の父とされる信盛《のぶもり》も経歴がよくわからない。推測の域を出ないが、「河東一乱」で「富士殿」が今川氏から離反したことによって、富士氏の内部で対立が起こり、当主と大宮司が交替した可能性もある。

また、「河東一乱」では、本宮の内部でも社人・社僧の対立があったらしい。本宮には大宮司の下に次官の公文・案主がおり、富士氏の庶家が世襲していた。さらに、鎰取《かぎとり》などの神職、一和尚・四和尚などの社僧、山宮・福地などの摂社神主、小見職などの大宮司「家人」がそれぞれ社務を司り、大宮司の支配下に属して「総社家」と称された。これに対して、今川氏は本宮の内部で起こった相論を上位権力として裁定し、大宮司の介入を排除して受給者の権益を保障していた。

現在の神田橋　静岡県富士宮市

大宮城代となる

「河東一乱」が終息した後、今川氏は富士郡の復興に乗り出し、大宮司の館があった場所（本宮の東隣）に大宮城《おおみや》（富士宮市）を築いた。永禄四年（一五六一）に、この大宮城の「城代」に任命されたのが信忠であった。この時期の信忠は本宮の大宮司に就任し、兵部少輔《ひょうぶのしょう》の官途名を称している。

さらに永禄九年には、富士大宮（富士宮市）で毎月六度開かれる市を「楽市」として認めること、本宮の門前にあった神田橋で関銭の徴収を停止することなどを、今川氏真から伝えられている。大宮は駿河と甲斐を結ぶ街道（中道往還）の途中にあり、神田橋には富士登山の参詣者から関銭を徴収する関所が設けられていた。今川氏はこの地を支配する富士氏の要望に応え、市場の紛争を解決するために、これらの政策を行ったと評価されている。

　戦乱からの復興が進められていくなかで、富士氏は今川氏の庇護を受けながら、富士上方を支配する国衆として存立していた。しかし、この状況を一変させた大事件が永禄十一年十二月に発生する。甲斐武田《たけだ》氏による駿河への侵攻である。

武田軍との戦い

　駿河へ侵攻した武田軍に対して、信忠は大宮城に立て籠もり、今川氏真が駿府《すんぷ》（静岡市葵区）から懸川《かけがわ》（静岡県掛川市）へ逃走した後も、武田軍への抵抗を続けた。翌年の永禄十二年二月には、武田氏一門の穴《あな》山信君《やまのぶただ》や駿河郡（駿東郡）の国衆葛山《かずらやま》氏の軍勢が大宮城を攻めたが、信忠はこれを撃退している。また、六月にも武田信玄が自ら大軍を率い、二十日余りにわたって大宮城への攻撃を仕掛けたが、信忠はさまざまな手立てを尽くし、城を守ることに成功した。だが、この間に駿河を制圧した信玄は、味方についた富士上方の武士に富士氏の旧領を与え、信忠を経済的に圧迫するようになった。

　そして、七月に武田軍の総攻撃を受けた信忠は、穴山信君を通じて和睦を申し入れ、ついに大宮城を開城した。城を出た信忠は今川氏真を保護する北条氏の麾下に属し、蒲原城《かんばら》（静岡市清水区）に入るが、十二月には蒲原城も武田軍の攻撃で落城する。城を守る北条軍の多くが討ち死にしたなか、信忠は九死に一生を得て、伊豆の河津《かわづ》（静岡県河津町）へ逃れた。その後も信忠は二年にわたって自費で鉄砲や玉薬などを用意し、武田軍との戦いを続けた。

しかし、元亀二年（一五七〇）に武田氏と北条氏が和睦したことで、今川氏の駿河への復帰の道は閉ざされる。信忠も本領を武田氏に奪われて「進退困窮」となり、氏真に暇乞いをして武田氏に降った。信忠は翌年の元亀三年四月に武田氏の本拠地の甲府（山梨県甲府市）へ出仕し、翌月には駿河へ戻されている。

富士氏の再興

富士氏の降伏を受け入れた武田氏は、信忠が本宮の神事に専念し、信通《のぶみち》が甲府に在住して軍役奉公を勤めることなどを命じた。その後、天正元年（一五七三）七月に信通が武田氏から領地を与えられたのを機に、信忠は信通に家督を譲って出家したとみられる。

その後、信忠は富士氏の大宮司への復帰を武田氏に求め、天正四年十一月に信通と連名で、武田氏家臣の鷹野《たかの》徳繁《のりしげ》に宛てて証文を出した。徳繁は武田信玄《しんげん》の嫡男義信《よしのぶ》に仕え、義信が廃嫡され自害した後は蟄居していたが、武田氏に再び召し出されて本宮の再建を担当した人物である。

ここでは、武田氏の「御上意」に従って徳繁の末子富士千代（のちの能通《よしみち》）を信通の養子とし、大宮司に次ぐ公文職を継がせることを約束している。これらの運動が功を奏して、信通は翌年の天正五年三月に武田氏から本宮の大宮司に任じられ、軍役奉公から離れて神事に専念するよう命じられた。

本宮も武田氏の下で再建を果たし、これに感謝した信通は徳繁に起請文を出して、徳繁と今後一層懇意にすること、富士千代に対して実子同様に懇切を加えること、仮に国家の存亡に関わる危機に瀕しても徳繁に相談することなどを約束している。

富士氏と本宮の再興を見届けた信忠は、天正十一年八月八日に死去した。法名は正覚院殿空性全心大居士。武田氏が天正十年三月に滅亡した後も、富士氏は羽柴《はしば》（豊臣《とよとみ》）秀吉《ひでよし》や徳川将軍家から大宮司職と本領を安堵されている。国衆としては没落の憂き目に遭うも、富士氏は戦乱の時代を生き抜き、本宮の大宮司として存続を果たしたのである。

（鈴木将典）

【主要参考文献】

大久保俊昭「大宮司富士氏と富士郡上方地方の研究―富士宮若と「小泉上坊」から―」（『駒沢史学』九四、二〇二〇年）
柴辻俊六・平山優・黒田基樹・丸島和洋編『武田氏家臣団人名辞典』（東京堂出版、二〇一五年）
鈴木将典「戦国期の大宮司富士氏―戦国大名今川氏との関係を中心に―」（『静岡県地域史研究』十一号、二〇二一年）
長澤伸樹『楽市楽座令の研究』思文閣出版、二〇一七年）
前田利久「戦国大名武田氏の富士大宮支配」（『地方史静岡』二〇、一九九二年）
宮地直一・廣野三郎『富士の研究Ⅱ　浅間神社の歴史』（古今書院、一九二九年）

〔付記〕本稿を入稿後、髙橋菜月「戦国期の富士氏と大宮司」（『年報中世史研究』四八、二〇二三年）が発表された。富士信忠についても詳しく言及されているため、あわせて参照されたい。

今川氏親
――分国法『今川仮名目録』を制定し、今川家の礎を築く

家督継承前後の動向

今川氏親《いまがわうじちか》は駿河国の守護大名今川家を出自とし、のちに戦国大名へと転化した人物である。駿河今川家の始祖は範国《のりくに》だが、彼から数えて八代目にあたり、父親は今川義忠《よしただ》、母親は室町幕府に出仕していた伊勢盛定《いせもりさだ》の娘の北川殿《きたがわどの》である。以下、氏親の生涯や彼に関する事績などについて述べていく。

彼の父義忠は、応仁・文明の乱にあたって東軍に味方して上洛、そのおりに北川殿と婚姻したと考えられており、氏親は文明五年（一四七三）に誕生した。幼名は駿河今川家の嫡男が名乗る龍王丸《たつおうまる》。同八年に義忠が遠江国塩買坂《しょうかいざか》（静岡県菊川市。以下、静岡・愛知両県の自治体は県名を省略）で戦死する直前に彼自身も加わっていた東軍方の武将を殺害してしまったため、義忠は反逆者と位置付けられてしまった。そのため、氏親は討伐されるかもしれない状況に陥り、母北川殿とともに当初は小川《こがわ》（焼津市）に、その後、丸子《まりこ》（静岡市駿河区）へ移った〔家永一九九五〕。

こうした状況を踏まえ、一部の家臣らは氏親が幼少のため、義忠の従兄弟今川新五郎範満《しんごろうのりみつ》（小鹿《おしか》氏）を擁立して家督を継承させようとした。小鹿氏は、氏親の曾祖父範政《のりまさ》が扇谷上杉《おうぎがやつうえすぎ》氏の系統の女性を迎

えてできた分流で、範政はその際の子息千代秋丸を家督として承認させたい意向があった。そのため氏親の祖父範忠と対立状況にあったが、この時点で家格としても申し分なく、さらに堀越《ほりごえ》公方《くぼう》足利政知《あしかがまさとも》および扇谷上杉家家宰の太田道灌《おおたどうかん》も家督継承問題に関わってきた。対して、北川殿は弟伊勢盛時《もりとき》（のちの宗瑞《そうずい》。以下、「宗瑞」で統一）を駆使し、範満を氏親の「名代」とすることで調停させた。

今川氏親木像　静岡市葵区・増善寺蔵

　文明十一年になると、氏親はすでに将軍職を辞していた足利義政《よしまさ》から家督継承の御教書《みぎょうしょ》を獲得した〔『戦国遺文』今川氏編五五号文書。以下「今遺五五」のように略す〕。中世は当事者主義のため、こうした文書は氏親側が幕府に申請して発給してもらうのを原則としていた。しかし、当時七歳の氏親が文書申請を行ったと思えないため、母北川殿と宗瑞による申請と考えるのが自然である〔黒田二〇一七〕。このような文書が発せられたにもかかわらず、範満はそのまま政務を執り続け、家督を氏親に譲与しなかったため、長享元年（一四八七）十一月（文明十九年七月改元）に宗瑞が中心になって範満を討ち取った。このときの範満の敗因は、氏親「名代」となった際の後ろ盾であった太田道灌が前年に没しており、堀越公方政知も幕府との関係から氏親を支持していたからで、その後、家督継承の際に功績を挙げた宗瑞は、氏親から富士下方十二郷《ふじしもかたじゅうにごう》と興国寺城《こうこくじ》（富士市）を与えられたとされる。しかし、興国寺城については検討の余地が残されている〔黒田二〇一九〕。

その直前の十月二十日、氏親は幼名の龍王丸を名乗ったまま、駿河国東光寺（島田市）に寺領安堵および諸公事免許付与の文書を発給した〔今遺六五〕。本文の文末に記される書止文言に「仍執達如件」とあるため、氏親よりも身分的に上位の人物の意を受けて文書を発したとされることが多かった〔大石二〇一八など〕が、かつて相田二郎が述べていたように〔相田一九四九上巻〕、書式上、ていねいに記される場合に同文言が使用されることに鑑みれば、氏親の直状という判断も可能である。これを踏まえて黒田氏は、「いまだ戦国大名として確立していない状態にあった」ためとしている〔黒田二〇一九〕。

家督を継承した氏親は、その後、長享三年正月に実名「氏親」を名乗るとともに、花押を据えたとされているが〔今遺七二〕、本文書は写であり、表現にやや違和感を覚える。すると、明応四年（一四九五）九月まで、氏親の実名を名乗る＝元服しなかったということになる。その理由は明確でないが、さらに氏親は、範満を討ち取ったにもかかわらず、すぐに駿河府中に入ったようにもみえない。そのため、これらの問題は国内事情によるのではないかと黒田氏は推測している〔黒田二〇一九〕。あわせてこのとき、なぜ氏親が「氏」字を実名に用いたのか明確な答えが得られておらず、「氏」字の出自は足利家の通字とする黒田氏〔黒田二〇一七〕と、今川家の家祖国氏〔大石二〇二三A〕とする筆者の間で、いまだに決着を見ていない。

なお、長享二年には高橋《たかはし》（清水区）などにおいて合戦もあったことが判明するので〔今遺六六〕、駿河国内は氏親の家督継承直後に安定を迎えたわけではなかったといえる。

他国への介入

明応元年九月、氏親は甲斐に出兵した〔塩山向岳禅庵小年代記〕。これは、甲斐守護武田《たけだ》信昌《のぶまさ》が嫡男の信縄《のぶつな》に家督を譲りながらも、その後、信縄の叔父穴山《あなやま》信懸《のぶとお》と信昌が信昌次男の信恵《のぶさと》を後継者に任じたことに端を発する。氏親は信昌助力のために兵を出し、信昌と行動を共にした穴山氏はその後、氏親に従属の意向を示した。氏親による他国への介入の始まりである。

翌年、宗瑞が室町幕府第一一代将軍足利義澄《よしずみ》の命により、堀越公方足利政知の長男で義澄の異母兄でもあった足利茶々丸《ちゃちゃまる》を討伐し、伊豆国を治めた。このとき氏親は宗瑞を助け、同国へ兵を出したとされるが、以降、氏親と宗瑞は東西へ侵攻、領域を拡大していく。両年の氏親による出馬を考慮すると、彼は明応元年段階において駿河国内を安定化させることに成功していたと考えられる。

翌明応三年になると、氏親は宗瑞を遠江に派遣した。室町前期、遠江守護は今川氏であったが、応永期（一四〇七頃）に守護職が斯波《しば》氏へ移ったため、同国守護職奪還は今川家の宿願となった。その後、永正十三年(一五一六)までの二十年余りの間で両家の対立は幾度となく行われることとなる。その間の文亀元年(一五〇一)には、伊勢宗瑞が信濃小笠原《おがさわら》家との連携を図り、七月には豊田郡《とよだ》社山城《やしろやま》(磐田市)や周智郡《しゅうち》蔵王城《ざおう》(袋井市)など広範囲で合戦が行われている。斯波氏に合力した信濃府中小笠原貞朝《さだとも》は、二俣城《ふたまた》(浜松市天竜区)に陣を敷いていたにもかかわらず、南下することができなかったため、今川勢が遠江南部において優勢であったと考えられる。

永正元年九月、氏親は宗瑞とともに武蔵国立河原《たちかわはら》(東京都立川市)に出陣し、関東管領《かんとうかんれい》山内上杉顕定《やまのうちうえすぎあきさだ》および古河公方《こがくぼう》足利政氏《まさうじ》らの連合軍と戦っている。関東では山内上杉家と扇谷上杉家が長期にわたって対立状況にあり、この頃、氏親と宗瑞は扇谷上杉朝良《ともよし》と結んでいた。両家は同地で合戦に及び、扇谷家に加勢した氏親らが勝利を収めた。

翌年二月、氏親は三河国作手《つくで》(新城市)を拠点とする奥平貞昌《おくだいらさだまさ》に宛てて、遠江国の「河西」に所在する「所々」を「守護使不入《ふにゅう》」として充行った〔今遺一六〇〕。「所々」の一部については比定できないものの、判明している地域をみると、引間《ひくま》(浜松市中区)よりも西で、浜名湖の北部・東部周辺と想定される。それらの地を三河国衆の奥平氏に与えるということ、さらには文書は原本が残っておらず写であることから、従来は「空手形」と考えられてきた〔大石二〇一八〕。しかし、文書は写でありながらも、袖部に花押を据えていたことが記載されており(ちなみに彼の袖花押文書の初見である)、文言としても不自然さは見当たらない。さらに「守護使不入」との文言を付しつつ、遠江国内の土地を新たに充行っている点に鑑みると、氏親自身が「遠江守護」を自認していたようにも見受けられる。とするならば、永正元年末頃には氏親が実質的に遠江支配を行うようになっていたと想定することができよう。

　このように、駿河・遠江両国が安定状況になったからであろうか、氏親は当時の武将としては遅まきながらも、中御門宣胤《なかみかどのぶたね》の娘（のちの寿桂尼《じゅけいに》）を正室としたようである。従来、彼の婚姻時期については明確でなかったが、黒田氏によって改めて検討され〔黒田二〇一七・二〇一九〕、かつて米原正義氏が指摘していた永正二年が妥当と考えられるようになった〔米原一九八〇〕。その翌年には氏親の視点が三河へと移っており、時期的にも違和感はないと思われる。

　いま述べたように、氏親はこの後、西に目を向け始めた。その頃、三河国田原《たはら》（田原市）を拠点とする戸田氏は、同国今橋《いまはし》城（豊橋市）を居点とする牧野《まきの》氏と対立状況にあった。その打開を図るため、戸《と》田《だ》家の当主憲光《のりみつ》は氏親に援軍を求め、それを受けて氏親は三河へと兵を進めたのである。八月十六日に三河への出陣予定を告げ〔今遺一七七・一七九〕、さらに十一月三日には今橋城を攻め、牧野古白《こはく》を討ち果たすことに成功した〔『愛知県史』資料編10六九八。以下「愛史六九八」のように略す〕。

　氏親の進軍はこれで終わらず、同月十五日には桑子《くわこ》妙源寺《みょうげんじ》（岡崎市）に禁制を発している〔今遺一八六〕。氏親の進攻は最終的に永正六年初頭まで継続しているようだが、前年八月に岩津《いわづ》（同市）松平家当主と考えられる親長《ちかなが》を討滅している。この合戦は、研究史上「永正三河大乱」と呼ばれ、今川勢が「敗軍」〔愛史七二二〕したとされるが〔山田二〇一四・愛知県二〇一八〕、今川氏が岩津松平家を討ち、その後、安祥松平家の台頭をもたらした〔柴二〇二二・黒田二〇一九〕面もあるため、今川氏の敗北のみをことさらに強調するのは控えるべきであろう。以上をみると、氏親は東三河だけでなく、西三河にも影響を及ぼすほど勢力を拡大していたということになろう。

三河への進攻は、永正五年十月頃から氏親が加勢していた田原戸田憲光らの変心があって、同六年には彼らが今川氏に反発し、「近日敵令同意」状況になった〔今遺一七〇、大石二〇一七〕。この頃、北遠においても情勢が変わってきたらしく、今川家一門の瀬名睡足軒一秀《せなすいそくけんいっしゅう》は、宗瑞とともに信濃松尾小笠原定基《さだもと》と連絡を取って二俣城〔天竜区〕の取り立てを行った〔大石二〇一七〕。

これ以降、氏親による三河に関する文書は見られなくなる。かつて永正七年に比定した朝比奈泰煕《あさひなやすひろ》・福嶋範為《くしまのりため》らの文書〔今遺二三六・二三七〕は、同年ではすでに泰煕が没していることから〔大石二〇二二〕、三河進攻はそれ以前に終了していたと把握するほうがよい。その理由については、戸田氏による加勢要求がなくなった点が大きいのではないか。さらに、永正七年には二俣で「敵」の襲来があったらしいこと〔今遺二三二〕、同年十二月以降に斯波氏の陣所を今川方が攻撃していること〔今遺二五五〕などを考えると、遠江国内の状況変化が影響していたと思われる。

西三河侵攻にあたって

氏親が三河に侵攻するとき、宗瑞は一点の文書を作成している。〔永正三年〕閏十一月七日付巨海越《こみ》中守宛の書状〔戦今一八七〕で、宛名巨海氏は三河吉良《きら》氏の被官とされる〔以下の分析は〔大石二〇一三B〕参照〕。吉良家は周知のように足利将軍家の一門で、今川家はその分家である。吉良家はのちに東条《とうじょう》と西条《さいじょう》に分立し、この頃、東条城（西尾市）を拠点とした吉良家の一族は東条吉良家と呼ばれている。

本文書は、宛名＝巨海氏の主人にあたる人物＝吉良家に文書の内容を披露してもらうよう、発給者宗瑞が依頼した「披露状《ひろうじょう》」である。さらに書止《かきとめ》文言は「恐惶頓首謹言」とあり、加えて宛名の高さは日付よりも上位にある。これらはいずれも宗瑞が巨海に対して、厚礼で接していたことを示している。また、文中には「種々、手厚い便宜を図っていただき、忝く存じます」といった謝礼の文言もある。これらのことから、今川軍が三河へ侵攻することを宗瑞がすでに吉良家へ連絡していたことが判明し、吉良氏は今川氏が岩津松平家を攻撃することを容認していたことを示しているのである。

一方、巨海の主家にあたる東条吉良家は、安祥松平家と良好な関係を結んでいたとされる〔小林二〇一二〕。小林輝久彦氏によると、松平元康《まつだいらもとやす》（のちの徳川家康《とくがわいえやす》）の曾祖父信忠《のぶただ》、祖父清康《きよやす》、さらには父広忠《ひろただ》は、吉良家当主から一字を拝領していたという。信忠は安祥松平家第二代目の当主長忠《ながただ》（系図では長親とされるが、文書では長忠とされる＝平野二〇〇二）の子で、同家第三代目当主である。彼が当初、別名を名乗ったのちに吉良義信《よしのぶ》から一字を拝領したとの伝承も残されていないため、信忠は当初から義信より一字を拝領していたこと、さらにはそれを望んだのはおそらく信忠の父長忠で、その代からは確実に東条吉良家と結びつきが強かったということになろう。

ところで、永正三河大乱が勃発した結果、岩津松平家が没落して安祥松平家が台頭したということは先述した。その際に安祥松平家は、当主長忠が安祥城の五〇〇人の手勢を繰り出し、井田野（岡崎市）で今川軍と戦ったとされている〔三河物語、柴二〇二二〕。となると、安祥松平家は岩津松平家とともに今川軍と敵対していたとするのが妥当であり、安祥松平家と吉良家との良好な関係からすれば、吉良家も今川家と対立していたと考えるほうが自然である。しかし、先の宗瑞書状はこの点を否定する内容となる。そのため愛知県史では、「愛史七〇一」の編者注として「検討の余地がある」としたのであろう。

ここで注意が必要なのは、『三河物語』には記主大久保忠教《おおくぼただたか》の意向が多分に反映されているということである〔村岡二〇二三〕。村岡幹生氏によると、本書には忠教が仕えた松平清康を顕彰する側面が見えるため、清康の父信忠を貶めた可能性があるという。とすると、信忠の記述には信が置けない部分があり、その一方で忠教自身が仕えた清康、あるいは安祥松平家の嫡流としての長忠に対し、不都合な内容に関してはあえて記載しなかった可能性もあるということになろう。こうした視点で見ると、実際のところ本書には、永正三河大乱の際に信忠が今川軍と交戦したといった記載は見当たらない。つまり、信忠の父長忠は安祥松平家の意向として岩津松平家を助勢するために井田野に出向き、今川氏と合戦を繰り広げたものの、信忠はその合戦に参加しなかったのである。忠教は当主長忠の意志に背く信忠を許容できず、あえて信忠の動向を『三河物語』に記さなかったとすることも考えられよう。

『三河物語』を見ると、長忠は大乱の途中で信忠に安祥を、そのほかの弟である親盛《ちかもり》・信定《のぶさだ》・利長《としなが》・

義春《よしはる》には、それぞれ福釜《ふかま》・桜井《さくらい》・藤井《ふじい》（以上、安城市）・青野《あおの》（岡崎市）を与えたとされる。すると長忠は、永正三年から五年の時点で信忠に家督を譲ったと考えられる。となれば、宗瑞が東条吉良家に文書を発した段階で安祥松平家の家督はすでに信忠となっており、吉良氏も安祥松平氏も、今川氏による岩津松平家攻撃を容認していたと捉えることもできるであろう。柴裕之氏は、この頃の三河は中央情勢の影響を受け、足利義稙《よしたね》方の氏親・宗瑞が義澄勢力の牧野・松平氏らを駆逐したとするが〔柴二〇二二〕、想像をたくましくするならば、信忠が大乱にあえて参加しなかったのは、すでに今川氏と連携し、足利義稙勢に加わっていたからなのかもしれない。

氏親の死

三河侵攻の最終年である永正五年、氏親は足利義稙の入洛に対して祝儀を贈り、その返礼として遠江守護職を得た〔今遺二一四・二一五〕。幕下に入ったこともあり、同八年以降翌年にかけて、氏親は守護請である遠江国羽鳥荘（浜松市東区）に関する文書を作成している〔今遺二五九等〕。そのとき幕府と今川家を繋ぐ活動をしていたのが福嶋範為ら在京雑掌《ざいきょうざっしょう》の面々である〔大石二〇二二〕。現存する文書は個別に発せられているものの、実際のところ彼らはグループで活動していたと考えられる。

永正七年から始まった遠江における斯波氏との戦いは、先述の吉良義信が同十年に自身の家臣荒河播摩入道《あらかわはりまにゅうどう》を浜松荘《はままつ》に派遣するなど、氏親の要請に応え始めたこともあって、この頃から終息に向かい始めたらしい。しかし、その後も斯波氏による今川氏への反発は継続し、最終的には同十三年、かつて浜松荘奉行であった吉良氏の家臣大河内《おおこうち》氏（当主は貞綱《さだつな》）が引間で挙兵、斯波家当主の義達《よしみち》もこれに加わった。氏親は安倍《あべ》金山《きんざん》の鉱夫を用いて水の手を絶ち、最終的に貞綱を討ち死にさせ、義達は出家して尾張へ送られることとなり、遠江を完全に手中に収めた。

この頃、甲斐においては、守護武田信昌の後継となった信縄の嫡男信虎《のぶとら》が国内を統一するため、国内の国衆と合戦を続けていた。氏親は信虎に対立する甲斐西郡の国衆大井《おおい》信達《のぶたつ》に味方するため、永正十二年に信虎と激突し、勝山《かつやま》城（山梨県甲府市）の占拠に成功した〔高白斎記〕。しかし、その後、駿河衆は同城に立て籠もることとなり、同十四年に連歌師の宗長を使者として派遣して三月に講和、勝山城から撤退した。駿甲の対立はその後も継続しており、永正十八年（大永元年、一五二一）には二度にわたって駿河勢が甲斐国内に侵攻した。しかし、二度目の出兵の際には上条河原《かみじょうがわら》（山梨県甲斐市）で信虎に敗れ、駿河勢は福嶋正成《まさしげ》の討ち死にをはじめとする多数の死者を出した。これにより、今川氏の譜代的な被官である福嶋一族は壊滅的な打撃を蒙った〔塩山向岳禅庵小年代記ほか〕。

この間の永正十五年三月、氏親は遠江国般若寺《はんにゃじ》（牧之原市）に対し、不入として所役を免許した〔今遺三一二〕。文書には「庄内検地」とあり、「検地」文言はこれが初めてであるが、実際にはそれ以前から検地が実施されていたと考えられている。さらに同十八年には駿河国の村岡氏に対し、井河《いかわ》河堰《かわせき》の草の下刈を認めているが〔今遺三五六〕、この文書は金山関係の文書とされている。鉱脈のある金山を源流として流れ下る井河地域では、砂金粒が下流の下草に付着するため、「河堰の草の下刈」文言は下草に付着する砂金粒を採集していたことを示しているという。

このほか永正十二年頃の領国の安定を受けてであろうか、和歌〔今遺二八二〕や蹴鞠〔同二七九〕・連歌〔永正十五年正月千句ほか〕などの関連資料が確認される。氏親の姉が正親町三条《おおぎまちさんじょう》実望《さねもち》の妻であり、彼女の文書や先述した福嶋氏の文書〔今遺一九四・一九八など〕にも茶に関する文言も見えるため、氏親自身も茶道を嗜んでいたはずである。これらは京下りの多くの公家を受け入れていたこともあり、府中には京都で行われていたであろう最新の文化が伝わり、文化的向上が図られたと思われる。

なお、「明叔慶浚等諸僧法語雑録」収載の「雪嶺永瑾等送辞〔今遺二六八六〕は、今川氏に関する和《わ》漢聯句《かんれんく》（鎌倉以後行われた連歌、俳諧の一つで、和句を発句、五言漢詩の一句を脇句にして順次よみ続けたもの。日本国語大辞典）について検討した小川剛生氏によって天文十五年（一五四六）と判明したので〔小川二〇一八〕、今遺における編者注は訂正されることとなった。

大永四年（一五二四）、彼は法名＋印章の文書を発している。もともと十年ほど中風《ちゅうふう》に罹患していたとされ、この年に連歌師宗長が眼病の薬を氏親に渡したとされるから〔宗長手記〕、花押を据えるのも厳しいほど重篤な病に陥ったと考えてよいのではないか。とはいえ、十年にわたる中風というが、中風には単に咳き込むとの意味〔日本国語大辞典〕もあるうえ、十年の間に合戦にも出向いているため、大永四年以前はそれほどでもなかったと思われる〔大石二〇一八〕。

同六年当初、氏親は病がちとはいえ歌会には参加していたものの〔今遺三九五〕、徐々に嫡男氏輝《うじてる》の主催に変わっていったらしい。そのようななか、四月になると東国の戦国大名としては初めてとなる分国法「今川仮名目録」を作成している〔今遺三九七〕。これは、前年十一月に元服したばかりの嫡男氏輝〔宗長手記〕のための制定であった。仮名目録が漢字仮名交じりで記されていることもあり、作成には彼の正室寿桂尼や被官等の関与もあったとされるが〔黒田二〇一九〕、目録そのものにはこの点については触れられていない。

その約二ヶ月後の大永六年六月二十三日に氏親は没した。葬儀は曹洞宗の慈悲山増善寺《じひさんぞうぜんじ》（静岡市葵区）で行われ、僧侶が七〇〇〇人、一族と家臣が一〇〇〇人集まったという。九日間にわたる盛大なもので、曹洞宗最高の法式であったと伝わっている〔増善寺殿法事記録など〕。法号は増善寺殿喬山紹僖大禅定門、墓所は増善寺である。今川氏歴代の当主は臨済宗を重んじていたが、氏親だけはなぜか曹洞宗を尊んでいる。当時、臨済禅と曹洞禅に大きな違いはなかったとされるが、この点については不明なままである。

（大石泰史）

【主要参考文献】

相田二郎『日本の古文書』上巻（岩波書店、一九四九年）
愛知県『愛知県史』通史編3中世2（愛知県、二〇一八年）
家永遵嗣『室町幕府将軍権力の研究』（東京大学日本史学研究叢書1、東京大学日本史研究室、一九九五年）

大石泰史編『今川氏年表』（高志書院、二〇一七年）
大石泰史『今川氏滅亡』（KADOKAWA、二〇一八年）
大石泰史「今川氏と京都」（川岡勉編『中世後期の守護と文書システム』思文閣、二〇二二年）
大石泰史「今川氏研究の成果と課題」（『静岡県地域史研究』一三、二〇二三年A）
大石泰史「今川時代の東条松平氏と松井忠次」（『家康を支えた武将・松井忠次』岩瀬文庫、二〇二三年B）
小川剛生「戦国大名と和漢聯句―駿河今川氏を中心に―」（『国語国文』八七―七、二〇一八年）
黒田基樹『北条氏康の妻 瑞渓院』（平凡社、二〇一七年）
黒田基樹編『中世関東武士の研究 第26巻 今川氏親』（戎光祥出版、二〇一九年）
小林輝久彦「天文・弘治年間の三河吉良氏」（大石編『シリーズ・中世関東武士の研究 第27巻 今川義元』戎光祥出版、二〇一九年初出・二〇一九年再録）
柴裕之『青年家康』（KADOKAWA、二〇二二年）
平野明夫『三河松平一族』（新人物往来社、二〇〇二年）
村岡幹生『戦国史研究叢書20 戦国期三河松平氏の研究』（岩田書院、二〇二三年）
山田邦明『愛知大学綜合郷土研究所ブックレット23 戦国時代の東三河―牧野氏と戸田氏―』（あるむ、二〇一四年）
米原正義『戦国武士と文芸の研究』（桜楓社、一九七六年）

今川義元
――今川家の最盛期を築いた〝東海最大の戦国大名〟

庶子としての生い立ち

　天文二十二年（一五五三）二月、駿河（伊豆半島を除いた静岡県のうち大井川以東の地域）の大名・今川義元は分国法《ぶんこくほう》として「今川仮名目録追加」を定めた。その二十条の不入《ふにゅう》（所領への立ち入り・賦課を拒絶する特権）をめぐる条文のなかで、「自分の力量《りきりょう》をもって、国の法度《はっと》を申し付け、静謐《せいひつ》することとなれば」（自身の判断と行動（「力量」）によって、領国の法を定め、安泰を保っているので）と、自身が主導する今川家を謳った。現在、自身の「力量」によって領国を統治した〝戦国大名〟の立場を表現した記述として評価されているが、義元の人生はまさにこの記述の通り、〝戦国大名〟としての歩みでもあった。

　義元は、永正十六年（一五一九）に今川氏親《うじちか》の三男として生まれた。幼名は、『今川家略記』によると、「芳菊丸《ほうぎくまる》」と伝わる（以下、義元の名前についてはそれぞれの時点における名前を使用する）。母は、かつては氏親の正妻・中御門《なかみかど》氏（実名は不明、法名は寿桂尼《じゅけいに》。以下、寿桂尼とする）とされてきた。しかし、近年の研究では見直しが進められ、母は寿桂尼ではなく、芳菊丸（義元）は〝庶子《しょし》〟であったとみられている〔黒田二〇一七・二〇二一ほか〕。その説を裏づけるように、今川家御一家衆・蒲原《かばはら》家の系統を継

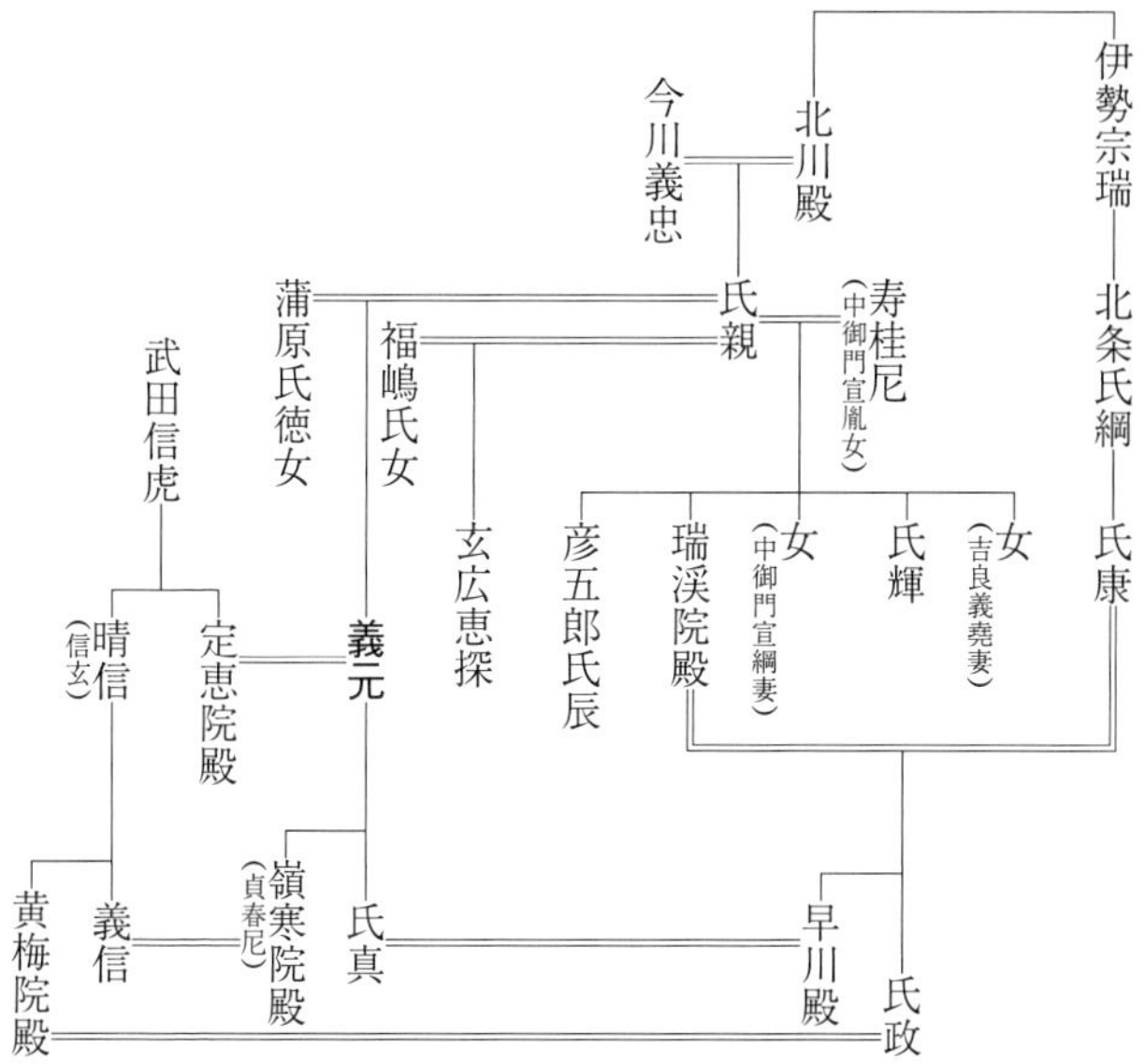

今川義元関係系図

ぐ神原《かんばら》家に伝来した系図〔神原系譜〕では、蒲原氏徳《うじのり》の娘について、「今川上総介氏親之妾《しょう》、義元之実母也」（原文）との記述がみられ、芳菊丸が今川家御一家衆・蒲原家出身である氏親の妾を母とした庶子であったことが確認された〔黒田二〇二三A〕。

氏親と寿桂尼の間には、長男で家督後継者に位置づけられていた氏輝《うじてる》、芳菊丸誕生の翌永正十七年に生まれた四男で家督後継のスペアの立場にあった彦五郎《ひこごろう》（実名は氏辰《うじとき》〔黒田二〇二三A〕。以下、彦五郎氏辰とする）がいた。したがって、庶子の芳菊丸が家督を相続することは、予定されていなかった。そのため、大永五年（一五二五）以前に、氏親が京都建仁寺《けんにんじ》（京都市東山区）で修行していた九《きゅう》英承菊《えいしょうぎく》（太原崇孚《たいげんそうふ》、斎号は雪斎《せっさい》。以下、太原崇孚とする）を帰国させたうえ、芳菊丸は太原崇孚に随伴されて、駿河国富士郡の善得寺《ぜんとくじ》（静岡県富士市）に入った。

善徳寺への入寺によって、芳菊丸は法名「承芳《しょうほう》」を称した。大永六年六月二十三日に父の氏親が死去すると、承芳は葬儀に参列するが、その際の順位は駿河国志太郡花蔵《はなぐら》の遍照光寺《へんじょうこうじ》（静岡県藤枝市）に入寺していた二男の玄広恵探《げんこうえたん》（以下、恵探とする）より上位にあった〔今川氏親葬儀記ほか〕。これは、同じ庶子の立場だが、恵探の母が今川家重臣・福嶋《くしま》家の娘であったためで、母親の出自の家格による。その後、承芳は「薙髪染衣《ちはつぜんえ》」（出家）して「栴岳承芳《せんがく》」を名乗り（以下、引き続き承芳とする）、享禄二年（一五二九）五月に死去した祖母・北川殿《きたがわどの》（今川義忠《よしただ》の正妻で氏親の母）の邸宅を与えられ、「善徳院」と称して居住したとされる〔護国禅師雪斎遠諱香語写〕。

その一方、享禄五年頃から天文四年五月まで、太原崇孚とともに上洛して京都建仁寺での修行と帰国を繰り返し、禅僧としての見識を深める一方、公家とも交流した。このように承芳は、今川家の家督相続には関わることのない庶子として、僧侶の途を着々と歩み始めていた。

ところが天文五年三月、彼の生涯を変える思わぬ〝事態〟が起こる。

家督相続と「花蔵の乱」

天文五年（一五三六）三月十七日、承芳の兄であった今川氏輝が死去した。氏輝は、父・氏親の死去後、家督を相続したうえ母の寿桂尼の後見を受けながらも、今川家の当主として活動する。死去の直前にも、北川殿・伊勢《いせ》宗瑞《そうずい》（いわゆる北条早雲《ほうじょうそううん》）姉弟以来続いていた相模（神奈川県）の北条家との政治関係を維持するために、妹の瑞渓院殿《ずいけいいんでん》（寿桂尼の実子、実名は不明）が北条氏康《ほうじょううじやす》（宗瑞の孫）に嫁いだのを受け、北条家の居城・小田原城（神奈川県小田原市）を訪問していた。そして、帰国後に体調を崩し、二十四歳で亡くなってしまったのである。

今川義元木像　静岡市葵区・臨済寺蔵

事態は氏輝の死去に止まらず、さらにこの日には承芳の弟で、家督後継のスペアでもあった彦五郎氏辰も亡くなってしまった〔為和集〕。氏輝と彦五郎氏辰の兄弟の死去が同日ということで、今川家内部での〝陰謀〟を疑う見方もある。しかしながら、氏輝が病を患っていたことは間違いなく、二人ともに死因は流行感染病などによるものとみたほうがよいようである〔黒田二〇二二〕。いずれにせよ、二人の死去は当主だけでなく（氏輝には男子はいない）、氏輝の身に万一の事態が起きたときに備えていた家督後継のスペアをも喪失するという、今川家にとって予期もしない緊急事態となってしまったのだ。

この事態のなか、寿桂尼らが家督相続者に選んだのが、承芳だった。承芳が家督相続者として選ばれたのは、前述のように、庶子のなかで兄の恵探と比べて、母が今川家御一家衆に出自を持ち、今川家内部で氏輝・彦五郎氏辰兄弟に続く地位にいたからである。

しかしながら、承芳の家督相続は恵探と彼の母の出身で支持者だった重臣・福嶋一族、さらにその与党勢力からすると、権力中枢から後退・勢威失墜にもつながりかねなかった。そのため、彼らは承芳の家督相続について反抗の態度を示した。この結果、今川家内部では承芳の家督継承を推進する派と反抗の態度を示す恵探方との緊張は高まっていく。そして、ついに四月二十七日、事態は武力抗争へと発展〔為和集〕、ここに承芳の家督相続をめぐっての争乱である「花蔵の乱」が起きることになる。

花蔵の乱の勃発で、今川家は承芳・恵探の二つに分かれ戦う事態となってしまった。この事態に、五月二十四日の夜に寿桂尼が恵探支持派の福嶋一族の有力者であった福嶋越前守の館を訪れ、承芳との和平・戦闘回避を働きかけたようである。しかし、寿桂尼の働きは功を奏せず、翌五月二十五日未明に福嶋越前守らは承芳がいる駿河国府中《ふちゅう》（駿府《すんぷ》）館（静岡市葵区）を攻撃した。これに対し、承芳らは相模の北条氏綱《うじつな》（伊勢宗瑞の後継当主）からの援勢を得たうえ、恵探方を駿府から退けたのち攻略を進めていき、六月に葉梨《はなし》城（静岡県藤枝市）に籠もった恵探らを討ち滅ぼした〔勝山記・甲陽日記ほか〕。

花蔵の乱に勝利したうえで、承芳は室町幕府将軍・足利義晴《あしかがよしはる》に働きかけて家督相続の公認を得た。これは、義元が庶子出であったことからも、家督相続の権威付けも含めてなされたのであろう。そして、義晴から一字を拝領し、「義元」を名乗る〔大館記所収古御内書案〕。ここに〝今川義元〟が誕生し、義元の今川家当主としての歩みが始まることになったのである。

「河東一乱」から駿甲相三国同盟へ

花蔵の乱を経て今川家の当主となった義元がまず取り組むべきことは、自身のもとでの体制を固め、領国の「平和」（安泰）を維持していくことであった。そのため義元は、天文六年（一五三七）二月にそれまでの今川家の外交政策を転換し、長年にわたり敵対してきた甲斐（山梨県）の武田信虎《たけだのぶとら》の娘である定恵院殿《じょうけいいんでん》（実名は不明）を正妻に迎えて、武田家と同盟を結んだ〔勝山記〕。この外交政策の転換には、今川家側の事情だけではなく、どうやらこの頃今川・北条両家のみならず信濃国衆諏訪《すわ》家とも対立していた武田家側の事情もあって、同盟交渉へと歩み始めたことから進められたようだ〔黒田二〇一七・二〇二〇ほか〕。

しかしながら、義元のもとで進められた武田家との同盟という外交政策の転換は、これまで共に協力し合って、武田家と戦ってきた相模北条家の了承を得てはいなかった。北条氏綱は、武田家との同盟への歩みを妨害するという、反対の意向を示していたのである。したがって、北条家とのこれまでの関係を蔑ろにし、武田家との同盟を締結した義元および周辺（寿桂尼や太原崇孚ら）の姿勢は、氏綱を怒らせることになってしまう。

この結果、北条氏綱は長年の縁を蔑ろにした報復として、今川家との関係を断絶したうえ、軍勢を率いて駿河国河東《かとう》地域（伊豆半島を除いた静岡県のうち富士川以東の地域）へ侵攻した。こうして、今川・北条両家の合戦として「河東一乱《かとういちらん》」が始まった。

北条軍の侵攻に応じて遠江国（静岡県のうち大井川以西の地域）でも、御一家衆の堀越《ほりこし》今川氏延《うじのぶ》らが反抗の態度を示した。義元は、その鎮圧にあたるとともに、武田家の援勢を得ながら北条軍への応戦を進めていった。しかし、北条軍の攻勢を退けることはできず、河東地域は北条家に占領された状況で、天文八年に対立関係を維持したまま一旦沈静化した。

その後しばらく、義元は体制を確固なものにするため領国統治に勤しむ日々を過ごしたが、天文十年に北条家で氏康に代替わり（為政者の交替）がおこなわれると、その間隙を突いて、義元は北条家が占領している河東地域の奪還に動き、天文十三年には富士上方《かみかた》地域（静岡県富士宮市）を取り戻す。一方、室町幕府将軍足利義晴らに働きかけ、北条家との和睦を求める動きもあったが（東海大学図書館所蔵北尾コレクション）、和睦は成立せず、翌天文十四年七月になると義元は自ら出陣して、河東地域の攻略をさらに進めていった。

今川軍の侵攻、その援勢として甲斐の武田晴信《はるのぶ》（信虎の後継当主、のちの信玄《しんげん》）の参陣、さらに関東でも山内《やまのうち》・扇谷《おうぎがやつ》両上杉《うえすぎ》家との戦いへの対応に追い込まれて、劣勢の状況にあった北条氏康は、今川家内部でも和睦を願う寿桂尼の意を受けた武田晴信を通じて、義元との和睦交渉を進める。そして、晴信の仲介によって、今川・北条両家の和睦は成立、義元はその際に取り交わした条件で、北条家を河東地域から撤退させて同地域の領有を奪還を果たし、河東一乱は終結した〔甲陽日記・土佐国蠧簡集残編〕。

天文十九年六月二日に義元の本妻であった定恵院殿が死去すると、やがて今川・武田・北条の三家は、互いの関係を維持、さらには攻守軍事同盟へと強化すべく婚姻関係を取り決めた〔黒田二〇二四〕。そのうえで、途中に紆余曲折を経ながらも、天文二十三年七月に義元の嫡男・氏真《うじざね》に北条氏康の娘である早川殿《はやかわどの》（実名は不明）が嫁ぐことによって、三家の婚姻関係が成し遂げられる。以後、今川・武田・北条の三家は、「駿甲相三国同盟」のもと互いに軍事協力をしながら、それぞれが抱える政治情勢の対応に努めていく。

三河平定の道程

相模北条家との和睦を遂げ、河東一乱を終結させた今川義元は、天文十五年（一五四六）になると、三河国への侵攻を始めた。このとき、東三河では牛久保《うしくぼ》（愛知県豊川市）の牧野保成《まきのやすしげ》が田原《たはら》（同田原市）の戸田家による領有となっていた旧領の今橋《いまはし》領（同豊橋市）の奪還を試み、義元に軍事支援を求めていた。また西三河では、岡崎（同岡崎市）の松平家で当主・広忠《ひろただ》と叔父の信孝《のぶたか》、重臣の酒井忠尚《さかいただよし》らが政治運営をめぐって対立していた。そして、事態は松平家内部で止まらず、広忠が田原戸田宗光・堯光と同盟を結ぶ一方、信孝は義元と尾張織田大和家の主導者にあった織田信秀《のぶひで》に軍事支援を求め、広忠に対抗した。

この結果、今川義元、織田信秀、牧野保成、松平信孝・酒井忠尚らの反広忠勢力と、松平広忠、田原戸田宗光・堯光父子とが対立する事態へと発展した。義元による三河侵攻は、このような同国内の対立事情を受けておこなわれたのである。

義元は軍勢を派遣して、まず戸田宗光が籠もる今橋城（のちの吉田《よしだ》城）を攻め、翌天文十六年六月以前には宗光を降伏させた。その後、今川軍は松平領国に進軍して、岡崎へとせまった。また、西からは織田信秀も侵攻し、松平広忠は織田軍の攻勢を前に従属に追い込まれる〔村岡二〇一三〕。一方、今川軍は戸田堯光が籠もる田原城をも攻撃したが、戸田勢の強固な死守によって敗退してしまう〔山田二〇一四〕。

ところが、今川方が劣勢な情勢のなか、織田家への従属を拒んだ松平広忠が、義元に政治的後見と軍事的安全保障を得るべく従属を求める。この事態は、義元と織田信秀との対立を深めていき、天文十七年三月十九日には小豆坂《あずきざか》（岡崎市）で今川・織田両軍が遭遇し合戦が起こった。この「小豆坂合戦」で、今川軍は織田軍の猛攻を退け勝利した。そして、今川家の政治的後見と軍事的安全保障を得た岡崎松平家は、その余勢のもとで信孝ら反勢力を鎮めていくが、その途次の翌天文十八年三月に当主の広忠が死去してしまう。このとき、松平家の家督を継ぐべき広忠の嫡男・竹千代《たけちよ》（のちの徳川家康《とくがわいえやす》）が織田信秀のもとで人質となっており、安城城《あんじょう》（愛知県安城市）は織田家の勢力下にあったうえ、重臣の酒井忠尚ら反勢力もいまだ残っていた。この事態の解決に、松平家の家臣らは政治的後見と軍事的安全保障を得ている今川義元への従属をさらに強め、援護を求めた。

この頃、義元はまだ戸田堯光が籠もる三河田原城の攻略に追われていたが、天文十八年七月までには田原領を含む渥美郡《あつみ》（豊橋市・田原市）を勢力下においた〔大石編二〇一七〕。そして、九月に松平家の援護要請に応じて、側近の太原崇孚が率いる軍勢を西三河へ派遣し、まず今川家の本家筋にあたりながらも、織田方につき敵対の姿勢を示していた西条《さいじょう》吉良義安《きらよしやす》の居城・西条城（西尾《にしお》城。愛知県西尾市）を攻略した。ついで、安城城の攻撃に本格的に取り掛かり、十一月に落城させた。さらに酒井忠尚が籠もる上野城を攻略して、松平家内部の反勢力を鎮めた。そのうえで、義元は岡崎城に戻った幼少の竹千代を駿府に移して庇護し、織田方勢力との政治的・軍事的最前線（「境目《さかいめ》」）に位置した松平領国を保護管轄下に置き、まだ残る三河国内における反勢力の平定を進めていった。また翌天文十九年八月には、尾張国知多郡へ侵攻し〔定光寺年代記〕、同国東部にも勢力を及ぼし始めていく。

その一方、大給《おぎゅう》松平親乗《ちかのり》や足助鱸《あすけすずき》氏らが、国境を越えて東美濃国衆の岩村《いわむら》（岐阜県恵那市）遠山《とおやま》氏らと連携し反今川方勢力として活動、さらに弘治元年（一五五五）十月には、西条吉良義安が再び反今川方として蜂起した。この事態に、義元は軍勢を派遣して西条城を攻撃し、西条吉良家を没落させた。しかし同年中から翌弘治二年にかけて、田峯菅沼定継《だみねすがぬまさだつぐ》、作手奥平定勝《つくでおくだいらさだかつ》の嫡男・定能《さだよし》、牛久保牧野一族の民部丞《みんぶのじょう》らが連携して今川家に敵対の態度を示し、反今川方勢力の展開が拡大をみせだす。

しかし、今川方の攻勢によって、大給松平親乗と足助鱸氏が従属、弘治二年二月頃には牧野民部丞の反乱も鎮められた。また十月には、作手奥平家でも当主の定勝が、反今川方の嫡男・定能を逐って従属を示した。その後、義元は甲斐武田家の援勢を得て、田峯菅沼主定継ら奥三河の反今川方の鎮圧を果たし、三河平定の状況をより確固としていく〔柴二〇一二〕。

〝東海最大の戦国大名〟、桶狭間に散る

三河平定の状況を確固とした今川義元は、弘治三年（一五五七）正月までには今川家の家督を嫡男・氏真に譲った〔言継卿記〕。この後、義元は「隠居」という立場になるが〔藤枝市郷土博物館所蔵岡部文書〕、依然として今川家の最高主導者に君臨し続け、氏真への当主権限の移行を進めながらも、軍事・外交について専念する〔黒田二〇一三B〕。

この頃、今川家の勢力は尾張国東部にまで及び、さらに弘治元年には伊勢神宮外宮との働きに応じてか、伊勢・志摩両国（三重県）へ軍勢を遣わしている〔長谷川一九九八・稲本二〇〇八ほか〕。このとき、義元はまさに〝東海最大の戦国大名〟の立場にあった。

そのなか尾張の織田信長が、尾張国内の内紛を解決したうえ、同国の国主《こくしゅ》＝戦国大名として永禄二年（一五六二）に今川方勢力の影響が及んでいた同国東部、とくにその最前線に位置した鳴海《なるみ》・大高《おおだか》両領（いずれも名古屋市緑区周辺）の奪還に動きだす。この事態に、義元は鳴海・大高両城の守衛を固める。これに対し、信長が鳴海・大高両城を攻略するための砦を構築しだすと、情勢は一触即発の軍事的緊張を

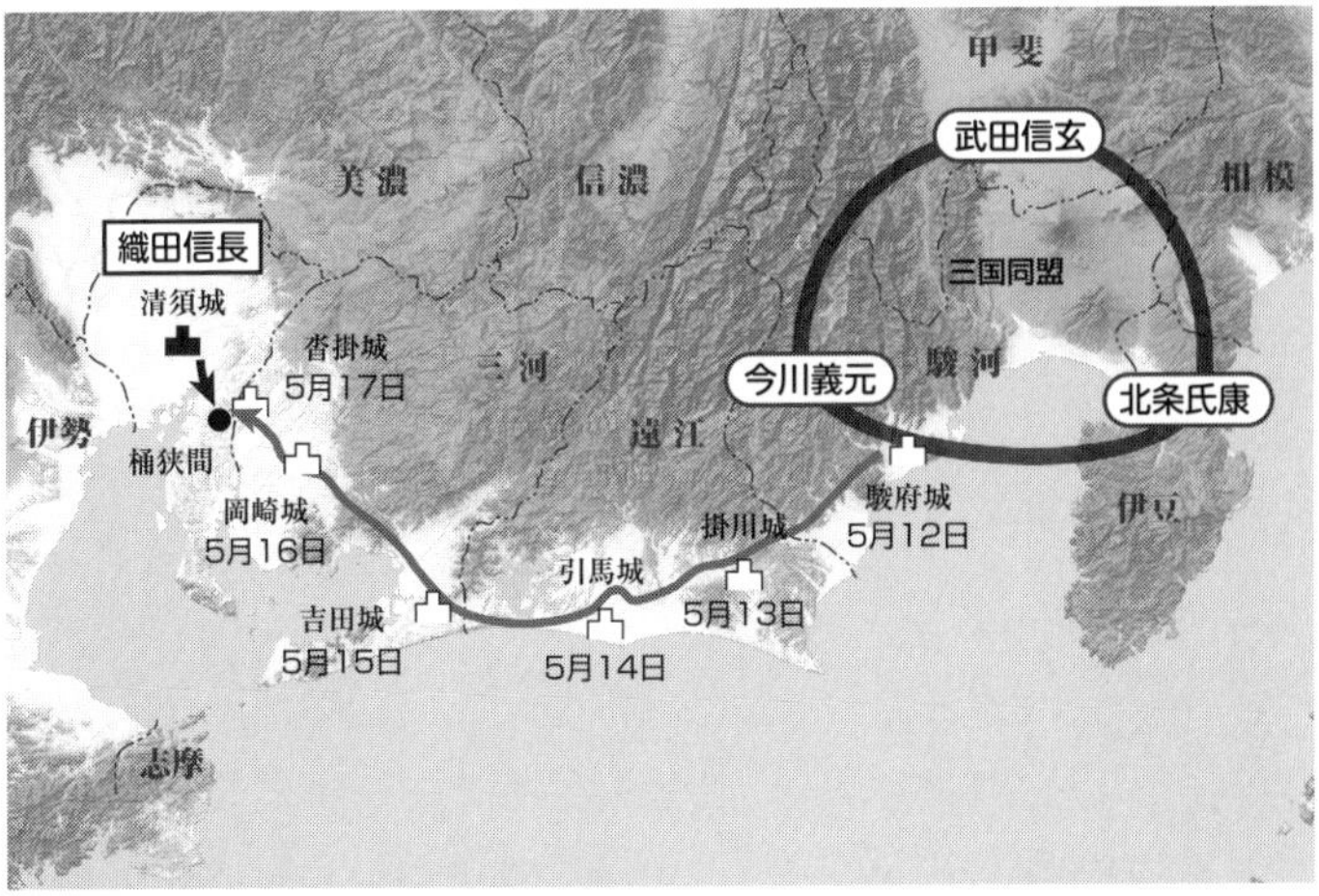

桶狭間合戦に至る今川軍と織田軍の進路　小川雄・柴裕之編著『図説 徳川家康と家臣団 平和の礎を築いた希代の〝天下人〟』（戎光祥出版、2022 年）より転載

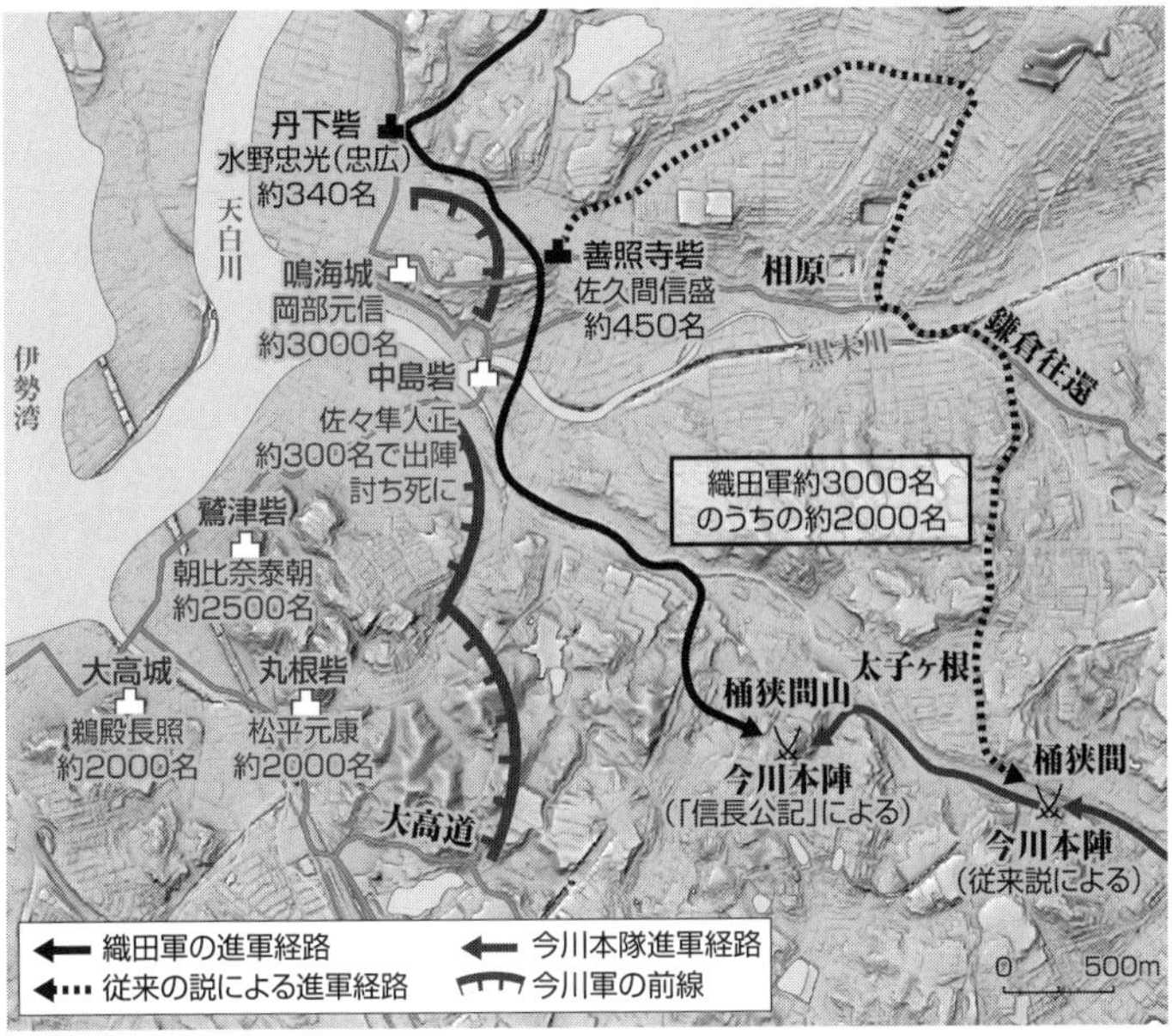

桶狭間合戦図　大石泰史編著『シリーズ・中世関東武士の研究 27　今川義元』（戎光祥出版、2019 年）をもとに作成

高まらせていった。

そうした鳴海・大高両領の情勢のなかで、永禄三年五月の義元による尾張侵攻が始まる。このときの義元の尾張侵攻について、かつては上洛戦といわれていた。しかし、上洛を目的とする記述は、江戸時代に作成された『松平記』や小瀬甫庵《おぜほあん》著『信長記《しんちょうき》』などの編纂物にしかみられず、同時代の古文書や古記録からは確認できない。これに対して、近年は義元の置かれていた情勢をふまえ、局地戦としてとらえる検討が進み、議論が進められている。そのなかで、軍事侵攻の目的として、三河国への軍事的示威《じい》、三河・尾張国境の確保、尾張国への領国拡大と確保、東海地域の制圧といった主張がされている。

しかし、このとき今川家が置かれていた情勢を鑑みると、織田方勢力との「境目」に位置し、軍事的な緊張状況が高まっていた尾張国鳴海・大高両領の確保こそが最優先の目的であり、その後のことは織田方との対応次第によったのではないだろうか。鳴海・大高両領の確保は、ただ「境目」の軍事的な緊張状況を解決するというためだけではない。「自分の力量をもって、国の法度を申し付け、静謐することとなれば」と義元自らが謳った戦国大名の務めとして、今川領国全体にわたっての「平和」(安泰)を維持するためにも、〝東海最大の戦国大名〟今川家の最高主導者である義元自らが出陣し成し遂げなければならなかった政治使命でもあったのである〔柴二〇二二〕。

鳴海・大高両領の確保という自らに政治使命を課し、それを世間にアピールすることも兼ねて乗輿で軍勢を率い進軍した義元は、五月十七日に尾張国沓掛《くつかけ》(愛知県豊明市)へ着いた。その後義元は、今川家親類衆であった松平元康《もとやす》（松平竹千代が元服後に実名・元信《もとのぶ》を名乗ったのち改名）が率いる岡崎勢に、織田方の攻囲で兵粮不足に喘ぐ大高城へその搬入を命じた。義元の命令を受けて、五月十九日の朝に、元康は織田家臣・佐久間《さくま》盛重《もりしげ》が守る丸根《まるね》砦（名古屋市緑区）を犠牲を伴いながらも攻略し、大高城へは義元の命令通りに兵粮の搬入を果たした。また、義元は軍勢を遣わして鷲津《わしづ》砦（名古屋市緑区）を攻略させた。そのうえで、義元が率いる今川軍の本隊は、大高城に向かう途次の桶狭間《おけはざま》山で休止した〔松平記・三河物語〕。

一方、迫り来る今川軍の侵攻に劣勢な立場にあった織田信長は、五月十九日の明け方に居城の尾張清須城（愛知県清須市）を発ち、わずかな供回りのみで熱田（名古屋市熱田区）に向かった。そこで丸根・鷲津の両砦が陥落した報告を受けたうえで、丹下《たんげ》砦（名古屋市緑区）を経て善照寺《ぜんしょうじ》砦（同前）に入り、軍勢を結集させた。その後、信長は家臣の制止を振り切って、二〇〇〇人に足らない軍勢で中島砦（同前）へ移った。そして兵士の意気を高揚づけたうえで、桶狭間山で休止する今川軍の本隊を強襲した。

織田軍の攻撃に、戦勝気分にあった今川軍の本隊は兵士が散り散りとなって迎撃の態勢を立て直すことができず、壊滅した。そのなか義元は、自ら奮戦したが力尽き、織田家臣・毛利《もうり》良勝《よしかつ》の手にかかって落命した〔信長公記首巻ほか〕。享年は四十二、法名は「天沢寺殿《てんたくじでん》四品《しほん》前《さきの》礼部《れいぶ》侍郎《じろう》秀峰《しゅうほう》哲公《てっこう》大居士《だいこじ》」である〔明叔録〕。

この「桶狭間合戦」での思わぬ敗戦で崩れた今川勢は、最高主導者の義元はもちろんのこと譜代家臣・

国衆の諸将を多く失って、その後の領国経営において人員喪失の影響を大きく蒙ることになる〔大石二〇一八〕。また、尾張国から撤退させることを余儀なくされて、今川家の領国範囲を西三河まで縮減させた。こうして織田方との政治的・軍事的境界＝「境目」となった西三河の確保に備え、今川家の当主・氏真は松平元康を岡崎城に帰城させるなど、政治対応に追われていった。一方、桶狭間の勝利で尾張国東部の奪還を果たした織田信長は、西三河へ侵攻し、やがて高橋郡域（愛知県豊田市西部）をその領国に併呑していく。こうした西三河情勢が不安定ななかで、義元の後継・氏真が十分な政治対応を果たしえなかったことが、松平元康の〝独立〟を生じさせ、さらには「三州錯乱《さんしゅうさくらん》」という三河国内の騒擾《そうじょう》（内乱）を引き起こしてしまう〔柴二〇二二〕。

今川義元は、その生涯を通じて今川家に〝東海最大の戦国大名〟としての最盛期を築き上げた。そのため桶狭間合戦での思わぬ彼の戦死は、ただ彼の政治使命を挫折させただけではなく、その後の今川家とその勢力が及んだ東海地域に新たな歴史的な展開をもたらしていくことになるのである。（柴裕之）

【主要参考文献】
有光友學『今川義元』（吉川弘文館〈人物叢書〉、二〇〇八年）
稲本紀昭「北畠国永『年代和歌抄』を読む」（『史窓』六五号、二〇〇八年）
大石泰史『今川氏滅亡』（ＫＡＤＯＫＡＷＡ〈角川選書〉、二〇一八年）
大石泰史編『今川氏年表』（高志書院、二〇一七年）

大石泰史編『今川氏研究の最前線―ここまでわかった「東海の大大名」の実像』、洋泉社〈歴史新書y〉、二〇一七年）
大石泰史編著『シリーズ・中世関東武士の研究27　今川義元』（戎光祥出版、二〇一九年）
大塚　勲『戦国大名今川氏四代』（羽衣出版、二〇一〇年）
小和田哲男『今川義元』（ミネルヴァ書房〈日本評伝選〉、二〇〇四年）
黒田基樹『北条氏康の妻 瑞渓院―政略結婚からみる戦国大名』（平凡社〈中世から近世へ〉、二〇一七年）
黒田基樹『北条氏綱』（ミネルヴァ書房〈日本評伝選〉、二〇二〇年）
黒田基樹『今川のおんな家長 寿桂尼』（平凡社〈中世から近世へ〉、二〇二一年）
黒田基樹『徳川家康と今川氏真』（朝日新聞出版〈朝日選書〉、二〇二三年A）
黒田基樹「総論 今川氏真の研究」（同編著『シリーズ・中世関東武士の研究35　今川氏真』（戎光祥出版、二〇二三年B）
黒田基樹「北条氏康と武田晴信の外交と戦略（天文20年まで）」（『戦国北条フェスオフィシャルブック』Vol.1、一般社団法人小田原市観光協会、二〇二四年）
黒田基樹編著『戦国大名の新研究1　今川義元とその時代』（戎光祥出版、二〇一九年）
久保田昌希『戦国大名今川氏と領国支配』（吉川弘文館、二〇〇五年）
柴　裕之『青年家康―松平元康の実像』（KADOKAWA〈角川選書〉、二〇二二年）
長谷川弘道「永禄三年五月の軍事行動の意図」（『戦国史研究』三五号、一九九八年。のち前掲大石編著『シリーズ・中世関東武士の研究27　今川義元』に所収）
丸島和洋『列島の戦国史5　東日本の動乱と戦国大名の発展』（吉川弘文館、二〇二一年）
村岡幹生『戦国期三河松平氏の研究』（岩田書院、二〇二三年）
山田邦明『愛知大学綜合郷土研究所ブックレット32　戦国時代の東三河―牧野氏と戸田氏』（あるむ、二〇一四年）

今川氏真――文武両道を貫いた知られざる名将

氏真の評価

今川氏真《いまがわうじざね》といえば、暗愚、愚鈍、和歌や蹴鞠《けまり》にうつつを抜かし、国を滅ぼした愚かな武将、というのが一般の評価ではないだろうか。しかし、このような評価は、氏真の武将としての側面にばかり注目した一面的なものといえよう。戦国大名というと、どうしても戦闘や戦争ばかりに注目が集まるが、その戦争でさえ、武力のみで終結することは難しく、停戦や終戦のためには両者間の交渉が重要となることは現代の社会においても同様であろう。

本稿では、氏真の生涯を、彼が持つ様々なコネクションや交渉力に注目して通覧し、これまでとは異なる氏真像を探っていきたい。

氏真の誕生から桶狭間合戦まで

今川氏真は、天文七年（一五三八）七月、父今川義元《よしもと》、母武田信虎《たけだのぶとら》の娘（定恵院殿《じょうけいいんでん》／信玄《しんげん》の姉）の子として誕生した。仮名は五郎、受領名《ずりょうめい》は上総介《かずさのすけ》である。父義元が結んだ駿甲相三国同盟により、天文二十三年には北条氏康《ほうじょううじやす》の娘（蔵春院殿《ぞうしゅんいんでん》／早川殿《はやかわどの》）を正室として駿府に迎えている。元服の時期は不明で、家督相続の時期も諸説あってはっきりしないが、永禄元年（一五五八、氏真二十歳）頃から氏真発給の文書がみられる一方、父義元も引き続き政務に携わっているので、この頃より氏真が駿河・遠江の領国支配を継承し、義元は三河支配に重点を移したのであろう。

事態が大きく変化するのは、永禄三年五月の桶狭間《おけはざま》の戦いである。父義元を突然に失った氏真は、一挙に領国全体の支配を担うことになった。主君義元の頸を駿府へ持ち帰ったとされる岡部《おかべ》五郎兵衛尉《ごろうひょうえのじょう》（元信《もとのぶ》）に対して、氏真が与えた六月八日付の知行安堵状〔岡部文書〕をみてみよう。

…このたびの桶狭間の戦いの際は、大高《おおたか》（名古屋市緑区）・沓掛《くつかけ》（愛知県安城市）両城が降伏したにもかかわらず、あなたが守る鳴海《なるみ》城（同）は堅固に持ちこたえ、力の限り戦ったことは大変にご苦労なことである。しかし、最後は城への通用もできなくなり、氏真からの下知を受けて城中の家臣たちを引き取り、開城したことは比類ない忠功である。…

岡部元信は義元討ち死に後も鳴海城を死守し、氏真の命があるまで籠城を続けたのである。元信は、この籠城戦での戦いぶりを賞されて、信長から義元の首を申し受けたという〔三河物語〕。

このように、氏真は戦況を把握して戦後の混乱に素早く対処し、義元の後継者として領国の安定を図っている。翌年春には、北条氏康・氏政《うじまさ》の要請に応えて武蔵国河越《かわごえ》城（埼玉県川越市）へ軍を送り、駿甲相三国同盟当事者としての役割も果たしている。しかし、急激に拡大を遂げてきた今川領国の中からは、今川氏に対抗しようとする動きも芽生え始めていた。

反今川の動きから信玄・家康による駿遠進攻へ

桶狭間合戦後の永禄四年（一五六一）四月、岡崎城《おかざき》（愛知県岡崎市）に帰還していた松平元康《まつだいらもとやす》（徳川《とくがわ》家康《いえやす》。以後、徳川家康で統一）が今川氏に反旗を翻した。その後、三河は「過半錯乱」の状態になり、氏真はその対応に奔走することとなった。永禄六年九月、三河で一向一揆《いっこういっき》が勃発して家康は東三河への攻撃を一時中断したが、一揆制圧後に攻撃を再開し、永禄八年三月、東三河の今川氏の拠点となっていた吉田城《よしだ》（同豊橋市）・田原城《たはら》（同田原市）を開城させ、今川勢力を三河から撤退させた。

三河で一揆が起きた永禄六年、ときを同じくして、遠江でも「遠州錯乱《えんしゅうさくらん》」「遠州忩劇《そうげき》」と呼ばれる反今川の反乱が起こり、遠江国は、今川派と反今川派に分かれて戦闘が広がっていった。三河では撤退を余儀なくされた氏真だったが、遠江では、永禄九年後半に反乱の制圧にほぼ成功し、それ以降は、領国経営に積極的に取り組んでいく。

この時期の氏真の発給文書からは、家臣や寺社などの地域領主の意向を受け、多くの裁許や諸役免許を行う、上位権力者としての氏真の姿をみることができる。ほかにも、井堤・用水の整備や新田開発の奨励、検地による増分を家臣に与え、それに見合った軍役を課すなどの政策を行っている。また、富士《ふじ》大宮《おおみや》（静岡県富士宮市）での楽市令《らくいちれい》や、駿府今宿《すんぷいまじゅく》（静岡市葵区）の「今宿法度之事」などからは、氏真が積極的に商業を振興していたこともわかる。これらの政策からは、領国支配の安定を図るための活発な経済政策や在地支配への介入を行う、有能な戦国大名としての氏真像が浮かび上がってくる。

しかしこの頃、隣国の甲斐で、武田信玄の嫡男・義信《よしのぶ》の幽閉事件が起こり、甲斐との関係が不安定になっていった。信玄が信長《のぶなが》との関係を深めるにつれ、今川義元の娘（巖松院《がんしょういん》）を娶っていた義信がこれに反発し、永禄八年十月、東光寺《とうこうじ》（山梨県甲府市）に幽閉、廃嫡された。幽閉事件の翌月の十一月には、信玄庶子の勝頼《かつより》と、信長養女（龍勝院《りゅうしょういん》）との婚姻が成立しており、信玄は、表面上は今川氏との同盟を継続させながら、裏では信長との同盟関係を模索し、今川領国併呑を目論み始めたのだろう。

信玄の動きに対し、氏真も手をこまねいていたわけではなかった。再三にわたり信玄を非難し、真意を質している。しかし、永禄十年十月に義信が幽閉先の東光寺で死去したことが契機になったのであろうか、信玄への疑念が募り、ついに信玄に敵対する上杉《うえすぎ》氏へ密使を送り、情報収集を図ると同時に連携を模索し始める。氏真使僧の遊雲斎永順《ゆううんさいえいじゅん》が、上杉方に送った書状には、「信玄から上杉氏に計策の書状などがあった場合には、急ぎ教えてほしい」〔歴代古案二〕とあり、信玄の動きを警戒している様子がうかがえる。駿甲相三国同盟は、表面上は、信玄の駿河進攻まで継続するが、信玄は信長・家康との連携による今川領国併呑を狙い、氏真も上杉氏との連携によって信玄に対抗する道を探っていたのである。

信玄・家康による駿遠侵攻から懸川開城まで

　永禄十一年（一五六八）十二月、ついに信玄が動いた。信玄は、駿甲相三国同盟の一方の当事者である北条氏へ「手切の一札」を送付して同盟を破棄し、甲斐から駿河への侵攻を開始する。家康も、信玄の動きに呼応して、三河から遠江へ侵攻する。信玄と家康は手を結び、連携して今川領国を攻めたのである。信玄・家康は、調略によって駿河・遠江の国衆の多くをすでに味方につけており、侵攻が始まると、今川領国は瞬く間に侵攻軍の侵入を許し、十二月十三日には信玄が駿府に侵入、氏真は駿府を捨てて重臣朝比奈泰朝《あさひなやすとも》の守る懸川《かけがわ》城（静岡県掛川市）へ逃れた。このとき、氏真の室（北条氏康の娘）は、輿の準備もできないほど慌ただしく敗走したという。この逃避行は、氏真や家臣のみならず、その家族も伴うものであった。重臣の一人三浦八郎左衛門尉《みうらはちろうざえもんのじょう》（義次《よしつぐ》）は、老母や兄弟も残らず召し連れて懸川まで逃れ、その途上の葉梨大沢《はなしおおさわ》（同藤枝市）で、代々家に伝わる証文などの重要な古文書を失くしてしまったという〔記録御用所本古文書十三〕。この逃避行がいかに過酷で危険なものだったかがうかがえよう。

　北条氏康は、娘の受けた恥辱を許さず、また義信事件後に義信の室（今川義元の娘）が駿河へ帰国する際には中人となって信玄と氏真の間を取り持っていたことから、面目を潰されて激怒し、信玄を強く非難すると同時に氏真に援軍を送り、武田軍と戦闘状態に入った。氏康が武田氏と対立する道を選んだことは、信玄にとっては大きな誤算だったようで、北条氏の援軍が蒲原《かんばら》城（静岡市清水区）を拠点として武田軍に攻撃を加えたため、退路を断たれることを恐れた信玄は、翌年四月に駿府から甲斐へ撤退した。また信玄と手を結んでいたはずの家康も、信玄が遠州を狙っているのではないかという疑心を抱き、信玄と対立する道を選ぶ。こうして、駿河全域の制圧を目論む武田信玄と、それを阻止し、駿河奪還をめざす氏真とそれを助ける北条氏康、さらには、懸川城を落として遠江制圧を完成し、信玄の遠江攻撃を防ぎたい家康、という三者の対立が続くことになった。

懸川に籠城していた氏真は、城を包囲されながらも、家臣に軍忠を賞する感状や、所領安堵の文書を発給し、氏康も懸川への援軍を送り続け、信玄と家康に対抗した。籠城中の氏真が家臣に宛てた文書には、「本意の上においては、応分の扶助を与えよう」「本意の上においては、知行を望み通りに扶助しよう」といった文言が多くみられる。「本意の上」とは、本意を遂げたうえは、つまり、この戦に勝利し、今川領国を奪還したならば、という意味で、氏真は今川家のために戦う家臣たちへの恩賞を約束しているのである。また、氏真を助け援軍を送っていた氏康の発給文書にも、「氏真が御本意を遂げたなら、御褒美を必ず申立てよう」「氏真が御本意を遂げたならば申立てて忠賞を与えよう」といった文言が見られるので、氏康も、氏真が家臣への安堵を行いうる駿河国主であることを前提として文書を発給している。

籠城する氏真のもとには、氏真に属して戦功をあげ、知行を得るべく知行安堵を求める家臣らがいたという点で、氏真はいまだ戦国大名でありつづけたといえる。しかし、現状ではそれが叶わず、また、北条氏康が氏真への安堵の申請を保証しているという事実からも、この時期の氏真は、氏康の援護なくしては成り立たないところまで追い詰められていたといえよう。

籠城すること約半年、氏真はついに家康と和睦し、懸川城を開城した。氏康も家康と和睦し、氏真は家督を氏康の孫の国王《くにおう》（のちの北条氏直《うじなお》）に譲り、永禄十二年五月十五日、懸川城を退去、さらに北条氏の庇護のもと、蒲原城に入り二週間ほど滞在した後、沼津《ぬまづ》（静岡県沼津市）を経て大平《おおひら》の地に移った。その後、時期は不明だが、相模国早川《はやかわ》（神奈川県小田原市）へ移り、ここで駿河奪還への希望を持ち続けながら過ごすことになる。

懸川開城後の氏真――北条氏庇護下から家康の庇護下へ

懸川開城後の氏真は、北条氏の一門的な存在として、北条氏の庇護下で過ごす。氏真はここでも「本意の上」、つまり駿河復帰後には知行を約束する文書を発給し続けていた。しかし、北条氏はその後、「氏真御本意の上」と記す文書を発給することはなかった。氏真から北条氏直へ家督が譲られ、駿河が譲渡された今となっては、氏真を駿河国主として遇する必要はなくなったのだろう。

駿河奪還に望みを懸ける氏真が、さらに大きな決断を迫られたのが、元亀二年（一五七一）末に武田・北条間で結ばれた甲相《こうそう》同盟である。同年十月三日に北条氏康が没すると、その跡を継いだ氏政は信玄との同盟を復活させ、上杉氏との越相《えっそう》同盟を破棄する。これによって氏政は、信玄の駿河領有を認め、三河や織田領国への侵攻を支持し、翌三年の三方ヶ原《みかたがはら》の戦いでは信玄へ援軍を送った。

甲相同盟締結により、氏真の駿河奪還の道は閉ざされたかにみえた。氏真のもとに留まり奉公を続けていた家臣たちも、同盟締結に前後して、氏真から暇状《いとまじょう》（他家へ奉公することを主君である氏真が認め、暇を与える文書）の発給を受け、氏真のもとを去っていく。以後、氏真の発給文書は激減し、「本意の上」の文言も見られなくなった。

このようななか、氏真は駿河奪還に一縷の望みをかけ、北条のもとを去り、浜松の家康のもとへ移る。のちに徳川の世になり、「徳川中心史観」のなかで成立した物語では、「甲相同盟締結により北条から放逐されて困窮する氏真を、慈悲深く律儀な家康が助けて庇護した」、と語られることが多いが、実際は、いまだ駿河奪還を模索する氏真の思惑と、氏真を庇護することで信玄との戦いでの大義名分を得、今川旧臣を取り込もうとする家康の思惑が一致した、というのが実状だろう。

氏真の浜松移動の時期は不明だが、元亀三年五月十九日に相模国早川の久翁寺《きゅうおうじ》で行われた、義元十三回忌法要に出席しているので、同盟締結によって北条氏から放逐されたわけではないことは明らかであろう。その後、天正元年秋頃までには家康の居城のある浜松へ移り、以後、家康の庇護下で過ごすことになる。

氏真による上杉氏との外交

ここでは少し視点を変えて、懸川開城後の氏真と上杉氏との外交についてみてみたい。大平滞在中の永禄十二年（一五六九）、氏真は上杉氏に対し、東泉院《とうせんいん》を使者として二通の書状を出し、対武田戦に対する連携を求めた〔歴代古案一、上杉家文書〕。このことは、懸川開城後も、氏真―上杉間の交渉ルートが機能していたことを示している。しかし、氏真の書状には「（北条）氏政と諸事談合を遂げ、甲州へ行動を起こす覚悟」とあることや、氏真の使者である東泉院の通行を北条氏がサポートしていることが確認できることから、氏真の行動は北条氏の意向に沿うものだったと考えられる。信玄の駿河侵攻以降、北条氏は、対立してきた上杉氏との同盟（越相同盟）締結を急ぎ、庇護下にある氏真の外交ルートも動員して交渉に当たったのだろう。

翌元亀元年（一五七〇）九月にも、氏真は上杉氏に信州出陣を要請しているが、このときの使者は北条家臣の大石惣助房綱《おおいしそうすけふさつな》である。氏真はもはや自身で使者を準備できなかったか、あるいは北条氏の意向に従ったのであろう。またこのとき氏真は、上杉氏から「書札慮外」とされ、対等な交渉相手と見なされなくなっていたともいう〔長谷川二〇一一〕。

さらに、その翌年の元亀二年、上杉氏に見切りをつけた北条氏政は、敵対する武田氏と甲相同盟を結び、氏真は北条から家康庇護下へ移ったことは前述したが、氏真は家康庇護下においても、上杉氏に対して信州出陣を求める書状を出している。「浜松御在城記」の中に写された、天正三年（一五七五）に比定される七月十九日付の宗誾《そうぎん》（出家後の氏真の法名）書状がそれで、使者は家康の使僧、秋葉寺《あきばでら》（浜松市天竜区）別当権現堂《べっとうごんげんどう》（叶坊）である。この書状については、この文書が原本でないことや、文書を所持していたのが宛先の上杉氏ではなく使者の権現堂であることなどから、これまでの研究においてはその信憑性を疑問視する向きもあった。

しかし近年、(天正三年)六月六日付の家康宛の上杉謙信《けんしん》書状〔本郷家文書〕が公開され、そこに家康の使者として権現堂の名が見えることから、天正三年に権現堂を使者とした上杉―家康間の外交交渉が行われていたことが明らかになった。このことは、家康が上杉氏への使者とした権現堂を、同じく使者とする先の宗誾(氏真)書状の信憑性を多いに高めることになった。氏真は家康の庇護下においても、家康外交の一端を担っていたのである。もちろん、この文書が権現堂の許に残されていたことや、氏真がすでに上杉氏の対等な交渉相手とみなされていなかったことなどを考えると、この宗誾(氏真)書状が実際に効力を持ちえたかどうかの判断は難しい。しかし、それでもなお、天正三年に氏真が、家康使僧の権現堂を通して上杉氏にコンタクトを取ろうとしていたことは注目できよう。氏真は、ここでもまだ己の持つ交渉力の有効性に懸け、自身の存在をアピールしようとしていたのではないだろうか。

家康の庇護下における氏真――天正三年、諏訪原城落城まで

家康庇護下での氏真の発給文書はほとんど残っておらず、その動向を知ることは難しい。そのようななかで「今川氏真詠草」(国立公文書館内閣文庫所蔵。以下「詠草」と略す)は、たいへん貴重な史料である。この史料は、天正三年(一五七五)の一年間に、氏真が詠んだ和歌四二六首を収録する歌日記である。

天正三年といえば、氏真が父の仇である信長と対面し、蹴鞠を披露したとされる年でもあるが、「詠草」のなかには、各地で詠んだ和歌が並ぶばかりで、政治や世相を反映した記述はみられない。氏真によれば、上洛の目的は「物語の　志《こころざし》　ありて」、つまり古歌に詠まれた名所や旧跡を巡って和歌を詠むという、歌人としての思いからであるという。

「詠草」の詞書により、天正三年の氏真の足取りを辿ってみると、正月十三日に京へ旅立ち、上洛後は各地を精力的に訪れ和歌を詠むが、武田勝頼の三河侵攻の噂を聞いて、四月下旬に京を発ち武田との戦いに従軍する。五月十五日には牛久保《うしくぼ》（愛知県豊川市）で長篠《ながしの》（同新城市）の後詰めに備え、武田軍の大敗後も残兵を山中に探索し、二十七日には家康に従い駿河方面で所々に放火する。その後も七月中旬より諏訪原《すわはら》取出（静岡県島田市）で武田軍と対陣し、八月二十四日に諏訪原城は落城する。「諏訪原に於いて折々に之を書き留む」という詞書に続けて載せる和歌に、冬の情景を詠んだものがあることから、落城後も引き続き諏訪原城に滞在していたと思われる。

このように「詠草」からは、京や戦地での氏真の様子を知ることができる。しかし、「信長公記」に記された三月十六日の信長との対面や蹴鞠の披露については一切の記述がない。小山順子氏は、その理由を、「詠草」の和歌が、「〈古《いにしえ》〉の風雅を偲ぶという基調で貫かれ」ており、氏真にとって「古歌の詞を使って和歌を詠むことは、昔の歌人たちの視線と重ね合わせて情景や感情を表現する、古の歌人の感受性をなぞる行為」で、「戦乱の時世を映すことに氏真の意図は無」かったためとする（小山二〇二二〕。古歌を学び、伝統的な詞や表現のなかで詠歌することは、中世の歌人の常識であり、氏真もまた、歌人として伝統に則り歌を詠み、己の心情や乱世の感慨を直截に詠むことはしないのである。

さらに、小山氏は「詠草」は「自分以外の人にも見せることを前提として書かれたもの」であり、また「当主の和歌は、代々子孫に伝えられ、読み継がれてゆくことを前提とし」たものであることから、「父の仇敵の前での蹴鞠の披露は、記すのがためらわれるものだったと想像される」とする。子孫に読み継がれていくことを前提に執筆された、という小山氏の指摘に注目するならば、氏真の「詠草」執筆は、自身を今川家の「当主」として強く意識し、今川家を存続させようとする氏真の意志の表れ、とみることができるのではないか。天正三年の氏真は、戦乱のなか家康のもとで従軍しながら、今川文化の中心だった駿府で身に付け、研鑽を積んだ和歌を詠み、家の存続を模索していたのだろう。

家康の庇護下から上洛へ――慶長十九年の没年まで

天正四年（一五七六）以降、氏真の足取りをたどることはますます困難になる。諏訪原城は落城後に牧野《まきの》城と名を変え、天正四年三月、家康は、松平家忠《いえただ》・同忠次《ただつぐ》に牧野城の城番を申し付ける。その際、城番の二人を、駿河に入国する氏真に「相添え」、氏真に対し粗略の扱いが無いよう指示している〔松井文書〕。家康は、旧駿河国主である氏真を、武田との戦いの前線である牧野城に置き、武田氏から駿河を取り戻すという大義名分のもと、戦いを有利に進めようとしたのだろう。

その後も、徳川・武田の戦いは激しさを増すが、同六年三月に上杉謙信が急逝し、家督争い（御館《おたて》の乱）が起こると、これに関連して北条・武田の対立が起き、さらに同七年九月には徳川・北条の同盟が成立し（遠相《えんそう》同盟）、武田勝頼は東西から挟撃された。徐々に追い詰められた勝頼は、同十年三月十一日、天目山麓の田野《たの》（山梨県甲州市）で自害し、武田氏は滅亡する。このような目まぐるしい攻防戦のなか、氏真は引き続き家康のもとで従軍していたようである。本願寺《ほんがんじ》門主顕如《けんにょ》の側近、宇野主水《うのもんど》が記した「鷺森日記」同十年三月五日条には「駿河国へは家康が打ち入り、駿河府中へ氏真を置いて、家康はさらに甲州の境まで進軍した」とあるので、武田氏滅亡の直前まで、氏真は駿河の旧国主として名目的に利用されていたのだろう。

しかし、武田氏が滅亡すると、信長は駿河国を家康に与える。さらに、六月に起こった本能寺《ほんのうじ》の変、つづく天正壬午の乱による混乱を経て、家康による三河・遠江・駿河・甲斐・南信濃《しなの》の五ヵ国領有が決定的になると、もはや氏真の旧国主という大義名分は、意味をなさないものとなったであろう。武田氏滅亡の翌年七月、家康は浜松で近衛前久《このえさきひさ》を饗応し、その際、氏真を陪席させたが〔景憲家伝〕、その後、氏真の消息はわからなくなる。

次に氏真が史料上に現れるのは、八年後の天正十九年九月、京の冷泉為満《れいぜいためみつ》を訪ねた記事である〔言経卿記〕。同十八年の秀吉《ひでよし》による小田原《おだわら》征討後に家康が関東転封となったことが契機であろうか、氏真は家康のもとを離れ京へ向かう。時に氏真五十三歳、懸川開城から二十二年が過ぎていた。

氏真の墓を含む今川氏累代の墓　東京都杉並区・観泉寺境内

氏真は、この後さらに二十二年を京で過ごす。この間、秀吉の死（慶長三年、一五九八）、関ヶ原《せきがはら》の戦い（同五年）、家康・秀忠《ひでただ》の征夷《せいい》大将軍《たいしょうぐん》就任（同八・同十年）と変動激しい政情のなか、氏真は冷泉や山科《やましな》をはじめとする公家衆と交わり、冷泉家の歌会には、息子の範以《のりもち》や孫の直房《なおふさ》、息子で僧侶の澄存《ちょうぞん》らと参加している。そのほかにも、家康家臣の大草月斎を接待したこと、山科言経《ときつぐ》と将軍就任前の秀忠に面会したこと、「拾芥抄」（中世の百科事典ともいえる有職故実書）を言経から借用したことなどが、言経の日記「言経卿記」から知られる。

　そして、慶長十七年正月の冷泉為満邸の歌会の後、氏真は江戸に下った。その道中であろうか、四月十四日には駿府で家康に対面している〔駿府記〕。江戸への下向の理由は明らかではないが、慶長十二年に京で息子の範以が没し、範以の息子直房が、同十六年に江戸で将軍秀忠に初御目見え（出仕）しているので、これを機に直房が居住する江戸に向かったのではないだろうか。さらにその二年後の慶長十九年十二月十八日、氏真は品川の屋敷で没す。享年七十六歳。法名仙岩院豊山泰永居士〔北条氏過去帳〕。波乱万丈の生涯であった。

高家・今川家と東泉院の平鑓

以上、氏真の一生を見てきたが、氏真は、北条・徳川の庇護下を渡り歩きながら、自身の持つ旧国主という大義名分や上杉氏との交渉力を最大限に利用し、京では、これまで培ってきた和歌の技能、公家とのコネクションを活用して家の存続を図った。

戦国大名今川氏は氏真の代に滅亡したとはいえ、氏真の二人の息子範以・高久《たかひさ》は、子孫が高家《こうけ》今川氏・品川《しながわ》氏として取り立てられ、江戸時代を通して一定の家格を維持していくこととなった。もう一人の息子の澄存も、門跡寺院聖護院《しょうごいん》の院家である若王子住持として大きな力を持った。

次の史料は、江戸時代の貞享元年（一六八四）、今川氏勝《うじかつ》（氏真の曽孫）が東泉院に宛てて出した書状である〔六所家蔵旧東泉院文書〕。

永禄十二年の頃、当院（東泉院）の住持・雪山《せつざん》が、今川氏真の使者として越後の上杉氏のもとへ赴き、その折に氏真様より平鑓を与えられました。その平鑓は、今に至るまで東泉院が所持しています。しかし、この平鑓は私の先祖の大切な遺品ですので、このたび東泉院にお願いし、申し請けることができて大変に満足しています。浅間宮へは新鎗三提（挺）を寄進いたします。謹言。

文中にみえる永禄十二年（一五六九）の頃、大平に滞在していた氏真が、東泉院を使者として、二度にわたり上杉氏へ対武田戦への連携を求めたことは前述した。それから約一〇〇年たって出されたのが、この書状である。「先祖」という言葉には、「家の初代。血統の初代」〈日本国語大辞典〉という意味があることに注目すれば、氏勝は、氏真を高家今川氏の初代、つまり高家今川氏の出発点と捉えて特別視し、平鑓を申し受けようとしたのではないだろうか。

江戸時代を通して今川家が継続し、高家として高い家格を維持できた背景には、文武両道の姿勢を貫き、戦場にあっても和歌を詠み続け、今川家が培ってきた文化や素養を通して築き上げたコネクションや交渉力を駆使して激動の時代を生き抜いた、今川氏真という人物の存在があることを忘れてはならないだろう。

（酒入陽子）

【主要参考文献】

井坂武男「史料紹介「今川氏勝書状」について」（『六所家総合調査だより』一三、二〇一四年）
小川剛生「今川氏と和歌―文学活動に長い伝統と実績を持つ家柄」（大石泰史編『今川氏研究の最前線』洋泉社、二〇一七年）
小山順子「今川氏真と和歌―天正三年『今川氏真詠草』をめぐって―」（『女子大国文』一六八、二〇二一年）
観泉寺史編纂刊行委員会編『今川氏と観泉寺』（吉川弘文館、一九七四年）
栗原修「上杉氏の外交と奏者―対徳川氏交渉を中心として―」（『戦国史研究』三二、一九九六年）
酒入陽子「懸川開城後の今川氏真について」（『戦国史研究』三九、二〇〇〇年）
長谷川弘道「駿越交渉補遺―「書札慮外」をめぐって―」（『戦国遺文今川氏編　月報』2、二〇一一年）
長谷川幸一「今川氏真「宗誾」署名初見史料」（『戦国史研究』六〇、二〇一〇年）

長谷川幸一「天正元年以降における今川氏真の政治的地位」（戦国史研究会編『論集　戦国大名今川氏』、二〇二〇年）
前田利久「後北条氏庇護下の今川氏真について」（『地方史静岡』二九、二〇〇一年）
村石正行「佐久の修験と戦国大名」（長野県立歴史史館編『山伏―佐久の修験　大井法華堂の世界』二〇二二年）

福嶋助春・助昌——今川家を支えた無二の重臣

室町から戦国初期の福嶋氏

福嶋《くしま》助春《すけはる》・助昌《すけまさ》両人は、駿河守護家であった駿河今川《いまがわ》氏の被官で、のちに駿河・遠江の戦国大名となった氏親《うじちか》と、彼の子・義元《よしもと》時代の人物である。両人の実像を知るために、まずは出自である福嶋氏そのものに関して触れることにしよう〔大石二〇二二〕。

福嶋氏の初見は不明だが、早期の文書として康安二年（一三六二）五月二十八日付伊達《だて》景宗《かげむね》宛今川範《のり》氏《うじ》書下〔『静岡県史』資料編6六四二号文書。以下、『県史』＋資料編巻次＋文書番号で示す〕と明徳五年（一三九四）七月二日付伊達範宗《のりむね》宛今川泰範《やすのり》書下〔『県史』6一一七六〕がある。前者は、駿河守護今川範氏が、駿河国富士下方《ふじしもかた》（静岡県富士市）内案主名の半分であった福嶋左近将監《さこんのしょうげん》跡を景宗に充行っており、後者は、範氏の子泰範が駿河国入江《いりえ》庄（静岡市清水区）内若宮方半済分であった福嶋弾正左衛《だんじょうざえ》門尉《もんのじょう》跡を範宗に預け置いている。どちらも「跡」とあることから、康安二年五月以前に富士下方案主名が、また、明徳五年七月以前に入江庄若宮方が、かつての福嶋氏の知行地と判明する。

駿河今川家第六代目の当主・範忠《のりただ》の家督継承段階における相続争い＝永享の内訌の際には、範忠の先代範政の「両使」＝使者として三浦安芸守とともに福嶋氏が登場する（永享四年〈一四三二〉）（『県史』6一七五〇）。「満済准后日記《まんさいじゅごうにっき》」を通覧すると、三浦安芸守は範政の内者と判断される。範氏・泰範時点において、福嶋氏の「跡」を今川氏当主が差配していること、加えて永享四年時に範政《のりまさ》に仕えているようなので、福嶋氏が代々今川氏の被官として活動する、いわば譜代の被官と捉えられる。さらには、一族のなかに駿河東部＝江戸期における駿東郡などに所領を有する人物や、使者として京都に赴く者も存在していたことが判明する。

　この後、富士郡内に所領のあった福嶋氏の一人として福嶋修理進《しゅりのじょう》が登場する。彼は寛正元年（一四六〇）四月に、京都の相国寺雲頂院の所領であった賀嶋《かじま》荘（富士市）で年貢の緩怠を行っているが、賀嶋荘の近隣に所在する在国奉公衆《ざいこくほうこうしゅう》・富士大宮司《ふじだいぐうじ》家の祐本《ゆうほん》とその子親時《ちかとき》の惣領権争いに関わっている。その際、伊勢貞親が騒擾に対する幕府の対応を祐本と駿河守護今川義忠《よしただ》に宛てて書状を示しているが、その義忠への披露を「福嶋修理亮《しゅりのすけ》」が行っている（『戦国遺文』今川氏編一四・一五号文書。以下、戦今＋資料番号で示す）。両人は同一人と思われ、修理亮が義忠への披露を行っていることから、黒田基樹氏は彼を今川氏の宿老と位置づけている（黒田二〇二〇）。筆者はここで、福嶋氏が義忠の宿老クラスとして登場していることを重視したいと考えている。つまり、福嶋氏はこの時点ですでに今川氏の被官のなかで、トップクラスの政治的地位を得ていたのである。

　ところで、範忠の子・義忠は伊勢宗瑞《いせそうずい》の姉・北川殿《きたがわどの》を妻としていたように、当時は伊勢氏が幕府と今川氏との取次を務めていた。福嶋氏は「満済准后日記」「親元日記」に登場することから、幕府中枢の人々から今川氏の被官、それもかなり高位にあった人物として認識されていたらしい。今川氏の意向を取り次いでいることからも、今川氏の志向と軌を一にする人物であり、そのために今川氏が構築してきた京都とのパイプをさらに強化していったのだろう。範忠段階については不明ながらも、とくにこの間において福嶋氏が失脚したという記載が史料にみえないため、範忠・義忠段階で徐々に台頭したと考えて問題ないであろう。すなわち、氏親治政以前の福嶋氏は、当主である今川氏と同じ志向を持っており、すでに京都とのパイプを持ち、今川氏の宿老として家中に重きをなしていたといえよう。

戦国期に入って氏親の時代になると、助春・助昌両人以外にも数人の福嶋氏の存在が確認できる。そのうちの数人は後述する福嶋範為《のりため》のように、実名に「範」字を用いていた。「範」字はもともと今川氏の通字で、今川氏の当主となった氏親が、自らは「氏」字を通字として用い、範忠以前の今川氏の通字「範」字を譜代家臣である福嶋氏らに与えることで、実名に「範」字を使用する人物の政治的立場を相対的に下げさせたと思われる。範為は、遠江国羽鳥《はとり》庄（浜松市東区）関係文書（戦今二四三・二四四・二四七、二五九〜二六二）にも見えるため、在京雑掌《ざいきょうざっしょう》と位置づけてよい。一人の事例から結論づけるのは性急かもしれないが、「範」字を偏諱としている福嶋氏は、その字を与えた氏親の「雑掌」などといった、今川氏政権内の役職を担う立場にあったのではないか。とすると助春・助昌両人は、氏親から「範」字を与えられる福嶋氏とは立場が違っていた可能性もあろう。

福嶋助春の動向

確実な史料にみえる助春の初見は、文亀元年（一五〇一）と推測されている年欠九月二十六日付福嶋助春宛今川氏親判物である〔戦今一四二〕。本文書は、本間宗季《ほんまむねすえ》が助春の指揮下で遠江国蔵王《ざおう》城（静岡県袋井市）の攻略に励んだことを氏親が賞したものである。「本間文書」（東京大学史料編纂所架蔵影写本）中に所在しており、同文書群にある永正七年三月二十日付本間宗季軍忠状写〔戦今二三二〕には「福嶋左衛門尉助春」とある。同四年と推測される遠江国浜名《はまな》郡の大福寺文書〔戦今二〇九〕には、福嶋範能が助春のことを「同名左衛門尉」と称しており、さらには同文書群には年代が不明ながらも、「左衛門尉助春」と署名した文書〔戦今一九六〕も存在する。そのため文亀から永正前期において、彼は左衛門尉を称しており、従来どおり文亀元年を初見と考えてよかろう。

ただし戦今八七をみると、明応三年（一四九四）八月十五日に福嶋図書助《ずしょのすけ》助春が駿河国有度郡八幡《うどぐんはちまん》神社《じんじゃ》の所蔵とされる大般若経《だいはんにゃきょう》のために経帙を寄進したとの記載があったとされている。編者注でも述べておいたが、図書助助春が永正四年時点の左衛門尉助春と同一人かは明確でない。仮に同一人であった場合、助春の初見が六年ほどさかのぼることになるが、丸島和洋氏は、図書助助春が左衛門尉助春の初名、すなわち両人は同一人と考えているようだ〔丸島二〇一九〕。

助春の名の多くは、先述した浜名郡大福寺の文書群で確認できる。同文書群から知ることのできる助春について、以下で述べることにしよう。永正五年と推測されている年欠八月二十一日付福嶋助春宛戸田憲光書状写〔戦今二〇〇・弥永一九九八〕がある。発給者の戸田憲光は、三河国田原《たはら》（愛知県田原市）を居点とする国衆であるため、助春は三河国衆戸田氏と直接文書のやり取りを行うことができる武将であり、なおかつそれほどの家格を有していたということをまずは指摘できる。さらに同文書の奥部には、「自田原弾正高天神返状安〔案〕模置」との記載がある。意味としては、「田原の戸田《とだ》弾正忠《だんじょうのじょう》憲光《のりみつ》から、高《たか》天神《てんじん》への返状の案文を模写しておく」ということである。「高天神」とは今川氏の重要拠点として著名な高天神城（静岡県掛川市）のことであり、この文書によって助春は、本文書＝案文が作成された段階で高天神城を居城としていたと認識されていたとすることができる。案文の作成がいつなのか明確でないが、内容的に今川氏親による東三河攻撃に関係するものであり、弥永浩二氏による永正五年との推測は、いまのところ妥当と考えられている〔弥永一九九八〕。

助春が居点としていた高天神城は、遠江中部南方に位置していた。当時の遠江は現在の地形と著しく変わっており、東海道は遠江を南北に二分するような位置で東西に走っており、その南方＝現在の平野になっている部分には中小の河川やラグーン（潟湖）が拡がっていた。同城の眼前には菊川入江と呼ばれる入江が入り込んでおり、外洋に開けた城であったことがわかっており、水運拠点の城として位置付けられていた〔大石二〇二〇〕。発給者の戸田氏は、元来、知多半島を出自としており、そこから渡海して渥美半島の根元にある田原を居点としたとされる、水運に長けた氏族である。その点を視野に入れると、高天神城とは水運を介して連繋していた可能性が高い。

助春の軍事的な活動としては、天方城《あまかた》（静岡県森町）の攻撃、馬伏塚城《まむしづか》（同袋井市）の防衛戦、永正五年の今橋城《いまはし》・石巻城《いしまき》（いずれも愛知県豊橋市）攻撃が確認できる。その際、彼を補佐、あるいは彼への取次として登場するのが玄蕃允範能《げんばのじょうのりよし》〔戦今一九六・二三二〕で、範能は助春の名代の立場にあった。つまり助春は、先述したように「範」字を有する範能よりも上位にあることが明確になるのである。

また、永正十八年（一五二一）になると、氏親は甲斐国の戦国大名武田信虎《たけだのぶとら》と対立しており、そのために勝山《かつやま》（山梨県都留市）に入城し、信虎軍と同国上条河原《かみじょうがわら》（同甲斐市）で合戦している。今川勢は六〇〇〇人とも四〇〇〇人ともいわれる被害を出して敗走したというが（『県史』7七八二・七八三号ほか）、これによって福嶋氏は壊滅的な打撃を受けたとされる〔小和田二〇〇一・弥永一九九八〕。とはいいながらも、氏親の葬儀では福嶋越前《えちぜん》が岡部七郎二郎《おかべしちろうじろう》とともに龕《がん》（棺）を担ぐ大役を担い〔戦今四一五〕、家督を代行した寿桂尼《じゅけいに》の側近としても存在が確認される〔戦今四六六〕。

高天神城を拠点としていた助春が、今川氏から諸権限を付与されていたのかはわからない。丸島氏は助春を「高天神城代」と位置付けており〔丸島二〇一九〕、筆者も同様に捉えている。とはいえ、高天神城の「城代」ではありながらも、今川氏政権内の役職を担う「範」字を名乗る人物よりも上位に位置付けられるそれなりの政治的立場にあったのだろう。

そのような助春は、自身の娘を今川家当主氏親の「側室」とした（当時「側室」という立場は存在しないが、ここでは一般的に理解を得やすい「側室」の表現を用いた）。系譜上で氏親と福嶋左衛門尉の娘との子息とされる玄広恵探が天文五年（一五三六）時点で二〇歳とされるため、彼は永正十四年に誕生したと推測される。この左衛門尉が助春と考えられるため、氏親と助春娘との婚姻は、同十三年以前と考えられるが、この婚姻は遠江守護であった斯波《しば》氏との抗争にほぼ終止符を打った段階に行われたことに注目すべきである。つまり、氏親が遠江支配の安定化を図るため、自身の〝唯一無二〟のパートナーとして福嶋氏を選択したといえる。一方、当主氏親に子が生まれたこともあり、助春を中心とした福嶋氏は今川家の外戚としての地位を得て、今川家内部で最高位に就いたといっても過言ではない状態であった〔大石二〇一八〕。

その助春について、福嶋一族の系譜などを含めて考察した丸島氏は、非常に興味深い指摘をしている〔丸島二〇一九〕。それによると、助春は先述の本間宗季軍忠状写を最後に史料からみえなくなるが、その後、左衛門尉から上総介《かずさのすけ》に改めたのではないかというのである。その際に注目しているのが、永正七年十二月〜同九年閏四月までにおける斯波氏との合戦を記したとされる伊達忠宗《ただむね》軍忠状〔戦今二五五〕で、本文書の紙継目裏にある「前上総介」なる人物の花押であった。この花押は、氏親の曾祖父範政のものと同一の形状をしている。範政は永享五年（一四三三）に没しており、氏親生存中に作成された本文書に花押を据えることはありえない。そのため、本文書は疑問視されていたが、筆者も丸島氏と同様に原本を確認し、正文として問題ないと判断している。

これらを踏まえ丸島氏は、福嶋氏と同じ駿河東部に所領を有する駿河伊達一族の忠宗を軍事指揮下に置き、今川家の官途である上総介を称した人物を検索すると、福嶋助春がもっとも整合性があるという。さらに、その駿河伊達氏が遠江に拠点を移し、福嶋氏の地盤を受け継いだ高天神小笠原氏の与力となっている〔黒田二〇〇一〕点も考慮し、福嶋氏と伊達氏の関係は、助春時代にさかのぼる可能性が高いと述べている。

さらに小和田哲男氏によると、永正十五年に武田氏の従属国衆小山田《おやまだ》氏との和睦を調停した福嶋道宗《どうそう》入道は、助春の可能性が高いという〔勝山記、小和田二〇〇一〕。伊達忠宗の軍忠状の紙継目裏に「前上総介」と記してあることからも、彼がすでに隠居していたことを想定させる。

また、一般的に大名同士の交渉が不成立となった際、その交渉担当者は決裂の責任から敵地に攻め入ることが通例であった。大永元年（一五二一）、今川・武田両氏が甲斐南西部の国衆穴山《あなやま》氏の帰属をめぐって対立した際、今川サイドの外交取次が道宗入道と考えられ、同年に「福島上総介」が甲斐に侵攻し、武田信虎に敗北したという軍記類の記述は、この点を述べていたと小和田氏は指摘している。これらを踏まえて丸島氏も述べているように、すべては仮説だが、筆者は非常に蓋然性が高いと考えている。

なお、助春の嫡男が氏春と思われ、氏親から始まった今川氏の通字「氏」の偏諱を受けたようだ〔丸島二〇一九〕。大福寺に宛てた発給文書の署判は実名のみだが〔戦今一九九〕、それを書写した『大福寺古案』には「左衛門尉」との記載があり〔弥永一九九八〕、妥当な見解といえる。

福嶋助昌の動向

福嶋助昌の文書は、静岡県島田市・静居寺《じょうごじ》所蔵の天文十三年（一五四四）九月二十六日付静居院宛福嶋十郎助昌寄進状〔戦今七四七〕である。本文書は正文か否か明確でないが、現時点では紙質などから筆者は写と判断しているが、花押は当時のものを忠実に書いていると考えられる。

静居寺の所在する島田は、東海道《とうかいどう》の「宿」の一つで大井川《おおいがわ》左岸に位置しており、水運による荷揚げ・荷下ろしが行われた「場」と想定される。大井川を南北に移動する際にも拠点となったと考えられ、今川氏の居点・駿河府中が西から攻撃される場合は大井川を最前線にして駿遠両国の国境を守備したと思われることから、島田は今川氏にとって〝重要拠点〟〝要衝〟であった。

この国境の駿河側には国衆の存在が認められず、拠点となるべき城も存在しないので、国衆は存在しなかったようだ。駿河西部に岡部氏の存在が認められるものの、同氏が島田周辺まで領域を広げていたようにはみえない。そのような島田市伊太《いだ》の静居寺の開基に福嶋助昌が登場する。おそらく、島田と福嶋助昌に関係があったために彼が静居寺の開基となったのであろう。静居寺は曹洞宗の古刹で、永正七年に開創され、福嶋助昌が寺領を寄進したと伝わっているが、その頃に今川氏が軍事活動の円滑化のため、島田周辺の人員配備などについて再編成がなされ、氏親によって福嶋氏＝助昌の入部が図られた可能性がある。

ところで『島田市史』上巻（四九三頁）によると、「福嶋十郎左衛門尉助昌と小笠原十郎左衛門尉助昌は同一人物」といった指摘がある。これは両人の花押の比較による判断であり、花押形の類似性、仮名《けみょう》（通称）「十郎左衛門尉」および実名「助昌」の同一性によるものである。ただし、ここで問題になるのは、両人の花押のうち小笠原助昌の花押が永禄十二年（一五六九）壬五月二日付龍巣院宛文書〔戦今二三七九〕、一方の福嶋助昌の年代の確実な花押も天文十三年（一五四四）九月二十六日付静居院宛〔戦今七四七〕しか存在せず、その形状も微妙に変化していることである。二つの花押には二十五年という年代差があるため、長期間にわたる類似花押の使用ということになり、やや疑問が残る。

当時は、二十五年を超えていれば次世代に移っていたとしても不思議ではない。また、永禄十二年閏五月二日小笠原与八郎氏助の文書〔戦今二三七八〕によると、福嶋氏と小笠原氏は親族であった。両人が親子や直系の親族であれば、類似した花押、さらには実名を連続して使用することもある。そのため、福嶋助昌と小笠原助昌は同一人でなく、じつは親子関係にあった可能性も想定できる。

先述した福嶋助春は、浜名郡の大福寺に乱入した三河国田原戸田氏の代官斎藤《さいとう》氏の狼藉を停止させようと活動していたが、戸田氏の乱入を阻みたいと望んでいたのは大福寺側であった。つまり、遠三国境付近にあった大福寺は、高天神城主福嶋助春を戸田氏との調停者にふさわしいと判断したのであり、つまるところ今川氏が福嶋氏を介して遠江の実効支配を遠三国境付近にまで浸透させていたのである。助春は高天神城を拠点とし、氏親による西遠方面への軍事侵攻・実効支配に力を発揮し始める段階にあった。

そのような状況下で、助昌は氏親によって駿遠国境の駿河側に配備され、助春をはじめとする一族の軍事的・政治的なバックアップを行っていたのではなかろうか。加えて懸河周辺の高天神に福嶋助春が配備されたと考えると、遠江を東西に通過する東海道という「大動脈」上での軍事的・政治的活動の展開を行いやすくしたともいえる。

となると、静居寺を建立した助昌は、中遠以西に所在する一族へのバックアップを行っていたと考えられ、一族にとっても氏親にとっても重要な人物であったといえる。永正七年に静居寺が建立されたとすると、彼がこの地域に入ったのはそれ以前であろう。すでにその段階において、助昌は当時三十八歳の氏親の信任を得ており、彼自身、ある程度の年齢に達していたと判断される。助昌の寄進状には、年月日部分に「能因《のういん》十三回」という文言が明記されている。「能因」は法名のようにみえ、さらには「十三回」との記載が十三回忌を彷彿とさせることに鑑みれば、天文十三年に十三回忌を迎えた能因は、天文元年没となる。

すると、永正七年に静居寺を建立した福嶋助昌＝能因は、天文元年に亡くなり、その後継「十郎助昌」（＝次世代の助昌）が同十三年九月二十六日の十三回忌にあわせて「初指《はっさし》の向田二反」や「堀之内の門口一反」などを新たに寄進したということになる。先に福嶋十郎助昌と小笠原十郎左衛門尉助昌が親子関係の可能性を示唆したが、ここでも福嶋能因助昌と福嶋十郎助昌の二人が混同されて、一人として認識されていた可能性が生じてくる。つまり、これまで助昌は一人と考えられていたが、実態は能因助昌―十郎助昌―小笠原助昌と三代続いていたとすることもできる〔以上、大石二〇一八〕。

以上、福嶋助昌について述べてきたが、あくまで可能性の提示であり、さらには二十五年で世代が代わるというのも当時の一般論を述べたまでで、福嶋助昌はそうではなかった可能性も否定できない。しかし、現時点においてここに示した疑問を解消するような文書や記録などは確認されていない。今後、新たな史料の発見や従来の史料の再検討から、基礎的な解明の行われることが望ましい。

福嶋氏の評価

永正期、今川氏親と寿桂尼、さらには今川家の「家中」で福嶋氏の存在が大きくなることについて、不平・不満・不安が生じていたようにはみえない。それよりも遠江や三河への侵攻、さらに領国の安定化のために福嶋氏は必要不可欠で、重要な存在として認識されていたようである。この時代の今川家にとって、福嶋氏は無二の存在であり、そのためにこそ姻族となって〝一体的〟になることを望み、「家中」もそれを容認したと思われる。

福嶋氏を無二の氏族とする氏親の路線は氏輝まで継続したものの、氏輝の後継の義元や太原崇孚《たいげんそうふ》の段階になると福嶋氏は減退する。さらに、天文五年（一五三六）三月、氏親の後を継いでいた氏輝《うじてる》と、彼の後継と目されていた彦五郎《ひこごろう》が同日に死没した際、家中では梅岳承芳《せんがくじょうほう》（のちの義元）の家督継承が決定していた。しかし、承芳庶兄の玄広恵探《げんこうえたん》が自身の出自である福嶋一族とともに反発して挙兵し（花蔵の乱）、結局義元の家督継承が承認されたことによって、福嶋一族はごく一部の人物を除いて衰亡していったとされている。

ただ、義元段階に福嶋氏が数名の人物を残して活動を継続しているが、その際の春興などは、三河国を中心に国衆などとの「接点」として史料に確認できるため、最終段階に至るまで今川政権内における重臣としての地位は揺るぎないものであったと考えてよいと思われる。

（大石泰史）

【主要参考文献】

大石泰史『今川氏滅亡』（KADOKAWA、二〇一八年）
大石泰史『城の政治戦略』（KADOKAWA、二〇二〇年）
大石泰史「今川氏と京都」（川岡勉編『中世後期の守護と文書システム』思文閣出版、二〇二二年）
小和田哲男「今川氏重臣福島氏の研究」（小和田哲男著作集第二巻『今川氏家臣団の研究』清文堂出坂、二〇〇一年、初出一九九五年）
黒田基樹「遠江高天神小笠原信興の考察」（『戦国期東国の大名と国衆』岩田書院、二〇〇一年、初出一九九九年）
黒田基樹「享徳の乱における今川氏」戦国史研究会編『享徳の乱における今川氏』岩田書院、二〇二〇年）
丸島和洋「今川氏家臣団論」（黒田基樹編著『戦国大名の新研究1　今川義元とその時代』戎光祥出版、二〇一九年）
弥永浩二「今川氏家臣福島氏の研究―遠州大福寺文書の検討を中心にして―」（『史学論集　駒沢大学大学院史学会』二八、一九九八年）

太原崇孚

――「黒衣の宰相」と呼ばれた今川氏のブレーン

「太原雪斎」という名について

太原崇孚《たいげんそうふ》は僧侶という立場にありながら今川義元《いまがわよしもと》を支えたこともあって「黒衣《こくい》の宰相《さいしょう》」と呼ばれ、徳川家康《とくがわいえやす》が竹千代《たけちよ》と名乗っていた幼少期の教育係であったと伝わっている。他には、『甲陽軍鑑《こうようぐんかん》』に「今川家の事、悉皆坊主なくてはならぬ家」と記され、ここでの「坊主」は太原崇孚のことを指しており、太原崇孚がいなければ今川義元の政治は上手くことが運ばないとまで言われている。こうしたことが知られている以前に、太原崇孚ではなく太原雪斎《せっさい》という名前が広く知れ渡っているだろう。

まず、なぜ太原雪斎という名で取り扱われるようになったのか触れておく。雪斎の名は太原崇孚が居住していた臨済寺《りんざいじ》（静岡市葵区）近くの宅を雪斎と呼称していたことに由来する。これは駿河国に下向したことがある公家の冷泉為和《れいぜいためかず》の歌集『為和集』に記されていて、雪斎から富士山《ふじさん》が見えたとある。また、太原崇孚自身が発給した文書の署名も影響しているものと考えられる。太原崇孚の発給文書は少数ではあるが現存しており、文書の原本と写本を含めて十五通確認できる。この十五通のうち十一通に雪斎という署名があり、太原崇孚自身が雪斎を用いているのである。

ほかにも、今川義元の発給文書においても雪斎と記され、江戸時代に作成された軍記物『関八州古《かんはっしゅうこ》戦録《せんろく》』などにも雪斎と書かれており、他者にも認識されていたことがわかる。こうした状況から今でも一般誌において太原雪斎と取り扱われることがあるのではないかと思う。雪斎という名は自他共に用いられているが、僧侶としての名は太原崇孚である。

太原崇孚の出自

出自について見ていきたいが、出自をうかがえる唯一の史料が『護国禅師雪斎遠諱香語写《ごこくぜんじせっさいえんきこうごうつし》』である（以下、『香語写』と略す）。この香語は太原崇孚の三十三回忌にあたる天正十五年（一五八七）に弟子の東谷宗杲が記録したものであり、『香語写』は臨済寺・清見寺《せいけんじ》・増善寺《ぞうぜんじ》に写本が残っているという〔小和田二〇〇一〕。

生年は明応五年（一四九六）であり〔太原崇孚頂相賛〕、『香語写』によると、父は庵原《いはら》氏、母は興津《おきつ》氏という。父の庵原氏というのは今川氏の関連文書にわずかに確認できるのみだが、分国法の「今川仮名目録」に登場する。「今川仮名目録」は大永六年（一五二六）に今川氏親が制定したもので三十三ヵ条から成り、二十条に庵原氏の名が確認できる。具体的には、庵原周防守が借銭をして救済を求めてきたが、今までの働きもあったので氏親が救済したというものである。借銭をしているのは何も庵原周防守に限ったことではなく、他の武将たちも同様の事態であったことは少なからず今川氏関連文書からう

太原崇孚（雪斎）木像　静岡市葵区・臨済寺蔵

かがい知れることである。しかし、借銭の事例として記載されていることを考えると、庵原氏がそれなりの地位にあったのではないだろうか。

次に興津氏についてみていくと、興津氏は鎌倉時代から駿河国内で確認できる氏族である。戦国時代について言えば、水軍や商人としての活動が見られる〔大石二〇〇〇〕。また、系譜関係を整理すると、大きく二系統に分けることができるとする〔糟谷二〇一七〕。しかしながら、母は興津氏であることしかわからず、どちらの系統に属するのか定かでない。

京都との関係・活動

永正六年（一五〇九）に建仁寺《けんにんじ》（京都市東山区）で剃髪し、九英承菊《きゅうえいしょうぎく》と名乗り修行をしていた。大永二年（一五二二）、今川氏親《うじちか》の命令によって駿河に帰国し、芳菊丸《ほうぎくまる》（のちの今川義元）の補佐を務めることとなった。大永六年に再度上洛し、享禄四年（一五三一）に建仁寺の首座（寺内の一番目の地位）となって駿河に帰国する。天文三年（一五三四）に梅岳承芳《せんがくしょうほう》（今川義元）を伴って上洛し、天文四年に駿河に帰国した。

太原崇孚は京都の寺院で修行に励みながら近衛《このえ》家との交流を重ねていた。近衛家は五摂家《ごせっけ》の一つであり、太原崇孚が交流を重ねていた時期の当主は近衛尚通《ひさみち》であった。尚通が記していた日記が『後法成寺関白記《ごほうじょうじかんぱくき》』であり、大永六年から享禄五年に渡って両者の交流の記載が見受けられる。

大永六年正月十日が初見であり「菊蔵主（蔵主は寺内の二番目の地位）」と記され、享禄四年四月二十五日まで蔵主の地位にあり、享禄四年八月二十八日に「菊首座」に変わっている〔大石二〇一七〕。尚通の筆により太原崇孚の地位の異動が知り得て興味深いものといえる。

この当時の近衛家は足利《あしかが》将軍家との婚姻関係を築いている。尚通の娘は第十二代将軍足利義晴《よしはる》の正室となり（十三代将軍義輝《よしてる》と十五代将軍義昭《よしあき》の生母でもある）、義輝の正室は尚通の子稙家《たねいえ》の娘（尚通の孫）であり、近衛家は足利将軍家の外戚にあたる。七年近くに及ぶ太原崇孚と近衛家との関係は京都でも周知され、将軍義晴と義元との関係を築き上げたという〔大石二〇一七〕。

天文十二年六月、山城鹿苑院《ろくおんいん》（京都市上京区の相国寺《しょうこくじ》内にかつてあった塔頭《たっちゅう》、明治期の廃仏毀釈《はいぶつきしゃく》により廃絶）の梅叔法霖《ばいしゅくほうりん》が西芳寺《さいほうじ》（京都市西京区、苔寺として著名）の再興のために義元と太原崇孚に奉加を求めている〔鹿苑日録〕。太原崇孚に対しては義元への披露を求めたものであるが、これも近衛家との交流が知れ渡っていたことによるものとも考えられる。同十九年正月、太原崇孚は上洛し、二十六日、内裏において歌会を主催する〔言継卿記〕。三月二十九日、太原崇孚は妙心寺《みょうしんじ》（京都市右京区）の三十五世となり、紫衣を勅許され、翌日、お礼に参内する〔言継卿記・御湯殿の上日記〕。

義元の家督相続と第一次河東一乱

天文五年（一五三六）三月十七日、梅岳承芳（のちの今川義元）の兄である今川氏輝と彦五郎が死去した〔為和詠草・快元僧都記・高白斎記〕。氏輝には後継者がいなかったために後継者の座をめぐって梅岳承芳と玄広恵探《げんこうえたん》（母は福嶋氏で義元の異母兄）が争う事態となった（花蔵《はなくら》の乱）。

花蔵の乱における太原崇孚の具体的な動向は不明であり、『香語写』には太原崇孚の調略によって乱が治まったとある。しかしながら、『香語写』は太原崇孚の弟子である東谷宗杲の筆によるものであり、師の業績を必要以上に誇張している可能性もあろう。太原崇孚の調略が実際にあったかどうかは現時点ではわからないが、梅岳承芳の勝利を得るために奔走したことは間違いないだろう。

乱の最中の五月三日、足利義晴の「義」の一字を使用することと義元の家督相続を認める、大館晴光の副状案が発給された。この文書の獲得に奔走したのが太原崇孚であろうという〔大石二〇一七〕。一方、文書の日付が遡って記されている可能性があり、乱後にこの文書を獲得したとも考えられるという〔木下二〇一九〕。

花蔵の乱の勝利を経て当主となった義元が大きく変更したことは北条《ほうじょう》氏と決別して武田《たけだ》氏と同盟を結んだことである。父氏親と兄氏輝《うじてる》は北条氏と同盟関係を結び、氏輝が北条氏の小田原城を訪問するなど極めて友好的な関係であった。しかし、義元が当主となり、天文六年二月十日、義元は武田信虎《のぶとら》の娘を室に迎えてこれまで敵対関係にあった武田氏と同盟関係を締結することとなる〔妙法寺記〕。今川氏と武田氏との縁組および同盟関係構築について今川方の誰が関与していたか定かではないが、太原崇孚が交渉役の一人であった可能性はあるだろう。この結果、今川氏と北条氏は同盟関係破綻となり、「河《か》東一乱《とういちらん》」（富士川以東で合戦が行われたことによりこのように呼ばれている）という合戦に至った。天文六年に開戦した第一次河東一乱は同八年まで続き、同九年に小康状態となる。

天文十年六月、武田晴信《はるのぶ》（信玄、以下信玄とする）が父信虎を追放する事態となったが、信虎の追放先として選ばれたのが義元のいる駿府である。信虎の隠居については義元と信玄との間で協議が行われ、今川方の交渉人の一人として太原崇孚が甲斐府中の信玄を訪れている〔堀江文書〕。

第二次河東一乱と駿甲相三国同盟

第一次河東一乱は天文九年（一五四〇）に終息を迎えていたが、天文十三年に小規模な合戦が再開し、翌年も激突することとなった。この合戦における太原崇孚の役割は非常に重要なものであった。

天文十四年七月二十六日に須津中里《すどなかざと》の多門坊《たもんぼう》（静岡県富士市）に対して禁制が発給されている〔多門

坊文書〕。この禁制には日付の下に崇孚の名と花押が書かれ、冒頭に義元が使用していた朱印（印文は義元）が捺されている。つまり太原崇孚が義元の意を奉じたかたちとなって発給されたものである〔大石二〇一七〕。

八月十日、武田氏家臣の駒井高白斎《こまいこうはくさい》（『甲陽日記（高白斎記とも言う）』を記したことで知られている）が今川義元の陣所となっていた善得寺《ぜんとくじ》（静岡県富士市、現在は廃寺）に来て、信玄の書状と口上を今川方の太原崇孚・高井兵庫助《たかいひょうごのすけ》・一宮出羽守《いちのみやでわのかみ》に伝える〔甲陽日記〕。翌日、義元と信玄が善得寺において起請文を交わす〔甲陽日記〕。九月に北条方の吉原城《よしはら》〔静岡県富士市〕が落城した〔甲陽日記〕。十月二十二日、今川氏と北条氏は停戦状態となる。太原崇孚の陣所へ駒井高白斎が三度出向いていることから〔甲陽日記〕、義元が和睦交渉に一番難色を示していたとされる〔丸島二〇一七〕。二十九日、今川氏家臣の朝比奈泰能《あさひなやすよし》の陣所において今川氏と武田氏との交渉が行われ、今回の合戦の発端は北条氏だということなどの三ヵ条が確認された。その内容に関して太原崇孚と泰能の連署状が武田氏家臣の駒井高白斎と板垣信方に渡された。その後も交渉を重ねて義元と信玄は自筆の誓約書を交わして今川氏と北条氏との和睦となった〔甲陽日記〕。

今川氏と武田氏は同盟を結んでいたが、それぞれ、北条氏とも縁組が進められることとなり、天文二十三年七月に北条氏康《うじやす》の娘早川殿《はやかわどの》が今川氏真《うじざね》の室となり、同年十二月に信玄の娘黄梅院殿《おうばいいんでん》が北条氏康嫡男氏政《うじまさ》に嫁ぐこととなった。この一連の縁組成立により駿甲相三国同盟《すんこうそうさんごくどうめい》という結果となった。『関八州古戦録』などでは天文二十三年三月に今川氏と北条氏が合戦に及び、信玄が今川軍の援軍として参戦後太原崇孚の手引きによって義元・信玄・氏康が和平を結び善得寺で対面したと記されている（いわゆる「善得寺の会盟」）。しかし、今川氏と北条氏との合戦は古文書から一切確認できないこと、武田方の記録からも確認できないこと、『香語写』に一切記述がないことから三者の会盟は認めがたい。

三河侵攻

天文十五年（一五四六）に今川氏は三河国への侵攻を開始する。太原崇孚の関連文書のほとんどが三河国関連のものであり、大きな役割を果たしていたことがうかがえる。

同年八月二十九日、三河牛久保《うしくぼ》（愛知県豊川市）の牧野保成《まきのやすしげ》に宛てた書状が確認できるが、内容からこれ以前に両者の間で書状が取り交わされていたことがわかる〔東京大学総合図書館所蔵松平奥平家古文書写〕。同年九月二十八日、牧野保成は五ヵ条に渡る要求を書状に認めるが、その宛所が太原崇孚・朝比奈親徳《ちかのり》・朝比奈泰能の三人であった〔東京大学総合図書館所蔵松平奥平家古文書写〕。

同年十二月二十四日、細谷《ほそや》（愛知県豊橋市）に領土を持つ野々山甚九郎《ののやまじんくろう》に太原崇孚が知行安堵状を与えている〔野々山文書〕。その内容は、後日義元の所へ出仕して判物をもらうようにと言っており、太原崇孚の安堵はあくまで仮のものである。しかしながら、こういった内容の文書は太原崇孚以外では確認できず、三河の武将たちを服従させる際に太原崇孚が重要な役割を果たしていたと言える。同十六年八月二十六日、牧野保成宛の太原崇孚書状写において義元への用件は太原崇孚と朝比奈親徳が担当していると述べる。野々山宛の文書に加えて太原崇孚の三河での地位の高さがうかがえるものといえる。

同年九月五日、三河田原《たはら》（愛知県田原市）において合戦が行われ、今川軍の天野景泰《あまのかげやす》が手負い注文を作成し、この手負い注文は太原崇孚を通して義元に披露された。同十八年七月七日、太平寺《たいへいじ》（愛知県豊橋市）の寺領目録が作成され〔太平寺文書〕、太原崇孚の花押と署名が確認できる。

同十八年九月には吉良《きら》荘（愛知県西尾市ほか）に侵攻し、十日と十二日付けで太原崇孚らによる連署の禁制が無量寿寺《むりょうじゅじ》（愛知県西尾市）に発給される。十一月に織田方の安城城《あんじょうじょう》（愛知県安城市）が今川軍の手におちて織田信広《おだのぶひろ》（信長兄）が捕虜となり、織田氏のもとにいた竹千代（徳川家康）と信広を交換したとあるが〔三河物語〕、詳細は不明である。

天文二十一年二月に太原崇孚は美濃大円寺《だいえんじ》（岐阜県恵那市にあったが現在は廃寺）の明叔慶浚に書状を送る。その内容は、今川軍の度重なる出陣により国が衰亡していくのではないかという危惧を太原崇孚が吐露したものである〔小笠原二〇一七〕。太原崇孚自身が三河侵攻の重責を担いながらも負の感情を抱いていたのは興味深いものと言える。

天文二十年以降三河国における活動がほとんど確認できなくなる。理由については定かではないが、駿河に戻り本職の宗教活動に力を入れた可能性もあろう。時期は不明であるが、療養のために長慶寺《ちょうけいじ》（静岡県藤枝市）に移ることとなる。長慶寺の近くには修善院《しゅぜんいん》があり、ここに太原崇孚の姉がいて看病にあたったという〔小和田二〇〇一〕。弘治元年（一五五五）閏十月十日に六十歳で死去し、三年後、後奈良天皇から宝珠護国禅師《ほうじゅごこくぜんじ》という名を贈られた〔太原崇孚頂相賛〕。

太原崇孚関連の寺社

善得寺（静岡県富士市、現在は廃寺）は延徳二年（一四九〇）に今川氏親が京都から黙堂寿昭《もくどうじゅしょう》を招いて開いたお寺である。氏親は黙堂寿昭の後継として建仁寺の琴渓承舜《きんけいしょうしゅん》を招いた。琴渓承舜は太原崇孚が建仁寺で修行中の師であり、吉良氏出身とされている。大永五年（一五二五）、芳菊丸（のちの今川義元）が得度したのがこのお寺である。天文十四年（一五四五）の第二次河東一乱時には義元の陣所となり義元と信玄との対面が行われるなど戦乱の舞台にもなった。天文二十三年、漢詩を作る際の手引書「聚分《じゅぶん》韻略《いんりゃく》」が建乗によって刊行されている。建乗は太原崇孚の弟とされ、「聚分韻略」の刊行に太原崇孚も関わっていたのではないだろうか。

臨済寺（静岡市葵区）は北川殿《きたがわどの》（今川義忠室であり伊勢宗瑞姉）の邸宅跡に建てられた善得院を前身とする。天文五年三月の氏輝の死去に伴い臨済寺と名を改め氏輝の菩提寺となった。太原崇孚は妙心寺（京都市右京区）の大休宗休を招いて、自身は臨済寺の二世となっている。天文十年七月六日には太原崇孚生母（興津氏）の二十一日忌仏事が執り行われている。天文二十三年、太原崇孚は中国の史書「歴代序《れきだいじょ》略《りゃく》」を刊行し〔歴代序略奥書〕、臨済寺版と呼ばれた。なお、徳川家康が竹千代と名乗っていた時分に太原崇孚から教えを受けたとされ、家康公手習いの間が今も残されている（通常非公開）。
清見寺（静岡市清水区）は寺伝によると奈良時代の創建という。康永元年（一三四二）に十刹の第九位と格付けされ〔扶桑五山記〕、駿河国内の五山派寺院としては最高の寺格である。永享四年（一四三二）、六代将軍足利義教が対立していた鎌倉公方足利持氏を牽制するために駿河に下向してくるが、滞在先の一つに選ばれている〔富士紀行〕。文明八年（一四七六）、今川家の家督相続をめぐる戦火に巻き込まれて焼失。同十七年に訪れた万里集九は清見寺の荒廃した様子を記している〔梅花無尽蔵〕。天文年間に今川義元の支援を受けながら太原崇孚が復興に尽力し、天文二十年八月に太原崇孚は義元から清見寺住持に関する安堵状を受給している〔清見寺文書〕。

（遠藤英弥）

【主要参考文献】

『今川氏年表』（高志書院、二〇一七年）

遠藤英弥「今川氏の三河領国化と太原崇孚」（『駒澤大学大学院史学論集』三八、二〇〇八年）

大石泰史「興津氏に関する基礎的考察」（所理喜夫編『戦国大名から将軍権力へ―転換期を歩く―』吉川弘文館、二〇〇〇年）

大石泰史「公家・将軍家との「外交関係を支えた今川家の側近たち」（大石泰史編『今川氏研究の最前線』洋泉社、二〇一七年）

小笠原春香「臨済宗寺院の興隆と今川氏の領国拡大」（大石泰史編『今川氏研究の最前線』洋泉社、二〇一七年）

小和田哲男「太原崇孚雪斎研究」（小和田哲男著作集第二巻『今川氏家臣団の研究』清文堂、二〇〇一年）

糟谷幸裕「戦国期駿河興津氏の研究―系譜関係を基軸として―」（戦国史研究会編『戦国期政治史論集【東国編】』岩田書院、二〇一七年）

木下聡「室町幕府との交渉の展開」（黒田基樹編著『戦国大名の新研究1　今川義元とその時代』戎光祥出版、二〇一九年）
平野明夫「太原崇孚雪斎の地位と権限」（『駿河の今川氏』一〇、一九八七年）
丸島和洋「今川氏の栄枯盛衰と連動した「甲駿相三国同盟」」（大石泰史編『今川氏研究の最前線』洋泉社、二〇一七年）

朝比奈親徳・信置
——今川氏と武田氏の狭間で揺れた父子

朝比奈親徳の登場と終見

朝比奈《あさひな》親徳《ちかのり》の名は系図上では確認できないが、系図では「元長《もとなが》」に該当し、親徳の「親」の字は今川氏親《うじちか》の偏諱《へんき》と考えられる（大石一九九四）。官途《かんと》・受領《ずりょう》の変遷は右兵衛尉《うひょうえのじょう》・三郎右兵衛尉《さぶろうひょうえのじょう》・駿河守《するがのかみ》・丹波守《たんばのかみ》を名乗っていることが明らかにされている。父親の名については、「寛永諸家系図伝」は俊永《としなが》、「寛政重修諸家譜」七五四所収「朝比奈系図」・『駿河記』所収系図では俊長《としなが》とあるが、系図以外では確認できない（黒田二〇〇一）。親徳は、「寛永諸家系図伝」では「丹波守　生国同上（駿河）法名祖心」とあり、「寛政重修諸家譜」に「丹波守　氏親および義元《よしもと》につかふ」とある。『駿河記』所収系図が「元《げん》長寺開基《ちょうじかいき》」と記している。寺院の開基について触れておくと、前出の三系図のうち、『駿河記』所収系図のみが寺院開基を載せ、「俊長」が長源院《ちょうげんいん》、「元長（親徳）」が元長寺、「信直《のぶなお》（信置《のぶおき》の誤り）」が一乗寺の開基と記されている。これらの寺院はすべて曹洞宗《そうとうしゅう》寺院であり、各寺院（三寺とも現存）の過去帳には朝比奈氏が開基となっていることが記され、『駿河記』所収系図の記載と合致する。この点について、掛川《かけがわ》の朝比奈氏も曹洞宗寺院を建立しており、朝比奈氏と曹洞宗の関係をうかがい知ることができる。

親徳の所領について確認できるのは一箇所のみである。永禄五年（一五六二）六月二十三日付今川氏真判物から遠江国曽我《そが》庄領家内が親徳の知行地であることがわかる〔尊永寺文書〕。本貫地については駿河国内ではなかったかと思う。親徳息信置は永禄十二年十二月に武田信玄が駿河侵攻の際に同心と共に信玄に従う。このときの同心三人の所領はすべて駿河国内であり、寄親《よりおや》の親徳も同様だったのではなかろうか。

所領とは異なるが、阿野原《あのはら》（駿河国駿東郡）地域に関する『御肴日記』から、親徳が漁船を所持していたことが確認できる〔菊池二〇〇四〕。同日記に「同御免　壱艘　朝比奈丹波守殿」との記載があり、親徳所有の漁船による水揚分（阿野原地域）はすべて親徳の収穫物とする権利を有していたのだろう。

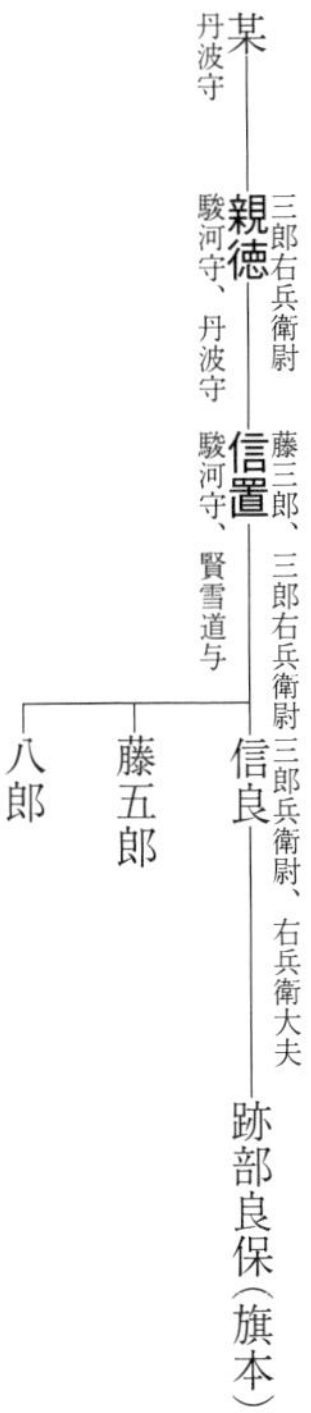

駿河朝比奈氏略系図　黒田基樹編著『今川義元とその時代』（戎光祥出版、2019年）より転載　原図作成：丸島和洋

わずかではあるが儀礼の場にも親徳は名を連ね、弘治年間、駿河《するが》国に在国する公家山科《やましな》

言継《ときつぐ》の日記『言継卿記』に登場する。弘治二年（一五五六）十二月十八日、北条氏康《ほうじょううじやす》息氏規《うじのり》の祝言に親徳が出席し、言継の家来から「伏見殿御短冊五」を受け取っている。翌年正月十三日の今川氏真邸における歌会始、同年二月二十五日の氏真邸の和歌会にも出席している。

親徳の終見は永禄六年四月十日付高松神主《たかまつかんぬし》宛て朝比奈親徳書状であり〔中山文書〕、以後は親徳の動向を確認することができなくなる。死期については永禄九年八月二十二日に死去したとされ、「月光院殿天叟元長大居士」とある〔元長寺過去帳〕。

駿河・遠江における活動

天文五年（一五三六）二月十七日付連署奉書写〔懸川誌稿巻九尾上文書〕が親徳の初見であり、親徳は右衛門尉《えもんのじょう》親貞《ちかさだ》という者と共に、今川氏輝《うじてる》（今川氏親嫡男）の意思を奉じている。

同十六年十二月十日、親徳は遠江高松神社（静岡県御前崎市）に宛てて文書を発給している〔中山文書〕。内容は、高松神社が訴状を提出したことに対して、親徳が今川義元に判物を申請したことを高松神社に伝えたというものである。親徳と高松神社との関係は永禄六年（一五六三）にも確認できる。四月十日に親徳は高松神社に対して書状を認めている〔中山文書〕。内容は、今川氏真によって駿河・遠江の広域に臨時の棟別役《むなべつやく》が賦課されるなかで高松神社にも賦課されるが、朝比奈親徳が三浦正俊《みうらまさとし》ら諸方面に働きかけ、免除を認められたというものである。ただし、親徳の役割は天文十六年と永禄六年とでは異なっている。天文十六年時は親徳が義元に直接披露していたが、永禄六年時は氏真に披露したのは親徳ではなく、三浦正俊となっている。この点については、親徳の氏真政権内における立場が変化したのではないかとも考えられる。

永禄三年八月三日、西福寺《さいふくじ》（静岡県磐田市）が親徳を通して訴訟を起こしている〔最福寺文書〕。翌年十一月十六日、岡宮浅間神社《おかみやせんげんじんじゃ》の供僧職をめぐっての訴訟も親徳を通しての訴訟であった〔岡宮浅間神社文書〕。

親徳は駿河久遠寺《くおんじ》（静岡県富士宮市）の訴訟も担当しているが、久遠寺との関係で安房妙本寺《みょうほんじ》（千葉県鋸南町）とも書状のやりとりが確認できる（久遠寺と妙本寺は共に日蓮宗寺院であり、この当時の両寺は住持職が兼帯されていた）。天文十五年九月二十九日、親徳は久遠寺と妙本寺からの訴えを義元へ披露し、義元が諸役免除の判物を久遠寺に与えている〔久遠寺文書〕。永禄三年八月十六日、妙本寺が氏真に対して書状を送ってきたが、親徳は三河国に在陣しているので、帰国後、氏真に披露すると伝えている〔妙本寺文書〕。翌年四月十五日の親徳書状によると、妙本寺の日我《にちが》が駿河に下向予定であり、駿河逗留中は親徳が用を務めるので遠慮しないようにということと、氏真へ日我の「内儀」を申し入れたと伝えている〔妙本寺文書〕。

永禄二年十二月二十七日付今川氏真《うじざね》判物写によると、親徳が下方（静岡県富士市）代官を務めていることがわかる〔朝比奈文書〕。下方内に御料所（今川氏直轄領）の存在が指摘され〔有光一九九四〕、親徳は下方代官として年貢の徴収や御料所の管理に当たっていたと考えられる。

永禄三年四月八日付けの今川氏朱印状では親徳が奉者となっている〔反町十郎文書〕。日付の下には「奉《これをたてまつる》之」という隣国の武田氏・北条氏の奉書では多数みられる文言であるが、今川氏の事例では奉書自体の発給数も少なくわずかしか確認できないが、親徳が奉書式印判状の奉者となっていることは印判状の発給過程に関わっていたと考えられる。

親徳の家臣についてはほとんど確認することができないが、同心として親徳に附属された者たちがいる。それは天文二十一年五月二十四日付の今川義元判物写の二通からうかがえる〔星谷文書・片岡文書〕。宛所の星屋と片岡は、親徳に同心して戦うことを義元から命じられている。

三河国における親徳

親徳の三河国における動向は天文十五年（一五四六）九月二十八日付牧野保成《まきのやすしげ》条目写から確認でき、三河牛久保《うしくぼ》（愛知県豊川市）の牧野保成が今川氏に対して知行要求などを書き連ねたものである〔松平奥平家古文書写〕。この文書の裏に親徳が朝比奈泰能《やすよし》・太原崇孚《たいげんそうふ》と三人で証判を据えている。同年十月十六日、牧野保成は再度条目を提出しているが、宛所が親徳と太原崇孚である〔松平奥平家古文書写〕。

三河国における親徳の役割を端的に示すのが天文十六年八月二十六日付牧野田三郎《でんざぶろう》宛て太原崇孚書状写であり、「屋形《やかた》（今川義元）」へ用件がある場合は「愚僧（太原崇孚）」と「朝三（朝比奈三郎右兵衛尉親徳)」が担当するとしている〔松平奥平家古文書写〕。

　牧野保成は所領争いをして、今川家の重臣達に書状を送っている。天文十九年十二月に三浦氏員《みうらうじかず》・太原崇孚・葛山氏元《かずらやまうじもと》の書状が確認できるが、三人は保成の所領相論に関して助言にとどまり、親徳に相談するようにと伝えている。これは、親徳が牧野保成の「奏者」となっているからであり、牧野保成は寄親朝比奈親徳を通して提訴しなければならず、太原崇孚ら三人が助言にとどめていることも理解できよう。

朝比奈親徳の墓　静岡市葵区

　他にも同様の事例を永禄二年(一五五九)五月十六日付松平《まつだいら》元康《もとやす》定書から確認できる〔桑原洋次郎氏所蔵文書〕。これは七か条からなる定書であり、四か条目に「万事《ばんじ》各《おのおの》令分別事《ぶんべつせしむること》、元康《もとやす》縦《たとえ》雖相紛《あいまぎれるといえども》、達而《たって》一烈而可申《いちれつしてもうすべし》、其上不承引者《そのうえしょういんせざれば》、関刑・朝丹へ其理可申事《そのりをもうすべきこと》」とある。後半部分で松平元康(のちの徳川家康)が「各」の上進について不承諾であれば、「関刑(関口氏純《せきぐちうじずみ》)」と「朝丹(朝比奈丹波守親徳)」へ訴えろとしていることである。

　永禄三年五月十九日、尾張桶狭間にて今川義元が戦死するなか、親徳は最前線で鉄砲によって負傷し、義元の討ち死にの場に居合わせず面目を失ったと無念さを伝えている〔妙本寺文書〕。

同年八月、親徳は「拙夫于今三州在陣之儀候条」と返答し、桶狭間合戦から三か月が経過した時点においても、親徳は三河国に在陣しながら、三河国内の安定化につとめていたのだろう〔大石一九九四〕。

今川氏から武田氏へ従属先を変えた信置

信置は父親徳の嫡男として享禄二年（一五二九）に誕生〔寛永諸家系図伝〕。仮名や官途などの変遷を追うと、天文十七年（一五四八）七月一日に藤三郎《とうざぶろう》とみえ〔土佐国蠹簡集残編三〕、官途は三郎兵衛《さぶろうひょうえの》尉《じょう》〔成就院文書〕、永禄六年（一五六三）閏十二月十六日に右兵衛大夫《うひょうえのだいぶ》〔土佐国蠹簡集残編五〕と名乗る。父親徳も名乗っていた三郎右兵衛尉から右兵衛大夫と改称したのは家督継承にともなってのものだという〔黒田二〇〇一〕。永禄十二年正月十日に駿河守〔土佐国蠹簡集残編四〕、天正八年五月ごろまでに出家して堅雪道与《けんせつどうよ》と名乗る。

初見は、天文十七年七月一日付今川義元感状であり、三河小豆坂《あずきざか》（愛知県岡崎市）において戦功を挙げている〔土佐国蠹簡集残編三〕。永禄六年閏十二月十六日付では遠江引間《ひくま》（浜松市中区）における戦果を、同七年正月六日付では正月三日の戦功を今川氏真から称されている〔土佐国蠹簡集残編六〕。永禄六年十二月と翌月の戦功は「遠州忩劇《えんしゅうそうげき》」と呼ばれる大規模な反乱下でのものであり、共に飯尾氏が合戦相手と考えられる。

年未詳七月二十六日付今川氏真書状に「委細《いさい》朝比奈三郎兵衛尉可申候《もうすべくそうろう》」〔成就院文書〕、永禄八年

十月十一日付氏真書状に「猶《なお》朝比奈右兵衛大夫可申候」とあり〔富士六所浅間神社文書〕、氏真書状の添状を発給しているか使者になった可能性がある。今川氏時代は側近的な役割を果たしていたとする〔黒田二〇〇一〕。

永禄十一年十二月上旬、甲斐の武田信玄《たけだしんげん》が駿河に侵攻してくるが、信置は信玄に従属することを決めて翌年正月十日付信玄判物では「駿河守」と記され〔土佐国蠹簡集残編四〕、同時に「信」の一字を与えられて信置と名乗ったとされる〔寛永諸家系図伝〕。一方、氏真は信置の所領を没収したうえで所領の一部であった上長尾《かみながお》（静岡県川根本町）を奥山《おくやま》氏へ与えている〔奥領家奥山文書〕。翌年五月六日にも氏真は信置の同心給恩跡職の差配を小倉勝久《おぐらかつひさ》に許可している〔小倉文書〕。これらの行為は信置の離反への対抗措置である。

信置はいかなる理由により今川氏を離反して信玄に従ったのであろうか。同心の存在が大きく影響したのかもしれない。信置の同心である安東輝光・青島五郎兵衛・古槇源四郎が信置と共に行動したことで信玄から知行を与えられたが〔市島春城旧蔵手鑑・判物証文写・土佐国蠹簡集残編〕、彼らの所領は今川氏側の所領としては北に位置していた。つまり、彼らは今川氏と武田氏とのまさに境目に位置しており、彼ら自身の進退問題に直結することとなる。最終的には信置の判断によって離反したのだが彼らの意見も汲んでいたのかもしれない。

各地を転戦

永禄十二年（一五六九）二月二十三日、信置は武田信友《のぶとも》（信玄弟）と小原伊豆守《こはらいずのかみ》と共に安倍山中（静岡市葵区）の駿河衆の人質交渉を行うが、信玄の許可を得ていなかったことによって信置は自ら出仕を一時停止した〔酒井家文書〕。織田《おだ》家の羽柴秀吉《はしばひでよし》が備前《びぜん》の宇喜多直家《うきたなおいえ》の従属交渉を信長の許可を得ずに行って信長の勘気を被った事例〔信長公記〕と同様といえるだろう。

元亀元年（一五七〇）正月、朝比奈輝勝《てるかつ》と共に田中《たなか》城（静岡県藤枝市）二の曲輪・三の曲輪に配置される〔高山重吉氏所蔵文書〕。天正元年（一五七三）八月二十五日、山県昌景《やまがたまさかげ》のもとで穴山信君《あなやまのぶただ》・武田信《のぶ》廉《かど》・岡部元信《おかべもとのぶ》・岡部正綱《まさつな》と共に三河長篠《ながしの》城（愛知県新城市）の後詰めにあたるように勝頼から命じられる〔尊経閣古文書纂〕。同三年七月五日、山県昌満《まさみつ》（昌景の子）のもとで遠江犬居《いぬい》（浜松市天竜区）の天野《あまの》藤秀《ふじひで》の加勢に加わるよう命じられる〔孕石家文書〕。信置の指南は山県昌景であったが、昌景は天正三年の長篠合戦において戦死し、昌景の後継者昌満が引き続いて信置の指南になっている。

天正六年六月十四日、遠江高天神《たかてんじん》城（静岡県掛川市）の在番衆《ざいばんしゅう》の送迎を命じられる〔土佐国蠹簡集残編四〕。同八年五月までに信良《のぶよし》に家督を譲渡し、自身は出家として堅雪道与と名乗る。同九年六月六日穴山梅雪斎《ばいせつさい》書状写によると、駿河用宗《もちむね》城（静岡市駿河区）の普請を武田氏の指示に従って行うように命じているが、信置の願いによるものであった〔楓軒文書纂〕。信置息信良も用宗城に在城しており、何らかの問題があったと考えられる。天正十年二月、徳川氏からの降伏の呼びかけに対して拒否するとの旨を石川数正《いしかわかずまさ》に伝える〔日東文書〕。二月二十九日、用宗城を開城して駿河久能城《くのう》（静岡市駿河区）へ退去〔家忠日記〕。武田氏滅亡後、駿河蒲原城《かんばら》（静岡市清水区）内にて殺害されたが〔甲乱記〕、日付は四月八日とある〔寛政重修諸家譜〕。

所領支配と一族

元亀三年正月十九日、関平左衛門《せきへいざえもん》に石田（静岡県沼津市）内の関名・松井名《まつい》を与えている〔関家文書〕。閏正月十九日、貫名三衛門尉《ぬきなさんえもんのじょう》の奉公願いを北条氏政の了承付きで許可し、二〇貫文の知行を約束する〔相州文書〕。永禄十二年五月の懸川城開城後に氏真と共に北条氏のもとへ去った今川家臣は多くみられ、武田氏・徳川氏に従った今川家臣が北条氏のもとにいる一族を再び帰属させるようにと交渉している事例がほかにも確認できる。三月十二日に石切左衛門五郎《いしぎりさえもんごろう》に庵原郷《いはら》西方五貫文を与える〔片平家所蔵文書〕。天正四年八月五日、井出伝左衛門尉《いででんざえもんのじょう》に加島《かしま》（静岡県富士市）内と方上《かたのかみ》（静岡県焼津市）内と合わせて五〇貫文の知行を与えている〔井出家文書〕。同月二十八日、原川新左衛門《はらかわしんざえもん》に石脇郷《いしわき》（静岡県焼津市）内九五〇文の屋敷地を宛行う〔原川家文書〕。同九年七月二十二日に石切に対し東方（静岡市清水区）石切屋敷内の樹木の管理を、十一月二十日に石切屋敷を安堵した〔片平信弘氏所蔵文書〕。二通とも信置の朱印状によるものであり、「宝納」という朱印が捺印されている。「信」の字を与えられていること、印判を使用していること、両方が確認できるのは駿河では信置、遠江では小笠原信興のみである〔黒田二〇〇一〕。

元亀二年十二月に伊勢御師亀田大夫へ庵原郷（静岡市清水区）西方一二貫文を寄進する〔亀田文書〕。天正六年正月二十七日、駿河長谷寺《はせでら》の塔頭《たっちゅう》理覚院《りかくいん》へ屋敷を与え本尊の帰座を命じている〔清水寺所蔵文書〕。本尊を戻さなければならなくなった理由は不明だが、寺院の再興・復興に尽力するのも領主の務めであろう。

信置室　信置室は引間の飯尾乗連《いのおのりつら》の娘〔寛永諸家系図伝〕。天正九年六月二十三日に信置判物の「にしかた」は信置室（飯尾乗連の娘）に該当するという〔黒田二〇〇一〕。

信良　信置の嫡男。室は跡部勝資《あとべかつすけ》の娘〔寛政重修諸家譜〕。信良の「信」は武田氏からの一字を与えられたものとされる〔武田氏家臣団人名辞典〕。初見は天正三年十二月十八日で朝比奈泰茂《やすもち》から信良に対して朝比奈氏惣領職が譲られている〔土佐国蠹簡集残編〕。同八年五月までに信置から家督を譲渡され、父と同じ右兵衛大夫を名乗り、駿河用宗城（静岡市駿河区）に在城していた〔家忠日記〕。天正九年六月二十三日、信置は藤五郎と八郎に対して信良に従って奉公するよう命じる〔土佐国蠹簡集残編〕。同十年三月に武田氏が滅亡し、信濃諏訪《すわ》（長野県諏訪市）で織田氏に殺害された〔甲乱記〕。父信置が用宗城を開城したのちに蒲原城内にて殺害されているが、信良は行動を共にしていない。再起を図ろうとしていたのだろうか。

藤五郎・八郎　天正九年六月二十三日に父信置から信良に従って奉公するようにと命じられ、所領を宛行われる〔土佐国蠧簡集残編四〕。信置次男が土地山内家に仕官するが、藤五郎と八郎のどちらかが信置次男に該当するという〔黒田二〇〇一〕。

（遠藤英弥）

【主要参考文献】

有光友學「今川氏直轄領支配」（同著『戦国大名今川氏の研究』吉川弘文館、一九九四年）
黒田基樹「武田氏の駿河支配と朝比奈信置」（黒田基樹『戦国期東国の大名と国衆』岩田書院、二〇〇一年）
菊池浩幸「戦国期沿岸地域に関する一考察—阿野荘原を事例に—」（『沼津市史研究』一三、二〇〇四年）
大石泰史「妙本寺文書から見た戦国時代—個別文書の具体的検討—」『千葉史学』二四、一九九四年）
前田利久「今川家旧臣の再仕官」（静岡県地域史研究会編『戦国期静岡の研究』清文堂出版、二〇〇一年）

岡部元信
――今川氏・武田氏に仕え、武功に優れた雄将

鎌倉期から南北朝期の岡部氏

岡部《おかべ》氏は駿河国岡部（静岡県藤枝市）が本貫と考えられ、伊勢神宮《いせじんぐう》の所領を書き記した『神鳳抄《じんほうしょう》』に岡部御厨《みくりや》（御厨とは神饌を調進するための領地）が確認できる。また、建長元年（一二四九）七月二十三日の北条時頼《ほうじょうときより》・重時《しげとき》の関東下知状に岡部郷の名がみえる〔尊経閣古文書纂所収宝菩提院文書〕。養和元年（一一八一）二月二十八日に源頼朝《みなもとのよりとも》が平家軍を討つために岡部次郎忠綱《じろうただつな》を遠江に派遣している〔吾妻鏡〕。文治二年（一一八六）正月三日に岡部泰綱《やすつな》（忠綱父）が頼朝の鶴岡八幡宮《つるがおかはちまんぐう》（神奈川県鎌倉市）参詣に際して随兵を務めている〔吾妻鏡〕。ほかにも忠綱息時綱《ときつな》・左衛門四郎《さえもんしろう》・兵衛尉跡《ひょうえのじょうあと》（兵衛尉の後継者）・左衛門尉跡（左衛門尉の後継者）が確認できる〔吾妻鏡〕。

南北朝期から室町初期にはわずか一回確認できるばかりである。それは今川範政《いまがわのりまさ》の家督継承をめぐる争いのなかでのことである。永享四年（一四三二）三月、今川範政は嫡男範忠《のりただ》と次男弥五郎《やごろう》（範勝《のりかつ》）を指し置いて末子の千代秋丸《ちよあきまる》（範頼）に家督を譲る旨を幕府に訴え出る〔満済准后日記〕。当時室町幕府と鎌倉府《かまくらふ》は対立関係にあり、将軍足利義教《あしかがよしのり》にとっては鎌倉府の中枢である扇谷上杉《おうぎがやつうえすぎ》氏の血を引く者を

範政の後継にすることは忌避すべきことであった。一度は範忠が遁世するなど紆余曲折を経て、幕府は範政の後継を範忠に決定する〔今川家古文書写〕。しかし、範勝を支持する勢力も出現し駿河国内では反乱が起きていた。合戦の折に範忠側として岡部氏の名が確認できるが、「岡部」とあるのみで官途《かんと》・受領《ずりょう》・実名《じつめい》などはわからない。

今川氏のもとでの元信

父は親綱《ちかつな》。親綱は確認できる動向は少ないが、天文五年(一五三六)の花蔵《はなくら》の乱の戦果は親綱最大の功績といってよいものである。乱の最中に葉梨《はなし》城(静岡県藤枝市)を攻め落としただけではなく、玄広《げんこう》恵探《えたん》側に奪われた「重書」を取り戻して義元から自筆感状を与えられた〔藤枝市郷土博物館所蔵岡部文書〕。

天文十一年(一五四二)二月二十二日、今川義元《よしもと》から「元」の一字を与えられた小次郎元綱《こじろうもとつな》が元信の前身と考えられている〔前田二〇〇一〕。元信も父親綱と同様に初名に「綱」の字を使用していることから、鎌倉時代の康綱《やすつな》・忠綱の流れを汲んでいた可能性は十分考えられる。天文二十一年八月十五日に五郎兵衛尉《ごろうひょうえのじょう》、はやければ元亀三年(一五七二)正月十四日以前に、遅くても翌年十一月二十日以前に丹波守《たんばのかみ》の受領名を名乗る。天正六年(一五七八)三月二十二日、高野山《こうやさん》(和歌山県高野町)にて室と共に逆修供養《ぎゃくしゅくよう》(生前供養)を行い、元信は「一深宗信禅定門《いっしんしゅうしんぜんじょうもん》」と記載されている〔高野山本覚院所蔵西

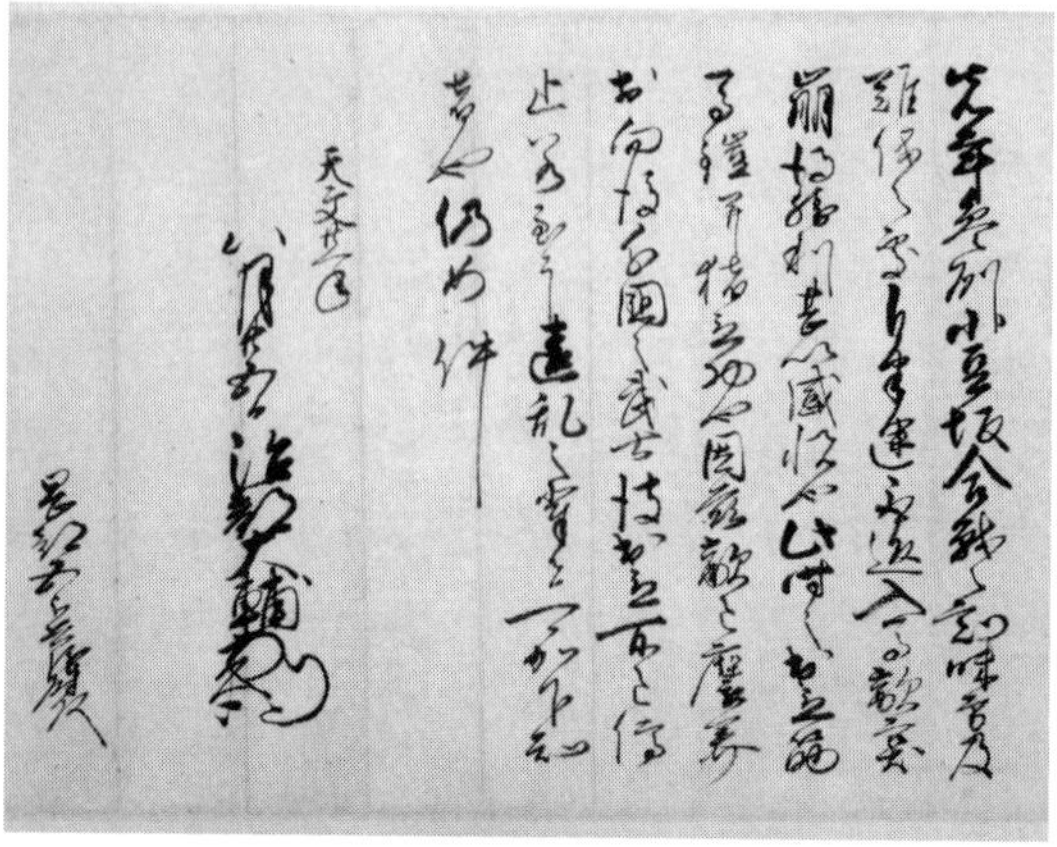

天文21年8月25日付今川義元判物　岡部家文書　藤枝市郷土博物館蔵

方院岡部氏過去帳〕。

天文十七年三月三河小豆坂《あずきざか》の合戦（愛知県岡崎市）に参戦して戦功を挙げる。このとき身につけていた「筋馬鎧（馬鎧は馬の防具）」と「猪立物」は敵からも称賛され、以後、分国の武士が元信と同じ出立をすることを禁止された〔藤枝市郷土博物館所蔵岡部文書〕。

天文二十一年八月十五日以降のことと考えられるが、元信は今川氏を離れて武田《たけだ》信玄《しんげん》（当時は晴信《はるのぶ》と名乗っていたが、煩雑なので信玄とする）のところで牢人となる〔藤枝市郷土博物館所蔵岡部家文書〕。出奔の背景は兄弟との所領争いであり義元から所領を没収される事態にまで発展した〔静岡県岡部町岡部家文書・藤枝市郷土博物館所蔵岡部家文書〕。出奔先が武田氏ということを考えると、天文二十三年七月に北条氏康《ほうじょううじやす》の娘早川殿《はやかわどの》が今川氏真《うじざね》の室となる以前のことであろうか。武田氏に牢人しているときに信玄から「信」の一字を与えられ、元綱から元信《もとのぶ》へ改名した可能性があり、「信」の字が下に来ているのは「元」の字が義元から与えられたことも関係しているという〔深沢二〇一九〕。

時期は不明ながら再び今川氏に仕官することとなる。永禄三年（一五六〇）五月の桶狭間《おけはざま》（愛知県豊明市）合戦以前に尾張鳴海城《なるみ》（名古屋市緑区）に在城するが、入城時期は不明である。永禄三年五月十九日の桶狭間合戦の義元の敗死にともなって大高城《おおだか》（名古屋市緑区）と沓懸城《くつかけ》（愛知県豊明市）が落城する一方、元信は鳴海城を死守している〔静岡県岡部町岡部家文書・藤枝市郷土博物館所蔵岡部家文書・国立公文書館所蔵土佐国蠹簡集残編三〕。また、元信は計略を用いて苅屋城《かりや》（愛知県刈谷市）の水野藤九郎《みずのとうくろう》を討ち捕っている。これらの戦果によって数年来没収されていた勝間田《かつまた》（静岡県牧之原市）・桐山《きりやま》（牧之原市か）・内田《うちだ》（静岡県菊川市・掛川市）・北矢部《きたやべ》（静岡市清水区）を取り戻すことに成功した。元信が鳴海城を織田信長に引き渡す際に義元の首を引き渡してもらったという話は『三河物語』などにみえるが、確かなことはわからない。

同年六月十三日付で武田信玄が元信に書状を送り、元信の戦功を称賛している一方、元信に依頼をしている〔藤枝市郷土博物館所蔵岡部家文書〕。依頼の内容は信玄が氏真に対しても入魂であるということと讒言を信じないようにということである。讒言の背景としては、桶狭間合戦において武田氏が十分な役割を果たさずに今川氏から武田氏に対して疑念が持たれたからだという〔丸島二〇一五〕。

武田氏への従属

永禄十一年十二月に氏真は信玄の駿河侵攻により懸川城《かけがわ》（静岡県掛川市）に入城し、翌年五月懸川城を開城し北条氏の庇護をうけることとなる。元信は氏真と共に行動したと考えられている〔前田二〇〇二〕。のちに小四郎（岡部）の帰国をめぐって北条氏規と書状を交わしているのは元信が北条氏のもとにいた証左となろう。

天正元年（一五七三）八月二十五日に武田勝頼《かつより》から山県昌景《やまがたまさかげ》のもとで穴山信君《あなやまのぶただ》・武田信廉《のぶかど》・朝比奈信置《あさひなのぶおき》・岡部正綱《まさつな》と共に三河長篠城《ながしの》（愛知県新城市）の後詰めを務めるようにとの指令を受けているのが武田氏服属以降の初見である〔尊経閣古文書纂〕。この当時、作手城《つくで》（愛知県新城市）の奥平氏《おくだいら》は武田氏に従っていたが、長篠城が徳川氏《とくがわ》から攻撃を受けている状況を受けて徳川氏と密約を交わし武田氏から離反する準備を整えていた。元信らは救援部隊として長篠へ向かっていたが、翌月七日に長篠城は開城して徳川方の拠点となった〔当代記〕。長篠城開城の報せを受けた山県らは十四日に引き返している。

天正二年五月に遠江高天神城《たかてんじん》（静岡県掛川市）攻めに参加する〔松平記〕。高天神城主小笠原氏助《おがさわらうじすけ》は徳川方として戦っていたが、六月十一日に武田氏に降伏した。以後も小笠原氏助は高天神城にとどまり武田方として行動し、天正四年まで在城する。天正三年五月に三河長篠において武田氏対織田・徳川氏の合戦が起き、山県昌景ら多くの武将が戦死するなか、元信息小五郎《こごろう》も戦死した〔信長公記〕。小五郎の法名は孝徹善忠禅定門《こうてつぜんちゅうぜんじょうもん》である〔高野山本覚院所蔵西方院岡部氏過去帳〕。元信がこの合戦に参加していたかは不明である。長篠合戦の敗北後も武田氏の拠点が徳川氏の攻撃に晒されることとなる。六月に三河武節城《ぶせつ》（愛知県豊田市）が落城し、武田氏の三河の拠点はなくなってしまった。七月五日以前に遠江光明寺《こうみょうじ》城（浜松市天竜区）が陥落、同じく七月に遠江犬居《いぬい》城（浜松市天竜区）が徳川氏の手に落ちてしまう。八月に遠江諏訪原《すわばら》城（静岡県島田市）が陥落し〔今川氏真詠草・当代記〕、対徳川戦線はさらに後退を余儀なくされた。時期は不明ながら遠江小山《おやま》城（静岡県吉田町）に在番となり、九月二十一日、徳川氏の攻撃に耐えて死守したことを勝頼から称賛される〔岡部家文書〕。

同四年五月十二日、酒井《さかい》実明《さねあき》・興津《おきつ》藤太郎《とうたろう》・浅羽《あさわ》九郎兵衛尉《くろうひょうえのじょう》・横山《よこやま》次右衛門尉《じえもんのじょう》が元信の同心として新しく加わった〔土佐国蠹簡集残編〕。四人が同心となったのは奏者がいなかったからであるが、前年の長篠合戦で死去したのだろうか。同心を元信に付け加えたのは元信軍の強化であるとする〔深沢二〇一九〕。天正五年九月二十二日、徳川氏に備えて堅固な備えをしておくように命じられる〔岡部家文書〕。具体的な場所が示されていないが小山城のことであろう。天正六年六月十四日、勝頼から遠江高天神城の在番衆《ざいばんしゅう》の送迎を命じられる〔土佐国蠹簡集残編〕。

物領職獲得と増加する所領

天正元年（一五七三）十一月二十日に本屋敷と今川義元の隠居屋敷を与えられ〔岡部文書〕、二十七日に「法性院殿」が岡部物領職と認めたことを勝頼が追認した〔岡部長武氏所蔵文書〕。「法性院殿《ほっしょういんでん》」は信玄の法名であり一見すると信玄から岡部物領職を安堵されたようにも理解できる。しかし、信玄死去後も信玄の署名入りの文書が発給されていることから、実際に信玄が認めたのか、勝頼が認めたのかは判断しがたいという〔深沢二〇一九〕。

惣領職の獲得は天正元年か元亀三年（一五七二）と考えられるが、それまで惣領職を保持していたのは岡部正綱ではなかっただろうか。正綱に対して勝頼が何らかの不満を抱いていたのかはわからないが、勝頼は元信の岡部氏惣領職を追認するだけでなく義元隠居屋敷も与えている。これらの行為は勝頼による元信重用政策の第一段階であるという〔深沢二〇一九〕。

年未詳正月十四日付で元信は北条氏規《うじのり》から書状を受け取るが〔孕石文書〕、この書状は元亀三年から天正六年の間に発給されたと考えられている〔深沢二〇一九〕。ここでは元信が新年の祝儀と「両種（不明）」を贈っているが、お祝いとは別に小四郎という人物の帰国が取り沙汰され、氏規が小四郎に助言するので安心するようにと伝えている。小四郎は元信の仮名小二郎や元信子息の小五郎という仮名から元信の近親者と考えられている〔深沢二〇一九〕。ここで元信が氏規の助言を必要としていることから、元信がうまく一族を統率できていなかったのではないかとする〔深沢二〇一九〕。

同二年三月晦日、勝頼から駿河石田《いしだ》（静岡県沼津市）を含めて八か所で五二八貫を宛行われ、今川氏との関係を顧みないで忠節を尽くすよう求められる〔土佐国蠧簡集残編〕。元信以外の今川氏旧臣にも今川氏との関係を顧みずに忠節を尽くすようにとあり、当然のことではあるが武田氏が元信ら今川氏旧臣に気を付けていたことがわかる。同四年五月十四日、前年から抑留されていた知行の増分六〇俵余を重恩として与えられた〔土佐国蠧簡集残編〕。前年は長篠合戦の敗北とそれ以降の各地の拠点の落城が続いたことで訴訟の対応が遅れたのであろうか。

天正五年二月七日、駿河時谷《ときがや》（静岡県藤枝市）一三〇貫文を与えられるが同心一〇人の給恩としてのものである〔岡部家文書〕。九日に遠江青柳《あおやぎ》（静岡県吉田町）ほか一五五八貫九〇〇文の知行を宛行われた〔土佐国蠧簡集残編〕。七日と九日の知行地には高天神城周辺の地名がみえていることから、同城を武田氏の直轄扱いにして元信を城将としたとする〔武田氏年表〕。同月十九日、闕所があれば駿河国内で一か所与えられることになった〔土佐国蠧簡集残編〕。戦線縮小により遠江国内では与える土地がなかなか見当たらなくなったのだろうか。十九日の約束がその後履行されたかどうかはわからない。同九年正月十七日、元信家臣匂坂甚大夫《さぎさかじんだゆう》と暮松三右衛門尉《くれまつさえもんのじょう》は包囲網をくぐり抜けて勝頼のもとへ往復して称賛され知行を与えられる。

天正二年三月三十日時点では約五三〇貫の知行であったが、同五年二月には約一五〇〇貫となった。これは元信が軍役を果たす結果として手に入れたことは言うまでもない。

高天神城在城と終焉

天正七年の月日は不詳ながら小山城から高天神城の在番となった〔土佐国蠧簡集残編〕。以後高天神城の在番に専念していたわけではなく、同八年五月十三日、駿河三枚橋城《さんまいばし》（静岡県沼津市）の普請に出向いている〔土佐国蠧簡集残編〕。同八年十月二十二日、徳川氏が高天神城の周囲に陣取り十二月末まで堀・堀切・塀などの普請をする〔家忠日記〕。三か月近くに渡って高天神城の包囲網を敷かれることになる。同九年正月十七日、元信家臣匂坂甚大夫と暮松三右衛門尉は包囲網をくぐり抜けて勝頼のもとへ行くが、目的は高天神城の救援要請であろう〔孕石家文書〕。しかし勝頼は最後まで高天神城の救援に向かうことはなかった。同年正月二十五日以前に高天神城内から降伏の矢文が投げられた。矢文の内容は高天神城と滝堺城（静岡県牧之原市）と小山城（静岡県吉田町）を明け渡すというものであったが、降伏を受け入れないようにと信長から家康へ通達された〔水野文書〕。

同九年三月二十二日に高天神城（静岡県掛川市）から部隊を率いて出て戦死した〔乾徳山恵林寺雑本〕。この合戦に参戦していた大久保忠教《おおくぼただたか》は『三河物語』を記したことで知られているが、元信の首を取ったのが忠教の家臣本多主水《ほんだもんど》であった。大久保忠教は元信と鉢合わせになったが、元信が名乗らなかったので家臣本多主水に任せたという。のちに首実検で元信と知って自分で打ち捕れずに家臣本多が討ったことを悔しがっていた〔三河物語〕。元信を討ち捕ったのは忠教家臣本多主水とあるが、『甲陽軍鑑』においても同様である。『三河物語』『甲陽軍鑑』共に元信死後から四半世紀のちの成立であるが、徳川方・武田方からも一致しているので元信を討ち取ったのが本多主水という点については信用してよいものと思われる。

元信の族縁関係

小五郎　実名不詳。天正二年（一五七四）十一月晦日、岡部小五郎が旗本として甲府に勤めて、勝頼から駿河国山西五十海《いかるみ》郷のうちの一〇〇貫文を知行地として与えられている。小五郎を旗本として取り立てることで勝頼が小五郎父元信との関係をさらに深めようとしていたとする〔深沢二〇一九〕。小五郎は翌年の三河国長篠合戦において戦死を遂げてしまう。法名は孝徹善忠禅定門〔高野山本覚院所蔵西方院岡部氏過去帳〕。

真堯　永禄三年（一五六〇）十二月二十日、小次郎は今川氏真から「真」の一字を与えられ真堯《さねたか》と名乗るが〔土佐国蠧簡集残編三〕、武田氏仕官以降も真堯と名乗っていたかは不明。おそらく永禄十一年十二月の武田氏の駿河侵攻以降、父と行動を共にしたとされる〔武田氏家臣団人名辞典〕。元亀元年（一五七〇）正月二十七日、武田信玄から真堯の知行地の一部が武田氏家臣に宛行われており〔早稲田大学所蔵文書〕、この時点ではまだ武田氏に従っていなかったようである。天正七年七月二十一日付の文書によると真堯は甲府に奉公し山西地域を知行地としていたが、山西地域の知行地は代替措置が採られることとなった〔土佐国蠧簡集残編三〕。真堯も小五郎と同様に旗本となるが、おそらく、小五郎の死後に新しく旗本になったという〔深沢二〇一九〕。同九年三月二十二日に父元信が高天神城（静岡県掛川市）落城と共に戦死した。同年五月十四日、元信の同心・被官と知行を勝頼から安堵される〔土佐国蠹簡集残編〕。同年十月七日、駿河小鹿郷《おじか》（静岡市駿河区）など一九五貫文を宛行われている〔土佐国蠹簡集残編〕。天正十二年四月九日に法名雲声浄廓禅定門との記載から〔本覚院所蔵西方院岡部氏過去帳〕、この日に死去したという〔武田氏家臣団人名辞典〕。真堯孫道綱《みちつな》が相馬中村《そうまなかむら》藩士となっている。

元昌　元信の養子で記録や系図によると元昌と名乗り、結城秀康《ゆうきひでやす》に仕え越前入国に従う〔諸氏先祖之記〕。元昌息綱昌《つなまさ》が松平忠直《まつだいらただなお》（父は結城秀康）に仕え、家蔵文書が今に伝わる。

元信室　元信室は出自不詳。天正六年三月二十二日、高野山にて元信と共に逆修供養（生前供養）を行い、元信室は「喜窓理慶信女」と記載されている〔高野山本覚院所蔵西方院岡部氏過去帳〕。

娘（土屋昌恒室）　天正三年五月の長篠合戦後に元信娘が武田勝頼側近の土屋昌恒《つちやまさつね》室となっている。この縁組は長篠合戦の敗北による危機的状況下において元信をつなぎ留めておく政策であった〔深沢二〇一九〕。また、昌恒が勝頼側近として領国支配の中枢を担い、海賊衆の統括が困難になったことも関係しているという。昌恒養父の貞綱は岡部氏であり、武田氏から土屋名字を与えられたとある〔甲陽軍鑑〕。このような縁故から元信娘が昌恒室となり、元信が昌恒養父として海賊衆を率いることとなったとする〔深沢二〇一九〕。

夫昌恒は天正十年の武田氏滅亡時に勝頼に従い戦死する〔信長公記・甲乱記など〕。夫昌恒の命があったかは不明であるが、昌恒室は五歳の遺児（のちの忠直《ただなお》）を抱えて脱出した〔寛政重修諸家譜〕。

（遠藤英弥）

【主要参考文献】

大石泰史「岡部氏に関する基礎的考察―関東入府以前の岡部氏について―」（『野田市史研究』八、一九九七年）
柴辻俊六・平山優・黒田基樹・丸島和洋編『武田氏家臣団人名辞典』（東京堂出版、二〇一五年）
武田氏研究会編『武田氏年表』（高志書院、二〇一〇年）
深沢修平「武田信玄・勝頼と岡部元信―武田二代による重用、その背景について―」（『武田氏研究』六〇、二〇一九年）
前田利久「今川家旧臣の再仕官」（静岡県地域史研究会編『戦国期静岡の研究』清文堂出版、二〇〇一年）
丸島和洋「武田氏から見た今川氏の外交」（『静岡県地域史研究』五、二〇一五年）

朝比奈泰能・泰朝
――外交面で今川家を支え、一門となった重臣

泰能の生涯

明応六年（一四九七）、朝比奈泰煕《あさひなやすひろ》の子として泰能《やすよし》は誕生した〔乗安寺殿法語〕。永正九年（一五一二）、泰煕の死去にともない家督を継ぐが、叔父泰以《やすもち》が後見となる〔宗長手記〕。筑後守《ちくごのかみ》という兄がいるが家督に取り立てられていないので、筑後守は泰能の異母兄と考えられる。泰能の仮名などの変遷をみておくと、大永六年（一五二六）十二月二十八日から天文三年（一五三四）三月十二日までは弥二郎《やじろう》という仮名《けみょう》を名乗っている。これ以降のいつの時点で名乗ったのかは不明だが、天文十九年九月十六日に左《さ》京亮《きょうのすけ》の官途が確認できる。翌年七月五日に備中守《びっちゅうのかみ》とみえ、父泰煕と同じ受領《ずりょう》名を名乗っている。

泰能室は公家の中御門宣秀《なかみかどのぶひで》（宣秀は寿桂尼《じゅけいに》の兄）の娘であり、泰能と今川義元《いまがわよしもと》は従兄弟の関係にある。泰能室は永正十五年四月二十九日に遠江へ下向し、五月十九日に懸川《かけがわ》（静岡県掛川市）に到着、六月二十四日に祝言をあげた〔宣胤卿記〕。この婚姻関係によって泰能が今川一門になったという見解がある〔今川氏年表〕。一方、仮説ではあるが、泰能の姉か妹が今川氏親《うじちか》の側室となったことで泰能が今川一門になったという見解が出されている〔浅倉二〇一九〕。

大永二年月日不詳ながら宗長《そうちょう》が懸川の泰能亭に逗留し、懸川城が普請中であると記している〔宗長手記〕。大永六年二月二十一日、宗長が泰能亭に泊まり翌日に一折興行があった。このときも懸川城の普請が行われ、「当城数年さまざま普請、堀は幽谷のごとく、山は峯の椎樫しげく」とある。同年六月二十三日に氏親が死去した。氏親の葬儀に関する記録が残されていて、泰能が太刀を持つ役割を果たしている。同年十二月二十八日、寿桂尼が泰能に対して朱印状を発給し、万石《まんごく》（浜松市北区）の六郎左衛《ろくろうざえ》門《もん》の屋敷を砦にするように命じられている〔沢木文書〕。享禄三年（一五三〇）二月二十三日、泰能は頭陀寺千手院《ずだじせんじゅいん》（浜松市南区）に対して奉書を発給している〔頭陀寺文書〕。この前後に寿桂尼の発給文書

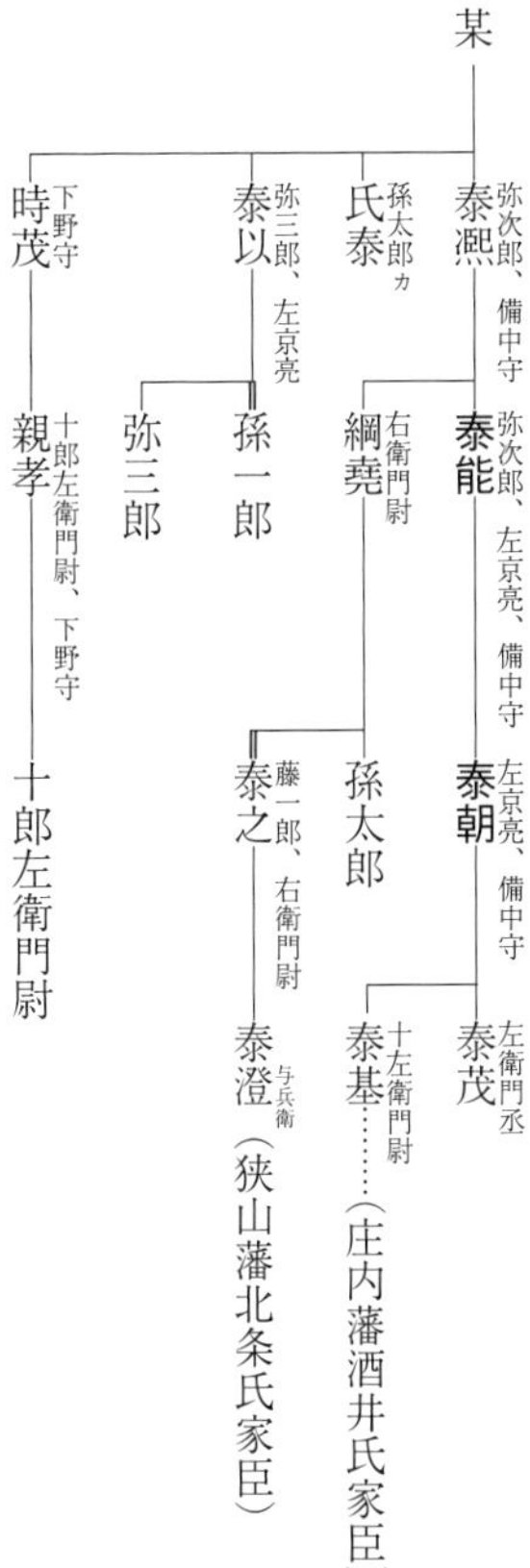

遠江朝比奈氏略系図　黒田基樹編著『今川義元とその時代』（戎光祥出版、2019 年）より転載　原図作成：丸島和洋

が確認できることから寿桂尼の意を奉じたものである〔今川氏年表〕。

　天文十五年（一五四六）から今川氏は三河に侵攻するが、泰能も太原崇孚などと関与している。泰能の三河国における動向は天文十五年九月二十八日付牧野保成《まきのやすしげ》条目写〔松平奥平家古文書写〕から確認でき、三河牛久保（愛知県豊川市）の牧野保成が今川氏に対して知行要求などを書き連ねたものである。この文書の裏に泰能・朝比奈親徳《ちかのり》・太原崇孚《たいげんそうふ》と三人で証判を据えている。同年十月十六日、牧野保成は再度条目〔松平奥平家古文書写〕を提出しているが、九月二十八日のものと同様に泰能ら三人が証判を据えている。三河侵攻開始時点では三人が重責を担っていたと言えるだろう。しかしながら、泰能は親徳・太原崇孚にくらべると三河国への関与はあまりみられない。

　そのことを示すのが天文十九年九月十六日付の泰能書状である〔松平奥平家古文書写〕。牧野保成に対し書状を送り、保成の居城長沢《ながさわ》城（愛知県豊川市）に今川軍を駐留させることを申し出できたことに謝意を表しながらも、太原崇孚と話し合うことが重要だと伝えている。また、天文十六年八月二十六日付太原崇孚書状写に、「屋形（今川義元）」へ用件がある場合は「愚僧（太原崇孚）」と「朝三（朝比奈三郎右兵衛尉親徳）」が担当するとあるが、泰能の名前は出てこない。

　年未詳であるが、大樹寺（愛知県岡崎市）に対して太原崇孚との連署状および単独での書状を出している〔大樹寺文書〕。

　天文二十年七月五日付で今川氏と織田氏が再び合戦に及ばないようにとの近衛稙家書状案が義元・泰

能・太原崇孚・飯尾乗連《いのおのりつら》に対して一通ずつ認められている〔近衛文書〕。泰能が近衛稙家書状案の宛所となっていることは、泰能が今川氏側の外交担当者の一人と認識されていたことを示すものである。

弘治三年（一五五七）正月十二日、泰能父子が駿河府中へ来ているが、泰能父子の出仕は「例年の如く」とあり〔言継卿記〕、毎年正月に泰能父子は駿河府中の今川館へ新年の挨拶をしていたことがわかる。十九日には泰能が山科言継《やましなときつぐ》の所を訪れる予定であったが、泰能は来なかったとある〔言継卿記〕。泰能はこの年の八月に亡くなるが、十九日の欠席の理由が泰能の体調が原因であったかどうかは不明である。二十二日、泰能父子の所へ言継が出向いたが、両人は留守であった〔言継卿記〕。二十五日は泰能が言継の所へ行く予定だったが、「咳気」のため一日延期となっている〔言継卿記〕。

二月二十三日、泰能は言継から帰路の伝馬の手配を依頼され、自身の馬を提供している〔言継卿記〕。二十八日、駿府の泰能邸において言継のための宴が催され、翌日、言継は今川義元・氏真《うじざね》父子・寿桂尼・泰能を訪れて暇乞いをする〔言継卿記〕。三十日、泰朝が言継を訪れるが、泰能は所労で来ることができなかった〔言継卿記〕。泰能は八月三十日に亡くなり、法号は乗安寺殿松月英長大禅定門であり、「如喬山公喪送」とある〔乗安寺殿法語〕。「喬山」は今川氏親のことであり、泰能の葬儀も氏親と同じくらいの規模であったと考えられる。

『言継卿記』にみる泰能父子

山科言継は、大永七年（一五二七）から天正四年（一五七六）の長期間にわたり『言継卿記』という日記を記したことでも著名な公家である。言継自身（言継養母は寿桂尼妹）が駿河に下向したこともあり、『言継卿記』には泰能父子に関して沢山の記述が見受けられる。これには言継と泰能が従兄弟の間柄にあることも関係しているのだろう。言継の父言綱《ときつな》室は寿桂尼の姉であり、泰能義父が寿桂尼の兄中御門宣秀である。そこで泰能父子に関する興味深い点をみていこう。

『言継卿記』の泰能父子に関する記述の初見は、天文二十二年（一五五三）四月七日である。言継の養母が駿河に下向するために駿河への路地にあたる泰能に対して贈答していることが確認でき、泰能に対して言継は勅筆の天神名号を贈っている。

弘治二年（一五五六）は言継自身が駿河に下向し、泰能父子の登場回数も増える。九月十一日に京を発った言継は二十二日に懸川城（静岡県掛川市）を訪れるが、泰能父子は駿河府中に滞在中であった。このときも言継は贈答品を用意し、泰能に勅筆の天神名号と奈良油煙五丁、泰朝に梶井宮《かじいみやづ》筆の百人一首、泰能室と泰朝室にも贈り物を渡している。泰能父子は留守であったが、言継は夕食を懸川城内にて食している。言継は二十三日懸川を発って翌日駿河府中に到着する。しかし、泰能父子とはすれ違いだったのか駿河府中で泰能父子と対面したという記載はない。十月六日、懸川城にいる泰能の所へ先月の御礼として使者を送っている。言継はその後も駿河府中に滞在し越年することとなった。

弘治三年については前述した通りである。

泰朝の生涯

泰朝《やすとも》の父は泰能で母は中御門宣秀娘であったと考えられる。生没年不詳。弘治二年（一五五六）九月二十三日の『言継卿記』の記事が初見であり、泰朝は留守であったが、遠江懸川城（静岡県掛川市）を訪れた山科言継から梶井宮筆の百人一首を贈られている。弘治三年八月に父泰能が死去するが、生前から泰朝が家督を相続していたのか、死去にともない家督を相続したのかはわからない。

永禄元年（一五五八）四月二十二日付の文書が泰朝発給文書の初見である〔霊山寺文書〕。文中に「前々の如く」とあって代替わり安堵と考えられるが、泰能の名前はない。同年閏六月二十日、三河大樹寺（愛知県岡崎市）に書状を送っている〔大樹寺文書〕。父泰能が大樹寺との交渉を行っていたが、父の立場を引き継いで泰朝が交渉をしているものと思われる。

永禄二年六月に伊勢神宮《いせじんぐう》（三重県伊勢市）の関係者から泰朝に書状が送られる〔伊勢松木文書〕。内容は伊勢神宮の造営費用として米を提供してくれるようにとの依頼であるが、義元の承諾を得てくれるようにとあることから泰朝は披露する立場にあった。永禄三年五月二日、佐竹丹波入道に対して田地を安堵している。永禄四年正月十七日、松平清善《まつだいらきよよし》宛今川氏真書状に「委曲《いさい》朝比奈左京亮可申候《もうすべくそうろう》」とあり〔竹谷松平家文書〕、泰朝の副状が発給されているか、泰朝が使者を派遣して氏真書状を渡したかのどちらであろう。永禄五年三月二日、氏真の命を受けた泰朝が井伊直親《いいなおちか》を松平元康《もとやす》（のちの徳川家康《とくがわいえやす》）に内通したという理由で殺害する〔異本寺長帳・家忠日記増補追加〕。

今川氏と武田《たけだ》氏は義元の時代から同盟関係にあったが、永禄八年十月、信玄《しんげん》嫡男義信《よしのぶ》が謀反の理由で甲斐東光寺《とうこうじ》（山梨県甲府市）に幽閉され、永禄十年十月に幽閉先で死去した。義信の死去にともなって義信室（義元の娘）は駿河に帰国する。このような状況下で今川氏は上杉《うえすぎ》氏と同盟交渉を行うが、両者の交渉は上杉氏から話を持ち掛けた可能性が高いという〔丸島二〇一五〕。今川氏が上杉氏と同盟を結ぶにあたっての交渉人の一人が泰朝であり、泰朝は三浦氏満《みうらうじみつ》と共に連署状を数通認めている〔歴代古案〕。

永禄十一年九月二十一日、泰朝の朱印状が発給され、冒頭に「懸河」という朱印が捺されている〔奥山文書〕。今川氏における印判状の使用は、今川氏当主と今川一門の葛山氏を除いてこの一通しか確認されていない。この点からも泰能父子の今川氏における地位の高さを示しているといえる。

永禄十一年十二月の信玄による駿河侵攻と共に氏真は泰朝の懸川城に入城するが、同時に徳川家康も遠江を攻撃し浜名湖《はまなこ》周辺は今川氏と徳川氏の境目となっていた。浜名湖周辺の堀江《ほりえ》城（浜松市西区）の大沢《おおさわ》氏が死守しながら泰朝などと書状のやりとりを重ねていた〔大沢文書〕。泰朝は氏真の指示を大沢に伝えたり、大沢の要望を氏真に披露したりしている。かつて泰朝祖父泰凞が大沢氏に書状を出しており、代替わりをしても両者の関係は続いていたのだろう。

永禄十二年五月に懸川城を開城後、氏真に従って北条氏の庇護を受けたと考えられる。その後の動向は不明である。天正三年（一五七五）十二月に朝比奈信良《のぶよし》（信置嫡男）に惣領職を譲っている泰茂《やすもち》は、泰朝の後継とみられるが、泰朝との関係は不明。

泰能・泰朝の領域支配と家臣団

朝比奈泰能・泰朝は懸川城を中心にどのように領域を支配していたのだろうか。前提として泰能父泰凞からみていきたいところだが、泰凞の発給文書は現在まで書状が二通確認できるだけである。泰凞の領域支配文書が確認できないのに対して、わずかだが泰能・泰朝の領域支配に関する文書が確認できる。

永禄元年（一五五七）四月二十二日付で、泰朝が矢田右近《やたうこんのじょう》尉に対し霊山寺《りょうぜんじ》（静岡県沼津市）の住持職を安堵している〔霊山寺文書〕。懸川から遠く離れているが永正年間に霊山寺に棟札を奉納している朝比奈一族（泰朝との関係は不明）が確認され〔霊山寺文書〕、何らかのかたちで霊山寺に対する権益を保持していたのだろう。永禄三年五月二日に佐竹丹波入道に対して田地を安堵している。

永禄十一年九月二十一日、泰朝の朱印状が発給され、冒頭に「懸河」という朱印が捺されている〔奥山文書〕。朱印状の内容は兵糧の運搬を許可したものである。

井上継隆　井上憲定《いのうえのりさだ》が朝比奈泰朝に仕えたという記載がある〔寛政重修諸家譜〕。憲定の憲の字はのちに仕えた松田憲秀《まつだのりひで》から与えられたものであり、朝比奈氏に仕えていたときは別の名乗りであったとされた〔小和田二〇〇一A〕。永禄十年二月二十八日付の発給文書が確認でき〔徳願寺所蔵南海院文書〕、継《つぐ》隆《たか》という名乗りであったことがわかる。

佐竹丹波入道　永禄三年五月二日、乗安寺《じょうあんじ》（静岡県掛川市）の末寺として昌吉斎を建立し、その寺領分として泰朝から田地を安堵されている〔静岡県立中央図書館所蔵掛川誌稿巻三所収弘禅寺旧蔵文書〕。

井上藤九郎　弘治三年正月二十二日、山科言継が駿府の朝比奈泰能の屋敷を訪れた際に対応している。井上という名字から井上継隆の一族だろうか。

今井入道　弘治二年九月二十二日、言継が駿府の泰能屋敷を訪れようとしたが、使者として言継の所を訪れて泰能父子が留守であると伝える。そのお礼に言継から扇二本を贈られる。翌年三月三日、遠江天《てん》然寺《ねんじ》（静岡県掛川市）に宿泊中の言継へ懸川城から草餅一盆・茶一斤を届ける、お礼として薫物二貝を贈られる。翌日、三日のお礼に言継を訪れる。八日、泰能の使者としてところ（心太《ところてん》か）一盆・干飯紙袋三を言継に届ける。

中田十郎右衛門　弘治三年三月一日、言継の帰洛の準備のため泰能の命により駿府から懸川へ戻る。三日、言継と対面し牛黄円《ごおうえん》二貝を贈られ、夕方、言継を迎えに来て懸川城まで同道する。七日、言継が伝馬の件で使者を遣わすが留守であった。八日、泰能室の命により使者として言継に千疋を渡し、言継と一杯交わした。翌日、言継を訪れて一杯交わした。

又一郎・五郎二郎 「中間（使用人）」と記されているので、名字はないものと思われる。言継の帰洛にともない弘治三年三月九日から三日間にわたって言継に同道し、その返礼として言継からお茶代として十疋ずつもらっている。

泰能・泰朝の族縁

泰能と泰朝の室や兄弟などをみていくが、泰能室と泰能姉妹以外の出典はすべて『言継卿記』である。

泰能室 泰能室は公家の中御門宣秀（宣秀は寿桂尼の兄）の娘であり、泰能と今川義元は従兄弟の関係にある。永正十五年四月二十九日に遠江へ下向し、五月十九日に懸川に到着、六月二十四日に祝儀（宣胤卿記）。この婚姻関係によって、泰能が今川一門になったという見解がある（今川氏年表）。

弘治二年（一五五七）九月二十二日、言継から伊勢物語の一部と金竜丹《きんりゅうたん》（打ち目という眼病の際に用いられる練り薬）五貝を贈られる。おそらく、泰能室は眼病を患っていたのだろう。十二月二十二日、泰能室は駿府に滞在中の言継に米十俵を届ける。翌年正月二十五日、泰能室の申し出により麝香丸《じゃこうがん》五貝が言継から御黒木《おくろぎ》（言経養母で寿桂尼妹）へ届けられる。同月二十七日、泰能室が所望していた麝香丸五貝が言継から泰能室へ贈られる。三月三日、天然寺に宿泊中の言継に泰能室が甲州紙一束と茜紬一端を贈る。同日、駿河滞在中で不在の泰能父子に代わって泰能室と筑後入道と筑後入道室が言継を懸川城に招き夕食を共にする。

筑後入道　泰能の兄。父泰凞死去に際して弟の泰能が後継にたてられていることから泰能の異母兄と考えられる。『言継卿記』にしか登場せず、生没年・実名は不詳。弘治三年三月三日、駿河滞在中で不在の泰能父子に代わって、筑後入道と筑後入道室と泰能室とが言継を懸川城に招き夕食を共にする。同月七日、言継が伝馬の手配のため使者を遣わしたが、筑後入道は留守であった。九日に筑後入道はお礼のために言継を訪れる。

筑後入道室　出自などは不詳。弘治三年三月三日、先にも述べたが、駿河滞在中で不在の泰能父子に代わって、泰能室と筑後入道と筑後入道室が言継を懸川城に招き夕食を共にしている。三月六日、天然寺宿泊中の言継から眉作（化粧道具）五貝を贈られるが、三日のお礼であろう。

泰能姉妹　古文書・古記録などでは一切確認できない。仮説だが、泰能の姉か妹が氏親の側室となったことで泰能が今川一門になったという見解が出されている〔浅倉二〇一九〕。

泰朝室　弘治二年九月二十二日、言継から牛黄円五貝と雛張り子十五が贈られる。翌年三月二日、遠江天然寺（懸川城から一キロメートル未満）に宿泊中の言継に泰朝室が使者を遣わし、夕食を懸川城から届けている。翌日、言継に甲州紙一束と茜根紬一端を贈る。懸川城内にて言継と夕食を共にする。

弥三郎　弘治二年九月二十五日に泰能の使者として言継を訪れ、湯治から戻る泰能父子が言継のところへ訪れたいと知らせる。弥三郎は泰能叔父泰以（泰凞弟）の仮名であり、この弥三郎は泰以の息子あるいはそれに近しい人物と考えられるが定かではない。

（遠藤英弥）

【主要参考文献】

浅倉直美「北条氏との婚姻と同盟」（黒田基樹編著『戦国大名の新研究1　今川義元とその時代』戎光祥出版、二〇一九年）

大石泰史編『今川氏年表』（高志書院、二〇一七年）

小和田哲男「朝比奈泰能の死と「乗安寺殿法語」」（小和田哲男著作集第二巻『今川氏家臣団の研究』清文堂、二〇〇一年A）

小和田哲男「東遠江の中世」（小和田哲男著作集第三巻『武将たちと駿河・遠江』清文堂、二〇〇一年B）

前田利久「今川家旧臣の再仕官」（静岡県地域史研究会編『戦国期静岡の研究』清文堂出版、二〇〇一年）

丸島和洋「武田氏から見た今川氏の外交」（『静岡地域史研究』五、二〇一五年）

小笠原信興

——武田氏に翻弄されつづけた遠江国衆

高天神城小笠原氏

高天神《たかてんじん》城（静岡県掛川市）は遠江国の城東郡南部に所在した城である。戦国期には今川《いまがわ》氏・武田《たけだ》氏の要衝として整備され、天正年間には武田・徳川《とくがわ》両氏が激しい争奪戦を展開した。この城は国衆小笠原《おがさわら》氏の拠点で、同氏が配属されたのは小笠原長氏《ながうじ》からだという〔寛政重修諸家譜（以下、寛譜）〕。長氏の父長高《ながたか》はもともと信濃守護小笠原氏の一族で、信濃出奔ののち今川氏に帰属し、遠江浅羽荘《あさばのしょう》を治めるようになった人物である。

長高から家督を継いだ長氏の転機になったのが、大永元年（一五二一）の花倉《はなくら》の乱であった。今川氏《うじ》親《ちか》死去後、後継をめぐって梅岳承芳《せんがくしょうほう》（のちの義元《よしもと》）と玄広恵探《げんこうえたん》が対立し、大規模な戦闘となったが、その際、長氏は義元に味方した。そして、敵対した高天神城主の福嶋正成《くしままさしげ》を討伐した功により、同城を居城とした。

その後、小笠原氏は今川氏に帰属していたが、長氏の子氏興《うじおき》の代になると状況は一転する。永禄十一年（一五六八）に甲斐の武田信玄が駿河に侵攻したことにより、翌十二年に今川氏真《うじざね》は領国を失った。

これに伴い氏興は遠江に侵攻してきた徳川家康《いえやす》に帰属することで存立をはかった。氏興は同年に病死し、小笠原氏の家督は氏助に引き継がれた。

武田勝頼との対峙

元亀四年（一五七三）四月、父信玄《しんげん》が死去して武田氏を継いだ勝頼《かつより》は、徳川家康への攻勢を強めた。信玄は死去する寸前まで遠江や奥三河《おくみかわ》へ侵攻しており、徳川領国の東端に位置する高天神城は常に緊張状態にあった。そのような状況下、天正二年（一五七四）五月に勝頼は駿河を経由して遠江に進軍し、高天神城を包囲した。前年、勝頼は奥三河での攻防で徳川軍に劣勢を強いられたことから、遠江で徳川軍と対峙する方向へ転換したのである。

高天神城を包囲した勝頼は、全面攻撃せずに小笠原氏が降伏するよう交渉を始めた。交渉役を担ったのは勝頼の異母姉の夫である穴山信君《あなやまのぶただ》であった。同年五月二十三日、勝頼が信君に宛てた書状には、小笠原の所望に応じて誓詞を遣わすので、それを先方に渡すようにと書かれている〔巨摩郡古文書〕。氏助が降伏に応じれば、武田軍は大きな損失もなく高天神城を制圧することができるため、勝頼にとっては有利な状況にあった。

しかし、事態は思うようには運ばなかった。五日後に発給された勝頼の書状によると、武田軍は高天神城の本曲輪まで攻め寄せていたことがわかる。勝頼は書状で「十日もしないうちに落城する」と述べたうえで、「小笠原側がいろいろと降伏の条件を主張しているが、武田として許容できない」と家臣に伝えている〔真田家文書〕。

両者の交渉は長期化した。六月十一日に勝頼は家臣に宛てた書状で「あと三日のうちに落城する」と述べているものの、「今日は高天神城主がいろいろと要望を伝えてきたが、許容することはできない」と、ここでも交渉が暗礁に乗り上げている様子がわかる〔内閣文庫所蔵武州文書四〕。勝頼は高天神城への攻撃を進めつつ、小笠原が降伏する機会をうかがっていたが、思うような回答を小笠原から得られなかったのである。なぜ、勝頼は小笠原の要望に難色を示したのであろうか。

城主氏助と惣領義頼

高天神城が武田軍に包囲されたのを受け、徳川家康は織田信長《おだのぶなが》に援軍を要請し、信長は嫡男信忠《のぶただ》を伴って六月十四日に美濃を出発し、十七日に吉田城《よしだ》（愛知県豊橋市）に入った〔信長公記〕。さらに、家康は遠江の国衆である匂坂《さぎさか》氏を通じて小笠原氏助《うじすけ》と連絡を取っていた〔浅羽本系図四十七など〕。家康は氏助に武田に降伏しないよう求めるとともに、信長の援軍を得ることで高天神城を死守しようとしたのである。信長に援軍を要請しなければならないほど、高天神城は落城寸前まで追い込まれていた。一方、勝頼は信長の登場により、一刻も早く高天神城を攻略しなければならなくなった。小笠原氏をめぐる戦況は一気にひっ迫したのである。

高天神城　静岡県掛川市　画像提供：掛川市・株式会社アプライズ

ここで注目したいのが、『信長公記』の記述である。『信長公記』の六月十九日条には、「氏助が逆心を企てて惣領の小笠原を追い出し、武田軍を城に引き入れた」と記されており、城主である氏助のほかに「惣領の小笠原」がいたことがわかる。

では、この「惣領の小笠原」とはいったい何者なのか。管見の限り同時代史料では確認できないが、『寛譜』では氏助の叔父にあたる義頼《よしより》という人物が、小笠原氏の当主として扱われている。一方、氏助については「勝頼が武田に味方すれば加増すると持ちかけたところ、これに同心して降参し、富士郡重須にて一万貫を与えられた」と記されている。このように、城主である氏助が後世では反逆者として伝わっているのである。

義頼については「義頼と一族の者たちは清広《きよひろ》（義頼の兄弟）を浜松《はままつ》へ人質として差し出していたため、徳川に味方する意志を変えなかった」とあり、武田への降伏を主張する氏助との評議が行われたものの、決裂したという。義頼に同調したのは義頼の叔父にあたる氏朝や朝宗《ともむね》らで、小笠原家中でも長老格の者たちだった。

氏助から見ると祖父長氏の弟たち、いわば大叔父にあたる人物である。彼らとの対立が、勝頼が降伏を承諾しない要因になった可能性が高い。また、『信長公記』にある氏助逆心の内容とも合致することから、「惣領の小笠原」とは叔父義頼を指すと考えられる。

つまり、『信長公記』が成立した慶長三年（一五九八）の段階で、義頼は小笠原の惣領として認識されていたことになる。氏助は高天神城主ではあったが、織田・徳川からすれば逆心した者にすぎなかった。そうした見解が『信長公記』や『寛譜』にも表れているのである。

徳川家康と小笠原氏

小笠原家中が武田への降伏をめぐって分裂した背景には、徳川家康との深いつながりがあった。永禄十二年（一五六九）に遠江に侵攻した後、家康は徳川に味方した小笠原清有《きよあり》（義頼の従兄弟）に対し、小笠郡の棚草《たなくさ》（静岡県菊川市）・浜野《はまの》（同掛川市）・浅羽（同袋井市）を与えている（小笠原家文書）。『寛譜』には「清有が小笠原一族を徳川に味方するよう奔走した」とあり、この頃から小笠原氏は徳川に帰属していたことがわかる。おそらく、徳川との交渉役を担っていたのが清有だったのであろう。

今川から徳川へと帰属先を変えた小笠原氏にとって、武田軍の攻撃は一族の存続に関わる一大事であった。戦国期、大名領国の境目に拠点がある国衆《くにしゅう》はたびたび大名間の軍事衝突に巻き込まれており、状況によっては国衆が存続をかけて帰属先の大名を変えることがあった。このような国衆の行動が大名による戦争を引き起こす要因ともなりえたため、小笠原氏のように家中で帰属先をめぐる対立が起きるのは必然であった。

小笠原氏の場合、城主の氏助が武田への降伏を、叔父義頼たちが徳川への帰属を主張したことにより、家中分裂を引き起こした。勝頼にとって氏助の降伏の申し出は朗報であったが、氏助は小笠原家中をまとめられてはいなかった。これでは、たとえ氏助が武田に降伏したとしても小笠原氏は家中の結束がぜい弱で、徳川に攻撃されれば離反するおそれもあった。そうした懸念から、勝頼は氏助の降伏の申し出を承諾することができなかったのである。そこで、勝頼は高天神城への攻撃を強め、小笠原家中がそろって降伏するのを求めたのだろう。

六月十九日、高天神城は武田勝頼の手に落ち、氏助は降伏したものの、義頼ら親徳川派の一族は家康のもとに身を寄せた。勝頼に降伏して城主としての地位を守った氏助であったが、小笠原家中の分裂は防ぐことができなかったのである。

同心本間氏の動向

氏助の降伏は、小笠原氏の同心である本間《ほんま》氏の家中分裂をも引き起こした。武田氏に降伏したことで、氏助は勝頼から小笠原の家督を認められ、それにともない氏助は勝頼に対し、本間氏の家督についても自身が推挙する和泉守《いずみのかみ》が継ぐことを安堵してほしいと求めている〔本間家文書〕。このことから、小笠原氏が本間氏に対し強い統制力を有していたことがわかる〔黒田一九九九〕。

本間氏は遠江山名《やまな》郡小野田《おのだ》村（静岡県袋井市）を本拠とする同心で、小笠原氏と同様、武田軍の攻撃を受けるまでは徳川氏に帰属していた。その証左として、元亀二年（一五七一）には本間八郎三郎《はちろうさぶろう》という人物が家康から所要を安堵されている〔本間家文書〕。この八郎三郎は氏助に同調しており、天正二年に改めて武田氏から所領を安堵されている〔本間家文書〕。氏助が武田に降伏したことに伴い、八郎三郎も武田氏に従ったのである。

しかし、本間氏すべてが武田氏に帰属したわけではなかった。小笠原氏と同様、徳川氏に味方する者もいた。天正二年七月、本間十右衛門尉《じゅうえもんのじょう》という人物が、徳川家康から小野田村の所領を安堵されている〔本間家文書〕。つまり、本間氏が治める小野田村では武田氏に安堵された者と徳川氏に安堵された者が同時に存在していたことになる。

それではなぜ、このような事態となったのか。これは大名が国衆の領地を保護する代わりに、国衆が大名に対し軍役を担っていたためである。国衆側からすれば、大名に領地を安堵されることで領地の支配を認められ、保護を受けることができる利点があった。こうした相互関係があるため、国衆は帰属先が変わった際に新たな大名から安堵を受ける必要があったのである。これは国衆に従う同心にもいえることで、本間氏の事例もこうした当時の事情によるものであった。

氏助の武田氏への帰属は、武田・徳川間の戦況を左右させるだけでなく、在地の同心に対しても多大な影響を及ぼしたのである。

氏助から信興へ

武田氏に降伏した氏助は、天正二年七月に勝頼から知行を安堵され、名を信興《のぶおき》と改めた〔本間家文書など〕。それから信興は翌年の二月にかけて領内の寺社に対し新たな所領安堵を行い、新たに武田氏に帰属した旨を示した〔黒田一九九九〕。

武田氏に帰属したのも束の間、高天神城は対徳川戦の最前線となったため、信興は勝頼の期待に応えなければならなかった。勝頼も信興に対し扶持を与え、家康の侵攻に備えさせた〔市川家文書〕。しかし、天正三年五月に勝頼が長篠合戦で織田・徳川連合軍に大敗したことを受け、信興は富士郡《ふじぐん》への転封を命じられてしまう〔判物証文写附二〕。

加増されての転封だったとはいえ、信興は代々受け継いできた高天神城を出なければならなくなった。長篠《ながしの》での大敗は奥三河の国衆がことごとく徳川に味方したことが大きく影響しており〔三河物語など〕、勝頼は遠江で同様の事態が起きぬよう、信興を転封したのである。徳川方についた叔父義頼たちが高天神城に近い馬伏塚城《まむしづか》〔静岡県袋井市〕にいたこともあり〔寛譜〕、勝頼は信興の徳川への離反をどうしても避けなければならなかった。

こうして信興は高天神城を出て富士郡に移り、天正五年に岡部《おかべ》元信《もとのぶ》が城将として同城を守ることになった〔徳川義親氏所蔵文書など〕。勝頼は元信に城周辺の地を与えるとともに、城を武田氏の直轄とした〔黒田一九九九〕。対徳川戦の最前線となった高天神城を直轄とすることで、勝頼は戦況を好転させようとしたのである。

対して、同年に富士郡へ移った信興は、高天神城から行動を共にした被官に対し、居住地での諸役を免除する朱印状を発給した〔本間家文書など〕。これは新天地で信興が新たな領主であることを示すとともに、自身に従った者への報酬という側面もあったようである。

親類衆と決別して武田氏への帰属を決断した信興だったが、戦況悪化により高天神城主の立場を維持することができず、富士郡への転封を余儀なくされた。大名領国の境目地域を支配し、かつ最前線に置かれた国衆は、大名からすれば離反される危機感を常に抱かなければならない相手であった。信興の場合、親類衆が敵方に味方した事情もあり、勝頼としては高天神城を信興に任せられない状況であったのである。本来、大名は国衆の支配地域を安堵する代わりに軍事的奉公を相手に求めることができた。しかし、信興に対して勝頼はそれができなかった。これは戦況が武田氏にとって圧倒的不利であったことを意味する。そして、転封を強いられた信興に待ち受けていたのは、武田氏の滅亡であった。

武田氏の滅亡と小笠原氏のその後

信興が転封となって三年後、天正八年（一五八〇）になると徳川家康は高天神城の周辺に複数の砦を築きはじめた。家康の家臣である松平家忠《まつだいらいえただ》の日記には、砦普請に多くの家臣が従事していた様子が記されている〔家忠日記〕。徳川軍による高天神城への攻撃は同五年から開始されていたが、同城は堅固な守備を貫いていた。しかし、同七年九月に家康は相模の北条氏政と同盟を成立させ、武田領国を挟撃する方針を固めた〔家忠日記〕。その末に行われたのが、砦の設置だったのである。

同八年、砦の設置とともに家康は自ら出陣して高天神城を攻撃し、さらに織田信長も参戦して攻勢を強め、城将の岡部元信は翌九年正月に降伏を願い出た。しかし、信長は勝頼が対北条戦に追われて援軍を出せない状況であることを見抜き、徹底抗戦を貫いた〔下総結城水野家文書〕。そして同年三月、ついに高天神城は落城した〔家忠日記〕。これにより、信興は同城に復帰することが叶わなくなってしまったのである。

天正十年（一五八二）三月、織田・徳川連合軍の侵攻を受けた勝頼は敗北を重ね、天目山《てんもくざん》の戦いで自刃し、武田氏は滅亡した。その後、信興は小田原に逃れたものの、それを知った家康が信長に伝え、信長が北条氏に命じて殺害させたという〔当代記・寛譜〕。生き残りをかけて武田氏に帰属した信興であったが、結局のところは高天神城を失い、富士郡の領地も失い、滅亡の一途をたどった。

対して、信興と袂を分かって徳川に帰属した義頼たちは、徳川家臣大須賀康高《おおすがやすたか》のもとで活躍し、のちに大須賀が徳川頼宣に仕えることになったことから、紀州藩士となった。こうして徳川への忠義を果たした義頼は、高天神城を拠点としていた小笠原氏の惣領として認められ、『信長公記』や『寛譜』の記述にもそのように遺され、一族の血脈を後世に伝えたのである。

（小笠原春香）

【主要参考文献】

『愛知県史』資料編11織豊1（愛知県、二〇〇三年）
小笠原春香「武田・徳川両氏の戦争と高天神城小笠原氏」（同『戦国大名武田氏の外交と戦争』岩田書院、二〇一九年。初出二〇一四年）
奥野高広・岩沢愿彦校注『信長公記』（角川ソフィア文庫、一九六九年）
小和田哲男「高天神城の総合的研究」（同『小和田哲男著作集第六巻 中世城郭史の研究』清文堂出版、初出一九九三年）
黒田基樹「遠江高天神小笠原信興の考察」（同『戦国期東国の大名と国衆』岩田書院、二〇〇一年。初出一九九九年）
酒入陽子「家康家臣団における大須賀康高の役割」（『日本歴史』六二二、一九九九年）
『静岡県史』資料編7中世三、資料編8中世四（静岡県、一九九四年・一九九六年）
『史籍雑纂 当代記 駿府記』（続群書類従完成会、一九九八年）
柴辻俊六「元亀・天正初年間の武田・織田氏関係について」（同『戦国期武田氏領の地域支配』岩田書院、二〇一三年。初出二〇一一年）
柴辻俊六・黒田基樹・丸島和洋編『戦国遺文 武田氏編』一～六（東京堂出版、二〇〇二～二〇〇四年、二〇〇六年）
柴裕之「長篠合戦再考─その政治的背景と展開─」（同『戦国・織豊期大名徳川氏の領国支配』岩田書院、二〇一四年。初出二〇一〇年）
『新訂寛政重修諸家譜』第十九（続群書類従完成会、一九六六年）
竹内理三編『増補続史料大成19 家忠日記』（臨川書店、一九八一年）
本多隆成「戦国期の浅羽地域と小笠原氏」（同『近世東海地域史研究』清文堂出版、二〇〇八年）

天野藤秀——家康に憎まれつづけたくせ者

家康から憎まれた男

江戸時代前期の大名・阿部《あべ》正次《まさつぐ》の家臣に天野景氏《あまのかげうじ》という武士がいた。天野家は「古き名家」であったが、先祖の天野宮内右衛門《くないえもん》（藤秀《ふじひで》）が徳川家康《とくがわいえやす》から憎まれていたため、阿部家に仕官するまで諸国を流浪し、さらに三千石以上の知行を得ることを江戸幕府から禁じられていたという〔福山藩諸士系譜〕。

これほどまでに家康から憎まれた天野藤秀とは、どのような人物だったのだろうか。

藤秀の生い立ち

天野藤秀は、遠江国犬居《いぬい》（浜松市天竜区）を本拠地とする国衆・天野虎景《とらかげ》の嫡男として生まれた。幼名は犬房《いぬぼう》（犬坊丸か）。元服後は小四郎、その後は宮内右衛門尉を称した。実名は後世の系図から「景《かげ》貫《つら》」とされていたが、同時代の史料から「藤秀」であることが近年に判明している。生没年は不明だが、元服の時期から天文年間（一五三二〜五五）の初期に生まれたと考えられる。

天野氏は鎌倉時代の初期に活躍した天野遠景《とおかげ》の子孫で、承久《じょうきゅう》の乱後に山香《やまがの》荘（浜松市天竜区）の地頭として遠江へ移住し、十三世紀後半から十四世紀初めに犬居へ本拠を移した。そして、戦国時代には遠江へ進出した駿河今川氏に従属する。今川氏輝の代に一度離反したが、天文六年（一五三七）に天野与四郎《よしろう》が今川氏に帰参し、義元から本領の「犬居三ヶ村」を安堵された。藤秀は与四郎の系統に属した人物である。

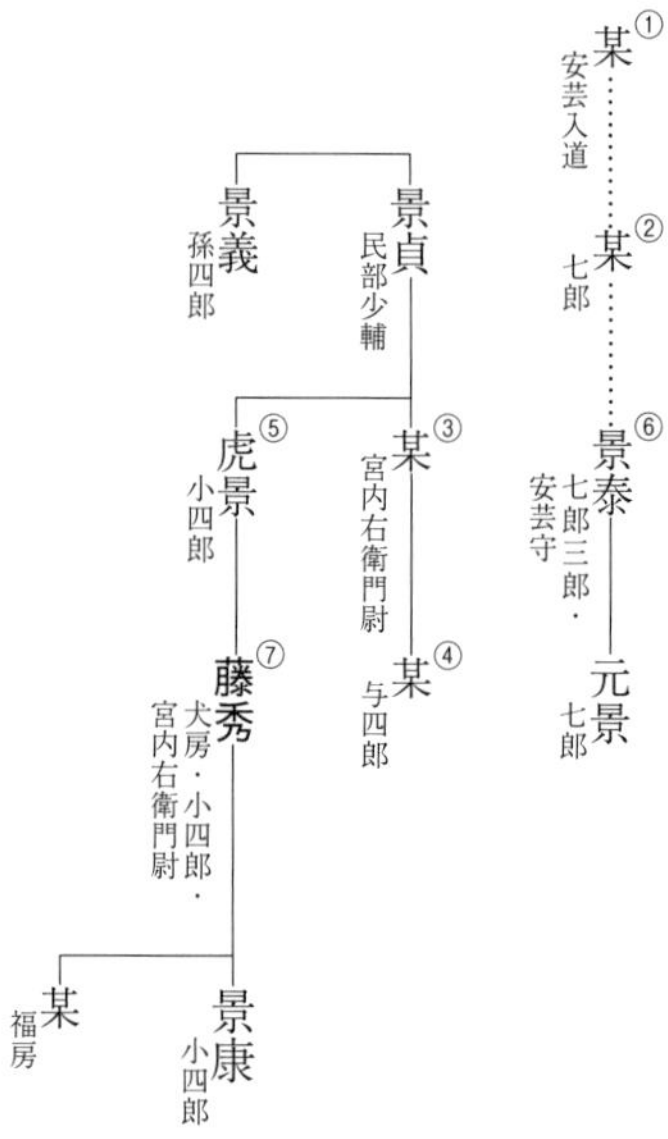

天野氏略系図　丸数字は歴代惣領の順

天野氏惣領をめぐる争い

一方で、天野氏には七郎の仮名と安芸守《あきのかみ》の受領名を代々名乗る系統もあり、当時は景泰《かげやす》がその代表者であった。もともとはこちらの系統が天野氏の惣領（一門の統率者）だったが、今川氏と敵対していたために、与四郎が今川義元《よしもと》から天野景泰の旧領を与えられていたのである。

だが、景泰は今川氏の三河侵攻に従軍して戦功を挙げ、天文十二年に嫡男の七郎が義元から偏諱（実名の一字）を受けて「元景《もとかげ》」と名乗るなど、今川氏のもとで着々と地位を築いていった。また、同じ天文十二年には天野氏の一門や同心が惣領の宮内右衛門尉（与四郎から改名）に従わないことが今川氏から問題視され、景泰の系統と宮内右衛門尉の系統の対立が深刻化していたことがわかる。

これに対して、天野氏では宮内右衛門尉が死去した後、叔父の虎景が惣領となり、景泰と同じく三河へ出陣して戦功を挙げている。また、犬居領の南にある雲名《うんな》（浜松市天竜区）の代官も任せられるなど、今川氏に従属する国衆として地歩を固めていた。

天野氏だけでなく他の「国衆」家も、惣領と一門が分立する状況にあったが、今川氏はこれらの一門を並び立たせ、今川氏への忠節を競わせるとともに、今川氏からの離反を防ぐために、互いに牽制させようとしていたとみられる。

そして、天文十六年に天野虎景が死去し、嫡男の藤秀がまだ幼少だったため、ついに景泰は天野氏の惣領の地位を取り戻した。ただし、藤秀も父の遺領を安堵され、義元から直接命令を下されている。このように、今川氏の下で天野氏の二つの系統が並び立つ状況は、永禄六年（一五六三）の「遠州忩劇《えんしゅうそうげき》」で天野景泰・元景父子が没落するまで続くことになる。

また、天文二十三年に信濃国遠山郷《とおやま》（長野県飯田市）の国衆遠山氏が甲斐武田氏に従属し、天野氏が仲介役を担ったときに、藤秀は使者を務め、武田晴信（信玄）と対面している。この前年から藤秀は景泰と共に信玄から書状と進物を受け取っており、天野氏の代表者の一人として、武田氏からも認識されていたようである。

戦国大名今川氏と国衆天野氏

今川義元は天文十五年から三河へ進出し、天野氏をはじめとする遠江の国衆も、今川氏に従って出陣した。藤秀の父虎景や一門の景泰らは、東三河の今橋城《いまはし》（愛知県豊橋市）・田原城《たはら》（同田原市）への攻撃に参加し、また西三河の大給《おぎゅう》（同豊田市）近辺での合戦では、景泰や藤秀らが負傷して窮地に陥ったところを、今川氏重臣の松井宗信《まついむねのぶ》が救出し、無事に撤退するという場面もあった。景泰は合戦で負傷した一門や被官（家臣）の名を書き上げ、今川氏に提出している。

その一方で、天野氏はこの頃に、犬居領の住民たちの抵抗という新たな危機にも直面した。彼らは天野氏の被官として各地の戦争に従軍したり、領主の天野氏に年貢を納めたりしていたが、天文十九年に天野景泰の「非儀」を訴え、今川氏に直接奉公したいと申し出た。

今川氏に天野景泰の「非儀」を訴えた犬居領の住民たちは、名字を持つ村の有力者（土豪）や、名字を持たない「中間」（武家奉公人）に近い人々など、さまざまであったと考えられるが、今川義元は彼らの訴えを取り上げず、住民たちが年貢を滞納して逃亡するようであれば、「法度」に任せて成敗するよう景泰に命じた。

この背景として、犬居領内では不作で農作物の収穫ができず、住民たちが年貢を負担できないほど困窮していたことがあげられる。さらに、犬居領の住民たちは天野氏に賦課される陣番（拠点の城に兵として詰めること）や夫公事（城や堤防の工事に従事すること）などの負担に耐えきれなくなり、領主の天野氏ではなく、今川氏の直接支配を望んだと考えられる。

しかし今川氏は、犬居領が以前から今川氏の手が及ばない「不入」の地であることを理由に、犬居領における天野氏の支配権を安堵し、「国衆」として排他的に領域を支配することを、原則として認めていた。戦国大名今川氏の下で天野氏は支配領域を安堵され、存立を保障されていたが、その代償として今川氏への奉公を求められ、各地の戦争に従軍していたのである。

「遠州忩劇」と天野氏の内訌

天野氏は戦国大名今川氏の従属国衆として存立したが、永禄三年の桶狭間《おけはざま》合戦で今川義元が討ち死にした後、景泰・元景父子をはじめとする遠江国衆が今川氏からあいついで離反した（遠州忩劇）。一方、藤秀は今川方に残り、景泰・元景父子を討伐する側に回っている。この背景には何があったのだろうか。

天野氏では以前から、惣領の景泰・元景父子と、父虎景の死によって景泰に惣領の座を奪われた藤秀が、犬居領（犬居三ヶ村）をめぐって争っていた。この争いは今川氏の裁判の場に持ち込まれ、景泰は「義元の代に、自分が犬居三ヶ村を安堵された」と主張し、一方の藤秀も「自分の領地（知行分）は、父の虎景の代から安堵されている」と主張した。

これに対して、今川氏は犬居領内にあった藤秀の支配地（当知行）を安堵した。今川氏としては、以前と同じように天野氏の二つの系統を並び立たせ、支配下に置くことを狙ったと考えられるが、今回の裁定に対して、景泰・元景父子が不満を抱いたことは想像に難くない。

そして、永禄六年に景泰・元景父子が今川氏から離反し、同年の末には藤秀に討伐される結果となった。これによって景泰・元景父子が没落し、天野氏の内部で二つの系統が分立する状態が解消され、新たに惣領となった藤秀のもとで、天野氏の権力は一本化されることになるのである。

今川氏の滅亡と藤秀の動向

永禄十一年十二月、甲斐の武田信玄が駿河へ、三河の徳川家康が遠江へそれぞれ侵攻し、戦国大名今川氏は翌年に滅亡した。この事態に、天野藤秀はどのような行動をとったのだろうか。

まず、遠江へ侵攻する直前の永禄十一年八月に、家康は藤秀に今川氏から離反するよう誘いをかけたが、藤秀は徳川氏の調略を、いったんは断っている。一方、同年の十二月に駿府《すんぷ》から懸川《かけがわ》（静岡県掛川市）へ逃れた今川氏真は、同月の二十九日に天野藤秀に対して、武田氏・徳川氏に勝利した暁には、望みに任せて恩賞を与えることを約束し、今川氏に味方して本拠の犬居城を固く守るよう命じた。

その後も、氏真は藤秀を味方に引き留めようとしたが、家康も藤秀に本領を安堵し、藤秀らが懸川に預けていた人質の身柄も保障している。

さらに、江戸時代前期に成立した軍学書『甲陽軍鑑《こうようぐんかん》』によれば、藤秀は武田軍の別動隊を率いて遠江へ攻め込んだ秋山虎繁《あきやまとらしげ》に人質を提出し、武田氏にも従属する意思を示したらしい。つまり、藤秀はこの時に、今川氏・武田氏・徳川氏の間で、三つ股をかけていたことになる。

だが、藤秀の選択は、武田氏・徳川氏の遠江侵攻という状況のなかで、それまで今川氏に従っていた国衆が、「どのようにして生き残るか」を考えた末にとった自衛策であり、「境目」の国衆としては、むしろ当然の行動であったといえるだろう。

今川氏真が懸川城から退去した後、遠江は徳川氏の領国となり、藤秀は犬居三ヶ村をはじめとする本領を家康から安堵された。天野氏は戦国大名今川氏が滅亡した後も、徳川氏に従属する国衆として生き残ったのである。

家康との戦い

その後、武田氏と徳川氏は敵対関係となり、武田信玄は元亀三年（一五七二）に徳川領国の遠江へ侵攻した。このような武田軍の行動を受けて、遠江の国衆の多くは徳川氏から離反し、武田氏に従属する道を選んだ。『甲陽軍鑑』には、信玄の晩年の家臣を列挙したと思われる「甲州武田法性院信玄公御代惣人数事」に、「遠州先方衆」として「天野宮内右衛門尉（藤秀）百騎」と記されている。

他の国衆（先方衆）と比べると、「駿河先方衆」の朝比奈《あさひな》駿河守（信置《のぶおき》）と「三州先方衆」の奥平美作守《おくだいらみまさかのかみ》（定能《さだよし》）が一五〇騎ずつであるから、それよりも規模は小さいが、武田氏に従属する国衆（先方衆）のなかでは上位に属する。彼らは、三〇〇騎を預けられた駿河江尻《えじり》（静岡市清水区）城代の山県昌景に「相

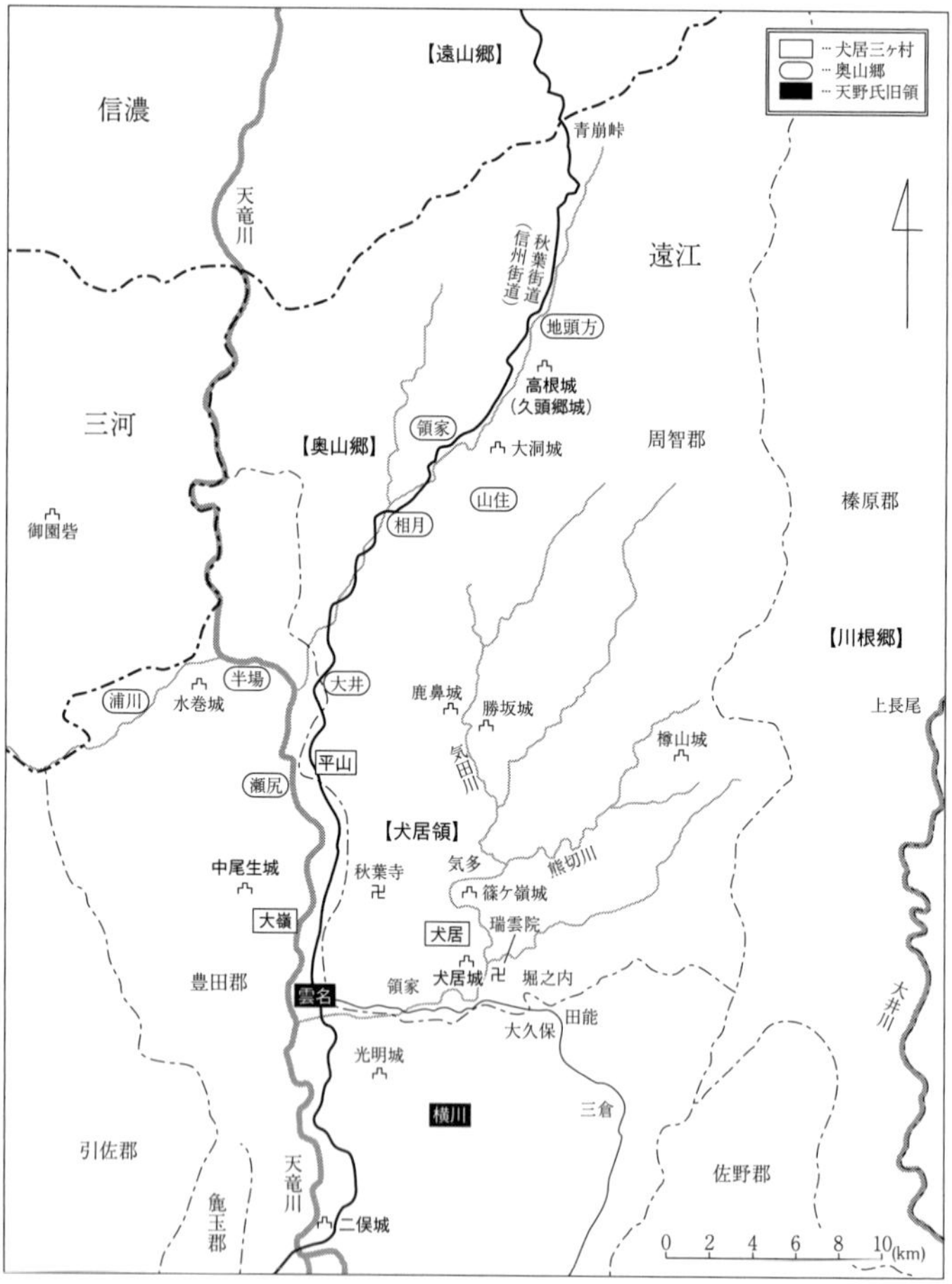
犬居三ヶ村
奥山郷
天野氏旧領
【遠山郷】
信濃
青崩峠
天竜川
秋葉街道
(信州街道)
遠江
地頭方
高根城
(久頭郷城)
三河
領家
【奥山郷】
大洞城
周智郡
山住
御園砦
相月
榛原郡
【川根郷】
半場
大井
浦川
水巻城
鹿鼻城
勝坂城
上長尾
樽山城
気田川
平山
瀬尻
【犬居領】
気多
熊切川
中尾生城
秋葉寺
篠ヶ嶺城
大嶺
犬居
瑞雲院
豊田郡
犬居城
堀之内
雲名
領家
田能
大久保
大井川
光明城
横川
三倉
引佐郡
天竜川
佐野郡
麁玉郡
二俣城
0 2 4 6 8 10(km)
遠江北部略図

備」として配属され、その指揮下に入っていた。

このように、藤秀は元亀三年の時点で武田氏に従属したとみられるが、嫡男の小四郎（景康）や妻子は、人質として甲府《こうふ》（甲府市）へ送られ、翌年の七月に「堪忍分」として駿河で領地を与えられた。信玄が翌年の天正元年（一五七三）四月に死去し、窮地を脱した家康の反攻が始まった後も、藤秀は一貫して武田氏に従属し、家康を苦しめることとなる。また、嫡男の小四郎は武田氏を継いだ勝頼に仕え、武田氏の遠江・三河侵攻に従軍して戦功を挙げている。

天正二年四月、家康は天野氏を討伐するため浜松（浜松市中区）を出陣した。だが、大雨で犬居城に攻めかかることができず、さらに腰兵糧（兵士が携帯する兵糧）しか用意していなかった徳川軍は、三倉（静岡県森町）まで撤退を開始する。

この好機を、藤秀は見逃さなかった。天野軍は気多《けた》（浜松市天竜区）から徳川軍を追撃し、樽山城《たるやま》（同前）・光明城《こうみょう》（同前）から出た軍勢が徳川軍の行く手を阻んだ。そして、徳川軍が犬居領の南にある田能《たのう》（静岡県森町）・大久保《おおくぼ》（同前）に差し掛かったところで、天野軍の総攻撃が始まった。

徳川家臣の大久保忠教《ただたか》が書いた『三河物語《みかわものがたり》』によれば、天野軍は猪の皮で作った箙《えびら》（矢を入れて背負う道具）や猿皮の空穂《うつぼ》（矢を入れる容器）を身につけ、方々の尾根や木の間から、徳川軍に鹿矢（狩りに用いる矢）を射かけた。徳川軍も鉄砲を放って反撃を試みたが、山中の地理に不案内だったため、進むことも退くこともできず、散々に打ち破られて大敗を喫し、多くの将兵が討ち取られたという。兵数や装備に劣る国衆の天野氏が、地の利を活かして戦国大名徳川氏の軍勢に勝利したのである。

天野氏の没落

翌月の天正三年五月にも、家康は犬居領の篠《ささ》ヶ嶺《がみね》城（浜松市天竜区）を包囲したが、城に籠もった天野軍は大石を落とし、矢や鉄炮を放つなど頑強に抵抗したため、徳川軍は兵粮が尽きて撤退した。

しかし、同月の長篠合戦で武田氏が徳川氏に大敗した後、真っ先に標的となったのは、天野氏の支配領域（犬居領）であった。天正三年七月の合戦に従軍した大久保忠教は、犬居での合戦の様子を、次のように記している〔三河物語〕。

犬居領に入った徳川軍は樽山城（浜松市天竜区）を落とした後、勝坂《かつざか》城（同前）を攻撃したが、その手前の塩見坂で天野藤秀の軍勢が立ちはだかり、徳川軍と戦闘になった。

地の利を得た天野軍は徳川軍の攻撃をよく防いだが、家康の命令を受けた大久保忠世《ただよ》（忠教の兄）が「石が嶺」という場所に登り、天野軍を見下ろす形で攻撃を加えると、形勢不利と見た藤秀は勝坂城を開けて退却し、犬居領の最北端にある鹿鼻《ししがはな》城（浜松市天竜区）へ移った。家康もこれ以上の深追いは避け、浜松へ引き揚げている。

その後、藤秀は鹿鼻城に拠点を移し、遠江・駿河の山間部で徳川軍に対する抵抗を続けた。だが、戦況は好転せず、天正七年八月には嫡男の小四郎に甲斐の江草《えぐさ》（山梨県北杜市）・八代《やつしろ》（山梨県笛吹市）で、戦

翌年の四月には藤秀に駿河の沼上《ぬまがみ》（静岡市葵区）で、それぞれ替地が与えられた。この後、藤秀が犬居領に関わった形跡はないため、天野氏は本領から没落したとみられる。

天野氏墓所　浜松市天竜区・瑞雲院境内

生き残った藤秀の子孫

天正十年三月に武田氏が滅亡した後、藤秀は北条領国の関東へ逃れ、武蔵八王子《はちおうじ》（東京都八王子市）城主の北条氏照《うじてる》（氏政の弟）を頼った。その後は氏照の軍に属して、下野で佐竹氏らの軍勢と戦った。そして、天正十八年七月に北条氏が滅亡した後、藤秀の足取りは再び途絶えた、と思われていた。

だが、最近紹介された系図で、天野氏は徳川家康が関東へ移った後、豊臣秀吉《とよとみひでよし》の家臣で浜松城主となった堀尾吉晴《ほりおよしはる》に仕えていたことが判明した。これによると、吉晴の弟で二俣城《ふたまた》（浜松市天竜区）の城代となった氏光《うじみつ》と藤秀の娘が再婚し、二人の間に氏信《うじのぶ》・氏安らが生まれている。その後、慶長五年（一六〇〇）の関ヶ原合戦後に堀尾氏が松江《まつえ》（松江市）に移されると、天野氏もこれに従った。寛永十年（一六三三）に堀尾氏が改易された後は、冒頭で取り上

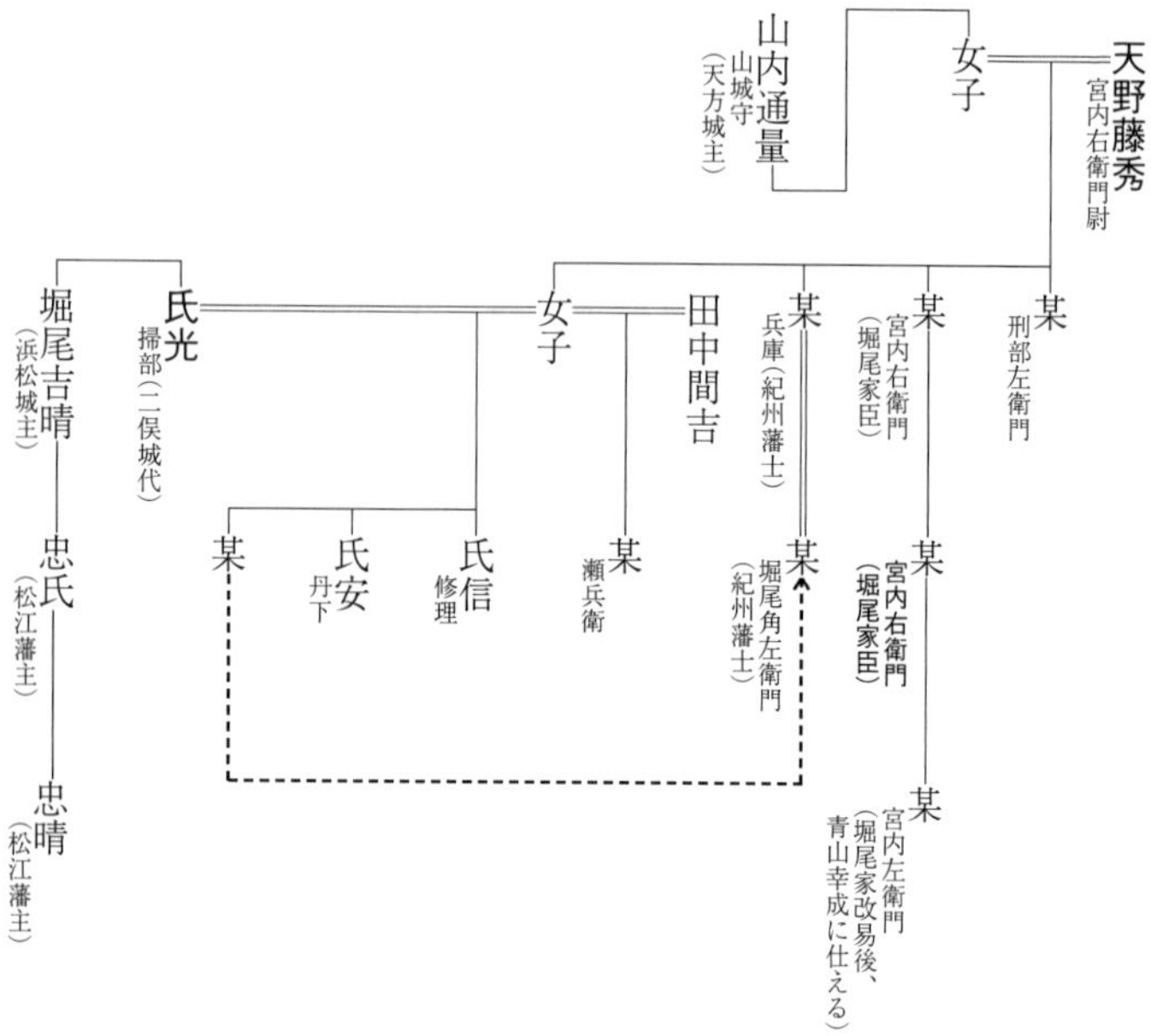

天野氏・堀尾氏系図

げた通り阿部正次に仕官したとみられる。

また、尾張徳川家の家臣として存続した天野氏の子孫もいる。江戸時代中期の延享四年（一七四七）に作成された尾張藩士の系図『士林《しりん》泝洄《そかい》』によれば、天野正次は父の景貫（藤秀）が本拠の犬居を退去したとき、まだ幼少だったが、侍女が懐中に入れて犬居城を脱出し、三河に隠れ住んだという。その後、忍《おし》（埼玉県行田市）で松平忠吉に召し抱えられ、忠吉の死後に徳川義直《とくがわよしなお》（家康の九男）に仕えたとされる。

このように、家康と敵対し憎まれ続けた藤秀の子孫は、江戸幕府から警戒されながらも、近世まで生き残ったのである。

（鈴木将典）

【主要参考文献】

鈴木将典『戦国大名と国衆8　遠江天野氏・奥山氏』（岩田書院、二〇一二年）
鈴木将典『国衆の戦国史―遠江の百年戦争と「地域領主」の興亡―』（洋泉社歴史新書y、二〇一七年）
堀尾吉晴公共同研究会編『堀尾氏発給文書及び系譜集』（二〇二一年）

松井宗信・宗恒
――今川家の重鎮と武田氏従属の国衆

対照的な生涯の父子

永禄三年（一五六〇）五月十九日、駿河・遠江・三河の三ヶ国を治めた今川義元《いまがわよしもと》は、桶狭間《おけはざま》（名古屋市緑区・愛知県豊明市）で織田信長《おだのぶなが》の軍勢に敗れ、討ち死にした。このとき、義元とともに討ち取られた重臣の一人が松井宗信《まついむねのぶ》である。桶狭間の古戦場跡にある長福寺《ちょうふくじ》（名古屋市緑区）には、主君の義元と並んで宗信の木像が安置されている。

一方、子の宗恒《むねつね》は今川氏から離反した後、甲斐武田《たけだ》氏の従属国衆として生き残り、徳川家康と遠江（静岡県西部）で戦いを繰り広げた。ここでは、対照的な道を歩んだ父子の生涯をみてみよう。

遠江松井氏の系譜

松井氏は山城国（京都府）の出身で、南北朝時代から今川氏に仕え、駿河の葉梨《はなし》郷（静岡県藤枝市）を本拠地とした。宗信の祖父宗能《むねよし》は、戦国時代に今川氏親《うじちか》が遠江を領国とした後、氏親から下平川《しもひらかわ》（同菊川市）や鎌田御厨《かまたみくりや》（同磐田市）などを知行地として与えられている。

また父の貞宗《さだむね》は、今川氏輝から遠江北部の要衝であった二俣《ふたまた》城（浜松市天竜区）の城代に任じられ、甲斐武田氏との交渉も担当するなど、今川氏の重臣として活躍した。なお、松井氏を遠江の国衆（戦国大名に従属する領主）とみなす研究者も多いが、松井氏は「当家（今川家）奉公の家筋」と称される譜代《ふだい》家臣であり、今川氏が遠江の支配を進めるなかで、二俣城とその周辺地域（二俣領）の支配を任されたと考えられる。

さらに『遠江国風土記伝《ふどきでん》』では、遠江の「下平川村堤城主」を務めた「松井左衛門亮《さえもんのすけ》」なる人物が紹介され、後世の系図では実名「信薫」と伝わる。信薫は下平川村に清涼院《せいりょういん》（青龍院）を建立し、二

松井宗信木像　名古屋市緑区・長福寺蔵

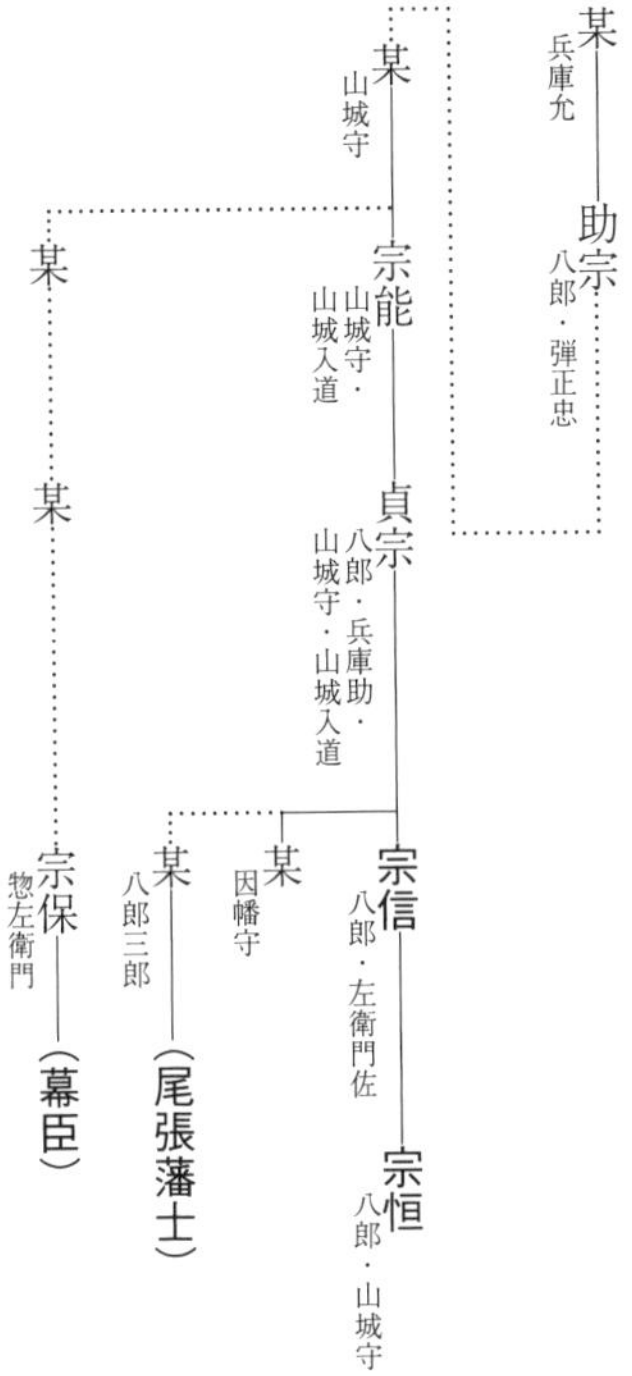

遠江松井氏略系図

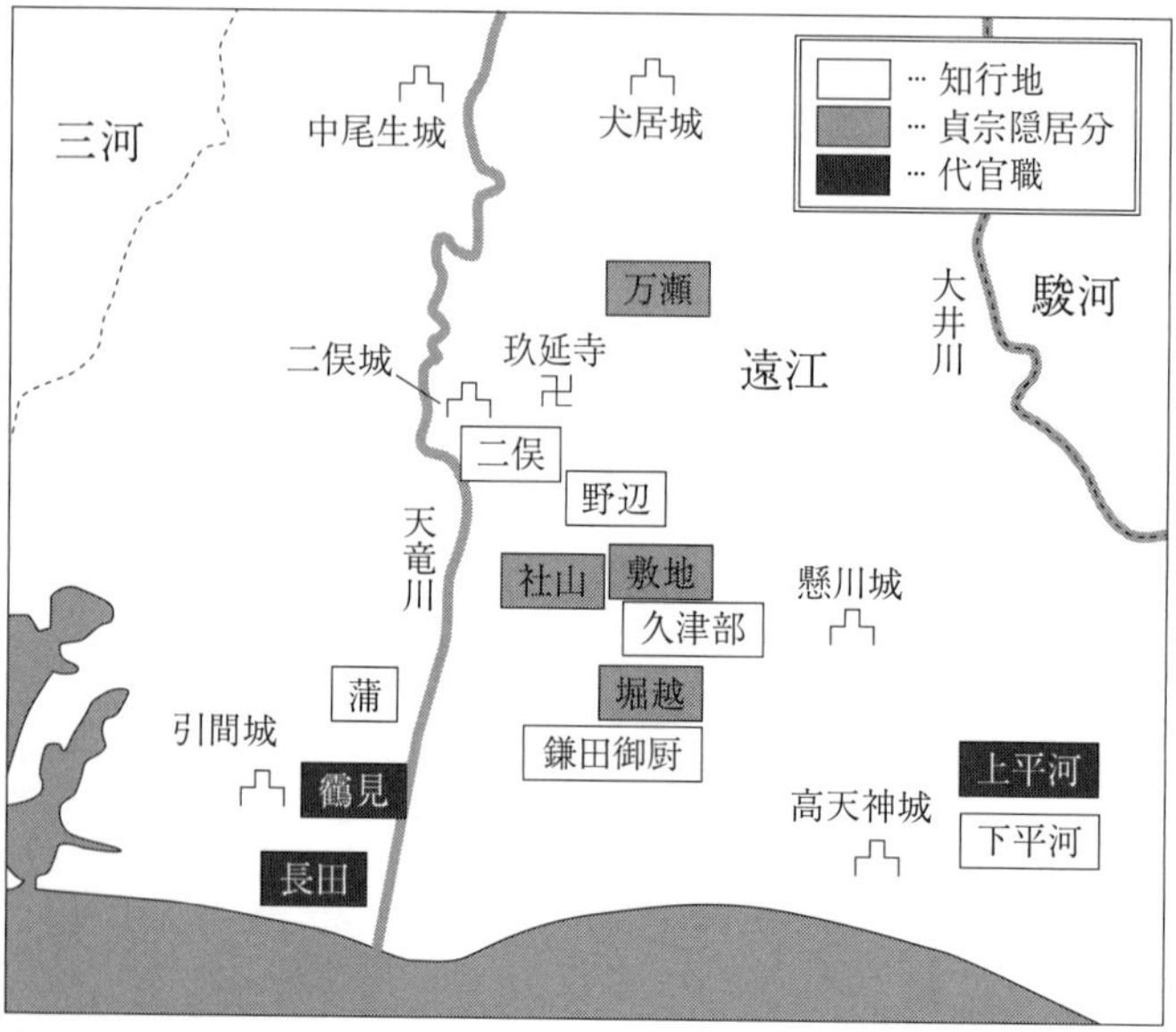

今川領国期の遠江松井氏関係地図

俣城へ移った後、享禄元年（一五二八）二月三日に没したとされる。また、その正室は下平川村に瑞泉寺を建立し、天正三年（一五七五）十二月四日に没したという。ここに記された人名は同時代の史料と異なるが、戦国時代の松井氏が駿河から遠江へ本拠を移していたことを示す傍証にはなりえるだろう。

二俣城代を務めた松井氏

戦国時代に松井氏が支配した地域は今川氏から「不入《ふにゅう》」が認められ、領主としての権利が保障されていた。これらの権利は、貞宗・宗信・宗恒の三代にわたって認められている。ただし、棟別役《むなべつやく》（家ごとに賦課される税）の徴収権は今川氏が持っており、検地などによって増分が把握された場合は、相当する分の知行役を今川氏から賦課されていた。

したがって、これまでの研究で明らかにされた分類に従えば、今川領国下の松井氏は二俣城の「城代《じょうだい》」と評価することができよう。松井氏の発給文書は現在まで確認されておらず、どのように二俣領を支配したかは不明だが、松井氏の事例は、今川氏の領域支配のあり方と重臣の立場を知るうえで、重要な手がかりとなるだろう。

宗信の戦歴

宗信は松井氏歴代の仮名である八郎を名乗り、永禄二年（一五五九）に父の貞宗から家督を譲られて、左衛門佐の官途名を称した。ただし、宗信はそれ以前からも今川氏の家臣として活動しており、天文八年（一五三九）に今川義元の近習となった松井郷八郎は宗信と考えられている。

次に、永禄三年十二月に今川氏真が宗信の戦功を列挙した史料から、宗信が今川氏の下でどのような活躍をしたかをみていきたい。

①天文十四年に今川軍が北条軍と戦った「第二次河東一乱《かとういちらん》」の際に、興国寺《こうこくじ》（静岡県沼津市）付近の今沢で宗信自身が戦闘に参加し、味方に多くの戦死者を出した。

②天文十六年に今川軍が三河田原《たはら》城（愛知県田原市）を攻撃した際に、宗信は城際で味方の敗軍を支え、敵を城内へ押し戻し、高名な武士を四人討ち取った。なお、このときは松井氏の一門とされる松井

宗保《むねやす》や遠江国犬居《いぬい》（浜松市天竜区）の国衆・天野景泰《あまのかげやす》も戦功を賞されており、宗信が自らの一門や天野氏など遠江北部の国衆と行動を共にしていたことがわかる。

③天文十六年に三河国衆の松平信孝《まつだいらのぶたか》が尾張《おわり》の織田信秀《おだのぶひで》と連携して今川氏と敵対し、大平《おおひら》・作岡《つくりがおか》・和田《わだ》（いずれも愛知県岡崎市）の三城を拠点にして今川軍と敵対した際に、宗信は医王山城《いおうやま》（山中城、同）を死守した。また、翌年に今川軍と織田軍が小豆坂（同）で戦った際には、宗信が殿を務め、追撃する敵を追い払った。

④天文十九年に今川軍が尾張へ侵攻し、刈谷《かりや》（愛知県刈谷市）へ入城した後、織田軍が通路を封鎖したのに対し、宗信が敵陣に何度も攻め入る活躍をした。

⑤弘治《こうじ》元年（一五五五）に今川軍が三河の西条《さいじょう》吉良《きら》氏を攻撃して敗北した際に、宗信が引き返して敵軍を追い払った。

⑥弘治元年に三河で大給《おぎゅう》（同豊田市）で合戦があった際に、天野景泰・藤秀らが負傷したところへ宗信が救援に入り、無事に退却した。

⑦永禄三年五月の桶狭間合戦で今川軍が敗れた際に、宗信が今川義元を守って敵軍を追い払ったが、ついに討ち死にした。

このように、三河をめぐる今川軍と織田軍の戦いが続くなかで、宗信は各地を転戦して戦功を重ね、最後は桶狭間合戦で討ち死にを遂げた。生涯を今川氏のために尽くした歴戦の武将であったといえよう。

松井氏の軍事力

織田信長の側近だった太田牛一《おおたぎゅういち》の『信長公記《しんちょうこうき》』によれば、宗信は桶狭間で今川軍が大敗する中、二百人の「一門一党」を率いて戦い、敵方の織田軍からも称えられている。

宗信の軍事力を支えたのは、松井氏の一門と「同心」であった。同心は寄親《よりおや》（この場合は松井氏）の下に配属された今川氏の家臣で、永禄三年十二月に宗信の子宗恒が今川氏真《うじざね》から同心を安堵された際には、松井姓の者が十四名と、蔭山氏・三和氏などを合わせて、全部で五十二人が記されている。ここでは、同心が理由なく宗恒の配下から離れることを禁じ、もし他の者に付属した場合は、知行などを別人に与えることを認めており、義元の時代から引き続いて松井氏に寄親としての権限を与えた内容となっている。

これらの権限は、宗信の父貞宗の時代から松井氏に認められていた。永禄二年に宗信が松井氏の家督を継いだ後も、貞宗が引き続き城代として二俣城を守り、宗信が松井氏の一門や同心を率いて、義元のもとで戦ったと考えられる。

「遠州忩劇」と宗恒の離反

宗信が討ち死にした後は子の八郎（宗恒）が松井氏の家督を継ぎ、今川氏真から知行地と一門・同心などを安堵された。今川氏としては、義元の討ち死ににによる領国内の動揺を抑えるために、松井氏に引き続き二俣城代の重責を担わせ、その軍団を維持することが急務であったと考えられる。一方、貞宗には松井氏の知行分とは別の隠居分が与えられた。

しかし、宗恒は三年後の永禄六年十二月頃に、引間《ひくま》(浜松市中区)の飯尾連龍《いのおつらたつ》、犬居の天野景泰ら遠江の国衆とともに、今川氏に反旗を翻した(遠州忩劇《えんしゅうそうげき》)。連龍は永禄八年十二月に駿府(静岡市葵区)で誅殺されたが、後世の記録である『浜松御在城記《はままつございじょうき》』によれば、氏真は連龍の姉婿にあたる「二俣城主の松井左衛門」なる人物に仲介を依頼し、駿河へ呼び寄せている。この「松井左衛門」を宗恒とすれば、松井氏は永禄八年十二月の時点でも今川方だったということになる。

しかし、永禄七年二月には松井氏の知行地だった二俣領と野辺郷(静岡県磐田市)に対して、今川氏真の禁制が発給されており、この時期に二俣城が今川軍の攻撃を受けていたことがわかる。「遠州忩劇」が収束した後の宗恒の動向は不明だが、この頃には今川氏から離反していたことがわかる。一方、宗恒の父宗信の弟とされる八郎三郎らは今川方に残り、宗恒が二俣城を離れた後、替わって入城した鵜殿氏長の下に付属されている。

武田氏の従属国衆となった宗恒

永禄十一年十二月、甲斐武田氏と三河徳川氏が双方から今川領国の駿河・遠江に侵攻し、二俣城は徳川軍の手に落ちた。「遠州忩劇」で宗恒から離れて今川方に残った松井氏の一門は、今川氏が滅亡した後は徳川氏に仕官したようである。

一方、行方不明だった松井宗恒は、松井氏歴代の受領名であった山城守を名乗り、元亀三年（一五七二）に再び登場する。同年十月に甲府（甲府市）を出陣した武田信玄は、十一月晦日に二俣城を開城させた後、宗恒に対して文書を発給した。

ここでは「忠節にあらず」としながらも、宗恒が武田氏の分国にあって本意（遠江の制圧）を達したので、宗恒に旧領を含む二千貫文の知行地を与える、としている。この文言から推測すると、宗恒は「遠州忩劇」で今川氏から離反した後、祖父貞宗以来の縁故を頼って武田氏の下へ逃れていたようである。

また、今川氏の下で松井氏が代官を務めていた上平河《かみひらかわ》（静岡県菊川市）や長田《おさだ》（浜松市南区）などを知行地として認められ、さらに気賀《きが》（静岡県磐田市）を与えられた代わりに、二俣が松井氏の知行地から外されている点が注目される。今川氏の重臣として二俣城代を務めた松井氏は、武田氏の従属国衆として存続を果たしたが、遠江北部の要衝とされた二俣城には武田氏配下の在番衆が入り、松井宗恒は二俣領の支配から外されたことがわかる。

遠江松井氏の没落

武田氏が勝頼に代替わりした後の天正元年（一五七三）八月に、宗恒は知行地を安堵され、二俣城の北東に位置する光明《こうみょう》城（浜松市天竜区）の守備を命じられた。一方、宗恒は武田氏に対して訴訟を起こ

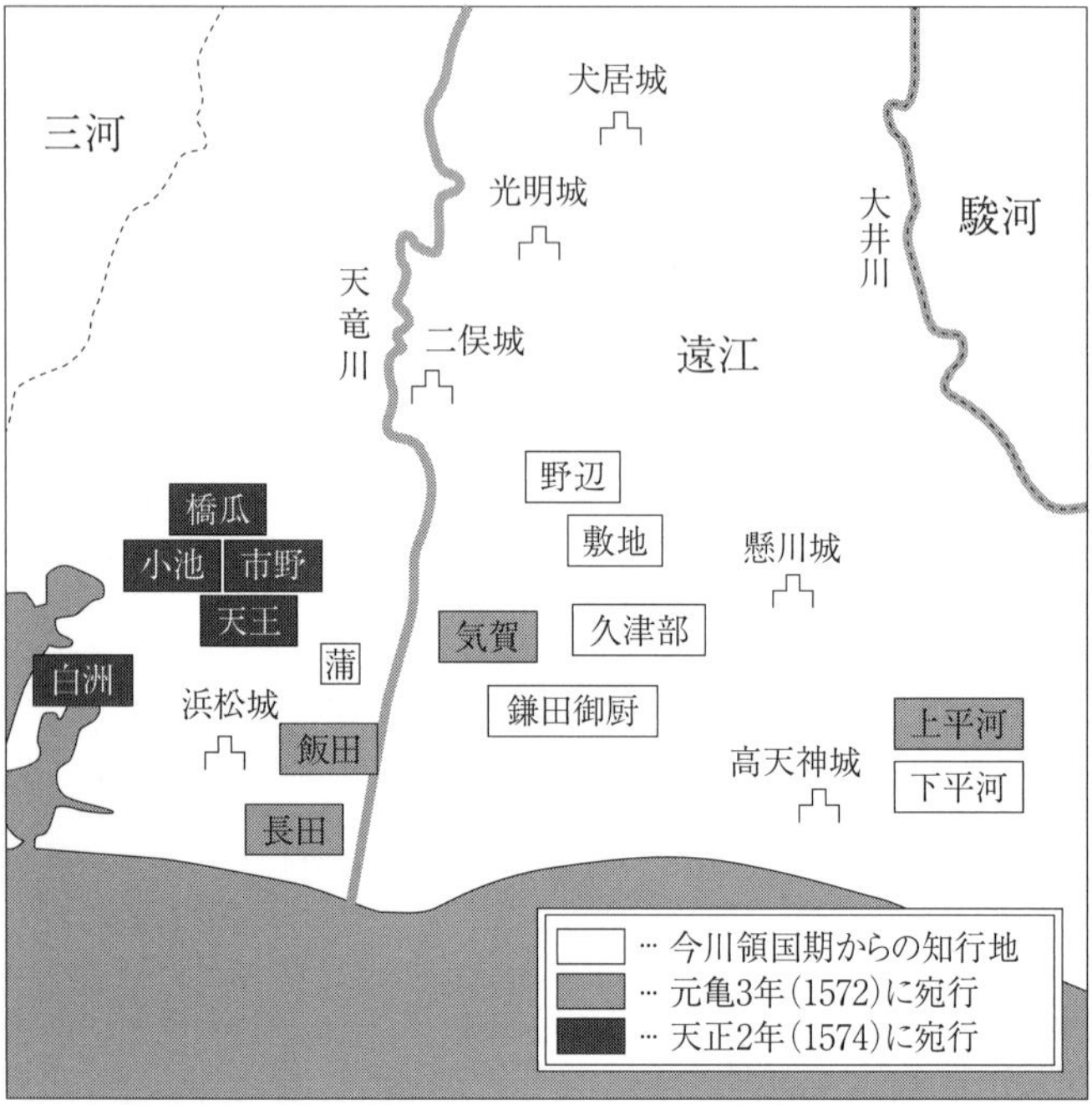

武田領国期の遠江松井氏関係地図

し、翌年九月に徳川家康《とくがわいえやす》の居城だった浜松《はままつ》城（同中区）の周辺地域を本領の替地として宛行われている。

このように、宗恒は武田方の遠江国衆として徳川軍と戦っていたが、天正三年五月の長篠《ながしの》合戦で武田軍が大敗し、さらに同年七月に光明城が落城した後の動向は不明である。恐らく、遠江の大部分を徳川氏に奪い返された中で、宗恒は本領を失って没落したとみられる。

一方、徳川氏に仕官して生き残った松井氏の一門もいた。宗信と共に三河で戦った一門の松井《まつい》惣左衛門《そうざえもん》（宗保）は、今川氏が滅亡した後は徳川家康に仕え、子孫は幕臣になっている。また、宗信の弟とされる八郎三郎の子孫は尾張藩士として存続した。

（鈴木将典）

【主要参考文献】

大石泰史編『今川氏年表』（高志書院、二〇一七年）

柴辻俊六・平山優・黒田基樹・丸島和洋編『武田氏家臣団人名辞典』（東京堂出版、二〇一五年）

鈴木将典「遠江松井氏の基礎的研究」（久保田昌希編『戦国・織豊期と地方史研究』岩田書院、二〇二〇年）

飯尾連龍――遠州忩劇を引き起こした境目国衆

遠州忩劇の発火点

永禄三年（一五六〇）、桶狭間《おけはざま》における今川義元《いまがわよしもと》の敗死を起点とする今川領国の崩壊過程には、大きく三つの画期を設けることができる。第一は、同四年に顕在化する松平元康《まつだいらもとやす》（のちの徳川家康《とくがわいえやす》。以下、徳川家康に統一）の離反である。第三は、同十一年末に始まる、武田信玄《たけだしんげん》と家康による同時侵攻であり、これにより、戦国大名今川氏は滅亡を迎える。

これらに比べて、後世に及ぼす影響は小さかったようにみえるものの、第二の画期としうるのが、永禄六年末に勃発し、遠江一国を揺るがした騒乱、いわゆる「遠州忩劇《えんしゅうそうげき》」であり、その火付け役となったのが、遠江国引間《ひくま》（浜松市中央区）の国衆・飯尾連龍《いのおつらたつ》（?～一五六五）である。もっとも、地元では、烈女として伝説化した「お田鶴《たづ》の方」の夫とするほうが、通りがよいかもしれない。官途名は豊前守《ぶぜんのかみ》。実名は「致実」とも伝わるが、信頼できる史料にはみえず、ここでは採らない。

連龍に至る系譜——乗連・元連・連龍

引間をふくむ遠江国浜松庄《はままつ》は、室町期には三河西条《さいじょう》（愛知県西条市）吉良《きら》氏の所領であり、飯尾氏も元来は吉良氏被官であった。しかし、応仁・文明の乱以降、飯尾氏は遠江国に侵出した今川氏に積極的に結びつくことで、曲折を経つつも、同庄を基盤に国衆化を果たした。連龍は、この引間飯尾氏最後の当主である。

連龍は、かつては飯尾乗連《のりつら》の次代当主とみなされてきた。乗連の活動年代は幅広く、すでに大永二年（一五二二）には当主であった〔宗長手記上〕。一方、連龍の当主としての初見は、永禄六年（一五六三）三月十七日付で浜松庄内授龍庵《じゅりょうあん》に宛てた安堵状発給であり（連龍自身の初見史料でもある）〔寿量院文書〕、これは引間飯尾氏の代替わりにともなう安堵と理解されている〔坪井一九八三〕。つまり、乗連は四十年以上にわたり当主の座にあったこととなる。

これに対し筆者は、今川氏が浜松庄内に宛てた文書にみえる「元連《もとつら》」は引間飯尾氏の当主か嫡子——「元」は当然、今川義元の偏諱であろう——であり、この飯尾元連こそが乗連の後継当主ではないか、と指摘した〔糟谷二〇一六〕。元連の名が直接記されている史料は、弘治三年（一五五七）十一月と永禄五年二月に二点があるのみだが（後者は前者を踏襲した内容）〔（両島）中村文書〕、弘治二年九月、駿《すん》府《ぷ》へ下向途中の公家・山科言継《やましなときつぐ》が使者を派遣した「飯尾善三〔四カ〕郎」も、元連とみてよかろう（なお、翌年三月の帰京の際には「飯尾善四郎」と記している）〔言継卿記〕。すでに受領名（豊前守）を称している乗連を、あえて仮名《けみょう》で記す必然性は希薄だからである。

以上の推定が妥当なのだとすれば、つぎに検討すべきは、乗連から元連への代替わり時期となる。この点ついて、「常光寺王代記《じょうこうじおうだいき》 并《ならびに》年代記《ねんだいき》」によれば、天文十八年（一五四九）十二月四日、太原崇孚《たいげんそうふ》（雪斎《せっさい》）とともに三河国常光寺（愛知県田原市）に一宿した「飯尾豊前守（乗連）」が、翌日「剃髪」したという〔小林二〇二二〕。

この年の九月、今川氏は吉良氏の本拠・西条城を攻めるが、乗連は城下の無量寿寺《むりょうじゅじ》に下された禁制の連署にも加わるなど〔無量寿寺文書〕、今川軍の中枢を占めていた。あるいは、累代の主家に対して弓引く所業が、乗連に当主引退を決意させたのかもしれない。もっとも、この出家によって乗連が隠遁したかといえばそうではなく、天文二十年十二月には乗連の岡崎《おかざき》（愛知県岡崎市）在城が確認される〔東条松平文書〕。その後も、遠州忩劇が小康を得た永禄八年十月には、連龍にかわって領域支配に関わる判物を発給しており〔寿量院文書〕、家中において深甚な影響力を保持し続けた。

では、乗連—元連—連龍三代の系譜関係は、いかに理解すべきであろうか。前二者は、徴証はないものの、登場年代から父子関係とみて問題なかろう。一方、後二者について、連龍が初見史料（前述）の時点で受領名（豊前守）を称していることから、すでに連龍は相当の年配であったとして、両者を父子関係とみることに懐疑的な説がある〔黒田二〇二一〕。これに従えば、歴代当主が通字を二字目に用いたのに対して、「連龍」の名乗りは、嫡子ではなかったがゆえとすることもできる。

なお、元連と連龍を同一人物とみる余地も一応はあるものの、偏諱（「元」）を廃するのは今川氏に対する明白な敵対行為であり、「連龍」の初見から遠州忩劇勃発までは半年以上あることから、その可能性は低い。結局のところ、連龍の系譜上の位置づけは不明とせざるをえない。

引間城跡に建つ元城町東照宮　浜松市中区　写真提供：浜松・浜名湖ツーリズムビューロー

引間飯尾氏の領域支配と連龍の発給文書

引間飯尾氏の支配領域をうかがわせる史料として、同氏滅亡後、徳川家康がその遺臣・江間《えま》加賀守《かがのかみ》に「引間本領之内」の宛行を約束した、永禄九年（一五六六）二月十日付判物があげられる〔藩中古文書四〕。「引間宿中」の屋敷ほか十一の地名が掲げられており、それらは現在の浜松市街中心部から浜名湖東南岸にかけて地域的なまとまりを有しているが、ひとつ例外がある。阿多古《あたご》郷がそれで、天龍川《てんりゅうがわ》の支流・阿多古川に沿った地域であり、本拠地・引間城（現在の浜松元城町東照宮）からは二十キロメートル以上離れている。しかし、阿多古郷は室町期以来の浜松庄の飛び地であり、そのほかの地名もすべて同庄内に比定される。すなわち、引間飯尾氏の支配領域は、浜松庄の

――ひいては室町期における西条吉良氏の支配の――枠組みに、大きく規定されていたのである（もっとも、浜松庄全域が引間飯尾氏領であったわけではなく、一部は今川氏により他氏に宛行われていた）。

つぎに、連龍の発給文書についてみてみよう。現在二通が知られ、いずれも浜松庄内における権益を保証する、自領支配に関わる文書である（先にも触れたが、遠州忩劇について弁明する「飯尾豊前守致実」の書状〔古簡編年三〕は不審点が多く、ここでは採らない）。一通目は、先述した永禄六年の授龍庵宛判物であり、もう一通は、翌永禄七年十月十九日付で、「宇布見《うぶみ》領家」（中村源左衛門《なかむらげんざえもん》）の「引物」（負担控除分）を定めた判物である〔（宇布見）中村文書〕。両者は、内容的には特筆すべき点を見出せないものの、これに先立つ引間飯尾氏の領域支配文書が、乗連の代の天文十年（一五四一）にまでさかのぼることに鑑みれば〔寿量院文書〕、史料残存の偶然性を考慮しても、十分画期的と評しうる。

それは、この約二十年の間に生じた、引間飯尾氏の領域支配の変質とも関わっている。領内への今川氏権力の浸透である。一般に、国衆の本領に対しては、戦国大名権力の介入はごく限定的とされている。しかし、引間飯尾氏領では、たとえば弘治二年九月二日付の今川義元判物は浜松庄内の曹源院《そうげんいん》に寺領を安堵する内容だが、この所領は「飯尾善四郎（元連）母女」が他者に付与しようとしたものであった〔宗源院文書〕。当主の母の意向すら、今川氏によって覆されているのである。

今川氏権力の介入が可能となった条件として、引間飯尾氏領を取り巻く政治的・軍事的情勢の変化があげられよう。引間飯尾氏は、今川領国が駿遠二ヵ国であった段階では「境目之衆」と位置づけられ〔松平奥平家古文書写〕、西条吉良氏をはじめとする（今川領国外部の）三河諸勢力とももつながりが深かった。引間飯尾氏の自律性を支えていたのは、この境界性であったといえる。しかし、天文十五年末以降に進展する今川氏の三河領国化は、いわば「境目」の西進を意味し、旧主家・西条吉良氏もそのさなかに没落する。今川領国の拡大は、引間飯尾氏の境界性の喪失でもあったのである。

そのうえで、連龍が最初に判物を発給した永禄六年三月十七日という時点に着目するならば、徳川家康の離反により、今川氏の三河支配は崩壊の危機に瀕していた。今川氏勢力圏の後退は、引間飯尾氏の境界性回復につながる。連龍の家督継承と判物発給は、〝境目の国衆〟引間飯尾氏復活の象徴でもあった。

しかし、ひとたび引間飯尾氏領内に浸透した今川氏の影響力は、容易に払拭されるものではなかった。連龍判物のわずか七日前には、今川氏真《うじざね》が浜松庄内妙香城寺《みょうこうじょうじ》に対して寺領を安堵している〔古簡編年二〕。しかもこの永禄六年、今川氏は、三河における頽勢を挽回すべく、「三州急用《さんしゅうきゅうよう》」を標榜した臨時課役を行っている。それは「惣国《そうごく》」（今川領国全体）を対象とし、諸役免除の地であっても例外ではなかった〔糟谷二〇一〇〕。もっとも、すべての免除特権が失効したわけではなく、浜松庄内でも、先述した妙香城寺への棟別役は、「惣国次《なみ》」の賦課も今川氏により免除されていた。しかし、引間飯尾氏領内の大半は、この負担を受け入れざるをえなかったであろう。

遠州忩劇の勃発

遠州忩劇における最初の戦火は、永禄六年（一五六三）十二月二十日付今川氏真感状に、「飯田（口）合戦」とあって確認される〔小笠原文書・大宮司富士家文書〕。合戦の日時は不詳だが、十二月中のことであろう。飯田は浜松庄内引間郷にみられる地名であり、相手は連龍の軍勢としてよい。なお、飯田口の合戦については、翌閏十二月十六日付の氏真感状も遺されているが〔蠹簡集残編五〕、前月の感状と同一の合戦に関するものかは断定しがたい。

この閏十二月には、北遠の犬居《いぬい》（浜松市天竜区）天野《あまの》氏において景泰《かげやす》・元景《もとかげ》父子の「逆心」があり、以後、遠州中西部を中心に国衆の離反が続発する。主だった名をあげれば、匂坂《さぎさか》（静岡県磐田市）の匂坂氏、見付《みつけ》（同）の堀越《ほりこし》氏、二俣《ふたまた》（浜松市天竜区）の松井《まつい》氏などである〔久保田二〇〇五〕。このうち松井氏について、十七世紀後半成立とされる「浜松御在城記」は、連龍を「松井左衛門」の「姉婿」としている〔黒田二〇二二〕。この所伝を裏付ける一次史料はないが、遠州忩劇は、今川氏真には「飯尾・松井逆心」とも認識されており〔集古文書巻十五〕、この両氏が騒乱の中心であり、かつ密接な関係にあったことは首肯されよう。

視点を浜松庄に戻そう。翌年二月十八日に「市野取出」、二十四日には「引間口孫妻河端」へと、庄内への今川方の侵入が連続する〔御家中諸士先祖書〕。一方、連龍は近隣の頭陀寺《ずだじ》城（浜松市南区）を一族・被官に占拠させたが、三月五日までに奪還されている〔都筑文書〕。それでもなお、連龍は以後半年にも及ぶ抵抗を継続する。結局、騒乱は連龍の「赦免」をもっていったんは収束をみた。その時期は不明だが、永禄七年九月二十八日付で「当国形《かた》の如く本意」〔大沢文書〕、十月二日付で「今度飯尾豊前守赦免」〔頭陀寺文書〕とある一方、九月九日の時点では「遠州之輩」の「逆心」に対する「国家安全之祈念」が求められていることから〔天宮神社文書〕、九月中とみてよかろう。

連龍の抵抗は足かけ十一ヵ月に及ぶものであったが、その背景には、地域社会における競合関係があった。たとえば、頭陀寺では寺内十二坊のうち千手院日瑜《せんじゅいんにちゆ》のみが今川方で、自余の十一坊ばかりか千手院の先院主までもが引間飯尾氏方に奔ったという〔頭陀寺文書〕。千手院は、浜松庄内における白山先達《はくさんせんだつ》職《しき》を安堵されるなど従前より今川氏と密接に結びついていたが〔同〕、おそらくはその特権的地位が寺内（および千手院内）に軋轢を生じさせ、反主流派を引間飯尾氏のもとに結集させたのであろう。地域社会における利害対立のなかで、一方が今川氏のもとで権益の確保・伸張を図れば、他方は引間飯尾氏を頼みに対抗する。こうして蓄積された矛盾の表出が遠州忩劇であった。

連龍の最期

永禄七年（一五六四）九月の連龍赦免によって閉幕したかにみえた遠州忩劇は、翌八年十二月、第二幕が開く。その発端となったのも連龍であったが、それは今川氏による「飯尾豊前成敗」によってであった。この処置に遺臣らは反発し、同年末までには徳川方の加勢を取り付けて抗戦を選択する〔譜牒余録〕。

連龍の「成敗」をめぐっては、近世以降、その妻の烈女ぶりが喧伝される。いわゆる「お田鶴伝説」であるが、その内容は諸書区々で、駿府で襲撃された夫を守って奮戦した〔武徳編年集成〕とも、夫亡きあと引間に籠城し、最期は徳川勢相手に討ち死にを遂げた〔武家事紀〕ともいう。名前にも異説（椿姫《つばきひめ》）がある〔黒田二〇二二〕。

では、同時代を生きた者に連龍の最期はどう描かれているだろうか。連龍の死から五年後の永禄十三年、遠江国妙恩寺《みょうおんじ》（浜松市東区）で書写された「科註拾塵抄《かちゅうしゅうじんしょう》」の奥書に、貴重なその記述がある〔海老沼二〇一四〕。読み下しを以下に引用しよう。

癸亥年（永禄六年）より引間城主飯尾豊前守（連龍）、駿州氏真（今川）へ御逆心申され、寅年（ママ）の十二月廿日、駿府において百十六人腹切、その後、遠州一国御静謐にて、……

「寅年」は永禄九年にあたるが、今川氏発給文書では一貫して連龍の死を同八年のこととしているので、これは誤記であろう。その点を除けば、史料全体の具体性・整合性から信用してよい記述と思われる。

それにしても、連龍のみならず一一六人にも及ぶ大粛清は一見して異様に映る。しかし、その〝異様さ〟を裏付け、むしろ際立たせる史料がある。永禄九年四月二十七日、三浦与次《みうらよじ》（真俊《さねとし》）は「引間領」において今川氏から知行を与えられるが、それは、「父正俊」が「去年飯尾豊前成敗の刻み、身命を捨て忠節せしむ」ゆえであった〔小栗文書〕。三浦正俊《まさとし》は「守衆頭人」に任ぜられるなど〔菊地立元氏所蔵文書〕、氏真のいわば側近中の側近たる重臣である。その正俊が、連龍の「成敗」に際して落命したという。連龍らは従容と死出の途についたわけではなく、決死の反撃を試みていたのではなかろうか。であれば、最終的には「腹切」という最期となったにせよ、実態は討ち死にだったといえよう。結果、連龍方に一〇〇人以上もの死者が出たというのだから、駿府は戦場の様相を呈したに違いあるまい。その修羅場には女性の姿もあったかもしれない。あるいはここに、「お田鶴伝説」が胚胎する土壌を求めることができようか。

連龍の歴史的位置と徳川家康

最後に、遠州忩劇、ひいてはその口火を切った飯尾連龍の歴史的位置について、のちの天下人・徳川家康との関係から考察し、本項を締めくくりたい。

遠州忩劇における連龍と家康との連携を示す史料がある。永禄七年（一五六四）四月十九日、飯尾乗連が家康と「対面」し、このとき家康は、浜名湖西岸の鷲津本興寺《わしづほんこうじ》（静岡県湖西市）に軍勢を乱入させている〔東漸寺文書〕。先述のとおり、乗連には岡崎在番の経歴があり、酒井忠次《さかいただつぐ》ら家康重臣とは旧知の間柄にあった。もっとも、近世史料が説くように〔浜松御在城記など〕、この連携が連龍挙兵時にまでさかのぼるものか、つまり遠州忩劇自体が家康の扇動によるのかについては、慎重な判断を要する。

しかし、遠州忩劇が家康の危難克服におおいに資したことは、疑う余地がない。引間において最初の戦火があがった永禄六年十二月には、家康もまた、足下で真宗寺院の蜂起に直面していた。この三河一《みかわいっ》向一揆《こういっき》は今川氏にとって失地挽回の絶好機であったにもかかわらず、遠州忩劇がそれを許さなかった。

一方で、連龍にとって家康との連携はいかに作用したであろうか。浜松庄内鴨江寺《かもえじ》（浜松市中央区）円満坊《えんまんぼう》が、引間飯尾氏領と境を接する遠江国堀江《ほりえ》（同西区）の国衆・大沢《おおさわ》氏に宛てた、八月六日付書状が興味深い〔大沢文書〕。年欠であるが永禄七年に比定でき〔糟谷二〇〇三〕、すなわち、連龍「赦免」直前の情勢をうかがいうる。

円満坊は、「ここもとの諸侍」の「一味」を報じたうえで、大沢氏に鵜津山《うつやま》（静岡県湖西市）への「一味」を勧告している。鵜津山には今川氏の支城があるため、この「一味」とは今川方への帰参であろう。このときすでに、浜松庄内においても連龍は見限られつつあったらしい。あわせて円満坊は、「井伊氏《いい》も今川方となったので、（井伊氏を頼った場合）大沢氏の所領はすべて没収されるであろう（井伊谷此方へなり候上は、その御城へは定めて本知ばかりも進ぜられまじく候かと存じ候）」と、大沢氏が（鵜津山ではなく）井伊谷《いいのや》（浜松市北区）井伊氏を頼みとすることのないよう釘を刺している。なお、遠州忩劇における井伊氏の動向は従来不明であったが、この文脈からは、井伊氏が従前において、（大沢氏とともに）反今川方であったことがうかがえる。

注目すべきは、この書状における家康の描かれ方である。円満坊は、家康が三河の（今川方）諸城を明け渡すよう交渉しているとしたうえで、家康はさらに引間・鵜津山など遠江諸城の攻略を目論んでいるとの「風聞」を伝え（「各々際近くに出られ取りつるべき風聞まで候」）、熟慮をうながしている。ここにうかがえるのは、家康に対する強烈な警戒心である。そしてそれは大沢氏にも共有されうるものと、少なくとも円満坊は認識していた。四月の家康の遠江侵入がその危機感をかき立てたのであろう。

つまり、家康との連携は、必ずしも連龍を利するものではなかった。一方で、連龍が発火点となった遠州忩劇が家康の危機を救ったことは、先述したとおりである。

家康の僥倖はこれにとどまらなかった。遠州忩劇勃発の報に接した武田信玄は、（永禄六年）閏十二月六日付で、反今川方の手が駿河にまで及び、領国崩壊が必至であるならばとの条件で、駿河侵出をほのめかす書状を配下に送っている〔佐野家蔵文書〕〔平山二〇二二〕。仮にこのとき信玄の今川領国侵攻が実現していれば、当時の家康に、これに呼応して遠江に進出する余裕があったとは思われず、以後の版図拡大は至難となったであろう。しかし、今川氏が遠州忩劇の鎮圧に成功したために信玄は動かず、家康には三河を平定し、さらなる勢力伸張に備える時間が与えられた。連龍が家康の飛躍に果たした〝貢献〟は、あながちに無視しえぬものといえようか。

（糟谷幸裕）

【主要参考文献】

海老沼真治「武田・徳川氏の今川領国侵攻過程―身延文庫「科註拾塵抄」奥書の検討から」（『武田氏研究』五一、二〇一四年）

糟谷幸裕「今川領国下の遠州鵜津山城」（『戦国史研究』四六、二〇〇三年）

糟谷幸裕「戦国大名今川氏の特別賦課」（池享編『室町戦国期の社会構造』吉川弘文館、二〇一〇年）

糟谷幸裕「境目の地域権力と戦国大名―遠州引間飯尾氏と今川氏」（渡辺尚志編『移行期の東海地域史―中世・近世・近

代を架橋する』勉誠出版、二〇一六年）
久保田昌希『戦国大名今川氏と領国支配』（吉川弘文館、二〇〇五年）
黒田基樹『戦国「おんな家長」の群像』（笠間書院、二〇二一年）
小林輝久彦「駿河今川氏による今橋城及び田原城の落城時期再考」（『大倉山論集』六八、二〇二二年）
坪井俊三「今川氏と浜松地方」（大塚克美編『浜松の歴史』東洋書院、一九八三年）
平山優『徳川家康と武田信玄』（ＫＡＤＯＫＡＷＡ、二〇二二年）

井伊直盛・直虎
——今川家への従属に努めた国衆家の当主たち

井伊家のあゆみと今川家への従属

遠江国（静岡県のうち大井川以西の地域）西部、浜名湖《はまなこ》北岸に位置し、三河（愛知県東部）・信濃（長野県）両国とつながる赤石《あかいし》山脈の裾に立地した井伊谷《いいのや》（浜松市浜名区）。この地で誕生したという藤原共保《ふじわらのともやす》（寛弘七年〈一〇一〇〉～寛治七年〈一〇九三〉）の後裔が同地を拠点に活動していったことから、井伊家の歴史は始まるとされる。

やがて、井伊家は遠江国の武士として活躍、鎌倉時代には幕府に仕える御家人《ごけにん》として、建治元年（一二七五）五月には京都六条八幡宮《ろくじょうはちまんぐう》（京都市下京区）の造営料を負担する（国立歴史民俗博物館所蔵文書）など、その活動を確認することができる。南北朝時代になると、遠江三岳《みたけ》城（浜松市北区）を拠点に南朝方として活動する。しかし、暦応三年（興国元、一三四〇）八月、北朝方の高師泰《こうのもろやす》らの軍勢の攻撃により三岳城は落城し（鶴岡社務記録）、北朝方に降った。その後、遠江守護《しゅご》の今川貞世《いまがわさだよ》（了俊《りょうしゅん》）に従って、応安三年（建徳元、一三七〇）十月に九州に下向し戦った（今川家譜）。応永十一年（一四〇四）頃、足利《あしかが》一門大名《たいめい》（幕府政治を司る構成員）で管領《かんれい》家としてあった斯波《しば》家が遠江守護になる。井伊家内部にはこれに反抗を示す動きもあったようだが、やがて守護・斯波家との関わりを持って活動していくようになる。

享徳元年（一四五二）九月、当主の斯波義健《よしたけ》が夭折したことを機に、斯波家内部は後継者をめぐって対立する。この斯波家内部の争いは、幕閣内部の主導権争いとも関わりながら、やがて「応仁・文明の乱」の勃発へと発展し、遠江国もその動向に巻き込まれていく。それにともなって、斯波方から遠江国への勢力奪還を図る駿河（伊豆半島を除いた静岡県のうち大井川以東の地域）の今川家による侵攻を受けることになる。とくに戦国時代になると、今川氏親《うじちか》は、叔父・伊勢《いせ》宗瑞《そうずい》（いわゆる北条早雲《ほうじょうそううん》）の支援のもと反勢力を鎮めて駿河国の領国化を進める一方、父・義忠《よしただ》のときから敵対を続けていた遠江国の守護家・斯波方の勢力を攻略するために、宗瑞の軍事協力を得て遠江国へ侵攻を始めた。また氏親は、永正五年（一五〇八）七月に周防（山口県東部）の大内義興《おおうちよしおき》の援護を得て上洛を遂げ、再び室町幕府将軍となった足利義稙《よしたね》から遠江守護職を得て〔大館記所収文書〕、遠江侵攻の大義を獲得する。その後、氏親による遠江侵攻は一時休止するが、同七年から再び侵攻を実施している。

今川氏親の侵攻に対し、井伊次郎（『重編応仁記』は実名《じつみょう》を「直親《なおちか》」とする）は三岳城を拠点として、斯波義達《よしたつ》に従い対抗し続けたが〔駿河伊達家文書〕、永正十年三月に今川家重臣の朝比奈泰以《あさひなやすもち》が率いる軍勢の攻撃によって、三岳城は落城した〔重編応仁記・宗長手記ほか〕。この後、井伊次郎は姿を消し、代わってそれ以前より今川家に従っていたらしい井伊直平《なおひら》が、井伊谷を拠点に井伊一族を率いる存在として姿をみせる。そして永正十四年八月、今川氏親が斯波方の勢力に勝利し、遠江国の領国化を成し遂げると、井伊家はより今川家への従属関係を強めていくのである。

井伊直盛の立場

戦国時代の井伊家は、奥山《おくやま》・井平《いだいら》・中野《なかの》らの井伊庶家の「親類衆」と、小野《おの》家らの「被官衆」から構成された家中《かちゅう》を率い、井伊谷を領域として統治した領域権力＝国衆《くにしゅう》であった。井伊谷領（国衆・井伊家が統治する井伊谷の領域）の経営は、今川家への従属にともなう政治的後見と軍事的安全保障を得ながらも、井伊家による自治のもとで行われ続けた。そして、天文年間（一五三二〜五五）になると、井伊直平の孫にあたる直盛《なおもり》が井伊谷領内における知行の給与、祝田《ほうだ》郷（浜松市浜名区、旧細江町）における脇者・下人らの被官契約の取り締まりといった秩序維持や年貢収納などについて文書を発給し（「蜂前神社文書」）、井伊家当主としての活動をみせはじめる。

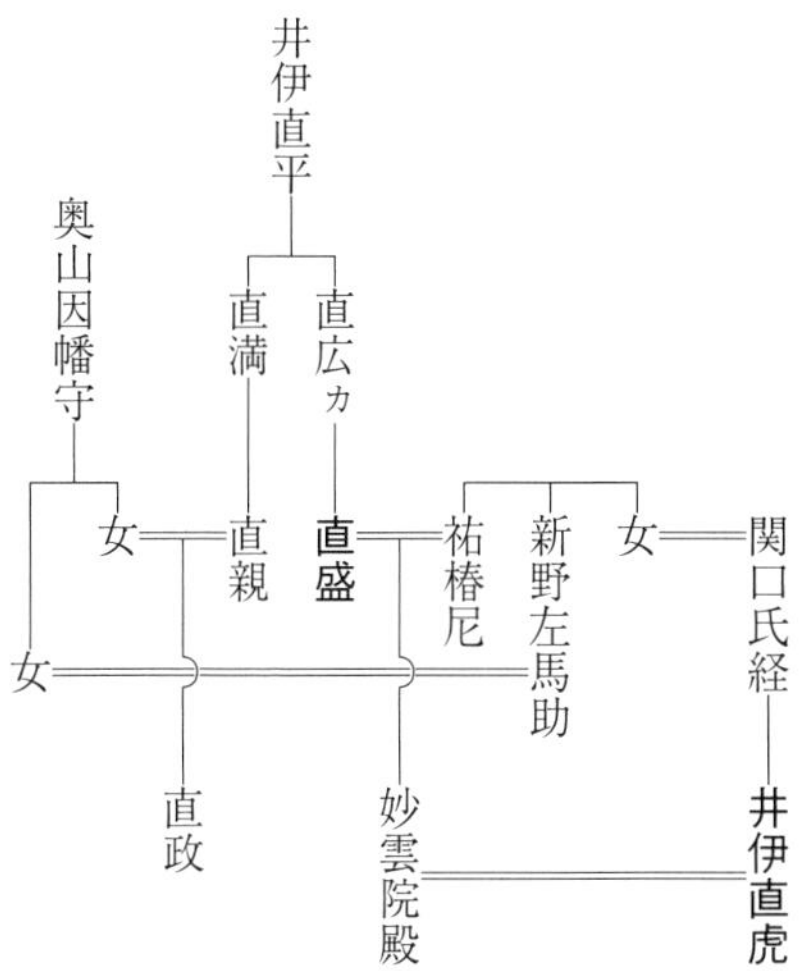

井伊直盛・直虎関係系図

井伊直盛は、『寛政重修諸家譜』で三十五歳と伝わる享年から逆算して、大永六年（一五二六）の生まれである。なお、直盛にはほかに五十五歳と伝わる享年がある（井伊氏系図）。しかし、彼の活動時期に注目すると、大永六年生まれととらえたほうがよさそうである。父は、『寛永諸家系図伝』ほか系図類では「直宗《なおむね》」とされる。しかし、同時代史料からは直宗を名乗る人物の姿を確認することはできない。そのうえ『寛政重修諸家譜』によれば、天文十一年（一五四二）正月二十九日の今川義元《よしもと》による三河田《た》原《はら》城（愛知県田原市）の攻撃中に戦死したとされる。しかし、天文十一年には今川義元によって三河田原城が攻撃された事実はない。この事実が成り立つとしたら、大石泰史氏が指摘するように、天文十六年のことである〔大石二〇一六〕。

ところが、天文八年五月には直盛の発給文書がみえ、井伊家当主としての活動が確認される〔蜂前神社文書〕。そうなると、直宗の存在自体が検討を要する。直平と直盛の間の時期における史料には、「直《なお》広《ひろ》」〔六所神社所蔵棟札銘〕、「直隆《なおたか》」〔正泉寺所蔵鰐口銘ほか〕の実名を名乗る人物がみられる。いずれかが直平の後継で直盛の父に該当する人物にあたる可能性もあるが、現時点では判断できない。直平から直盛に連なる井伊家の系譜関係の整理については、今後解明が進むのを俟ちたい。

その一方で注目したいのは、直盛が妻に新野《にいの》左馬助《さまのすけ》（後世の史料で、実名は「親矩《ちかのり》」とされる）の妹・祐椿尼《ゆうちんに》（実名は不明）を迎えていることである。新野家は今川家御一家衆（一門衆）で〔為広下向記〕、直盛が同家より妻を迎えたのは、今川家から政治的後見と軍事的安全保障を得るべく従属関係を強化させる必要があったからだろう。直盛の活動が最初にみられる天文八年（一五三九）は、大永六年生まれの説に基づけば、直盛が十四歳のときにあたり、若年での家督相続にともなう井伊家内部の不安定な情勢が想定される。

実際に『寛永諸家系図伝』などによると、天文十三年に宿老の小野和泉守《いずみのかみ》と直盛の叔父・直満《なおみつ》（実名は『寛永諸家系図伝』による）らとの対立があり、直満らが討滅されたことがみられる。このできごとは、直満の子・直親《なおちか》（同前）が男子のいなかった直盛の家督後継予定者としたことから起きたとされる。しかし、それはのちに直親の後裔で徳川家の重臣として活躍した井伊直政《なおまさ》の系統を正統づけるために説かれたものだろう。

その頃、今川義元は相模北条家との駿河国河東《かとう》地域（伊豆半島を除いた富士川以東の静岡県域）をめぐる抗争（「河東一乱」）に追われていた。この抗争の当初に井伊家では、北条家と手を結び、今川義元と敵対する動きがみられた（松平奥平家古文書写）。つまり、井伊家には自家と領国の存立のために、今川家への従属によって政治的後見と軍事的安全保障を得る一辺倒の姿勢だったわけではなく、情勢次第では今川家以外との政治関係を求める動きがあったことに注目したい。それを含めて若年の当主・直盛および小野和泉守ら周辺と直満ら一門衆との間で起きた井伊家内部の対立に、今川義元による政治的後見と軍事的安全保障のもとで自家と領国の存立を図る途を選んだ直盛とその周辺によって、直満らが排除されたというのが、真相だったのではないだろうか。

小野家は、永正十七年（一五二〇）三月に井伊直広（「藤原朝臣直広」）とともに「小野源左衛門尉貞久」の名がみられ（「六所神社所蔵棟札銘」）、和泉守は小野貞久の後継だろうか。天文八年五月に発給された直盛の判物《はんもつ》（花押を据えた権益保証の証状）で、直盛の意向を相手方に伝える役割を果たす人物として、その名がみられる（「蜂前神社文書」）。このことから、諸書が記すように、彼は直盛を補佐する宿老の立場にあったことは間違いない。

直盛と小野和泉守らは、今川家一門衆・新野左馬助の妹を直盛の妻に迎えるなどして、今川家との従属関係の強化を図り、それを背景に当主の立場確固に努めていたのだろう。しかし、それは同時に一門との対立を生じさせるとともに、今川家の政治的後見と軍事的安全保障を得られない情勢となれば関係を見直す動きともなっていた。天文十三年の直満らの一門排除は、こうした井伊家内部の事情に基づいて起きたできごとだったと思われる。

さて、今川義元は、天文十四年（一五四五）十一月に武田《たけだ》信玄《しんげん》（この時は「晴信《はるのぶ》」だが、以下も含めて、信玄とする）の仲介で北条氏康《うじやす》との和睦を成立させ、河東一乱を終結させる。その後、義元は武田信玄・北条氏康との三者の間で婚姻関係を取り交わし、天文二十三年までに互いの軍事協力を前提とした「駿《すん》甲相《こうそう》三国同盟」を結んだ。一方、三河国内の対立から同国へ侵攻し、松平家ら三河国衆を従わせて今川領国に併呑《へいどん》していった。さらに天文十九年八月から尾張織田家との敵対関係により尾張国（愛知県西部）へも侵攻を進めた。そのなかで直盛にも、今川家への従属のもとで自家と領国の存立を得ている代償の務め（奉公《ほうこう》）として出陣が求められていく。

永禄三年（一五六〇）五月、今川義元は尾張国鳴海《なるみ》・大高《おおだか》両領（いずれも名古屋市緑区）の奪還に動く織田信長《おだのぶなが》の攻勢を斥けるために出陣する。義元が率いる今川軍には、直盛によって率いられた井伊勢も参戦していた。そして、五月十九日の桶狭間《おけはざま》合戦で織田信長が率いる軍勢の思わぬ強襲に義元は討たれ、井伊直盛も戦死した〔松平記ほか〕。井伊家の菩提寺であった龍泰寺《りゅうたいじ》（浜松市浜名区）は、直盛の戦死を受けて彼の法号（龍潭寺殿天運道鑑大居士《りょうたんじでんてんうんどうかんだいこじ》）にちなんで寺号を「龍潭寺」に改称し、八月五日には今川氏真《うじざね》から寺領の保証と諸役免除を認められている〔龍潭寺文書〕。

井伊直虎の登場

桶狭間合戦で戦死した井伊直盛には、跡を継ぐ男子はなく、娘（法号は妙雲院殿月船祐円大姉《みょううんいんでんげっせんゆうえんだいし》。以下、妙雲院殿とする）が一人しかいなかった。また、桶狭間の敗戦で西三河が織田家との政治的・軍事的な境界（「境目《さかいめ》」）となり、情勢の不安定がみられるなか、今川家の親類衆でもあった三河国岡崎《おかざき》（愛知県岡崎市）の国衆・松平元康《まつだいらもとやす》（のちの徳川家康《とくがわいえやす》）が自家と領国の存立のために、今川家との従属関係を絶って〝独立〟を示し、永禄四年（一五六一）四月から開戦へと至る。松平家の〝独立〟と今川家との開戦は、三河国を二分化する「三州錯乱《さんしゅうさくらん》」という内乱に発展する〔柴二〇二二〕。そして、その長期化はやがて鎮圧に先兵として動員された遠江従属国衆のそれぞれの存立にも影響していく。

そのようななか、直盛を失った井伊谷領は今川家による直接管轄下に置かれたようだが、井伊家では家督後継者をめぐり対立が起きていた。井伊谷領内に所領を持っていた今川家に仕える領主で、いわゆる「井伊谷三人衆」と称された一家である鈴木家の家譜〔東京大学史料編纂所蔵謄写本鈴木家譜〕によると、関口氏経《せきぐちうじつね》から男子を迎え、家督を継がせようとする動きがあったことがわかる。家督相続は、おそらく直盛の娘・妙雲院殿の婿養子に迎えることで進められたのだろう。女子は家財を継承し家政に発言権を持つことができた。そのうえで、政治的・軍事的な保護を得ている主家への奉公にあたって、後継の男子がいない場合、女子と婚姻のうえで養嗣子として家督を相続させることで務め、自家の存立を図っていくことが、今川領国内でも行われていた〔大久保二〇〇八〕。関口氏経は、今川家御一家衆の関口刑部大輔《ぎょうぶだいぶ》家の当主で、なおかつその妻は新野左馬助の姉妹であった〔雑秘説写記・黒田二〇一七〕。つまり、関口氏経から男子を養嗣子として迎えようという動きは、妙雲院殿の母・祐椿尼とその兄の新野左馬助、そして宿老であった小野但馬守《たじまのかみ》（和泉守の後継、実名は後世の諸史料で「政次《まさつぐ》」または「道好《みちよし》」とされる）らの井伊宗家の関係者のもとで進められたらしい。

この井伊宗家の動きに対し反発を示したのが、一門の井伊肥後守直親と、直親の舅で親類衆にあった奥山因幡守《いなばのかみ》（実名は後世の史料で「親朝《ちかとも》」とされる）だった。彼らは、一族内から井伊宗家の家督相続者を立てるべきだと主張し、井伊宗家の関口氏経から養嗣子を迎えようとする主導陣と対立姿勢をみせたようだ。この直親らの姿勢に、井伊宗家の主導陣側は関口氏経に働きかけたうえ、今川家の助援を得て直親と奥山因幡守を討ち滅ぼしたとされる〔東京大学史料編纂所蔵謄写本鈴木家譜〕。『寛永諸家系図伝』などの諸系図類や享保十五年（一七三〇）四月にまとめられた龍潭寺住持の祖山《そざん》による『井伊家伝記』は、直盛の戦死後は直親が井伊家の当主にあり、宿老の小野但馬守との対立や徳川家康への通謀の果てに、永禄五年に今川家によって直親が殺害されたと記す。しかし、実際には直親は井伊家の当主にあったわけではなく、彼が討滅されたのは、井伊家内部の政争に起因したものであった。そして、今川家の承認を得て井伊家の家督を継いだのが、関口氏経の男子であった次郎法師《じろうほうし》、のちの井伊次郎直虎《なおとら》である。

次郎法師については、『井伊家伝記』では直盛の娘・妙雲院殿が井伊直親との婚姻がならなかったことから出家し、師匠の南渓《なんけい》より名付けられたとする。しかし、これまでみてきた井伊家の事情や養嗣子として迎えられた関口氏経の男子がまだ「若年」であり、伯父・新野左馬助の政治的・軍事的後見〔指南〕を得たとされる〔雑秘説写記〕。それを裏付けるように、伝来する最初の発給文書である永禄八年九月十五日付の龍潭寺へ井伊家当主として寄進内容を確認し保証した文書が女性が記す仮名文ではなく真名《まな》文で、なおかつ成人前の男子が使用する黒印を押捺した印判状《いんぱんじょう》として出されている。また「〇〇法師」は、清須会議で織田家の当主に擁立された信長の嫡孫・秀信《ひでのぶ》の幼名が「三法師《さんぼうし》」であったように、男子の幼名としてとらえることができる。これらのことをふまえると、すでに指摘があるとおり〔糟谷二〇一七B・黒田二〇一七・鈴木二〇一七〕、「次郎法師」は男子の幼名としてみたほうがよいと、筆者も判断する。そうなると、直虎は次郎法師の後身であり（以下、直虎とする）、『井伊家伝記』に記される、これまで一般的に「井伊次郎法師」「井伊直虎」とされてきた女性は、その妻となった妙雲院殿と考えたほうがよいだろう。

いずれにせよ、直盛死後の井伊家と領国の存立を図るべく従属先の今川家との政治対応のうえに、井伊直虎は国衆・井伊家の当主として、ここに登場したのである。

「井伊谷徳政」と国衆井伊家の滅亡

井伊直虎が当主として活動し始める前の永禄六年（一五六三）十二月、遠江国引間《ひくま》（浜松市中区）の飯《い》尾《お》連龍《つらたつ》が今川家に反抗を示し、さらに遠江国西部の国衆・領主をも巻き込んで「遠州《えんしゅう》忩劇《そうげき》」という内乱状況へと発展していった。直盛死後、今川家への従属関係をより強めていた井伊家は、今川氏真の指示を受け、直虎の後見役でもあった新野左馬助のもとでこの内乱の鎮圧にあたることになる。ところが、新野左馬助は引間城の攻略中に井伊家親類衆の中野信濃守ともども戦死してしまう。『井伊家伝記』は、二人の戦死した日を、永禄七年九月十五日とする。翌年から直虎の活動がみられるようになったのには、後見役の新野らの死去という事情も大きく影響していたのだろう。

永禄七年十月に「遠州忩劇」は今川勢によって鎮圧され、翌永禄八年十二月には再び離反を示した引間飯尾家が討滅された。しかし、あいつぐ反乱の鎮圧は遠江国西部の地域に被害と負担による疲弊を嵩ませ、存立に大きく影響した。そこで、この事態の政治対応として、永禄九年に今川氏真は井伊谷領も含む遠江国西部の地域に徳政《とくせい》（債務破棄）を実施した。地域が広域に及び氏真自身が徳政を発令していることから、戦国大名による広域にわたる地域の存立危機への取り組みとして評価できよう。

ところが、井伊谷領内の祝田郷などでは氏真による徳政が実施されなかった。債権者である銭主の反対に応じて、祝田郷などに給地をもち、また井伊家から管理を任されていたと思われる一門衆の井伊主水佑《もんどのすけ》が抵抗をみせたからだ。徳政は、本来は為政者による善政を意味し、その観念に基づいて、中世後期の社会では自然災害や戦乱、代替わり（為政者の交替）に際して、社会秩序を維持するために債務破棄を目的に実施された。しかし、自然災害や戦乱によって人々の日常の社会活動が危機にさらされる状況が多かった、この時代の社会において、債権・債務関係は相互扶助によって社会活動を維持していくうえでの必要不可欠なシステムでもあった。そのため徳政の発令は同時に相互扶助を目的とした金融を滞らせ、経済混乱による社会活動への支障（地域存立への支障）をともなう逆効果もありえた。そこで、徳政はきわめて深刻な危機状況に限定した〝応急措置〟として実施された。しかし、井伊主水佑には、今後も銭主との相互扶助関係のもとで、領主としての活動や地域の存立を維持していくうえで、徳政の実施は受け入れがたかったのではないだろうか。

井伊主水佑や銭主の徳政実施に対する抵抗に対し、祝田郷などの住人（「本百姓」）は同地に給地をもつ今川家の家臣を通じて、今川家に徳政が実施されるよう求めた。また今川家への徳政を求める訴えに対し、井伊家の宿老・小野但馬守も協力していたことが確認される〔蜂前神社文書〕。このことからすると、当主・直虎とその周辺もまた徳政の実施には賛同的な立場にあったと思われ、一門衆の井伊主水佑とは対立する状況だったことがわかる。

この徳政をめぐる事態の解決は、直虎の父・関口氏経をも巻き込んで実施へと進められていく。ただし、そのなかで永禄十一年九月二十四日には、今川氏真が銭主の代表的な人物であった瀬戸方久《せとほうきゅう》に買得権益を保証していること〔瀬戸文書〕が注目される。これは、その後の井伊谷領への融通活動はもちろんのことながら、今川家自体も軍事拠点としての「新城」（具体的な城名は不明）を設け徳川方の勢力に備えていくにあたって、彼の活動は不可欠であった。そのため、方久の買得権益は徳政の適用外とされたのである。そして十一月九日、井伊直虎は父・関口氏経との連署による判物で徳政の実施を認めた〔蜂前神社文書〕。こうして祝田郷などには、徳政が実施されることになったのである。

しかし、徳政が実際にどこまで実施されたのか、その〝結末〟はわからない。翌十二月、徳川家康が武田信玄との同盟関係のもとに遠江国へ侵攻したからである。そのなか井伊谷領は徳川軍に攻略され、直虎は駿河花沢城《はなざわ》（静岡県焼津市）へ逃れる途中で戦死〔河手家家譜〕、国衆としての井伊家は滅亡した。その後、井伊家は直親の遺児・直政を擁して新たに遠江国を領有した徳川家康に再興を働きかけて仕え、直政の活躍のもとで徳川家の重臣としての途を歩んでいくことになる〔大石二〇一六、野田二〇一七〕。

（柴裕之）

【主要参考文献】

阿部浩一『戦国期の徳政と地域社会』（吉川弘文館、二〇〇一年）
大石泰史「「国人領主」井伊氏の再検討—今川氏在地支配に関する一試論—」（静岡県地域史研究会編『戦国期静岡の研究』、清文堂、二〇〇一年）
大石泰史『井伊氏サバイバル五〇〇年』（星海社、二〇一六年）
大久保利昭『戦国期今川氏の領域と支配』（岩田書院、二〇〇八年）
小和田哲男『争乱の地域史—西遠江を中心に』（小和田哲男著作集4、清文堂出版、二〇〇一年）
小和田哲男『井伊直虎—戦国井伊一族と東国動乱史』（洋泉社、二〇一六年）
糟谷幸裕「今川氏の「徳」が問われた「井伊谷徳政」とは?」（日本史史料研究会監修・大石泰史編『今川氏研究の最前線—ここまでわかった「東海の大大名」の実像』、洋泉社、二〇一七年A）
糟谷幸裕「「おんな城主」の実像」（歴史科学協議会編『知っておきたい歴史の新常識』勉誠出版、二〇一七年B）
久保田昌希『戦国大名今川氏と領国支配』（吉川弘文館、二〇〇五年）
黒田基樹『井伊直虎の真実』（KADOKAWA、二〇一七年）
柴裕之『青年家康—松平元康の実像』（KADOKAWA、二〇二二年）
鈴木将典『国衆の戦国史—遠江の百年戦争と「地域領主」の興亡』（洋泉社、二〇一七年）
野田浩子『井伊直政——家康筆頭家臣への軌跡』（中世武士選書39、戎光祥出版、二〇一七年）
浜松市博物館編『遠江の国衆 井伊氏』（浜松市博物館、二〇一六年）

本文中で引用した『雑秘説写記』『河手家家譜』の記事については、井伊美術館ホームページ（https://www.ii-museum.jp/）による。

戸田宗光——海の世界を制した東三河の国衆

三河戸田氏の再評価

戸田宗光《とだむねみつ》は東三河の国衆戸田氏の四代目で、戦国時代に田原城《たはら》（愛知県田原市）と今橋城《いまはし》（同豊橋市）を拠点に、戸田氏の最盛期を築いた。後世の系図では実名を「康光《やすみつ》」とされ、駿河の今川氏《いまがわ》に人質として送られる途中の松平竹千代《まつだいらたけちよ》（のちの徳川家康《とくがわいえやす》）を尾張の織田信秀《おだのぶひで》に売り渡し、戸田氏が今川氏に攻められて滅亡する原因を作った人物とされている。

だが、最近の研究で、宗光に関する新たな事実が明らかにされ、事績の再評価も行われている。ここでは、三河戸田氏の歴史と宗光の生涯についてみていきたい。

海を支配した国衆

戸田氏は尾張国富田荘《とだ》（名古屋市中川区）の出身で、のちに渥美《あつみ》半島の大津（愛知県豊橋市）に進出したとみられる。室町時代中期には幕府の政所執事《まんどころしつじ》伊勢《いせ》氏の家臣になり、寛正六年（一四六五）に戸田氏初代の宗光（全久）が幕府の命を受けて、三河で発生した丸山《まるやま》・大場《おおば》らの反乱を松平信光《のぶみつ》と共に鎮圧した。

全久は文明十年（一四七八）頃に田原城（愛知県田原市）を築いて大津から拠点を移し、さらに延徳年間（一四八九〜九二）には渥美半島を統一して、三河湾の制海権を握った。また、明応三年（一四九四）に長興寺《ちょうこうじ》（田原市）を菩提寺と定め、三河の守護を務めた一色氏の了解を得たうえで寺領を寄進している。

二代目の憲光《のりみつ》は尾張の知多《ちた》半島へ進出し、戸田氏は知多半島と渥美半島という海の世界を押さえる大勢力に成長した。その後も戸田氏は渥美郡の「郡代」として領域支配を行い、戦国時代には東三河で最も有力な国衆となった。

戸田氏墓所　愛知県田原市・長興寺境内　左から初代宗光、宗光室、二代憲光、三代政光の墓が並ぶ

牧野氏・今川氏との戦い

一方、東海道《とうかいどう》の要衝であった今橋（愛知県豊橋市）には、戸田氏と対立する有力国衆の牧野古白《まきのこはく》が勢力を張っていた。また、今川氏親も今橋を東三河進出の拠点として着目し、永正二年（一五〇二）に今橋城を築いた。

憲光は東三河で勢力を拡大するため、今川氏に従属して牧野氏に対抗する策をとった。翌年の永正三年に、憲光は

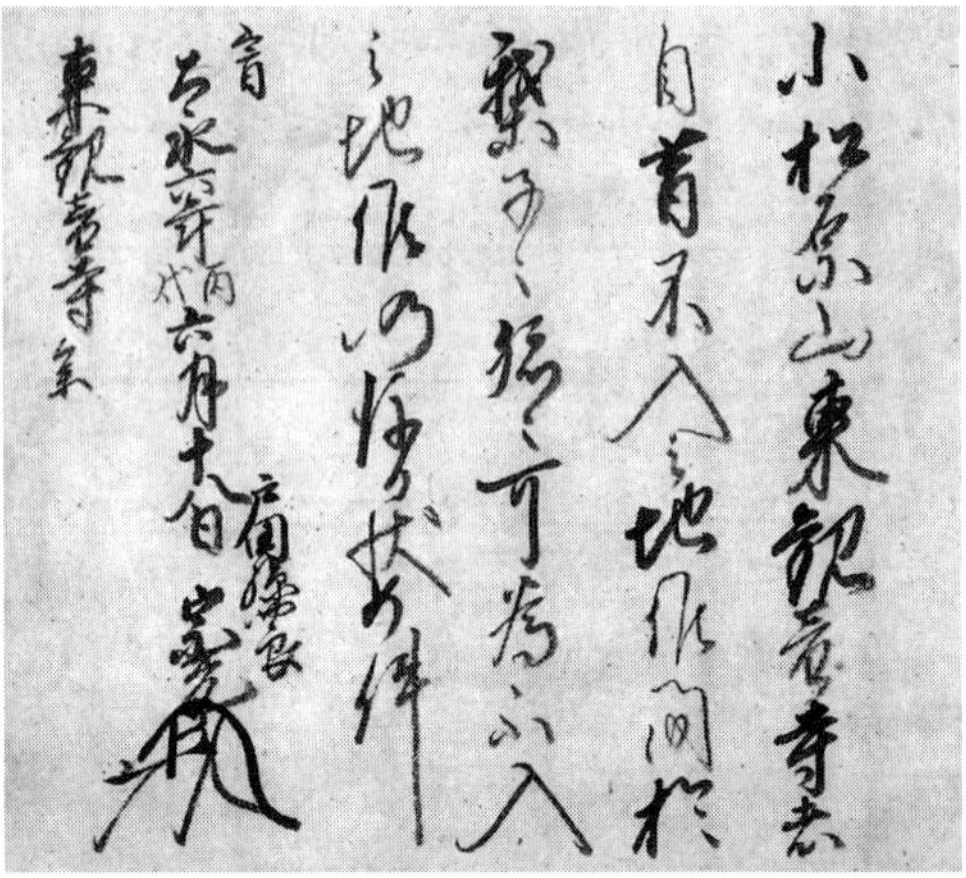

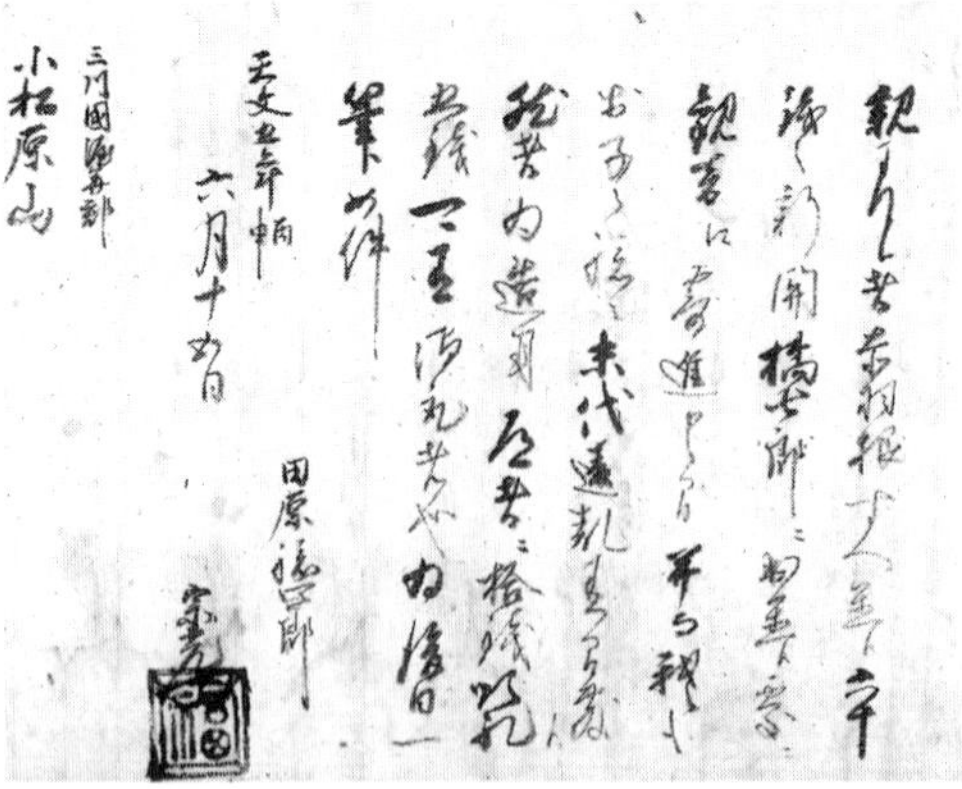

戸田宗光判物（上）と戸田宗光黒印状（下）　愛知県豊橋市・東観音寺蔵

今川氏の後援を得て今橋城を攻め落とし、牧野古白らを自害させている。

だが、憲光は浜名《はまな》湖《こ》北岸の浜名御厨《みくりや》（浜松市北区）の支配をめぐって今川氏と対立し、永正十四年に今川方の拠点であった船形山《ふながたやま》城（豊橋市）を攻め落とした。今川氏親は「戸田弾正《だんじょう》（憲光）は数年にわたって今川氏に援助を頼んだので、今まで合力してきたのに、敵方についているのは前代未聞である」と怒り、重臣の朝比奈《あさひな》泰以《やすもち》らを討伐に向かわせた。

船形山城を奪回した今川軍は渥美半島まで攻め入り、戸田氏を降伏させた。憲光は討ち死にしたとも、子の政光に家督を譲って引退したともいわれる。この間に、牧野氏は牛久保城（愛知県豊川市）を拠点に勢力を盛り返し、永正十五年に今川氏の戸田氏討伐に乗じて今橋城を奪い返した。

戸田氏の全盛期を築く

宗光は大永六年（一五二六）に父の政光《まさみつ》から家督を譲られ、田原城主となった。同年の六月には東観《とうかん》音寺《のんじ》（愛知県豊橋市）が不入の地であることを認めている。一方、仁崎《にさき》（同田原市）に移った政光は渥美半島の赤羽根《あかばね》（同）に関所を作り、海路で伊勢へ向かう人々から関銭を徴収したことが確認できる。

また、宗光は享禄《きょうろく》元年（一五二八）に領内で土地の調査（検地）を実施し、渥美郡の支配を進めていった。天文五年（一五三六）に作成された田地の売渡状には、「もし田原殿（戸田氏）の御徳政があったとしても、この売買に関しては無効である」と記されており、戸田氏が領内で徳政（借金の破棄）を宣言できる権力として認識されていたことがうかがえる。宗光は同年に牧野氏から今橋城を奪い返し、叔父の宣成が東観音寺へ赤羽根の関所を寄進することを、「福」の黒印を用いて認めている。

さらに宗光は、天文十年に二男の宣光《のぶみつ》を今橋城の東にある二連木《にれんぎ》城へ入れ、嫡男の堯光《たかみつ》に家督を譲って五代目の当主とした。天文十三年には西三河の有力国衆だった松平広忠《ひろただ》（徳川家康の父）に娘を嫁がせて姻戚関係を結んでいる。このように、宗光は東三河で勢力を拡大させ、戸田氏の全盛期を築いたのである。

今川氏の三河侵攻

だが、天文十五年（一五四六）に入ると、戸田氏は三河へ侵攻した今川軍の攻撃を受けるようになる。戸田氏に圧迫されていた牧野保成《やすしげ》（康成）は、この状況を好機と考え、今川義元に「今橋は名字の地ですから、戸田が敵になったら城・領地とも牧野にください」と要求した。

これに対し、今橋（吉田）城を東三河を支配するための重要な拠点として考えていた義元は、「豊川から西で戸田が支配している地域を与える」と返答した。保成もこれを受け入れたが、「伊奈《いな》（愛知県小坂井町）は本領ですので、（牧野のものであることは）申すまでもありません」と念を押し、さらに「長沢（愛知県豊川市）が敵になったら、その旧領をすべてください。今橋をいただけなかったので、これで面目をほどこしたいと思います。もし長沢が味方になったとしても、下条郷（豊川市・同豊橋市）・和田郷（豊橋市）など八百貫文余りの土地は、牧野のものとして認めてください」と申し入れ、義元の承認を得ている。当時、長沢松平氏の去就はまだわからない状況だったが、保成は今川氏の力を借りて、戸田氏や長沢松平氏に奪われていた旧領を取り戻そうとしていたのである。

では、なぜ今川氏は戸田氏を攻撃したのだろうか。通説では、今川氏の人質となるはずだった松平竹千代（のちの徳川家康）を織田信秀に売り渡したことがあげられていたが、これが事実でないことは冒頭で述べた。

当時の状況は、戸田宗光と松平広忠が連携し、駿河今川氏と尾張織田氏という東西の脅威に対抗するかたちがとられていた。しかし、広忠は織田信秀の攻撃を受け、天文十六年に降伏して嫡男の竹千代を人質に差し出した。これを憂慮した今川氏は、東三河支配の拠点であった今橋城を奪い返すべく、戸田氏を攻撃したと考えられている。

今橋城・田原城の戦い

そして天文十五年十一月に、今川軍は三河へ攻め入り、今橋城に押し寄せた。この戦いの様子は、今川氏が従軍した武士たちに発給した感状から知ることができる。とくに、遠江犬居《いぬい》（浜松市天竜区）の国衆天野景泰《あまのかげやす》は、今橋城の外構を乗り崩し、宿城（城の中心部）まで攻め込んで敵方の兵を討ち取る功績を挙げた。このほかにも、井伊谷《いいのや》（浜松市北区）城主の井伊直盛や、今川氏の重臣で二俣《ふたまた》城（浜松市天竜区）の城代を務めた松井貞宗《まついさだむね》の子の宗信など、遠江の軍勢が今橋城攻めに参加している。

宗光は今川軍に今橋城を明け渡して降伏したが、戸田氏の当主となっていた堯光は田原城に籠もって徹底抗戦の構えを見せた。天文十六年九月、今川軍は田原城に攻め寄せ、城下の本宿で激しい戦いが行われた。天野景泰は配下に多くの負傷者を出しながらも、敵兵を討ち取る活躍をしたことが、当時の史料にみえる。

だが、今川軍は田原城での戦いに敗れ、総崩れになったところを、松井宗信が城から出てきた敵兵を押し返し、何とか退却することができた。通説では、戸田氏はこの戦いで滅亡したとされていたが、逆に今川軍を撃退したことが、近年の研究で明らかになったのである。

生き延びた戸田氏

田原城の戦いは数年に及んだが、天文二十年（一五五一）頃に堯光は「渡海」して城から逃れた。おそらく、今川氏に従うことを拒み、船で海を渡ってどこかへ去ったと考えられる。この後の堯光の動向は不明である。

一方、今川氏に降伏した宗光は岡崎（愛知県岡崎市）に在城し、今川氏のもとで西三河の支配に携わった。天文二十三年十一月に、今川義元が匂坂長能と宗光に岡崎在城のための知行地を与えており、宗光はこの頃まで存命であったことが確認できる。

また、二男の宣光は二連木（同豊橋市）などの所領を安堵され、今川氏の従属国衆として存立した。宣光の子孫は徳川家康に仕え、江戸時代に信濃国松本《まつもと》（長野県松本市）の藩主となり、幕末まで家を存続させている。

（鈴木将典）

【主要参考文献】

加藤寛二「中世戸田氏関係の古文書」（『愛知県史研究』創刊号、一九九七年）
新行紀一「近世における戸田氏研究」（同右）
山田邦明『戦国時代の東三河　牧野氏と戸田氏』（あるむ、二〇一四年）

牧野信成・保成
――没落の危機を乗り越えた三河国衆

牧野氏の登場と没落

室町幕府管領《かんれい》家に連なる細川成之《ほそかわしげゆき》が三河国の守護職に補任されたのち、寛正六年（一四六五）に三河国額田《ぬかた》郡の武士らが、その統治を受容せず反抗した。このとき守護細川成之はその鎮圧のため、室町幕府政所《まんどころ》執事《しつじ》伊勢《いせ》氏の被官《ひかん》松平信光《まつだいらのぶみつ》や戸田宗光《とだむねみつ》らを頼っている。このほかに、この鎮圧に加わった人物に細川氏以前の三河国守護の一色《いっしき》氏の御家人牧野《まきの》出羽守《でわのかみ》がいたとされている〔今川記〕。

その後に現われた牧野古白《こはく》は牛久保《うしくぼ》城（愛知県豊橋市）を拠点に活動し、明応年間に今川《いまがわ》氏が三河国へと侵攻するときに、その支援のもとで今橋城（同前）を築城した〔山田二〇一四〕。しかし、今橋城やその周辺地域への今川氏の影響が及ぶと牧野一族は危機感を覚え、今川氏との関係は急速に悪化した〔山田二〇一四〕。

永正三年（一五〇六）には今川氏親《うじちか》の叔父である伊勢宗瑞《そうずい》（北条早雲《ほうじょうそううん》）が渥美《あつみ》半島の田原《たはら》戸田《とだ》氏と手を組み、今橋城を攻撃し、同年十一月に牧野古白とその子孫六〇～七〇人が討ち死にし、牧野氏は没落の憂き目に遭っている。

永正三年の今川氏による侵攻は、西三河の安城《あんじょう》（愛知県安城市）を拠点とする松平信忠《まつだいらのぶただ》ら松平一族との戦いで敗れたことで終息に向かい、今川氏は三河国より退くことになった。そして、今川氏の助力で今橋城を陥落させた田原戸田氏は、遠江国浜名御厨《はまなのみくりや》に所持していた知行地を今川氏から没収されるなど次第に対立を深めていく。その結果、永正十四年（一五一七）頃より、船形山《ふながたやま》（愛知県豊橋市）での戦いをはじめとする今川氏との争いのなかで、田原戸田氏は没落していく。その影響により牧野一族が再度勢力を拡大させていく。そのとき中心となった人物が、牧野古白の孫の牧野田三信成《でんぞうのぶなり》である。

牧野氏の再興と信成

牧野信成の初見史料は、永正十七年（一五二〇）に比定される八幡八幡宮《やはたはちまんぐう》の造営に関する奉加帳《ほうがちょう》（古案六所并八幡書簡奉加帳）である。この奉加帳には、牧野一族と考えられる人物が八人記されている。そのなかで、信成は在所を「今橋・大崎《おおさき》」（愛知県豊橋市）とし、祖父古白ののち今橋城を拠点としている。また奉加の金額は三〇〇疋と、同帳のなかでの最高額を奉加した三人のうち一人である。以上から、古白没後に牧野一族をまとめていた人物であることがわかる。なお、信成の発給文書は、大永五年（一五二五）に八幡八幡宮へ二十貫文を永代寄進する旨を記したものが唯一である〔八幡八幡宮文書〕。

この文書が発給された時期の信成は、連歌師《れんがし》宗長《そうちょう》の紀行文「宗長手記」にみえる。大永四年（一五二四）に宗長が京都から駿府に向かう途中、六月十日に信成の居城今橋に逗留している。また、大永六年

（一五二六）に宗長が遠江国から三河国へ入るときには、信成は迎えの兵を送り、その日は両者と夜更けまで話をしている。さらに、大永七年（一五二七）に宗長は今橋に逗留して連歌会を催している。この関係は、信成の父と旧知の仲であると述べており、信成が従前の関係を引き続き維持している様子がわかる。さらに、宗長が今橋に逗留するときには、同じ牧野一族で伊奈《いな》（愛知県豊川市）に拠点を構える牧野平三郎《へいざぶろう》が一緒に応対しており、豊川の東西地域に牧野一族が勢力を回復させている様子がうかがえる。

永正三年（一五〇六）に牧野一族が没落してから大永四年（一五二四）の間までに、八幡八幡宮への多額の奉加をし、宗長のような文化人との交流を再開できるほどの牧野氏の再興を、信成が成し遂げていたのである。天文九年（一五四〇）の今橋の龍拈寺《りゅうねんじ》祠堂帳《しどうちょう》〔龍拈寺文書〕に「牧野田三　以天受清居士」とあり、このときには亡くなっていた。その跡を継いだのが牧野《まきの》保成《やすなり》である。

今川氏の三河侵攻と牧野保成

牧野保成の初見は、天文七年（一五三八）に北鉄屋《きたかねや》大工《だいく》へ三河国山東の鐘鋳造《かねちゅうぞう》に関わる特権を認める文書に連署したうちの一人として確認できるものである〔中尾敬三氏所蔵文書〕。同年には、信成から保成に家督継承がおこなわれていたと考えられる。

さて、大永年間に勢力を回復させた牧野氏であったが、同じく田原戸田氏は渥美半島で勢力を拡大させている〔村岡二〇一五〕。天文十年（一五四一）から同十四年（一五四五）にかけて、三河湾沿いにある郷村の寺社の殿舎棟札《でんしゃむなふだ》に大檀那《おおだんな》として戸田氏の名が確認できる〔大崎八幡社蔵、牟呂八幡社旧蔵、横須賀進雄神社旧蔵〕。また、天文十三年（一五四四）に、連歌師宗牧《そうぼく》が保成を訪ねたときは、豊川の寺で接待を受けている〔東国紀行〕。このころには、今橋城を田原戸田氏に奪われていたことがわかる。

天文十五年（一五四六）九月二十八日、今川氏が三河国への侵攻を開始する。同年に出された「牧野保成条目写」〔松平奥平家古文書写〕では、保成は今川方の重臣朝比奈泰能《あさひなやすよし》、朝比奈親徳《ちかのり》、太原崇孚《たいげんそうふ》らに領地に関して交渉している。そのなかで、「今橋・田原」（戸田氏）が敵方となった場合に、今橋の跡職は名字の地であるので城とともに保成に与えることを要求しており、今橋城が戸田方にあったことがここからもわかる。ただし、今橋城は東海道と豊川《とよがわ》が交差する交通の要衝であったため、今川氏は豊川より西の戸田氏知行地の一円を保成に与える約束している。

また、この交渉のなかで本領の伊奈についても、西三河を攻略したのちに保成に与えることを求めている。伊奈は先述のように牧野一族の平三郎が拠点としていたが、このときは戸田氏方の手にあった。天文十五年までにおける田原戸田氏の勢力拡大と牧野氏の勢力衰退の様子がわかる。このほか、長沢城《ながさわ》（愛知県豊川市）の松平氏が敵になった場合には長沢城とその所領を、味方になった場合には八〇〇貫文あまりの所領を与えるよう願い出ている。結局、戸田氏も長沢の松平氏も敵方となり、保成が認められたのは、豊川以西の戸田氏所領の一円と長沢城とその所領であった。さらに同年十月には、保成は知行地への不入《ふにゅう》、領民と家中の今川家臣への仕官を禁じることを求めている〔松平奥平家古文書写〕。保成が一円的な所領支配と一元的な人的支配を指向していた様子がうかがえる〔糟屋二〇一八〕。

その後の保成は太原崇孚から、世谷口《せやぐち》での普請と砦の構築、陣番については世谷口で一〇〇人と長沢城で五〇人を四番で合計六〇〇人を命じられている〔松平奥平家古文書写〕。また、引間城〔浜松市中区〕の飯尾乗連《いのおのりつら》や井伊谷《いいのや》〔同浜名区〕の井伊直盛《なおもり》らが西郷谷《さいごうだに》〔愛知県豊橋市〕の着陣を命じられたときには、田原戸田氏方の今橋入城を警戒して、遠江国の尾奈《おな》〔浜松市浜名区〕・日々沢《ひびさわ》〔同北区〕まで届いた兵糧を牛久保城まで運ぶように命じられている。今川方の軍事力や兵糧を遠江国から東三河まで無事に運搬する役割を期待され活躍していた。

ところが天文十六年〔一五四七〕、長沢城は三河一国を平定するまで駿河・遠江の軍勢が在城することになり、保成は長沢城から退去することになった〔松平奥平家古文書写〕。さらに、天文十九年〔一五五〇〕に長沢の地で保成に与えられた所領は、山田源介《やまだげんすけ》と松平三助《さんすけ》が自らのものと主張し、今川方に認められている。これについて牧野保成は、太原崇孚ら今川氏の家臣に問い合わせており、問題となっていた〔松平奥平家古文書写〕。

以上のような待遇への不満が原因となり、弘治二年〔一五五六〕に牧野一族の民部丞《みんぶのじょう》成勝《しげかつ》が逆心することになったと考えられている〔山田二〇一四〕。また同年に、保成が隣松寺《りんしょうじ》〔愛知県豊田市〕へ寄進した地を義元が新たに寄進していることから〔花井寺文書〕、保成は反乱の首謀者ではなかっただろうが、責任を問われるかたちで失脚してしまったと考えられている〔山田二〇一四〕。

桶狭間合戦後の保成

保成が失脚したのち、牛久保牧野家の家督は牧野成定《なりさだ》が継承し、永禄九年（一五六六）まで今川方として行動をしている。同年五月には、牧野成定が徳川家康《とくがわいえやす》に服属している〔牧野文書〕。その後、同年十月二十三日に成定は死去し、その跡職《あとしき》が子康成《やすなり》に譲られる。

同年十一月に家康の叔父水野信元《みずののぶもと》が、家康が康成に跡職を安堵したことを保証した文書を発給している〔牧野文書〕。信元は家康の宿老衆以上に家康の補佐をする役割をはたし、さらに家康に対して強い影響力をもっていたと評価されている〔新行一九九四〕。実際、永禄六年（一五六三）から七年（一五六四）に起こった三河一揆の際に、家康が発給した債務破棄を認める証文と、債権を認める証文との矛盾を信元が仲裁している。成定の家中が、そのような立場にある信元からの保証を必要としたのは、一つは康成が幼少で人質として駿府にいるため、本拠牛久保には不在であること、もう一つは保成が牛久保に戻ってくることを危惧してのことであろう。

家康は康成を支持することで、牧野氏の戦力を有効に活用しようとし〔新行一九九四〕、また成定とその家中の権益を認めることで、地域の安定化を図ったことなどが考えられている〔山田二〇一四〕。

それに対し、牧野家中が康成を指示した理由の前提には、保成と成定が対立関係にあったことがある。

つまり、保成の帰還を受け入れた場合、保成派の家臣らが牧野家中の中心を担うことになり、成定派の家臣らは牧野家中での立場を失うことになる。とくに成定派の筆頭家臣と考えられる稲垣重宗《いながきしげむね》は、成定が惣領となってから現れているため、保成を支持することは失脚を意味すると考えられる。ゆえに成定派として康成を中心とした体制の中で、その立場を保持しようとしたのである〔茶園二〇一七〕。

康成が人質として駿府におり三河国に在国していなくとも、牧野家中は康成を支持していた。おそらく彼らの所領が松平領国内にあって松平氏に保証されていること、そして家中が保成の復権に反対して結集していたことが背景にあったものと考えられる。

これ以降に保成の動向を伝える史料は管見に触れない。先述のような状況下では、保成が牛久保牧野家に復帰し、権力を取り戻すことはできなかったと考えられる。

（茶園紘己）

【主要参考文献】

糟谷幸裕「国衆の本領・家中と戦国大名―今川領国を事例に―」（戦国史研究会編『戦国時代の大名と国衆』（戎光祥出版、二〇一八年）
新行紀一「戦国領主水野氏」（『刈谷市史』第二巻、一九九四年）
茶園紘己「永禄期の三河国牛久保の牧野氏とその家中」（『戦国史研究』七三、二〇一七年）
村岡幹生「三河湾をまたぐ戦国期戸田氏の動向」（『地方史研究』三七六、二〇一五年）
山田邦明『戦国時代の東三河―牧野氏と戸田氏―』（あるむ、二〇一四年）

奥平定能
——大敵の狭間で揺れ動いた奥三河の国衆

定能以前の奥平氏

奥平《おくだいら》氏は、「奥三河《おくみかわ》」と呼ばれる三河国の山間にある作手《つくで》（愛知県新城市。以下、特に断らない限り現行地名は愛知県内を示す）を居点とする国衆で、出自を上野国（群馬県）とするが定かでない。史料的には、永正二年（一五〇五）に定能《さだよし》の祖父にあたる奥平貞昌《さだまさ》から確認される〔『戦国遺文』今川氏編一六〇号。以下、戦今＋文書番号で示す〕。同文書の発給者は駿河今川氏親《いまがわうじちか》で、遠江国内における天竜川《てんりゅうがわ》以西のいくつかの土地を貞昌に与えるという充行状《あてがいじょう》であった。翌三年以降、氏親は東三河へと侵攻を開始する。実際に遠江国内の土地が貞昌に与えられたようには見えないので、氏親による東三河侵攻に際して発給された「空手形」のようなものとされていたが〔大石二〇一八〕、改められつつある（本書「今川氏親」項も参照）。

定能の父定勝《さだかつ》の初見は天文六年（一五三七）の棟札銘写で、「佐脇庄《さわきのしょう》領主　奥平九八郎平定勝」〔戦今六〇四〕とある。佐脇荘（御津町）は、山間部の作手から離れた海際に所在している。奥平氏の居点作手の近隣には菅沼氏、佐脇庄近辺には戸田《とだ》氏や牧野《まきの》氏といった国衆が存在していたことを考えれば、散在的の可能性は否めないものの、彼は作手以外にも広範囲の領域を押さえていた「領主」と想定される。没年が文禄四年（一五九五）とされるため〔寛政重修諸家譜、以下寛政譜と省略〕、当時彼は二十六歳の青年であった。青年の定勝が「領主」たり得たのは、先述した氏親の充行状も関係していよう。つまり、奥平氏は貞昌の段階で東三河で相応の領域を有する領主として存在しており、ゆえに氏親は遠江国内の土地を恩賞として示し、効率よく東三河への侵攻を図ろうとしたのだろう。

それを裏付けるようなことが、天文六年と推測される文書〔戦今五九六〕にもみえる。これは、小田原《おだわら》北条《ほうじょう》氏第二代当主氏綱《うじつな》が定勝に宛てて発した書状である。氏親の子息義元《よしもと》が家督を継承するにあたり、援軍として氏綱の助力を得たものの、その後氏綱と敵対していた甲斐武田信虎《たけだのぶとら》の娘と義元が結婚し、義元対氏綱の構図が成立する。いわゆる第一次河東《かとう》一乱であるが、本文書はこれに関連して発せられたもので、氏綱は三月末に「遠州本意之上」で井伊谷《いいのや》井伊氏と談合して五〇〇貫文の土地を進《まい》らし置くとした。つまり奥平氏は、氏綱が今川氏を討伐するにあたって、後方攪乱を実行する調略対象とされたのである〔大石二〇一九〕。おそらく、東三河で国衆として奥平氏が作手を中心に君臨していることを氏綱が理解していたからこそ、本文書が発せられたと捉えられる。

定能の登場と三河追放

その後、今川氏は北条氏との対立に追われたが、天文十三〜十四年の第二次河東一乱が今川氏の勝利で終息した翌年、義元は三河に向けて出兵し、同十六年には三河攻撃を本格化し始めた〔大石二〇一九〕。七月には岡崎松平広忠の領域直下である山中医王山《やまなかいおうやま》（岡崎市）に義元は砦を築き、八月にはその築造に対する褒賞として、作手仙千代《せんちよ》と藤河久兵衛尉《ふじかわきゅうべえのじょう》に対して山中の新知行地を与えている〔戦今八三六〕。この作手仙千代が定能の史料上の初見であり、この時点ではまだ幼名であった。定能は慶長三年（一五九八）に六十二歳で没しているため〔寛政譜〕、この時点では十一歳の元服前であった。

翌年の正月、定勝の弟貞友《さだとも》が今川氏に対して叛乱を起こした〔戦今八六〇〕。貞友とは、先述した藤河久兵衛尉のことで、日近《ひぢか》（岡崎市）を居点としていた。貞友の謀叛が発覚した際、定勝は仙千代を人質として今川氏に提出した〔戦今八六〇〕ため、作手奥平氏は今川氏から処罰されることなく知行の安堵を受けることになった。史料には「真っ先に吉田（豊橋市）に赴き、詳細を説明して仙千代を人質とした」とあるので、定勝は子細言上のため吉田へ出向くにあたって仙千代を同行させ、そのまま彼を吉田に留め置いたと考えられる。定能は半年前に新知として与えられた山中郷を確実に押さえることもなく、人質として吉田に移されたのである。

当初、人質として吉田にあった定能がそのまま同地に留まっていたのか明確でないが、彼の名が次に確認されるのは「三河忩劇《みかわそうげき》」〔大石二〇一八〕のなかであった。三河忩劇とは、弘治元年（一五五五）から同四年にかけて三河の国衆が今川氏に対して国内各所で蜂起した大規模な叛乱のことである。弘治二年十月、定能は今川氏に逆心を構えたため成敗されようとしたところ、「各親類」が「定能を高野へ追い上げ、監物を谷に引き入れる」と切望してきたことから、今川氏が赦免したというのである〔戦今一三一〇〕。定能二十歳のことで、彼はすでに奥平氏の当主が代々称する「九八郎」となっていたので、これ以前に元服を済ませ、奥平の家中では「定勝の次代の当主」との認識があったと考えられる。

本文書には、十月時点で定能に対する処分は決まっていたとあるため、叛乱はそれ以前のことである。

奥平貞能（定能）肖像画　埼玉県行田市・大蔵寺蔵　行田市郷土博物館寄託

史料を見直すと、同年春（正月〜三月）に定能の謀叛が確認され〔戦今一三三八〕、その謀叛は先述の貞友と、同名与七郎との共同による蜂起であることがわかる。

定能への成敗は、父定勝と「各親類」によって「高野へ追い上げ」たと記されている。この「高野」がどこか、三河や近隣で検索してもはっきりしない。通常、謀叛等を起こした人物が赦免される際、多くは出家して今後の政務への不参加を表明させられる。その点からすると、「高野」は仏門に関連していると推測されるため、高野山《こうやさん》（和歌山県高野町）と考えることができる。つまり、定能は高野山への追放〔大石二〇一八〕を定勝らから言い渡され、若くして政務から遠ざけられたのである。

このとき定勝とともに定能に高野山追放を突きつけた「各親類」の「親類」は、「血縁・婚姻などによって関係づけられる人々」〔日本国語大辞典〕であり、おそらく奥平氏の一門、つまりは宿老クラスであろう。「各」は「おのおの」ということなので、文面から定勝と定能の「それぞれ」ということになる。つまり、元来定勝・定能双方に宿老クラスが存在しており、定能への成敗は定勝側の宿老等が定勝を「谷」へ「引入」れ、定能を高野山へ追放したということになる。定勝付きの宿老クラスの懇望で今川義元は奥平家の存続を決めたことになるため、国衆の「家の存続」には彼ら重臣層の意向が関わっていたことがわかる。ちなみに、定能に従っていた宿老層は、彼の謀叛を止めることができなかったことから、今川氏によって粛正されたのではなかろうか。

今川氏の被官として

定能が本当に高野山に送られたのかは不明だが、定勝の定能に対する成敗を義元が殊勝なことと述べている〔戦今一三三八〕ので、少なくとも作手からは追放されたのだろう。

その後、永禄元年（一五五八）閏《うるう》六月に発給された今川氏奉行衆の文書に、奥平氏の親類中が人質を牛久保（豊川市）に入れ、二度と定能に謀叛を起こさせないようにするとして、「三戸大宮寺辺」で定能は出家した状態で赦されたとある〔戦今一四〇二〕。史料には、「宮」字の脇に「雲のように書く」との注記があるため、定能は大宮寺《だいきゅうじ》もしくは大雲寺《だいうんじ》という寺院に入ったらしいが、現在三河国内に該当する寺院は存在しない。

だが、「三戸」はかつて定勝が「領主」であった佐脇周辺の「御津《みと》」の可能性がある。御津は吉田（今橋）城から西北西約八キロメートルの距離にあり、今川氏の目の届くところに定能を置くことができる。つまり、この段階で彼はすでに三河国内に戻っていたが、今川氏からは全面的に赦されていたわけではなく、奥平氏の領域下で仏門のまま赦免されたといえる。

同三年五月、桶狭間《おけはざま》合戦で今川義元が尾張織田信長《おだのぶなが》によって討たれると、今川氏に庇護されていた岡崎松平氏の当主元康（のちの徳川家康、以下家康で統一）が三尾国境から岡崎に移り、義元から代替わりした氏真の承認の下で領域支配を行い始めた〔丸島二〇一八〕。この段階での奥平氏に宛てた今川氏の文書は存在しないが、永禄二年・同四年に今川氏から感状・充行状を受給している〔戦今一四七八・一七〇三〕ことに鑑みれば、同年においても今川方といえる。しかし、岡崎で家康が領域支配を始めると、かつて義元が奥平氏に知行として充行った山中にもその影響が出始めるのは時間の問題であった。永禄四年四月に家康が今川氏の押さえていた牛久保《うしくぼ》城を攻撃〔戦今一六八四・八五〕＝謀叛を起こした頃には、すでに山中郷が家康の領域下にあったようで、氏真は定能に替地を与えている〔戦今一七〇三〕。このとき定勝は出家して「道紋」を称していたこともあわせて考えると、定能は今川氏から完全に赦免され、奥平氏の家督を継承していたようだ。

家康が今川氏に謀叛を起こして以降も奥平氏は今川勢として戦っている。永禄四年六月には今川氏から離叛した菅沼定盈《すがぬまさだみつ》の所領の半分ほどを充行われ〔戦今一七〇三〕、同年末には嶋田取出（新城市）を攻撃して氏真から感状を得ている〔戦今一七七八〕、永禄五年段階でも、定能はいまだに今川方として活動していて、十一月九日には大代口《おおじろ》（岡崎市）で家康勢と戦うといった氏真の感状が残されている〔戦今一八七八～八〇〕。

翌永禄六年五月の時点でも、定能は氏真から三河国内の替地などに関する文書を受けている〔戦今一九一三〕。しかし、同七年二月になると一転して今川氏の文書が確認されなくなり、徳川氏との文書に変化する〔戦今一九六六〕。つまり、永禄六年半ば以降に、定能は今川氏からの離叛を考え始め、徐々に家康に従属する意向を示し始めたのだろう。

ちなみに柴裕之氏は、定能関連文書の一覧を作成しているが〔柴二〇一四〕、年未詳十二月二十日付奥平監物《けんもつ》宛氏真感状写〔同二六六一〕を「年未詳」のまま永禄六年五月以降同七年二月以前に（表No.で示せば16号文書として）配している。氏真が三河に文書を発するのは桶狭間合戦以降の永禄三年六月〔戦今一五四六〕からであり、となればその頃の宛名「奥平監物」は定能であって、前述の家康の初見文書〔戦今一九六六〕＝永禄七年二月以前ということになる。つまり同文書は、永禄三～六年のいずれかなのである。

そこで改めて年代比定を行えば、永禄六年では家康に従属する交渉期間を考えると日程的に近すぎるように思われる。また、定能の関連文書で十二月という月の記載に近い十一月と見える同五年と仮定した場合〔戦今一八七八〜八〇〕、合戦の場として確認できるのは、先述の大代口ではなく大和田《おおわだ》（新城市）であった。となると月記載が近いとはいえ、軍事展開上、東三河と西三河という地理的な問題でやや無理があると考えられるため、永禄五年とも想定しがたい。残るは永禄三年もしくは四年ということになるが、永禄四年十二月の定能宛氏真判物〔戦今一七七八〕には先述の嶋田取出が確認され、本文書に見える大和田と近接していることが判明する。以上に鑑みれば本文書は永禄四年と想定され、定能は同年末には嶋田取出のほか大和田でも合戦を繰り広げており、彼の本拠地である作手周辺で今川軍の一翼を担って戦っていたと考えられよう。

徳川氏の牛久保城攻撃と調略

家康が今川氏に謀叛を起こした永禄四年六月、定能にもすでに男児が生まれており、彼は定能の幼名と同じ仙千代と名付けられていた〔戦今一七〇四〕。仙千代はかつての定能と同様、今川氏の人質となることが決まっていた。しかし、その預け先は吉田ではなく牛久保城であった。本文書には、仙千代が今川氏の許に所在しない場合、人質は道紋の娘や親類中等から三、四人を牛久保に入れ置くことが定められており、仙千代が「帰城」した際には二人ずつでよいとされている。「仙千代が牛久保へ帰城」とあるので、仙千代らは一時期吉田などに移されていたとも思われるが、「帰」文言が若干気にかかる。「嫡男が帰る城」とある牛久保城は、奥平氏の拠城の一つだったのではないか。

これまで牛久保城は、もともと吉田を居城としていた牧野氏が東三河の諸所を今川氏に接収され、最終的に拠った城と認識されていた。しかし、それも天文年間までで、弘治二年に三河忩劇で当主が今川氏に叛して以降、牛久保を離れている。筆者は人質として奥平仙千代が牛久保に入るということ、また東三河支配の状況に鑑みると、今川氏の奉行等が「城代」の立場で牛久保城に入っていたと考える方がよいと考えていた〔大石二〇二〇〕。

改めて奥平氏の関係文書を見直してみると、元亀三年（一五七二）七月晦日付武田信玄定書写（『戦国遺文』武田氏編一九二九号、以下、戦武＋文書番号とする）の五条目に、「牛窪本領については間違いない」という文言が目に入る。本文書は後に示すように、定能が一時期家康の許から離れて信玄に従属するにあたり、信玄から安堵される領域が書き上げられたものである。こうした文書が発せられる場合、最初に受給者が発信者に対して自身の領域を提示し、それを発信者が承認して文書を発給するのが通例であった。となれば、本文書が発給される前段階に、定能が「牛窪本領は奥平の領域」と主張したことを意味することになるのである。「本領」とは、中世において開発以来代々領有している私領をいう〔日本国語大辞典〕。つまり、天文期に牧野氏が牛久保へ入る以前において、同地が奥平氏の本領であった可能性があるのだ。仮にそうでなかったとしても、永禄元年以前から奥平氏の親類中の人質が同地に入っている〔戦今一四〇四〕点を考慮すると、奥平氏と牛久保城との深い関係性を指摘することができる。

このように見てくると、以下の経緯も想定できる。すなわち、牛久保城はかつて奥平氏の領域であったが、天文初期には牧野氏の手に渡った。その後、今川氏が三河に侵攻して牧野氏の拠る吉田等を接収し、牧野氏は牛久保一円を領域として存在することとなったが、三河忩劇で弘治二年に牧野氏から今川氏の「城代」に支配の手が移った。永禄元年になって同地に奥平氏の親類中が入ることで、奥平はかつての「本領」牛久保と再び関係を有するようになり、同四年には奥平氏の嫡男「仙千代」が人質として牛久保城に入った。そのため、あたかも奥平氏の拠城の一つのような状況が生じたということである。

こうした東三河での領域に関わる一方で、奥平氏は今川氏の発給した文書〔戦今八三九など〕で岡崎領内の山中の知行権を主張することができる氏族でもあった。となれば、家康が謀叛の最初のターゲットとして牛久保城を選択したのは当然のことだったのかもしれない。つまり、家康は「岡崎領である山中」を脅かす奥平氏の排除＝岡崎領の安定的確保のために、奥平氏の拠城的役割を持っていた牛久保城を攻撃したのだろう〔大石二〇一二〕。

そのような敵対関係にあった奥平氏への調略は、家康にしてみればかなり入念に行う必要があったようだ。遡って永禄七年二月、定能と家康との交渉が確認されるが〔戦今一九六六〕、そこには奥平氏の拠城的役割となっていた牛久保城とその一円領域、および家康の敵対勢力である大給松平氏の大給領など、三河国内における合計三五〇〇貫文の土地、また遠江三分の一の知行地、さらにかつて奥平氏の一族として日近に入っていた奥平一族の処遇、駿・遠・三における徳政の履行に関する記載があった。おそらくこの時点で定能は、家康からこれらの土地等の充行を条件に今川氏から離れ、家康に従属する道を選択したのだろう。定能はここでも牛久保の領域を主張して家康に承認させ、知行方の最初に「四〇〇貫文　牛久保城共」の文言を記載させることに成功していたのである。

その後の定能

家康に従った定能は、永禄十年（一五六七）五月に美作守《みまさかのかみ》の受領名を拝領し〔『愛知県史』資料編11―一五五〇号、以下、愛11＋文書番号で示す〕、徳川家の宿老吉田城代酒井忠次の軍事指揮下に入った。しかし、同十二年には武田信玄が遠江に触手を伸ばし始め、家康と緊張関係に入ったことから、三・遠国境で国衆として奥三河に勢を張っていた定能にも信玄から徐々に書状が来始める〔戦武一四七六〕。その後数年は両者の緊張下で推移するが、元亀三年（一五七二）七月末以前において定能は信玄に従属し〔戦武一九二九〕、武田氏の徳川領国侵攻の先勢として活動を始めた。その際、彼は信玄によって「山家三方衆」として位置づけられた。これは作手奥平氏のほか、長篠《ながしの》（新城市）・田峯《だみね》（設楽町）の両菅沼氏の三氏を合わせて表したもので、彼らは地縁的に結ばれていたことがわかる。

信玄の侵攻は彼の死没によって中断されたが、信玄の後継となった勝頼も三方衆に対して信玄と同様の対応、すなわち三方衆による問題の処理を彼らの裁量に委ねるとしていた〔戦武二一三一〕。定能はその解決に納得していなかったのか、元亀四年八月の段階で子息信昌《のぶまさ》とともに居点の作手を出て再び家康の傘下に入り、そのために武田氏へ人質として提出していた子息仙丸が殺害されてしまった〔愛

11九〇八〉。定能と信昌による家康への投降にあたっては、家康が長女亀姫を信昌に嫁がせることになったとされるが、作手には定能の父道紋が彼の次男とともに武田方として残っていた〈当代記〉。つまり、奥平氏内部が分裂・対立した状況になったのである。

　信昌と亀姫との婚姻は同年九月に行われたようで〈愛11九〇一〉、奥平氏は徳川氏の一門に加わった。それにともなってのこととも考えられるが、定能はその後信昌に家督を譲ったと伝わる。天正三年（一五七五）の長篠合戦では酒井《さかい》忠次《ただつぐ》の配下として鳶ヶ巣《とびがす》山の奇襲作戦に加わったというが、これに関連する文書は残されていない。その一方で、文禄二年（一五九三）の第一次朝鮮出兵＝文禄の役後における明《ミン》皇帝との講和にあたって来日した謝用梓《シェソンズィ》と徐一貫《シュイグアン》に対し、今後悪口を行わない旨の起請文を作成した中に彼の名＝奥平美作が確認できる〈大阪城天守閣所蔵文書〉。この時点において、定能は秀吉のお伽衆として存在し、肥前名護屋城（佐賀県唐津市）に従軍していたことが判明する。

　その後、慶長三年（一五九八）末に伏見で病没したという。戒名は寿昌院殿牧庵道渓大居士《じゅしょういんでんぼくあんどうけいだいこじ》である。

（大石泰史）

【主要参考文献】

大石泰史『今川氏滅亡』（KADOKAWA、二〇一八年）
大石泰史「総論　今川義元の生涯」（同編著『シリーズ・中世関東武士の研究 第27巻 今川義元』戎光祥出版、二〇一九年）
大石泰史『城の政治戦略』（KADOKAWA、二〇二〇年）

大石泰史「国衆松平氏と今川氏――今川時代の家康」（黒田基樹編著『シリーズ・戦国大名の新研究3　徳川家康とその時代』戎光祥出版、二〇二三年）
柴裕之『戦国・織豊期大名徳川氏の領国支配〈戦国史研究叢書〉』（岩田書院、二〇一四年）
丸島和洋「松平元康の岡崎城帰還」（『戦国史研究』七六、二〇一八年）

吉良義安――「上野介」以前の実像

吉良氏のイメージ

吉良《きら》氏と聞いてまず思い浮かべるのは、吉良上野介《こうずけのすけ》（義央《よしひさ》）ではないだろうか。彼は近世（江戸期）の実在の人物で、『忠臣蔵《ちゅうしんぐら》』の物語の敵役としても名高い。名門の出身であり、江戸幕府のなかでは儀礼を司るなど、どこかお高い悪役のイメージがつきまとう。彼の地元（三河国吉良庄。現在の愛知県西尾市）ではそのような像の見直しが盛んであるが、いずれであれ、近世吉良氏（上野介）の知名度（悪名）は非常に高い。近年は善悪の論争を超えて、実態の解明が着実に進められつつある。

これに対して、上野介以前の吉良氏（中世吉良氏）は、誰一人として著名な人物がいないのではないだろうか。善悪が問われるほどに「有名すぎる」近世吉良氏に対して、中世吉良氏は真実が埋もれた存在である。その理由としては、第一に中世吉良氏・三遠地域の研究自体が遅れていたこと、第二に室町幕府に連なる旧体制（足利一門のなかでも特別の名門家＝足利御三家）であったがゆえに、戦国期には負けるべき存在として研究そのものの価値があまり認められていなかったことなどがあげられようか。だが、直近の研究により、戦国期における幕府（足利氏）や旧体制（足利的秩序）なるものの存在感・影響力が明らかとなり、個別氏族・地域研究の重要性ももはや明白なものとなった。そこで、以下、最新の研究成果に基づき、中世吉良氏の実像を紹介する。それによってはじめて、近世吉良氏（上野介）との断絶と連続が判明するだろう。

戦国期以前の吉良氏

はじめに、吉良氏の来歴（戦国期以前の歩み）をごく簡単にではあるが確認しておこう。同氏は足利一門の名門である。足利惣領《そうりょう》家の「兄」の流れにあたり、鎌倉期には（「吉良」ではなく）「足利」を名字とする足利の重要な庶子家であった。こうした家は、吉良氏以外には石橋《いしばし》・渋川《しぶかわ》両氏（のちの足利御三家）や斯波《しば》氏くらいしかおらず、吉良氏の家格は非常に高いものであった。南北朝期には足利氏とともに列島各地を転戦して室町幕府の草創を支えた。足利氏との協力や対立という紆余曲折を経て、室町期には中央（京都）では足利御三家（これまでは「御一家」と称されてきたが、研究の進展により、「御一家」には新田《にった》系や吉見《よしみ》氏なども含む「足利一門」と、吉良・石橋・渋川三氏のみを指す「足利御三家」の二つの意味があったことが判明し、両者を弁別するため「御一家」という呼び方は控えられるようになった）の筆頭家、地方では三河国吉良庄（愛知県西尾市）・遠江国浜松《はままつ》庄（浜松市）などの領主、すなわち、在京して遠隔地所領を支配する武家権門として都鄙に君臨していく。

なお、南北朝期以降、吉良氏は東西に分立した（西条《さいじょう》吉良氏が嫡流、東条《とうじょう》吉良氏が庶流。本項では前者について述べていく。なお、この両者はいずれも京都吉良氏を構成しており、関東吉良氏とは異なる流れであるにもかかわらず、関東吉良氏のことを東条吉良氏と呼ぶ誤解が今も後を絶たないが、研究を理解していない間違いである)。この点、従来、東西両吉良氏の関係は常に険悪であったかのように見なされてきただが、それは後世の『今川記《いまがわき》』のなかの「東条・西条、つねに御中よからず」にひきずられてしまった歴史認識(史観)にすぎない。実際には中世の諸史料から、東西両吉良氏は協調面が明らかである。このように、吉良氏には多数の誤認・混乱が付着している。とくに、近世史書の影響を強く受けているものも多いが、本項ではこのような「話」を一掃し、極力確実な史実を軸に記したい。

十五世紀後半~十六世紀初頭、斯波氏と今川氏の狭間で

室町期、吉良氏(吉良義真《よしざね》)は在京し、東海地域の所領(三河国吉良庄・遠江国浜松庄)を支配していたが、十五世紀中葉、遠江国では守護《しゅご》・斯波氏の混乱(「斯波義統」の項参照)が生じ、同国浜松庄の領主として吉良氏は、地域支配の安定のため、斯波氏権力を支えると同時に、浜松庄周辺の蒲御厨《かばのみくりや》(浜松市東部)・河勾庄《かわわ》(同)・懸川庄《かけがわ》(静岡県掛川市)あたりにまで影響力を拡げた。ところが、一四七〇年代に駿河国の守護・今川義忠《いまがわよしただ》が遠江に侵攻すると、現地にいる吉良氏家臣は、今川氏に味方する飯尾《いのお》氏(浜松庄代官・奉行)と、今川氏に敵対する巨海《こみ》氏(河勾庄・懸川庄の責任者)に分裂した。当然、巨海氏は遠江守護・斯波氏に味方したわけで(斯波氏家臣・狩野氏と行動を共にしていた)、以後、遠江国にいる吉良氏家

臣は、斯波氏と今川氏の狭間で揺れ動くこととなる。吉良氏は斯波・今川両氏と深い関係を有していたため、家臣団は分裂したのである。

このときの遠江侵攻は今川義忠の戦死で幕を閉じ（飯尾氏も討ち死に）、一四八〇年代はおおむね今川氏内部の抗争、斯波氏権力の安定化によって比較的平和裏に推移した（吉良氏領浜松庄代官・奉行には斯波氏に親しい大河内《おおこうち》氏が就いた）。しかし一四九〇年代になると、駿河国の内部分裂を克服した今川氏《うじ》親《ちか》・伊勢宗瑞《いせそうずい》が遠州侵攻を再開し、一五〇〇年代、今川氏と斯波氏は遠江国において直接対決となり、斯波氏と大河内氏は敗走。浜松庄代官・奉行には今川氏に親しい飯尾氏が返り咲いた。以後、今川氏親は遠江全土をほぼ掌握することに成功し、遠江守護ともなった。他方、前代官・奉行の大河内氏は、前守護の斯波氏と組んで繰り返し対抗したが、永正十四年（一五一七）、大河内氏・巨海氏らは敗れ、斯波氏（斯波義達）は浜松庄の曹洞宗寺院・普済寺《ふさいじ》で降伏し、尾張国に送られた。

なお、この時期の吉良氏当主は吉良義真（文明十三年〈一四八一〉死去）から吉良義信《よしのぶ》（子）・義元《よしもと》（孫）・義堯《よしたか》（曽孫）へと交替し（義元は永正十三年〈一五一六〉以前に逝去し、同年、義信は義堯に譲る）、中央（京都）・地方（三河国吉良庄）を分担・往来して政務・諸対応を行っていた。だが、こうした吉良氏当主は遠江国での家臣団分裂を抑えられず（抑えることなく）、浜松庄を今川氏に没収され（以後、飯尾氏も吉良氏のもとから離れ、今川氏に従属）、そして、幕府（京都）の混乱にともなって在京も停止し、残る所領・三河国吉良庄へと下向した。

十六世紀前半、今川氏との蜜月関係

永正十六年（一五一九）、吉良義堯は元服し、吉良氏は新体制を発足させるが、「遠江問題」が今川氏の勝利で解決した以上、吉良・今川両氏の間には関係の改善が希求されていくことになる。事実、おおよそ一五二〇年代から一五三〇年代にかけては、対立は認められず、逆に、親密な関係がうかがえるのである。たとえば、今川氏親の娘は、吉良義堯の妻となり、そして、今川氏親は、「今河氏之官寺」「河《か》東《とう》第一之伽藍」と称された駿河国の臨済宗《りんざいしゅう》寺院・善得寺《ぜんとくじ》（静岡県富士市）の第六代住持に、吉良氏出身の禅僧（琴渓承舜）を招いている。なお、この僧侶は、今川義元《よしもと》・太原崇孚雪斎《たいげんそうふせっさい》の師を務めたことで知られ、太原崇孚が京都近衛家のもとに赴いた際には、吉良氏出身の別の僧が随伴していた。こうした状況は、吉良・今川両氏の関係がスムーズであること（を望んだ）の証拠であると考えられている。「遠江問題」後、一五二〇年代から一五三〇年代は一時の平和であった。

十六世紀中葉、今川氏との関係崩壊

ところが、天文九年（一五四〇）、今川氏に親しい吉良義堯の子・吉良義郷《よしさと》が、突如戦死するという事態が発生した。後世の系図が伝えるところや、当時の状況から考えると、彼を討ったのは尾張国の織《お》田信秀《だのぶひで》である可能性が高いと指摘されている。実際に、一五四〇年代から一五五〇年代にかけて、三河

西尾城跡　愛知県西尾市

国の中小諸勢力は、西の尾張国（斯波氏・織田氏）、東の遠江国・駿河国（今川氏）という二つの巨大な勢力の狭間にあって、激しく揺れ動いていくことになるわけだが、吉良氏もまたその例外ではなかったのである。以下、中世吉良氏最後の日々を追いかけていく。

　天文十八年（一五四九）、今川義元は吉良義安《よしやす》の居城（西条城＝西尾城）を攻撃した。要するに、これ以前、吉良義安は反今川に傾いており、すでに種々の行動もとっていたらしい。といっても、吉良義安（当主）はこのときまだ幼少で、実際に反今川を牽引していたのは後藤平大夫《ごとうへいだゆう》なる家臣だったようだ。後藤氏は、斯波氏（斯波義統）の娘を吉良義安の妻とする工作も行っていたようであるから、尾張国（斯波氏・織田氏）と密接につながる人物であった。こうした後藤氏を今川氏が許容するはずもなく、今川義元は吉良氏家臣団（西条諸老）に後藤氏の排除（悪徒誅戮）を迫り、それは実現されたらしい。結果、吉良氏は今川氏のもとに戻り、ひとまず吉良氏滅亡の危機は回避された。というのも、今川義元（「吉良殿御一家」）はこのとき、吉良氏家督の継承権もチラつかせて交渉に臨んでいたからである。今川氏が吉良氏を継ぐのは、遠江今川氏が関東吉良氏を継承する例（吉良氏朝）があり、現実味も帯びていた。とはいえ、今川義元もさすがそこまではしなかった。

だが、そのわずか数年後の弘治元年（一五五五）、今川義元は「吉良殿逆心」「御造意」などとして吉良義安の居城を再び攻撃した。このとき、吉良庄内はことごとく放火され、二百名余りが討ち取られたという。吉良氏は抵抗し、弘治二年（一五五六）には織田信長《のぶなが》（織田信秀の子）も出撃しているから、吉良義安は再度、尾張国（斯波氏・織田氏）と結んだのである。このときも、かかる反今川的行動をリードした張本人は、若き吉良氏当主というよりも、やはり大河内氏や富永《とみなが》氏などといった代々の吉良氏家臣であった。他方、荒川《あらかわ》氏のように今川氏に味方する吉良氏家臣もいた。要するに、今回も吉良氏をとりまく二大勢力の狭間で、吉良氏家臣団は分裂し、若い当主は一方にひきずられたのである。以上のように、戦国期、吉良氏当主は、家臣団と東海地域の巨大勢力のあいだで、ことあるごとに振り回されてしまったといっても過言ではないのである。しかし結局、弘治三年（一五五七）には吉良氏の居城は没収され、同地は今川氏の支配下となり、吉良義安は駿河国へと護送されてしまう。ここに、中世領主としての吉良氏（西条吉良義安）は滅びたといってもよいであろう。なお、吉良庄には東条吉良義昭が残っていたが、それもやがて徳川家康《とくがわいえやす》によって滅ぼされることとなる。

このように今川氏が強硬な態度に出たのは、今川義元にとって「二度目」はなかったからにほかならない。しかも、吉良氏を三河国から切り離すというのは、なかなかに穏やかではない。けれども、当時、すでに足利氏を中心とする秩序（足利的秩序）は絶対性を失っており、吉良氏といえども血統や権威だけでは生き残ることができなかったようだ。庶流今川氏が嫡流吉良氏を倒したというところに、実力主義の時代の潮流を感じないわけにはいかない。

その後の吉良氏

さて、その後、吉良氏（西条吉良氏）は果たしてどうなったのか。駿河国への移動以降、その足取りがいったんは追えなくなるものの、近世（江戸期）には幕府の儀礼を司る「高家《こうけ》」として登用され復活を遂げるにいたる。その背景としては、吉良氏が同じく足利一門の徳川氏に源義国以来の系図（足利系図）を渡したこともあるなど、徳川氏が名門・吉良氏（「足利将種之良族」）の没落を惜しんだことがしばしば指摘されているが、それに加えて、吉良氏が戦国期には確立していた儀礼（吉良流礼法）を死守し続けていたことなども大きかったと考えられている。要するに、儀礼という芸が身を助けたのである。

こうして、名門の出身であり、江戸幕府のなかでは儀礼を司る存在として再生した近世吉良氏であったが、吉良義安から吉良義定《よしさだ》・吉良義弥《よしみつ》・吉良義冬《よしふゆ》を経て吉良義央（上野介）の時代になると、まさに儀礼をめぐって元禄赤穂《げんろくあこう》事件が勃発、吉良氏は断絶となり、今なお彼に敵役・悪役のイメージが与えられる結果となった。儀礼という芸が今度は身を滅ぼしたのはまことに歴史の皮肉というほかないが、史上最も有名な吉良氏がその彼であるというのだから、歴史は真実おもしろい。

（谷口雄太）

【主要参考文献】

大石泰史「今川氏対三河吉良氏再考」(『戦国史研究』七八、二〇一九年)
大嶌聖子「吉良氏の高家登用」(『戦国史研究』四五、二〇〇三年)
北原正夫「室町期三河吉良氏の一研究」(『歴史研究』二七・二八合併号、一九八三年)
小林輝久彦「天文・弘治年間の三河吉良氏」(『安城市歴史博物館研究紀要』一九、二〇一二年)
小林輝久彦「「駿遠軍中衆矢文写」についての一考察」(『静岡県地域史研究』一一、二〇二一年)
清水敏之「吉良義信と吉良義元」(『新編西尾市史研究』五、二〇一九年)
谷口雄太「戦国期における三河吉良氏の動向」(同『中世足利氏の血統と権威』吉川弘文館、二〇一九年、初出二〇一三年)
谷口雄太「今川氏と「足利一門」「吉良一門」」(大石泰史編『今川氏年表』高志書院、二〇一七年)
本多隆成「今川義元の三河侵攻と吉良氏」(『静岡県地域史研究』一〇、二〇二〇年)
松島周一「永正前後の吉良氏」(研究代表者青山幹哉『尾張・三河武士における歴史再構築過程の研究』平成十六〜十八年度科学研究費補助金研究成果報告書、二〇〇七年)

松平清康・広忠
——戦国松平家の基盤を築いた父子

安城松平家の台頭と分裂

三河国松平《まつだいら》（愛知県豊田市）という山間部の地域における土豪《どごう》（地域の有力者）であった松平家は、入婿としてなったとされる親氏《ちかうじ》とその弟・泰親《やすちか》の時代に活動の拠点を広げ、岩津《いわづ》（同岡崎市）へと進出していった。その後、泰親は岩津の地を親氏の二男・信光《のぶみつ》に譲る。そして信光は、岩津を本拠に、室町幕府政所《まんどころ》執事の伊勢《いせ》家の被官《ひかん》となって領主として活動し、西三河に勢力を広げていく。

信光の死後、松平家の当主となったのは嫡男の親長《ちかなが》で、引き続き伊勢家に仕える被官として京都で活動した（この嫡流系統を岩津松平家という）。一方で、それとは別系統の大給《おぎゅう》松平家や大草《おおくさ》（愛知県幸田町）を基盤に活動した松平一族がみられた。さらに信光の子・親忠《ちかただ》の系統として安城《あんじょう》松平家、正則《まさのり》の系統として五井《ごい》・深溝《ふこうず》の両松平家が分派していった。のちに徳川《とくがわ》将軍家に連なるのは安城松平家で、親忠が安城城（同安城市）を本拠としたことから始まる。そして安城松平家は、嫡流の岩津松平家や大草松平一族の岡崎《おかざき》・竹谷《たけのや》など各家との一族一揆のもとで存立を図りつつ、活動していく。

親忠の死後、安城松平家の当主にあった長忠《ながただ》（江戸時代に作成された諸系図類は、「長親《ながちか》」とするが、同時代の史料には「長忠」とみえる）の時代、永正三年（一五〇六）九月に始まった駿河国（伊豆半島を除いた静岡県のうち大井川以東の地域）の大名・今川氏親《いまがわうじちか》とその後見役の伊《い》勢《せ》宗瑞《そうずい》（いわゆる北条早雲《ほうじょうそううん》）の三河侵攻を受け（「永正三河大乱」）、惣領《そうりょう》にあった岩津松平家の居城・岩津城は落ち、岩津松平一族は壊滅するという危機に見舞われた。この「大乱」の危機を乗り越えて、安城松平家は松平一族を主導する勢力へと発展を遂げる。そして、長忠の後継・信忠《のぶただ》は、安城松平家の当主としての立場を確固とするため、一族や家臣を押さえ、政治運営における主導権の強化を進めていった。だが、この信忠の専制的な姿勢は、次第に一族や家臣の反発を招いていく。そして、信忠に家督を退くようにせまり、信忠の弟・信定《のぶさだ》を当主に据えようとする政争にまで発展してしまった。

そこで、大永三年（一五二三）、信忠は、この政争を鎮めるために、大浜《おおはま》（愛知県碧南市）に退隠した。

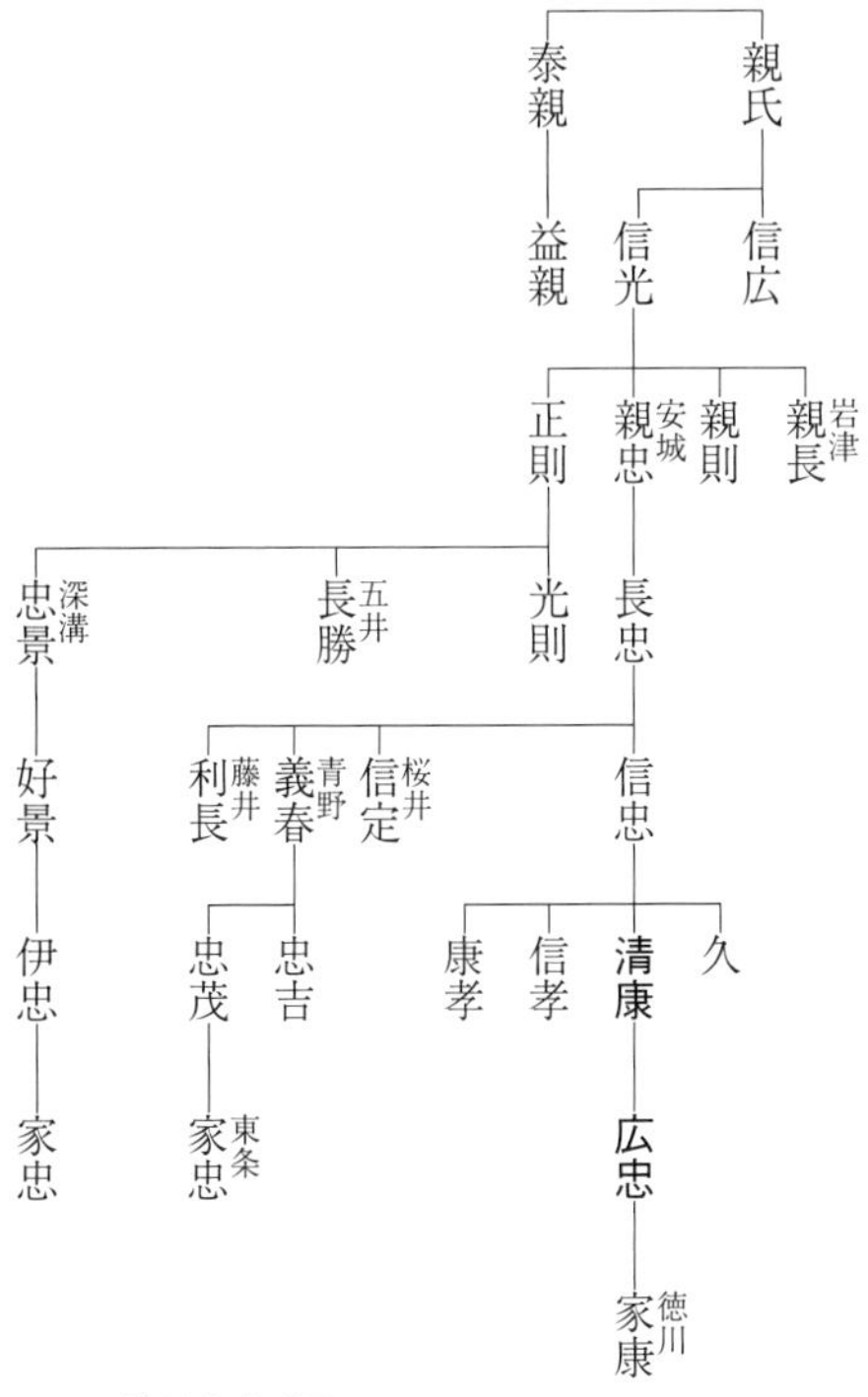

松平・徳川家略系図

その際、信忠は嫡男でまだ十三歳の清孝《きよたか》（のちの清康《きよやす》）に家督を譲る意向を示したが、一族や家臣は信定の擁立を求め続けたようだ。結局、信忠の意向通りにはならず、信定が安城城で政務を取り仕切り、若年の清孝は安城松平家がこの頃岡崎松平家との戦いのなかで得た山中城《やまなか》（岡崎市）へ追いやられてしまう。その結果、安城松平家は、安城城の信定と山中城の清孝とに分立する事態になる。

清康の実像

徳川家康の祖父・松平清康と聞くと、読者の方のなかには武勇に優れた大将としてあり、松平家における傑出的な「英雄」としてご存じかもしれない。実際、大久保忠教《おおくぼただたか》は著書『三河物語』で、勇将で家臣を魅了した清康が、もう少し生きていたならば、そのもとに「天下」（中央の影響がおよんだ国内全域）は治まったであろうとまで記す。

しかし、いま伝わる清康像は、『三河物語』から発展し語られ続けてきた江戸時代以来のもので、実際の清康像となると、実はわからないことばかりが多い。というのは、清康に関係する史料が少なく、また使用には精査が必要なためである。ここでは、そのなかで、いまわかっている清康の実像をみてみよう。

安城松平家内部の政争によって山中城に追いやられた清孝は、その後、安城松平家が敵対していた岡崎松平家と接近を図っていく。そして、岡崎松平家の婿養子となることを条件に和睦を遂げ、岡崎松平家が大草の地に移ったことによって、岡崎の地を得たという〔三河物語ほか〕。このとき清孝は山中城から、岡崎松平家の居城だった明大寺《みょうだいじ》（愛知県岡崎市）に立地した岡崎城へ入った。

その後、享禄三年（一五三〇）頃に、清孝は明大寺の地から伊賀川《いがかわ》と乙川《おとがわ》の合流点に位置する半島状地形にあった竜頭山《りゅうとうざん》の地へ、新たな城（現在の岡崎城）を築き移っている。その際に、実名を清孝から「清康」へ実名を改めたようだ（以下、すべて清康で表記）。また、この頃から清康は、世間では「岡崎殿」と称される政治権力者として活動をみせ始めていった〔大樹寺文書〕。

ところで、『三河物語』をはじめとする諸書では、清康はこの頃から東三河へ侵攻して、牧野《まきの》家や戸《と》田《だ》家らの国衆を降し、さらには西三河でも諸勢力をあいついで攻略して、三河国の平定を進めていったとする。しかし、それを語る同時代の史料は現在のところない。同時代の史料から確認できるのは、天文三年（一五三四）六月に、清康が猿投社周辺（同豊田市）で起きた「動乱」のなかで、同社の堂塔を焼失させたということのみである〔猿投神社文書〕。このときの対戦相手は、『寛永諸家系図伝《かんえいしょかけいずでん》』での記載や地域から考えて、寺部《てらべ》鱸《すずき》・広瀬《ひろせ》三宅《みやけ》の両家かと推測される。

そのうえでの推測だが、清康が三河国内各地で行った活動とは、諸家内部の抗争の解決または援軍を頼まれ、積極的に関わっていったという行為だったのかもしれない。清康は、三河国内の諸家内部の抗争に積極的に関わっていくことで、自身こそが安城松平家の正統な当主の立場にあるという表明と、世間からの支持を獲得しようとしたのだろう。また清康は、この活動に際して、安城城の叔父・信定にも協力させている。この活動を通じて、自身のもとへの結束を図ったのかもしれない。

翌天文四年四月二十九日、清康は安城松平家の菩提寺・大樹寺《だいじゅじ》（岡崎市）に多宝塔を建立した。その際に納められた八角心柱の墨書銘《ぼくしょめい》の写が、現在も大樹寺に伝来する。そこには、清康が「世良田次郎三郎《せらたじろうさぶろう》清康　安城四代岡崎殿」として記され、名字《みょうじ》に新田源氏《にったげんじ》に連なる一族の世良田を名乗り、自身が安城松平家四代目の立場にあることが表明されている。ここには、叔父・信定との分立という内部の不安定な情勢を抱えながらも、自分こそが正統な当主にあるという立場を強く世間に示した、清康の姿勢がみられる。

このように清康は、諸家内部の抗争に積極的に関与しての立場表明と世間からの支持獲得によって、自身こそが安城松平家の正統な当主にあるとして臨んだ。そして、叔父・信定に優位をせまり、分立状況の解消（正統な当主である自身のもとに安城松平家の統合）を試みた。この事態は、当然のことながら、信定方を刺激し脅威を与えていくことになる。その一方、清康に従う家臣は活動があいつぐことによって、そのための負担を強い続けられ、やがて清康に活動の見直しを求めていく。

そうした清康の活動による、それぞれにもたらした事態が積み重なっていって、清康の身に思わぬ事件が起きることになってしまうのである。

「守山崩れ」の影響と広忠の当主就任

天文四年（一五三五）十二月、清康は、尾張国守山《もりやま》（名古屋市守山区）へ出陣した。このとき、隣国の尾張国では織田宗家の当主として、清須《きよす》城（愛知県清須市）にいた織田《おだ》大和守達勝《やまとのかみみちかつ》のもとで、庶家の織田信秀《のぶひで》（信長の父）と織田藤左衛門尉《とうざえもんのじょう》との間に対立が起きていて、清康の出陣はこの織田家内部の抗争に関連して、どうやら織田藤左衛門尉を助け、織田信秀との関係解決を図ることであったようだ。ところが、この清康の出陣に、安城城の信定は応じない姿勢を示した。それは、信定の嫡男・清定の妻が織田信秀の姉妹であったという、信秀との親類関係にあったことが原因であったらしい。こうして清康と信定の対立は、依然として続く安城松平家内部の分立状況もあって、緊張を増す事態となった。

そうした内部の緊迫した情勢のなかの十二月五日の夜、清康は重臣の阿部大蔵《あべおおくら》（実名は「定吉《さだよし》」といわれる）の子・弥七郎《やしちろう》によって殺害されてしまう（享年は二十五）。江戸時代初期の史書『松平記』によると、弥七郎は父の大蔵が信定と昵懇にあったことから疑われたことを聞いて、疑心暗鬼となっていて、清康の馬が暴れ陣中で騒ぎが起きたのを受けて、父の大蔵が成敗されたものと思い込み、清康を殺害したという。弥七郎は、その場で植村新六郎《うえむらしんろくろう》に斬り殺され、松平軍は帰陣した。この事件は「守山崩れ」と称され、清康を失った松平家は、一転して危機に置かれることになる。

このとき、清康の嫡男・千松丸《せんまつまる》はまだ元服前の幼少にあった。そのなかで織田信秀の軍勢による反攻を受けたうえ、さらに信秀の援護を得た松平信定によって岡崎城を押さえられ、清康の家臣を統合されてしまったため（以下、ここに統合された安城松平家を、岡崎松平家または松平家とする）、千松丸は岡崎より逐われてしまう。

逐われた千松丸は、阿部大蔵らに擁されながら伊勢国へ逃れた後、やがて東条《とうじょう》吉良《きら》家を頼るなどして再起を図っていく。そのなかで、天文六年十二月九日に元服し、東条吉良持広《もちひろ》より一字を拝領して、実名を「広忠《ひろただ》」と名乗った〔参州本間氏覚書〕（以下、広忠とする）。

そして天文九年三月までに、広忠は、前年十一月に信定が死去した後の岡崎城内における情勢を見極めたうえで、同城に入城を遂げた。ここに広忠は、再起の念願を果たし、岡崎松平家の当主となった〔満性寺文書ほか〕。

織田・今川両家との敵対から今川家に従属へ

広忠が岡崎松平家の当主となったことで、尾張織田家とは再び緊張関係へと転じていった。その結果、天文九年（一五四〇）六月、信秀が三河安城城を攻撃、安城領（安城城管轄の領域）には織田家の影響が強くおよぶようになってしまう。

この事態に岡崎松平家は、広忠の後見を務めていた叔父・信孝《のぶたか》の主導で、尾張国緒川《おがわ》（愛知県東浦町）の国衆・水野《みずの》妙茂《ただもと》（系図類では「忠政《ただまさ》」）との同盟を結び、織田家との関係改善を進めた。そのうえで、妙茂の娘・於大《おだい》と婚姻し、同盟を確固なものとした。天文十一年十二月二十六日、広忠と於大に男児が誕生する。生まれた男児には、竹千代《たけちよ》と幼名がつけられた。この男児こそが徳川家康《いえやす》である。さらに信孝は、駿河の今川義元との関係も深めることによって、松平家の存立を図っていった。

しかし、信孝の勢威拡大を恐れた広忠と側近の阿部大蔵らは、信孝を排斥して、政治運営の主導権を握った。さらに、緒川水野家との同盟をも破棄し、織田家に敵対の意思を示した。そのうえ東三河の有力国衆であった田原《たはら》戸田宗光《むねみつ》・尭光《たかみつ》父子と同盟を結んで、天文十四年には宗光の娘・真喜《まき》を広忠の後妻に迎え、駿河今川氏義元も敵対する。

そうした広忠らの政治運営に反感を抱いた信孝と宿老の酒井忠尚《さかいただよし》らは、信秀と手を結び、さらに信孝は今川義元に援護を求めた。このため、天文十五年には織田信秀・今川義元と松平広忠、田原戸田宗光・尭光父子とが対立する事態となった。この情勢下で、翌天文十六年、三河国には、東から今川軍が侵攻して岡崎に迫り、また織田信秀の軍勢も侵攻し、安城城を攻略した。そして九月初頭には、織田軍は松平家居城の岡崎城に迫り、広忠は信秀への従属に追い込まれた〔古証文・本成寺文書〕。この際、嫡男・竹千代は人質として、信秀へ渡されたようだ〔村岡二〇二三〕。ただし、竹千代の尾張人質説については疑問視する見解もある〔糟谷二〇二三ほか〕。この点については、今後さらなる解明が俟たれる。

この結果、三河国内では、織田勢が優勢な状況にあり、一方で田原戸田家居城の田原城（同田原市）の攻略に失敗した今川勢は挽回を図ることに追われる。そのなかで、信秀に従うことを良しとしない広忠は、今川義元に近づいていき、その政治的後見と軍事的安全保障のもとで、勢力の回復を試みはじめていった。

そして、今川家に従属する途を選んだ広忠は、織田方に深く通じる信孝や家臣と改めて手を切って、織田氏との敵対を明確に示した。こうした広忠の姿勢は、今川・織田両家の対立をもたらし、事態は三河国の勢力確保をめぐっての今川・織田両家の代理戦争へと発展していった。

天文十七年三月、今川義元は攻勢に出て、側近の太原崇孚《たいげんそうふ》(斎号は雪斎《せっさい》。駿河臨済寺《りんざいじ》(静岡市葵区)の住持で、義元の側近)を大将に軍勢を派遣した。これを聞いた信秀は三河安城城へ出陣し、さらには矢作川を越えて上和田に陣取った。その後、今川軍は岡崎松平勢(「岡崎衆」)を従えて進軍したところ、十九日に小豆坂《あずきざか》(愛知県岡崎市)にて織田軍と遭遇、両軍は衝突して、「小豆坂合戦」が起きた。この合戦で今川軍の攻勢に、織田軍は二度にわたり軍勢を立て直し戦ったが敗れ、信秀は尾張国へ撤退している〔松平記・三河物語〕。

小豆坂での織田軍の敗戦によって、その援護を得て今川義元・広忠に抗っていた信孝は、一転して劣勢に陥った。劣勢の事態を挽回するため、四月に信孝は当時の居城であった山崎城《やまざき》(愛知県安城市)から自ら広忠のいる岡崎城攻撃に動き、明大寺に出陣した。このとき、岡崎城の広忠の軍勢は少数であったが、軍勢を二手に分けて迎撃にあたり、同月十五日の同地耳取《みみとり》での戦いでは策略によって、数で勝る信孝軍を追い込んでいった。そして広忠軍の攻撃のなか、信孝は矢で左脇を射られて、戦死した〔松平記〕。

ここに広忠は、今川家に従属し、その政治的後見と軍事的保護を得ることによって、眼前の信秀の脅威を退け、さらには信孝との戦いに勝利を得たのだった。

広忠の急死とその後

広忠は、いま信秀の脅威を退け、信孝を討滅させたことで、ようやく確固とした立場を得ることができ、岡崎松平家はその主導のもとでまとまっていくかにみえた。ところが、その矢先の翌天文十八年(一五四九)三月六日に、広忠は二十四歳の若さで死去してしまった。死因は病死とも〔三河物語・松平記〕、前年に家臣の岩松八弥《いわまつはちや》に村正《むらまさ》の脇差《わきざし》によって受けた刺傷が原因とも伝わる〔松平由緒書〕。いずれにせよ、広忠の急逝で、岡崎松平家は一転して思いも掛けぬ当主不在の危機に陥ることになってしまった。

このとき、岡崎松平家の家督を継ぐべき嫡男の竹千代はまだ、織田信秀のもとで人質として過ごしていた。広忠には、竹千代のほかには男子がいなかった。このため、竹千代は、広忠が死去したいま、岡崎松平家の当主の立場にあった。また、安城城とその管轄領域はまだ織田家の勢力下にあり、重臣の酒井忠尚ら反勢力もいまだ残っていた。岡崎松平家としては、自家の存立と領国の安泰を維持していくうえで、竹千代と安城領の奪還および反勢力の鎮圧こそが喫緊の課題にあった。これらの解決のために、松平家臣たちは政治的後見と軍事的安全保障を得ている今川義元への従属関係を強め、助けを求めた。

今川義元は、まだ前々年の九月以来続いた、戸田堯光が籠もる三河田原城の攻略に追われていたが、天文十八年七月までには、田原領を含んだ渥美《あつみ》郡の平定を成し遂げた〔大石編二〇一七〕。そのうえで、九月に岡崎松平家の援護要請に応じて、太原崇孚の率いる今川軍が西三河へと進軍した。西三河へ進軍した今川軍は、まず今川家の本家筋にあたりながらも、織田方につき敵対の姿勢を示してきた西条吉良義安《さいじょうきらよしやす》の居城・西条城（愛知県西尾市）を攻撃、同時に先遣隊を遣わし安城城の攻撃にも取りかかった（徳川黎明会所蔵文書ほか）。今川軍の攻勢に義安は降伏、西条城の攻略を果たしたことで、今川軍は松平勢とともに本格的に安城城の攻撃に取り掛かり、十一月に陥落させした。その後、今川軍は酒井忠尚が籠もる上野城を攻撃して〔三川古文書〕、ほどなくして忠尚をも降した。

こうして、今川義元の援護によって、岡崎松平家は安城領の奪還と反勢力の制圧を遂げた。そして、今川軍の大将・太原崇孚は、安城城落城の際に捕縛した城将《じょうしょう》の織田信広《のぶひろ》と、信秀のもとで人質の身にあった竹千代との交換交渉を進めた。その結果、竹千代は信秀のもとから解放され、岡崎城に帰ることになったとされる。しかし、義元は幼少の竹千代をそのまま岡崎城に置くのではなく、今川家の本拠である駿河国府中《ふちゅう》（駿府《すんぷ》。静岡市葵区）へと移した。駿府に移った竹千代は、駿府浅間社前の屋敷を与えられ、以後は同地で過ごすことになる。

竹千代が駿府に移されたのは、今川義元が幼少の竹千代では不安定な松平家中をまとめることや領国の安泰を維持することを担えず、岡崎領（松平領国）を政治的後見と軍事的な安全保障のもとで直接管理下に置いたほうがよいと判断したことによる。同時に、このとき岡崎領は、織田方勢力との西側の「境目《さかいめ》」（政治的・軍事的な境界）にも位置したことから、今川家にとっても従属国衆領を含めた領国全体の安泰維持を目的になされた差配だった。

ただ、今川家に従属した三河国衆の人質は、通常は東三河統治の拠点でもあった三河吉田《よしだ》城（愛知県豊橋市）、のちには牛久保《うしくぼ》城（同豊川市）に置かれる。ところが、竹千代が他の三河国衆の人質と違って、駿府に送られたのは、彼が岡崎松平家の当主であったことによる。つまり、今川義元は当主の竹千代を駿府で庇護することによって、松平家のうえに君臨する上位権力者としての正統性を得て、松平一族・家臣を統制し、岡崎領の確保に努めたのである。

ただし今川義元は、松平家を解体し岡崎領を今川家による直接統治化（支城領化）に編成するようなことはせず、政治的後見と軍事的安全保障のもとに、松平家重臣らの政治運営によっての岡崎領支配を行わせていた。この結果、岡崎松平家は、今川家への従属で得た政治的後見と軍事的安全保障のもとで、当主が不在という特異な状況にありながらも、これまでと変わらず岡崎領支配をおこなう権力体として機能し続けていたのである。

以後、当主・竹千代改め松平元康《もとやす》が駿府に滞在、今川義元による直接管理の影響を受ける状況にありつつも、松平家による岡崎領支配はおこなわれ続けていく〔柴二〇二二〕。

（柴裕之）

【主要参考文献】
大石泰史編『今川氏年表―氏親・氏輝・義元・氏真』（高志書院、二〇一七年）
小川雄・柴裕之編著『図説 徳川家康と家臣団　平和の礎を築いた稀代の〝天下人〟』（戎光祥出版、二〇二二年）

糟谷幸裕「人質時代の家康　実像編」（掘新・井上泰至編『家康徹底解読―ここまでわかった本当の姿』、文学通信、二〇二三年）
柴裕之『青年家康―松平元康の実像』（ＫＡＤＯＫＡＷＡ〈角川選書〉、二〇二二年）
新行紀一『一向一揆の基礎構造―三河一揆と松平氏』（吉川弘文館、一九七五年）
平野明夫『三河松平一族』（新人物往来社、二〇〇二年）
平野明夫「松平清康再考」（『愛知県史研究』一八、二〇一四年）
丸島和洋『列島の戦国史５　東日本の動乱と戦国大名の発展』（吉川弘文館、二〇二一年）
村岡幹生『戦国期三河松平氏の研究』（岩田書院、二〇二三年）

松平親乗——卓越した交渉力を有した大給松平の当主

徳川家康の家の兄の流れ

三河松平《まつだいら》氏の本姓は賀茂《かも》氏で、宗家は岩津《いわづ》（愛知県岡崎市）を本拠とする岩津松平氏である。親乗《ちかのり》の出た大給《おぎゅう》（同豊田市）を本拠とする大給松平氏は、この岩津松平氏当主親長《ちかなが》の次弟加賀守《かがのかみ》某であり、室町期には親長とともに室町幕府政所《まんどころ》執事《しつじ》伊勢《いせ》氏の奏者番として在京奉公していた〔平野一九九三〕。つまり、宗家と同格に処遇される家だったのである。

これに対し、親長の三弟親忠《ちかただ》は、碧海《あおみ》郡に進出し、安城《あんじょう》郷（同安城市）を本拠とした在地支配により、松平一族内での影響力を深めていった。この安城松平氏の子孫が徳川家康《とくがわいえやす》であるから、大給松平氏は、家康の家の兄の流れにあたる家格を誇る家でもあった。

しかし加賀守某の子左衛門《さえもん》（尉《じょう》か）某は、明応二年（一四九三）に勃発した明応の政変を契機として在京奉公を中止し、大給郷に下国して在国したらしい〔村岡二〇一二〕。

大給松平氏の三代目にあたる左近尉親世《さこんのじょうちかよ》は本姓が源氏で、細川《ほそかわ》を名字としていた。おそらく細川郷（岡崎市細川町）内の源氏一族の者が、左衛門某のもとへ養子に入ったとみられる〔小林二〇一八〕。こ

松平親乗花押

うして大給松平氏は、親世の支配する細川郷も併呑したのである。

永正三年（一五〇六）から始まった駿河今川《いまがわ》氏の部将伊勢《いせ》宗瑞《そうずい》による三河侵攻（「永正三河の乱」）のときに、松平宗家である岩津松平氏は今川氏に敵対して、族滅に近い打撃を受けて没落した。これに対して親世は今川氏に協力することで、大給松平氏を存続させることに成功した。こうして大給松平氏は、松平一族発祥の地である松平郷（愛知県豊田市松平町）の六所神社《ろくしょじんじゃ》を再興するなど、松平惣領家としての立場を主張するようになる〔小林二〇一八〕。これは松平一族の有力者として台頭した安城松平氏との対立を深めることとなったが、親忠の孫の松平信忠《のぶただ》が、その息女を大給松平氏の四代目当主某（『寛永諸家系図伝』などの系図史料では、実名を「乗勝《のりかつ》」とするが、一次史料では確認できない）に嫁がせることで、両者の間で融和関係が築かれた。この夫妻の間に誕生したのが親乗であり、信忠の曽孫が徳川家康である。

なお、親乗の生母である信忠息女は、このの ち足助《あすけ》（豊田市足助町）鱸《すずき》（鈴木）氏当主の越後守《えちごのかみ》に再嫁し、嫡子兵庫助《ひょうごのすけ》を儲けたとされる〔寛政重修諸家譜〕。このことは後年、京都の公家山科言継《やましなときつぐ》が鱸兵庫助のことを、親乗の弟（異父弟）であると記していることと符合しており、事実とみられている〔小川二〇一四〕。

今川義元との闘い

親乗は、没年齢から逆算すると永正十二年（一五一五）の生まれとなる。天文十五年（一五四六）から開始された駿河今川氏当主義元《よしもと》の三河侵攻の際には、すでに三十二歳であり、左衛門督《さえもんのかみ》と自称して大給松平氏当主の地位にいた。

天文二十年、親乗は安城松平氏庶流で青野《あおの》松平氏当主の甚二郎《じんじろう》と共謀して、岡崎《おかざき》城を南北から挟撃しようとした〔平野一九八六〕。当時、岡崎城には今川氏奉行人が在番しており、これは今川氏への反逆行為であった。

この謀議は甚二郎の弟の甚太郎忠茂《じんたろうただしげ》の密告により露見し、甚二郎は三河国外に脱走した。そして親乗は翌二十一年五月、居城大給城を忠茂らの軍勢に攻撃された。このとき親乗の叔父田《でん》（伝）三左衛門《さんざえもん》尉《じょう》（親清）が、衣《ころも》城（愛知県豊田市）主中条《ちゅうじょう》氏の一族とともに九久平《くぎゅうだいら》城（同）を取り立て、大給城の前線の防衛線とした。しかし九久平城主の鱸市兵衛《いちべえ》が、同族の鱸越前守《えちぜんのかみ》の調略により城を退出したことで〔愛10―一八五三・愛11―九六〕、大給城の防衛線は突破された。同月二十六日、大給城北沢水手で戦闘があった〔愛10―一八三三〕。そののちの具体的な経緯は不明だが、親乗は今川氏に降伏して、帰参を許されたようである。

弘治元年（一五五五）九月、親乗は再び今川氏に反逆し、同月十四日に大給領内の「平五屋敷」（比定地不明）を今川方の天野藤秀《あまのふじひで》に攻め落とされている〔愛10―二〇〇七〕。このとき親乗は反撃を行い、藤秀父子は戦死するところであったが、松井宗信《まついむねのぶ》の奮戦で救出されている〔愛11—五〇〕。これは「弘治合戦」と呼ばれる三河国内国衆の大規模な反今川氏の軍事行動であり、尾張国の織田信長からの働きかけがあった。このとき尾張国境に位置する三河国賀茂郡及び碧海郡では、上野《うえの》城（愛知県豊田市）の酒井《さかい》氏、広瀬《ひろせ》城（同）の三宅《みやけ》氏、足助城（同岡崎市）の鱸氏及びその一族で寺部《てらべ》城（豊田市）の鱸氏も反今川氏として蜂起しているから、親乗の反逆も彼らと連携した軍事行動とみられる。

しかし、翌年の弘治二年二月頃、上野城の酒井将監《しょうげん》は今川義元に降伏して赦免されている。親乗もほぼ同じ時期に今川義元に降伏して再び帰参を許されたらしい。親乗は二度目の反逆行為だから、通常であれば居城を没収されて蟄居《ちっきょ》するか、国外追放となるところである。しかし、この時期、弘治元年十月には幡豆《はず》郡吉良《きら》荘（愛知県西尾市）の吉良義安《よしやす》が、弘治二年二月には宝飯《ほい》郡牛久保《うしくぼ》（同牛久保町）の牧《まき》野民部丞《のみんぶのじょう》が、同年春には額田《ぬかた》郡日近《ひぢか》郷（岡崎市）の奥平彦九郎《おくだいらひこくろう》らが続々と今川氏に反逆して、三河国中に反今川の軍事活動が広がる情勢にあった。このため義元もやむなく親乗の早々の帰参と大給在城を認めたのだろう。

駿河での訴訟活動

弘治三年（一五五七）正月、親乗は訴訟のため今川義元の座す駿河府中《ふちゅう》（静岡市）に下向した〔愛10—二〇四三〕。親乗は岡崎城に在番していた山田景隆《やまだかげたか》を取り次ぎとして義元の嫡子氏真《うじざね》の傅役《もりやく》である三《み》浦正俊《うらまさとし》を通じて義元に申し入れていたが、聞き届けられないので、直接府中に出向いたらしい〔愛10―二〇六一〕。親乗の駿河滞在は、同年正月から八月までの長期間に及び、新光明院《しんこうみょういん》（静岡市葵区）塔頭《たっちゅう》を宿所とした。大給松平家臣の中には、吉田《よしだ》（愛知県豊橋市）に人質として留め置かれている親乗の嫡子竹千世《たけちよ》（のちの真乗《さねのり》で当時十二歳）を奪取して何か画策しようとする不穏な動きもみられた〔愛10―二〇六二〕。訴訟は親乗の弟次右衛門《じえもん》の処遇に関することとされるが、これらから推測すると、前々年の敵対行為への親乗の積極的関与について次右衛門が義元に密告し、親乗の蟄居と大給松平氏の家督相続を次右衛門が主張した訴訟であろうか。そして親乗の駿河滞在が長期化したことで、親乗の処分を危惧した大給家臣団が、親乗の嫡子竹千世を奪取して家督に取り立て、次右衛門の野望を阻止しようとしたのかもしれない。

このため今川氏部将で吉田城代の朝比奈親徳《あさひなちかのり》と由比光綱《ゆいみつつな》は、大給松平氏一族の松平久助《きゅうすけ》と吉田の地侍田嶋新左衛門尉《たしましんざえもんのじょう》を相談させ、田嶋に細川衆の人数を召し連れて大給城に入城させた。親乗は田嶋に対して大給城内に弁えない者が居たら意見してくれるように頼んでいる。しばらくして親乗は、義元にその主張が受け容れられて帰国できた。大給城主の地位も認められたらしい。こののち親乗は嫡子竹千世の元服に、今川氏真の一字を拝領して「真乗」と名乗らせた。これより以前、安城松平氏（松平清康が岡崎城に入城して以後は岡崎松平氏）の元康《もとやす》（徳川家康）も義元から一字を拝領しているから、今川氏は大給松平氏と安城松平氏を同格として扱ったのである。この義元の厚遇により、以後、親乗は親今川派に転じた。

なお、このとき親乗はそれまでの官途左衛門督を改め、和泉守《いずみのかみ》を自称していた。この和泉守の受領名は、三河松平宗家の信光及びその嫡子の親長《ちかなが》が名乗った受領名と同じであるから、親乗は、宗家を継承する家の者であると主張していたとみられる。

また、この駿河滞在中に親乗は、同じ新光明院塔頭に逗留していた公家の山科言継と交流している。親乗は、訴訟活動のない日は鉄砲四丁を用いて狩猟を行い、その獲物の鶴などを言継に贈っている。翌永禄《えいろく》元年(一五五八)四月、寺部城をめぐる戦いで、上野城主酒井氏に服属する足立甚尉《あだちじんじょう》が、広瀬《ひろせ》城主三宅氏の軍勢の放った鉄砲に当たり戦死している〔愛10―二〇九八〕。このことから、この当時、すでに鉄砲が賀茂郡で使用されるようになったことも分かる。

徳川家康との闘い

永禄三年(一五六〇)五月の桶狭間《おけはざま》合戦による今川義元敗死ののち、父松平広忠《ひろただ》の居城岡崎城に入った元康は、翌四年(一五六一)四月に駿河今川氏に反逆して三河国内で軍事行動を起こした。このとき岩津松平氏庶流の形原《かたのはら》・長沢《ながさわ》松平氏及び安城松平氏庶流の青野・深溝松平氏らの松平諸家が元康に与した。

しかし親乗は、今川方として元康と対立した。このため元康から軍事的圧迫を受け、親乗は一時的に大給城を退去したらしい。同年（または翌年）六月、元康は自分に与した大給松平庶家の松平久助に、大給領を与えるとともに、大給松平家牢人の統率を命じている〔愛11―一六〇九〕。この久助は、弘治三年に細川衆を引率しており、細川城主と伝えられる。久助はのち周防守《すおうのかみ》の受領名を名乗ったとみられ、実名を親家という。松平久助、転じて周防守親家は、年代的にみて親乗の弟だろう。永禄七年四月に、大沢の曹洞宗《そうとうしゅう》太源《たいげん》派の古刹《こさつ》龍渓院《りゅうけいいん》（愛知県岡崎市）の僧堂屋根の上葺費用に充当するために桃木が入（岡崎市奥殿町桃ノ木か）の土地を息男国千代とともに寄進している〔愛14―補二九九〕。

永禄五年秋、三河国の一向宗《いっこうしゅう》寺内の紛争が原因で一向一揆が勃発し、戦闘は同六年十月から七年二月まで続いた。徳川家康最大の苦難といわれる戦いであったが、親乗は引き続き親今川派の態度を保持したらしい。しかし、家康の居る岡崎城を攻撃することはなかった。これは親乗の大給領が、家康が同盟する織田信長の領国尾張国と境界を接するため、後背を衝かれることを危惧したためだろう。

永禄七年七月、親乗は降参するのではなく、対等の立場で和睦するかたちで家康に服属している〔愛11―三八五〕。家康は、先に大給領を安堵していた周防守親家に対しては、当面の扶助として幡豆郡吉良・東条領（愛知県西尾市）内で合計百貫文の替地を与えている。親家は兄親乗の家臣となることを嫌い、諸国を流浪した。その子孫は江戸期に入り、御徒衆《おかちしゅう》として召し返され、名字を平井《ひらい》と改めたらしい〔寛政重修諸家譜〕。

親乗の晩年

永禄十一年（一五六八）十月、親乗は上洛して京都誓願寺《せいがんじ》（浄土宗西山深草派寺院で、当時は小川元誓願寺通りに位置した）に寄宿し、同月十日に駿河で知己を得た山科言継邸を訪問している〔愛11―六一四〕。この直前に、誓願寺の三河国での末寺大林寺住持への香衣《こうえ》勅許の願い出が却下されており〔愛11―六一一〕、親乗の上洛はこれと関係しているとみられる。ちょうど足利義昭《あしかがよしあき》を奉じて畿内を平定した織田信長が、義昭の将軍宣下の準備を進めていたときでもあり、親乗は信長を憚り、その日に三河に帰国している。同年十二月、家康は甲斐の武田信玄と示し合わせて、今川領国の遠江に侵攻した。

永禄十二年五月、家康は遠江国掛川城《かけがわ》（静岡県掛川市）から今川氏真を追放した。同年九月、親乗を通じてその子真乗に掛川城の在番を命じ、真乗は笠居島《かさいじま》（浜松市中央区笠井町か）から掛川城に移動した〔愛11―六七七・六八〇〕。同年十二月、家康は真乗に遠江国榛原《はいばら》郡吉永《よしなが》（静岡県焼津市）ほかの土地二千貫文を与えた〔愛11―六九一〕。笠井島・掛川城在番の戦功によるものだろう。なお、当時の真乗は、左近丞《さこんのじょう》の官途を自称しているが、これは先祖親世の官途左近尉に倣ったものとみられる。

これ以前の六月、朝廷は山科言継の献策に従い、後奈良《ごなら》天皇十三回忌法要の費用を三河の徳川家康に献金させることとし、同年七月に言継を三河に下向させた。言継は、その途路の岐阜《ぎふ》城において、織田信長の周旋により三河に赴くことなく、九月に費用の調達が実現できた。同年十一月、言継は家司を使者として岡崎に遣わし、家康の献金を感謝する十日付の書状を言付けるとともに、鳥居《とりい》伊賀守《いがのかみ》および石《いし》川数正《かわかずまさ》などの徳川家宿老にも書状を遣わし、音物《いんもつ》を贈っている。このとき親乗宛てにも書状が調達されており〔愛11―六八三〕、言継は親乗を徳川家宿老の一人として捉えていたようである。同月七日、岡崎大林寺《だいりんじ》住持の香衣着用が勅許されている〔愛11―六八四〕。家康の朝廷への献金が奏功したのだろう。

元亀元年（一五七〇）八月、信玄《しんげん》の動向に不審を募らせていた家康は、真乗らを交渉役として越後の上杉謙信《うえすぎけんしん》とその家臣河田長親《かわたながちか》との交渉を加速させ〔愛11―七二六、七二九〕、同年十月、ついに家康は謙信と同盟して、信玄とは断交した。これより以前の九月、親乗は再び上洛し、言継邸を訪問して樽代三十匹を贈っている〔愛11―七三四〕。この上洛は、将軍義昭から家康に軍勢催促がされたことによるもので〔武田文書〕、家康は同年十月二日に近江に着陣している〔保坂潤治氏所蔵文書〕。親乗も同行したのだろう。

元亀二年二月、信玄は家康の支配する遠江国小山《こやま》城（静岡県吉田町）への出陣を南信濃の下条《しもじょう》氏に伝達している〔静8―三〇六〕。親乗の異父弟で足助城主の鱸兵庫助は、当時将軍義昭の足軽衆として在京奉公していたが、所領である足助郷が武田領国の南信濃・東美濃と近接しているという脅威から、同年四月に領国の三河に下向した。山科言継は鱸兵庫助に親乗への書状を言付けしている〔愛11―七五三〕。

元亀三年七月、信玄は奥三河の山家三方衆《やまがさんぽうしゅう》を家康から寝返らせ、奥三河一帯を勢力圏に取り込んだ。十月十日、信玄本隊は駿河から遠江に侵攻し、別動隊の山県昌景《やまがたまさかげ》・秋山虎繁《あきやまとらしげ》は信濃国伊那より青崩峠《あおくずれとうげ》を越えて遠江に侵攻した。家康はこの情勢に対処するため、真乗に対して武節《ぶせつ》城（愛知県豊田市）へ移動するように命じている〔愛11—八二五〕。すでに大給松平家臣を引率する主体は、親乗から真乗となっていたのである。しかし、永禄七年に家康と和睦というかたちで親乗が従属した事実は重く、家康が真乗に軍勢出動を命じる判物には、「骨の折れることとは思いますが」などの文言を添えるなど、ずいぶん遠慮をしていた。

天正元年（一五七三）七月、信玄の死去を確信した家康は、山家三方衆の一人である奥平定能《おくだいらさだよし》を味方に誘い、もう一人の菅沼右近助《すがぬまうこんのすけ》を長篠城に攻めた。同時に謙信にも協力を求め、謙信は八月一日付の親乗宛ての書状などで受諾の旨を伝えている〔上別1—一〇五五、ただし比定年代を訂正した〕。管見の限り、これが親乗の終見史料である。

天正四年四月、真乗は、家康に対して「疎略」、つまりわざと粗漏をしたことについて、徳川家に対する忠誠を誓約する起請文を提出させられている〔愛11—一一九八〕。文字通り解すれば、儀礼上の扱いなどで家康を格下に扱うなどの行為を真乗がしたということだろうか。

ところで、このほぼ一年前の天正三年四月、徳川家内部で大岡弥四郎《おおおかやしろう》事件が露見している。これは家康嫡子で岡崎城主の松平信康《のぶやす》の家臣である大岡弥四郎らが甲斐の武田勝頼《かつより》に内通して、武田勢を足助筋から岡崎城へ引き入れて、岡崎城を奪取するという計画であったとされる。事件自体は内通者の通報により未然に防止されたが、実際にこのとき武田勝頼は三河に出陣して、四月十五日に足助城を包囲し、同十九日に城主鱸越後守・兵庫助父子は降伏して城を明け渡しており、同時に賀茂郡浅谷《あざかい》（豊田市）ほかの小城五か所が戦わずに落城している〔本多二〇一九〕。かかる戦意のない鱸兵庫助らの行動が家康の嫌疑を招き、兵庫助の縁者である大給松平氏もその去就を疑われて誓約を強要されたとも考えられる。

いずれにしても大給松平氏が、家康の家の兄の流れにあたる家格を誇る家であったこと、かつて三河の支配者である今川義元から家康と同格の家として扱われていたという意識が底流にあって出来《しゅったい》した問題であったと考えられる。なお、このときの史料には、真乗の父親乗の動きがとくに記されていない。おそらくすでに病床の身であったのだろう。天正五年八月二十一日、親乗は享年六十三で死去したとされる〔寛政重修諸家譜〕。

親乗には、乱世に乗じて名実ともに松平惣領の地位に立つという野心があっただろう。そして、その野心の実現のため、三河の覇者である今川義元やその後継者である徳川家康に対し、それぞれ二度に及ぶ反逆行為もした。それにもかかわらず、親乗はその家の存続に成功している。これはほかの三河国の有力国衆である田原戸田《たはらとだ》氏や牛久保牧野《うしくぼまきの》氏などが、その血統は存続させたものの、宗家は滅亡している事例と比べると特異である。

要するに親乗は、雪隠詰めになるまで駒を握っているような、野暮な将棋をしなかったのである。自陣を囲ったまま、余裕の残っている間に、義元や家康の懐に飛び込んだ。親乗は、服属する絶好の時期を捉えて自分を高く売り付ける交渉力と自己を弁明する訴訟能力などに長けていたのである。家康は親乗の交渉力を高く評価し、京都の朝廷・公家や越後上杉氏との外交交渉などを委任したので、交渉相手からは家康の宿老とみなされていた。親乗こそが、その後の大給松平氏のありかたをかたち作ったといえよう。

その後の大給松平氏

真乗の嫡子家乗の「家」字は徳川家康の偏諱と考えられるから、父真乗の死去に伴い家乗が家督を継承した天正十年（一五八二）頃には、大給松平氏は徳川家と主従関係に立っていた。世代の交代とともに大給松平氏は徳川氏に従属する姿勢を明確にしていった。

江戸期に入った寛永二十一年（一六四四）、家乗の子乗寿《のりなが》は上野国館林藩《こうずけのくにたてばやしはん》（群馬県館林市）六万石に転じた。乗寿は将軍世子家綱《いえつな》に付属されて江戸城西の丸老中を務め、慶安四年（一六五一）、老中に就任する。家綱時代の老中は、家光の遺臣松平信綱《のぶつな》と阿部忠秋《あべただあき》に、乗寿が加わった三人体制で発足した。のちに酒井忠清《ただきよ》が加わったが、阿部・酒井家のいずれも徳川家老臣の出自であり、松平信綱は長沢松平氏庶流とはいえ、徳川家関東代官大河内《おおこうち》氏からの養子であるから、松平一族から初めて老中に選任された者が乗寿だったのである。これは大給松平氏が、松平一族の中でも高い家格を持ち、かつて親乗が家康の宿老とみなされる地位にいたことへの記憶が、江戸期に入ってもなお人々の間に残っていた結果であろう。親乗の子孫はそのことをよく知っていたからこそ、以後の大給松平氏の歴代当主は、親乗の「乗」

字を実名の通字としたのである。

（小林輝久彦）

【主要参考文献】
『愛知県史資料編10中世3』（愛知県、二〇〇九年）、本文で「愛10―資料番号」で表記。
『愛知県史資料編11織豊1』（愛知県、二〇〇三年）、本文で「愛11―資料番号」で表記。
『愛知県史資料編14中世・織豊』（愛知県、二〇一四年）、本文で「愛14―資料番号」で表記。
小川雄「「武家御足軽」鱸兵庫助について」（『戦国史研究』六八、二〇一四年）
小林輝久彦「室町・戦国期の大給松平氏―松平一族の制外の家―」（『静岡県地域史研究』八、二〇一八年）
『静岡県史資料編8中世四』（静岡県、一九九六年）、本文で「静8―資料番号」で表記。
『上越市史別編1』（上越市、二〇〇三年）、本文で「上別1―資料番号」で表記。
中村孝也『徳川家康文書の研究（上）』（日本学術振興会、一九五八年）
平野明夫「今川義元の三河支配―観泉寺所蔵東条松平文書を通じて―」（『駿河の今川氏』第九集、今川氏研究会、一九八六年）
平野明夫「京都の松平氏」（『国学院大学大学院紀要―文化研究科―』二四、一九九三年）
本多隆成『徳川家康と武田氏　信玄・勝頼との十四年戦争』（吉川弘文館、二〇一九年）
村岡幹夫「一五〇〇年前後の松平一族―岩津一門・大草一門・大給一門―」（『豊田市史研究』三、二〇一二年）

斯波義統――名門復活への執念

戦国期斯波氏のイメージ

織田信長《おだのぶなが》・羽柴秀吉《はしばひでよし》・徳川家康《とくがわいえやす》をはじめ、戦国期の東海地域は著名な人物を輩出している。彼らの知名度は、ドラマやゲームなどの影響もあって、非常に高い。身分によらず、実力によってのし上がり、目の前の旧体制＝抵抗勢力を次々と打倒して、新時代＝天下統一を切り拓いていくというストーリーは、まさに戦国日本の面目躍如たるものがあるといえようか。

これに対し、旧体制の象徴ともいうべき尾張国の守護・斯波《しば》氏について知っているという人は少なかろう。実際に、ドラマやゲームなどではほぼ登場せず、もし出てきたとしても、もはや権威だけの存在、倒されるためだけの「やられ役」のような扱いではなかったろうか。事実、近年にいたるまで、専門家によってすら、戦国期の斯波氏は、ほとんどまともに検討されてこなかったのである。事実上、知名度がゼロであるというのも、故なきことではない。

しかし、斯波氏は戦国百年を生き続けた。なぜ、実力主義の極北といわれる時代を、旧体制・権威の象徴とされる存在＝斯波氏は生き抜くことができたのだろうか。また、斯波氏はほんとうに権力・政治力を失っていたのか。本項では、戦国期斯波氏の動向を具体的にみていくことで、かかる疑問に答えつつ、知られざる戦国日本の一断面を明らかにしていきたいと思う。

戦国期以前の斯波氏

はじめに、斯波氏の来歴（戦国期以前の歩み）をごく簡単にではあるが確認しておこう。同氏は足利《あしかが》一門の名門である。足利惣領《そうりょう》家の「兄」の流れにあたり、鎌倉期には（「斯波」ではなく）「足利」を名字とする足利の重要な庶子家であった。こうした家は、斯波氏以外には吉良《きら》・石橋《いしばし》・渋川《しぶかわ》各氏（のちの足利御三家）くらいしかおらず、斯波氏の家格は非常に高いものであった。南北朝期には足利氏とともに列島各地を転戦して室町幕府の草創を支えた。足利氏との協力や対立という紆余曲折を経て、室町期には中央（京都）では幕府三管《さんかんれい》領家の筆頭家（「三職之随一」）、地方では越前・尾張・遠江各国の守護などを務める幕閣の重鎮、足利一門屈指の名族として君臨していく。

しかし、十五世紀中葉、斯波義敏《よしとし》と斯波義廉《よしかど》（足利御三家・渋川氏から入嗣）の分裂・抗争や応仁《おうにん》・文《ぶん》明《めい》の乱の結果、斯波氏は中央で没落したと考えられてきた。そして、地方でも、越前国は朝倉氏に奪われ、遠江国では今川《いまがわ》氏に敗れ、尾張国は織田氏に下剋上されるなど、同氏は失墜の一途を辿ってしまったと思われてきた。要するに、戦国期の斯波氏はもはや論ずるに値しない存在だとみなされてきたのである。たしかに右の事実に嘘はないが、一方でほんとうのことを語り尽くしているともいえない。以下、戦国期斯波氏の具体的な姿を追いかけていく。

応仁・文明の乱後の復権——斯波義敏・義寛の時代

斯波義敏と斯波義廉が争った応仁・文明の乱が前者の勝利で終結すると、十六世紀初頭まで斯波氏は義敏・義寛《よしとお》父子の時代を迎える。最初の試練は、越前国の朝倉《あさくら》氏との対決であった。乱中より斯波氏家臣・朝倉氏は越前国で強大化し、同じく斯波氏家臣・甲斐《かい》氏を打ち破っていたが、甲斐氏は隣国・加賀国を拠点に朝倉氏と対峙していた。乱後、斯波義敏・義寛・義孝《よしたか》（義敏弟。下屋形殿と称された）は京都から尾張国へ下向し、越前国に進軍、加賀国からは甲斐氏が出撃した。他方、朝倉氏は斯波義廉の子を擁立して抵抗。結局、義敏以下は撤兵し、甲斐氏が加賀国に残り、本願寺《ほんがんじ》勢力と連携して越前国の奪還を狙い続けていくことになる。以後も斯波氏による越前国回復は、加賀国からの攻撃と、本願寺との協力が基本戦略となる。かかる事実はほとんど知られていないが、終盤で再び登場するから覚えておいてほしい。

越前国からの撤退後、斯波義敏は京都に戻り、妻子や弟（斯波義孝）とともに幕府や朝廷、寺社勢力と密接につながる一方、斯波義寛は尾張国へ下向し、都鄙《とひ》間を往来した。斯波氏は一族で中央—地方と分業体制をとり、結束して家の再建を図ったのだ。このような在京—在国の一族分業・役割分担は、中世前期では一般的な事象であり、現在、中世後期の武家でも広く該当するかどうか、さまざまな家で分析が行われている最中である。

　そして、十五世紀末頃、九代将軍・足利義尚《よしひさ》、十代将軍・足利義材《よしき》の近江出陣（六角《ろっかく》征伐）では斯波義寛が総大将を務め、中央では細川政元《ほそかわまさもと》にかわる管領候補にまであげられている。さらに、越前国への将軍親征、甲斐氏の出陣、朝倉氏の没落、斯波氏の復活も囁かれ、斯波義寛は「副将軍」「将軍の御名代」

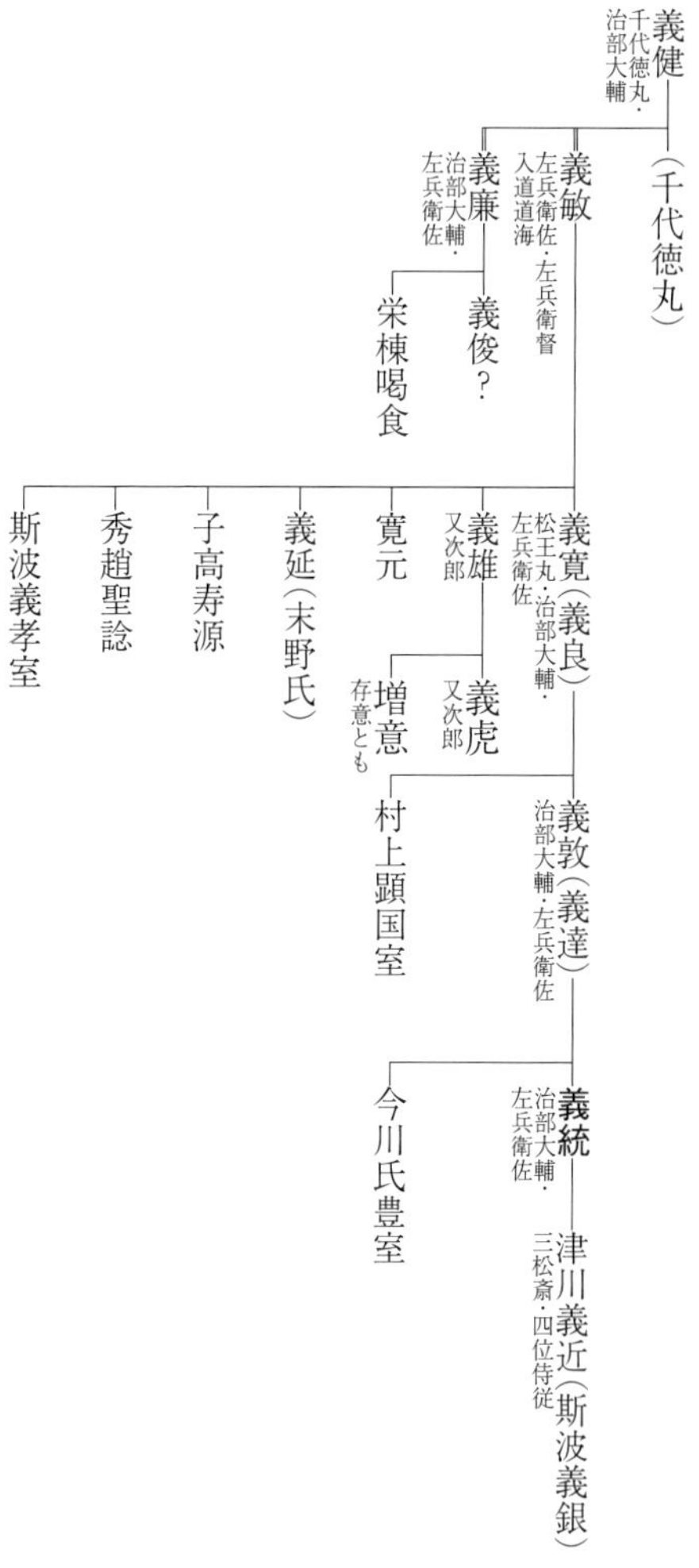

斯波略系図

とまで語られるほどに復権を遂げていたのである。同時に、父・斯波義敏も当時、三位・左兵衛督《さひょうえのかみ》となっており、家の極位・極官を纏っていた。要するに、斯波氏は名実ともに復活していたわけで、足利氏がそれを支援していたことから、将軍家にとっても細川氏勢力の分断・相対化のため斯波氏は重要だったと考えられている。

明応の政変での挫折と遠江国の喪失——斯波義達の時代

ところが、明応《めいおう》の政変（明応二年・一四九三）が勃発し、足利義材が失脚すると、斯波氏の復権も頓挫してしまい、以降、中央（京都）での存在感は徐々に低下していってしまう。同時に、自らの分国・遠江国に隣国・駿河国の今川氏が乱入してくると、地方での防衛戦を余儀なくされていく。だが、斯波義寛は一方的に負けつづけたわけではない。むしろ、将軍家・細川氏・信濃小笠原《おがさわら》氏・信濃村上《むらかみ》氏・甲斐武田《たけだ》氏・越後上杉《うえすぎ》氏・関東山内上杉《やまのうちうえすぎ》氏らとともに広域的な反今川包囲網を形成するとともに、在京する弟（斯波義雄・寛元）や子（斯波義達《よしみち》）らを次々と遠江戦線へ投入し、越前斯波一族（末野殿）を継承した弟（斯波義延）まで参戦させるなど、都鄙間（東国・京都・越前国・遠江国・尾張国）にわたる自他の紐帯の強さがうかがえる。このように、さまざまなネットワークを構築・駆使して斯波氏は今川氏と対抗したわけであり、かかる事実からは、同氏のしぶとさ・したたかさ・粘り強さが感じられよう。

しかし、十六世紀初頭、斯波義敏・義寛父子は死去し、以後、斯波義達が難しい舵取りを担っていく。

彼は遠江国で今川氏親《うじちか》との対決を繰り返し、尾張国で織田達定《みちさだ》の粛清も断行したが、結局、永正十四年（一五一七）に遠江国を失うこととなってしまう。なお、斯波義達が降伏したのは遠江国浜松庄にある曹洞宗《そうとうしゅう》寺院・普済寺《ふさいじ》（浜松市中区）で、同寺は同庄の領主・吉良氏の位牌所にあたる。この吉良氏は、斯波氏以上の家格を有する足利御三家の筆頭であり、浜松庄の領主でもあったが、当時、遠江国をめぐって相争う斯波氏と今川氏の狭間にあって、両者とは関係が濃い分、かえって家臣団が分裂・抗争してしまう（斯波派の大河内《おおこうち》氏らと今川派の飯尾《いのお》氏ら）など、対応に非常に苦慮していた。結局、最後まで家臣団を統御することのなかった吉良氏が浜松庄を失ったことは、本書の「吉良義安《よしやす》」の項を参照してほしい。以降、斯波義達は尾張国にいて、同国富田《とみた》庄（愛知県名古屋市・あま市・海部郡）の領主・石橋氏（足利御三家の一角）らと姻戚関係を結ぶとともに、京都（幕府）とも連絡をとって、復活の日を待ち続けた。黙って逼塞していたわけではなかったのである。

越前国の奪還を目指して——斯波義統の時代

かかる流れのすべてを受けて、斯波氏の家督を継承したのが、斯波義統《よしむね》であった。ときに、天文六年（一五三七）のことである。尾張国にある臨済宗《りんざいしゅう》寺院・妙興寺《みょうこうじ》（愛知県一宮市）に寺領安堵の書下（命令書）を出しているのがその活動の初見となっている〔妙興寺文書〕。

この斯波義統が執念を燃やしたのが、越前国の回復であった。天文十年（一五四一）七月、彼は越前国へ攻め入るため、摂津国大坂《おおさか》の本願寺証如《しょうにょ》に加賀門徒の動員を依頼したが、八月、本願寺証如はこの要請を断った。また同月から九月にかけて、今度は加賀国の斯波義信《よしのぶ》（下屋形殿。義孝流斯波氏の継承者）が美濃国（もともとは越前国）にあった浄土真宗《じょうどしんしゅう》の有力寺院・最勝寺《さいしょうじ》などに、尾張国の斯波義統や大坂の本願寺証如と連携して越前国に攻め込むから、協力してほしいと連絡している。そしてその見返りとして、越前国を奪還した暁に、浄土真宗寺院の越前国への復帰や、寺領安堵などを約束していたのである。

このように、斯波氏は尾張国から越前国の回復をめざし、加賀国にいる同族も動かして、同国に大きな影響力を持つ本願寺勢力へも協力を要請していた。このことは、十五世紀後半（斯波義敏・義寛の時代）からの一貫した基本戦略であり（当時、加賀国にいたのは家臣・甲斐氏だったが）、斯波氏代々の身体に流れ込む復活への執念を感じないわけにはいかない。

では、この一件は実際にどうなったのか。実は、この数年前の天文七年（一五三八）にも斯波氏の越前国攻撃と、加賀国からの出撃が想定されていたが、このときは現実のものとはならず、機会を模索していたらしい。そこで時節到来となったのが、まさに天文十年（一五四一）のことであった。当時、越前国では朝倉氏の反主流派（朝倉景高《かげたか》）が、隣国・若狭国の武田氏や、本願寺勢力などを巻き込んで、主流派（朝倉孝景《たかかげ》）と対立していたのである。かかる好機を見逃さず、斯波氏は行動に打って出たというわけで、尾張国に引き籠もっていただけではない、同氏の広域・長期にわたる情報収集能力の高さには目を見張るものがあろう。

だが、結局、頼みの綱であった本願寺勢力が動くことはなく、斯波氏の越前国奪還の夢は幻となって消えた。天文十三年（一五四四）、加賀国の斯波義信《よしのぶ》は、同国を離れ摂津国大坂に赴き、本願寺証如から金銭を扶助されたのを最後に、姿を消す。斯波氏は加賀国を失ったようだ。他方、同年には、尾張国の斯波義統が、越前国の朝倉孝景と手打ちをしたようで（反主流派の朝倉景高は没落していった）、これ以降、斯波氏による越前国攻撃は見えなくなる。

以上のように、斯波氏の越前国回復は失敗に終わった。それは明白な事実であり、動かしようもない。けれども、同氏は半世紀以上にわたって越前国奪還を目指し、加賀国をベースキャンプと化してさまざまに計画・行動し、チャンスを模索していたのであり、はじめから敗北という結果が決定していたわけではない。実現はしなかったけれど、当時の人間（斯波氏）の立場に立ってみれば、ありえるかもしれない、あってほしい未来があったのであり、それを捨象することなく、限界も含め丁寧に復元していくことは、歴史学での重要な作業である。

その後の斯波氏

このように斯波義統は、越前国の回復を諦めたわけであるが、しかし、勢力拡大路線まで捨てたわけではなかった。天文十三年（一五四四）には家臣・織田信秀《のぶひで》による隣国・美濃国攻撃を支持し、天文十八年（一五四九）以前には娘を若き吉良義安に嫁がせ、同氏を反今川へと傾ける政治工作を行っている。駿河国から遠江国（斯波氏旧領）を経て三河国（斯波氏隣国）にまで迫る今川義元《よしもと》と、斯波義統・織田信秀は、当時、東海地域で緊張・対抗関係にあった。だが、かかる工作は成功せず、吉良氏内部の斯波・織田派は粛清されたようである。

その後、一五五〇年代に入ると、斯波義統は織田氏らによって尾張国で殺されてしまう。このとき、斯波一族も多数死んだという。かくして斯波氏の家督は斯波義銀《よしかね》が継承するが、彼もまた織田氏（織田信長）によって尾張国から追放されることとなる。ここに、斯波氏は京都・越前国・遠江国・尾張国という分国のすべてを失った。だが、斯波氏＝「越尾遠太守」という記憶は近世にまで引き継がれていく。他方、斯波義銀自身は、津川義近《つがわよしちか》と名を変え、織田・羽柴・徳川各氏と関係を結びながら、中近世移行期を生き抜き、家をつないでいった。

最後に、最初の問いに戻ろう。なぜ、実力主義の極北といわれる時代を、旧体制・権威の象徴とされる存在＝斯波氏は生き抜くことができたのか。それは第一に、戦国日本の根深い家格秩序＝身分社会のためである。織田氏にとって、尾張国に君臨するのは、やはり斯波氏なのである（かかる価値観は、十六世紀中葉まで継続した）。そして第二に、斯波氏は権力・政治力を喪失などしていなかったからである。在京―在国の一族分業、同族ネットワークといった都鄙のつながり、反今川包囲網のような広域的な同盟構築、越前国の奪還をめざして、加賀国を長期的にベースキャンプ化し、情報を収集しながら、好機到来とみるや実際に周辺勢力へ働きかけて勝利を掴み取ろうとする執念・行動など、斯波氏は政治力・権力を発動し続けた。結果的には敗者となってしまったが、すべては名門復活のためであり、「生」への力強い意志が感じられる。斯波氏とはまことにしぶとく、したたかで、粘り強い一族であった。

（谷口雄太）

【主要参考文献】

木下聡編著『シリーズ・室町幕府の研究 第1巻 管領斯波氏』（戎光祥出版、二〇一五年）
谷口雄太「戦国期斯波氏の基礎的考察」（同『中世足利氏の血統と権威』吉川弘文館、二〇一九年、初出二〇一四年）
谷口雄太「永正末期～大永期の斯波氏」（『静岡県地域史研究』六、二〇一六年）

織田信秀——一族繁栄の苦闘をつづけた智将

戦国時代の織田一族

伊勢湾に立地し、中世には東西の中継拠点の一つだった尾張国（愛知県西部）は、室町時代、知多郡《ちた》を除いた地域が守護斯波《しゅごしば》家の管轄する分国《ぶんこく》であった。斯波家は、足利《あしかが》将軍家の一族で、将軍を補佐する管領《かんれい》を務めたうえ、尾張国のほかに越前国（福井県東部）と遠江国（静岡県のうち大井川以西の地域）の守護を兼任するという室町幕府幕閣の有力な「大名《たいめい》」（幕府政治を司る構成員）家にあった。このため当主は在京して幕府政治に従事し、尾張国の分国支配については、その家臣だった織田家が守護代を務め、一族を率いて担当した。

ところが、享徳元年（一四五二）九月に、当主の斯波義健《よしたけ》が十八歳の若さで死去したことから、斯波家内部はその後継者をめぐって対立を起こすことになる。この斯波家内部の争いは、幕閣内部の主導権争いとも関わって、「応仁《おうにん》・文明《ぶんめい》の乱」の勃発の一因となって事態は展開していく。

斯波家内部の対立も含めた応仁・文明の乱のなかで、織田家もこれまで代々守護代を務め、西軍方に付いた本家の伊勢守《いせのかみ》家と、東軍方によって新たに守護代として擁立された大和守《やまとのかみ》家とに分裂し、乱終結後は尾張国を舞台に対立を続けた。この結果、戦国時代の尾張国は、清須《きよす》城（愛知県清須市）を居城とした織田大和守家と岩倉《いわくら》城（同岩倉市）を居城とした伊勢守家とが並立し、斯波家の当主を清須城に迎え守護代として活動した大和守家を中心に政治運営が行われた。

ところが、永正十年（一五一三）、守護管国だった遠江国に侵攻を続ける駿河国（伊豆半島を除いた静岡県のうち大井川以東の地域）の大名・今川氏親《いまがわうじちか》への対応をめぐって、斯波義達《よしみち》と織田達定《みちさだ》（大和守家の当主・守護代）が対立し、合戦へと発展。この合戦で達定は戦死した。勝者となった義達は遠江国奪還に向けて出陣するが、永正十四年八月、今川氏親との戦いに敗れ出家のうえ、尾張国へ送還された。

そうした尾張国内の立て直しが求められた情勢のなかで、織田大和守家の当主となったのが、達定の弟・達勝《みちかつ》だった。そして、達勝を支え活動したのが、大和守家の有力庶家で太田牛一《おおたうしかつ》の『信長公記《しんちょうこうき》』首巻で「三奉行」とされる、因幡守《いなばのかみ》・藤左衛門尉《とうざえもんのじょう》・弾正忠《だんじょうのちゅう》の三家であった（以下、この有力庶家を「三奉行」家とする）。

織田弾正忠家の系譜と信秀

織田大和守家を支える「三奉行」家にあった織田弾正忠家は、『信長公記』首巻によれば、「西巌《さいがん》」（西岩）という法名の人物以来、「武篇《ぶへん》の家」（武勇に優れた家）として活動してきたとされる。「西巌」という人物は、官途《かんと》や活動時期からたどっていくと、文明十四年（一四八二）七月に尾張清須城で行われた法華宗《ほっけしゅう》（日蓮宗）身延《みのぶ》門徒と六条《ろくじょう》門徒の宗論《しゅうろん》（教義論争）に、「奉行中」として加わり連署証文〔本国寺志〕を出した一人の「織田弾正忠良信《すけのぶ》」に比定される。

また良信と同時期に、織田備後守敏信《びんごのかみとしのぶ》がみられる〔梅花無尽蔵ほか〕。受領名「備後守」は、のちの信秀も名乗っているので、この人物も弾正忠家の関係者として考えられる。また、敏信の「敏」は、斯波義敏《よしとし》よりの一字拝領だろう。斯波義敏は、良信が「良」の一字を得た斯波義寛《よしとお》（初名は義良《よしすけ》）の父なので、敏信は良信の先代、すなわち父と考えられる。ただ、敏信またはそれ以前に織田大和守家とどこから分かれたのかについては、はっきりとはわからない。可能性としては、活動時期と世代から、敏信は応仁・文明の乱後に清須城を居城に守護代として活動した織田大和守家の当主・敏定の弟かと考えられる。

さて、良信の後継者にあたるのが信貞《のぶさだ》である。彼の活動は、織田達勝が大和守家の当主となって、永正十三年（一五一六）十二月一日に尾張妙興寺《みょうこうじ》（愛知県一宮市）へ寺領と末寺を保護した際に、それを受けて、織田広延《ひろのぶ》（因幡守家の当主か）・同良頼《すけより》（藤左衛門尉家の当主）とともに追認したこと〔妙興寺文書〕が、いま知られている最初のものだ。

信貞は、このように織田大和守家内部で達勝を支える「三奉行」家の一人として活動する一方で、尾張国海東《かいとう》郡の勝幡《しょばた》城（愛知県稲沢市・愛西市）を居城に海西《かいさい》郡へ勢力を拡大していった。そのなかで大永年間（一五二一〜二八）以前には、津島（愛知県津島市）を支配下に置いた。津島は、牛頭天王《ごずてんのう》信仰の拠点で、伊勢湾へ通じる港町として発展し、交易も盛んに行われていた。織田弾正忠家は、同地を掌握したことによって、経済力を得たうえ、織田大和守家内部での勢威を強めていった。

織田弾正忠家の発展の基礎を築いた信貞は、大永六年に、津島の正覚院《しょうがくいん》に宿泊した連歌師宗長《そうちょう》のもとを訪れている〔宗長手記〕のが、活動の確認できる最後である。どうやら、その直後に亡くなったようだ。法名は月巌《げつがん》（月岩）として伝わる。

この信貞の跡を継いだ人物こそが、信秀《のぶひで》である。信秀は、永正八年に信貞の嫡男として生まれ、母は「いぬゐ」という名前の織田良頼の娘だった。幼名は不明だが、通称（仮名《けみょう》）は三郎を称し、前述の信貞が津島の正覚院に宿泊した宗長を訪れた際に同伴しているのが、活動の初見である。

信秀が活動をみせ始めた頃、中央では、室町幕府十二代将軍の足利義晴《よしはる》と協働する細川高国《ほそかわたかくに》の勢力と、それに対抗する足利義維《よしつな》・細川晴元《はるもと》の勢力との間で合戦が行われていた。これに関連してか、享禄三年（一五三〇）五月に織田達勝は三〇〇〇人の軍勢を率いて上洛している〔厳助往年記〕。

敏信（備後守）―良信（弾正忠）―信貞（弾正忠）―信秀（三郎・弾正忠・備後守）
- 信広（三郎五郎・大隅守）
- 信長（三郎・上総介・尾張守・弾正忠 ほか）
- 信成（信勝・達成）（勘十郎・弾正忠・武蔵守）

織田弾正忠家略系図

ところが、達勝のこの上洛が火種となっていったのか、天文元年（一五三二）になると、達勝・織田藤左衛門尉（良頼の後継。実名は不明）と信秀との間で合戦がおこなわれ、同年中に「和談」（和睦）したとされる〔言継卿記〕。残念ながら、史料ではこれ以上のことはわからないが、信秀が織田大和守家での主導権をめぐる対立の渦中にあったことは間違いない。

織田大和守家内部の主導者となる

信秀と藤左衛門尉と間の織田大和守家内部での主導権をめぐる対立は、いったんは和睦によって鎮まったかにみえたが、実際はその後も続いていた。そのなか、この対立に呼応して、天文四年(一五三五)十二月、三河岡崎城《おかざき》(愛知県岡崎市)の城主の松平清康《まつだいらきよやす》が一〇〇〇人余りの軍勢を率いて出陣し、尾張国守山《もりやま》(名古屋市守山区)へ着陣した。このとき、守山は安城城《あんじょう》(愛知県安城市)にいた叔父・松平信定《のぶさだ》が治める地であった。ただ信定は、このとき安城松平家内部で清康と分立する立場にあったうえ、嫡男・清秀の妻が信秀の姉妹だったことから、清康の出陣に従わなかった。この信秀と信定との関係を視野に置くと、このときの清康の出陣は、織田藤左衛門尉とつながって、尾張国内の対立状況を解決することを目的としていたのだろう。ところが、十二月五日の夜、清康は重臣・阿部大蔵《あべおおくら》(実名は「定吉《さだよし》」といわれる)の子・弥七郎《やしちろう》によって殺害されてしまう(「守山崩れ」)。

「守山崩れ」を受け、信秀は反抗に出て、松平信定による岡崎城の占拠を支援して松平家の統合を果たさせたうえ、藤左衛門尉方勢力との対立に達勝を味方に付けて、合戦の開始へと舵を切った。その結果、尾張国は「国物忩《ぶっそう》」といわれる状況に陥ってしまう〔天文日記〕。

そのなかで、信秀は代々の官途名「弾正忠」を名乗って、自身が織田弾正忠家を率いる人物であることをはっきりと示した。一方で、藤左衛門尉を降すとともに、その勢力下にあった尾張国愛知郡の攻略を続けた。そして天文七年頃には、藤左衛門尉方の勢力だったと思われる那古野《なごや》今川家の居城・那古野城（名古屋市中区）を攻略し、それまでの居城・勝幡城から那古野城に移った。さらに、藤左衛門尉方の勢力との戦いで勝利を果たし、勢威をますます強めていった信秀は、その後、古渡《ふるわたり》城（同）を居城に、織田大和守家の主導者となり、尾張国内の政務・軍事を掌握していくことになる。それを示すように、この頃、信秀は伊勢神宮外宮《げくう》の造替に費用の提供や朝廷に内裏の修理費用を献金するなど、積極的な活動を行い、国外にもその名は知れ渡った。

このように、織田弾正忠家は織田大和家のもとで「三奉行」家として勢威を増し、信秀のときに内部の争いに勝利して、大和守家内部における主導者の立場を得る。しかし、織田弾正忠家の立場上昇は、斯波家や織田大和守家の存在を排除する動きによるのではなく、それらとの関わりのなかで進んでいった。この事実は、織田弾正忠家の台頭と発展について、斯波家や織田大和守家の克服を予定調和とした「下剋上《げこくじょう》」史観でみることへ再考をせまるものともいえよう。

三河・美濃方面への侵攻と勢威失墜

信秀が、織田大和守家内部の主導者となった頃、松平家では信定死去の不安定な情勢のなか、逐われ

織田信秀木像　名古屋市中区・亀岳林万松寺蔵

ていた清康の嫡男・広忠《ひろただ》が三河岡崎城に入り、当主となった。それにともなって、織田・松平両家は、再び緊張関係へと転じていった。

そして、天文九年（一五四〇）六月、信秀は三河安城城を攻撃した。この攻撃によって、安城領（安城城に付随する領域）には織田家の影響が強くおよぶことになった。この事態に、松平家は広忠の叔父・信孝《のぶたか》の主導によって尾張国緒川《おがわ》（愛知県東浦町）の国衆・水野《みずの》妙茂《ただもと》（系図類では「忠政《ただまさ》」）との同盟を結び、織田家との関係改善を進めた。さらに信孝は、駿河の今川義元《よしもと》との関係も深め、松平家の存立維持に努めていった。

しかし、信孝の勢威拡大を恐れた広忠と側近の阿部大蔵らは、信孝を排斥して、政治運営の主導権を握った。そして、緒川水野家との同盟を破棄し、織田家に敵対の意思を示した。さらに東三河の国衆・田原戸田《たはらとだ》家と同盟を結んで、今川義元とも敵対する。そうした広忠らの政治運営に反感を抱いた信孝と宿老の酒井忠尚《ただよし》らは、信秀と手を結び、さらに信孝は今川義元に援護を求めた。そのため、天文十五年には織田信秀、今川義元と松平広忠、田原戸田宗光《むねみつ》・堯光《たかみつ》父子とが対立する事態となった。

一方、美濃国では、この頃、守護土岐家が内訌状態にあり、土岐頼芸《ときよりのり》を擁する斎藤利政《さいとうとしまさ》（のちに出家し、法名「道三《どうさん》」を称す。以下「斎藤道三」とする）が台頭、これに対立する勢力は、越前朝倉《あさくら》家や尾張織田家に協力を求めた。これを受け、天文十三年九月に信秀は、尾張国中の軍勢を率いて、美濃国へ出陣する。しかし、斎藤軍との井ノ口《いのくち》（岐阜市）での合戦で敗北し、信秀は命からがら軍勢を引き上げた〔信長公記首巻ほか〕。信秀は、その後も美濃国での勢力確保に努め、斎藤家との緊張関係は続いていく。

また三河国内の対立情勢を受け、天文十六年、信秀は同国へ侵攻して、まず安城城を攻略、さらに九月初めには岡崎城にせまり、松平広忠を従属へと追い込んだ〔古証文・本成寺文書〕。ここに、信秀は松平家を従えて、西三河に勢力をさらに広げていくことになった。

しかし、信秀に従うことを良しとしない松平広忠は、ほどなくして、三河攻略を進める今川義元に近づき、その政治的後見と軍事的安全保障のもとで勢力の回復を進める。この頃、織田家との関係を悪化させていた今川義元は、広忠からの要請に応じて軍勢を派遣、天文十七年三月十九日、信秀率いる織田軍との間で「小豆坂合戦《あずきざか》」が起きた。この合戦で、今川軍の攻勢に織田軍は二度にわたり軍勢を立て直し戦ったが、敗れた。信秀は、安城城に庶長子の信広《のぶひろ》を城将として配置した後、尾張国へ撤退している。

その一方、美濃大垣《おおがき》城（岐阜県大垣市）を舞台とする戦線が膠着するなか、同年十一月に道三が反攻、またそれに連動して主家の織田大和守家が離反を示し、信秀の居城・古渡城を攻撃した。そのため、信秀は美濃国よりの撤収と、大和守家との関係を回復することに追い込まれた。そこで、まず戦闘で傷ついた古渡城を破却して末森《すえもり》城（名古屋市千種区）に居城を移したうえ、宿老の平手政秀《ひらてまさひで》に命じて、斎藤道三との和睦交渉を進めた。その結果、斎藤家との和睦が成立、翌天文十八年二月には嫡男の信長に道三の娘（濃姫《のうひめ》）が嫁いでいる〔美濃国諸旧記〕。

さらに同年三月に松平広忠が死去すると、九月、今川義元が、信秀のもとで人質と過ごしていた広忠の嫡男で家督継承者・竹千代《たけちよ》（のち徳川家康《とくがわいえやす》）と、織田家の勢力下となっていた松平家の領域とを奪還するための支援に、側近の太原崇孚《たいげんそうふ》（斎号は雪斎《せっさい》）を総大将とした軍勢を三河国へ派遣してきた。そして今川軍は、織田方の勢力を降しつつ安城城を攻撃、十一月上旬に同城を陥落させた。安城城落城の際に城将を務めた庶長子の信広は、今川軍に捕縛された。その後、太原崇孚は信秀と、信広と松平竹千代との交換交渉をおこなう。その結果、信広は解放され、竹千代は今川方に渡されたとされる。

こうして信秀は、美濃国に続いて三河国でも勢力を失ったうえ、美濃・三河両方面からのあいつぐ撤収によって、織田弾正忠家のこれまでの勢威を喪失する危機に追い込まれることになった。

政治的な危機のなかでの罹患と今川義元の尾張侵攻

信秀は、これまで軍事面での成功によって勢威を増してきたが、いま、自身と織田弾正忠家の立場を失墜させてしまった危機的な状況に、早急な態勢の立て直しを求められた。ところが、その直後に、信秀は病気を患ってしまい、満足な活動ができなくなってしまった。そこで、尾張那古野城にいた嫡男の信長《のぶなが》を政治に携わらせることにして、織田弾正忠家の危機的状況を乗り切ろうとした。ここに、信長は歴史の表舞台に登場することになる。

なお、信長に政治に携わらせることにあわせて、信秀は以後、弾正忠家の前例に従って、受領《ずりょう》名「備後守」を名乗る。ちなみに信秀は、伊勢神宮外宮の造替に尽力したことから、外宮側が朝廷に働きかけ「三河守」の受領を得ているが〔外宮天文引付〕、こちらは終生使用していない〔堀一九九三〕。これは、信秀自身が望んで獲得した受領ではなかったためである。

三河国の平定をほぼ果たした今川義元は、織田家から取り戻した松平家の幼少の当主・竹千代を駿河国府中（駿府《すんぷ》。静岡市葵区）で擁護し、当主不在の松平領国を政治的・軍事的な保護下に置いた。そのうえで義元は、天文十九年（一五五〇）八月に尾張国知多郡へ侵攻を始める〔定光寺年代記〕。この侵攻は、緒川・苅屋《かりや》（愛知県刈谷市）の水野家ら知多郡の国衆が織田方にあったことによるもので、三河・尾張国境の勢力維持を目的にして行われた。

織田方は今川義元によるこの尾張侵攻を迎え撃ち、十二月に今川軍を撤兵に追い込む一方、朝廷や室町幕府十三代将軍の足利義輝《よしてる》に停戦を働きかけながら、愛知郡国衆で鳴海城《なるみ》（名古屋市緑区）の城主・山口《やまぐち》左馬助《さまのすけ》教継《のりつぐ》を中人《ちゅうにん》（仲裁者）とした和睦交渉を進めた〔妙源寺文書〕。このときに山口教継が中人として奔走したのには、山口家の治める鳴海領（鳴海城に付随する領域）が今川義元の尾張侵攻によって、織田・今川両家勢力圏の「境目《さかいめ》」（政治的・軍事的な境界）に位置し、自家の存立と領域の安泰（「平和」）

の維持に支障をもたらす事態を避けようとしたためだった。

その結果、山口教継の中人としての奔走も功を奏して、織田・今川両家は天文二十年二月までに和睦を成立させたようだ〔近衛文書〕。ただ、今川家の攻勢を受けて、織田方勢力(とくに織田弾正忠家)にとって、一刻も早い尾張・三河国境における勢威の回復が課題となっていった。

信秀の死とその後

今川義元との和睦を成立させて危機を凌いだ織田弾正忠家であったが、信秀の病状は快復の兆しをみせなかった。そのため、天文二十年(一五五一)九月から信長と同母弟の信成《のぶなり》(初名は信勝)が、末森城で信秀に代わって活動を始める。こうして、織田弾正忠家の政治運営は、信長・信成を両立する態勢がとられることになった。

その後も、信秀の病状は快復に至らず、天文二十一年三月三日(九日という説もある)に、四十二歳で死去した〔信長公記首巻・定光寺年代記〕。法名は桃巌道見《とうがんどうけん》である。葬儀は、万松寺《ばんしょうじ》(名古屋市中区)で執り行われた。なお、信秀の没年については、ほかに天文十八年・同二十年・同二十二年と各説あるが、天文二十年九月に受領名の「備後守」で〔密蔵院文書〕、翌天文二十一年十月に法名の「桃岩」として〔尊経閣古文書纂 編年文書〕、史料上にみられることから、天文二十一年であることは間違いない。

信秀の死去を受け、嫡男の信長が家督を継ぐが、織田弾正忠家は依然として不安定な情勢にあり続けた。そのため、信長・信成の両立態勢による政治運営は、その後も継続していくことになる。

（柴裕之）

【主要参考文献】

愛知県史編さん委員会編『愛知県史』通史編3　中世2・織豊（愛知県、二〇一八年）
小川雄「今川氏の三河・尾張経略と水野一族」（戦国史研究会編『論集 戦国大名今川氏』、岩田書院、二〇二〇年）
柴裕之『織田信長―戦国時代の「正義」を貫く』（平凡社〈中世から近世へ〉、二〇二〇年）
柴裕之『青年家康―松平元康の実像』（KADOKAWA〈角川選書〉、二〇二二年）
柴裕之編『論集戦国大名と国衆6　尾張織田氏』（岩田書院、二〇一一年）
谷口克広『天下人の父・織田信秀―信長は何を学び、受け継いだのか』（祥伝社〈祥伝社新書〉、二〇一七年）
堀新「戦国大名織田氏と天皇権威―今谷明氏の『天皇史』によせて―」（『歴史評論』五二三号、一九九三年）
丸島和洋『列島の戦国史5　東日本の動乱と戦国大名の発展』（吉川弘文館、二〇二一年）
村岡幹生『戦国期三河松平氏の研究』（岩田書院、二〇二三年）
横山住雄『織田信長の系譜―信秀の生涯を追って』（濃尾文化財研究所、一九九三年）

織田信成
――兄・信長との対立の末に殺害された織田一門

信長の同母弟

織田信成《おだのぶなり》は、織田信秀《のぶひで》の四男として生まれたが、生年はわかっていない。母は土田氏（彼女の出身については、美濃国可児郡の土田《どた》家、尾張国海東郡の土田《つちだ》家の二説があり、はっきりしない）。つまり、天文三年（一五三四）五月に生まれた信長の同母弟である。

幼名はわからず、元服して、通称（仮名《けみょう》）は勘十郎《かんじゅうろう》、実名は「信勝《のぶかつ》」を称した（以下、実名は全般的な記載については「信成」とし、それ以外については使用時期に合わせて、それぞれの実名で記載する）。一般的には「信行《のぶゆき》」という実名が知られているが、この実名は諸系図類のみにみられ、文書などの同時代史料では確認できない。なお、太田牛一《おおたうしかつ》の『信長公記《しんちょうこうき》』首巻を除いた信成に関係する史料について、次頁に「織田信成関係史料一覧」の表を提示した。以下、表からの史料の提示については、「関係史料一覧1」のように表記する。

信勝（信成）は兄の信長と異なり、父母と一緒だったため、信秀の居城だった尾張古渡《ふるわたり》城（名古屋市中区）、次いで末盛《すえもり》城（同千種区）で日々を過ごした。そのなか、信秀が病を患い政務に携われないほど

表　織田信成関係史料一覧

No	年月日	史料名	宛所	表記	出典
1	天文20・9・20	織田信勝判物	熱田座主御坊	勘十郎信勝（花押）	密造院文書（『愛知』10一七九六）
2	（年未詳）・4・10	織田信長判物	駕藤左助（元隆）殿	勘十郎	加藤家文書（『愛知』10一八二八）
3	天文22・5・3	仏像光背銘写		織田勘四〔十〕郎信勝	「長滝寺真鏡」（『愛知』10一八七一）
4	天文22・6・吉	菅原道真画像墨書銘		藤原織田勘十郎	熱田神宮所蔵（『愛知』10一八七六）
5	天文22・10・・―	織田信勝判物	加藤図書助（順盛）殿	信勝（花押）	加藤景実氏所蔵文書（『愛知』10一八八三）
6	天文23・11・22	織田達成判物写	広済寺	勘重郎達成　判	『尾張徇行記』（『愛知』14補一九七）
7	天文23・12・・―	織田達成判物	加藤図書助（順盛）殿	達成（花押）	加藤文書（『愛知』10一九五五）
8	天文24・5・上	『明叔慶浚等諸僧法語雑録』		織田霜台御史達成公	（『愛知』10一九六五）
9	（弘治3）・4・19	斎藤高政書状	織田武蔵守殿御同宿	織田武蔵守	徳川美術館所蔵文書（『愛知』10二〇五二）
10	弘治3・11・・25	織田信成判物	加藤図書助（順盛）殿	武蔵守信成（花押）	加藤文書（『愛知』10二〇七七）
11	永禄元・3・18	『定光寺年代記』		織田弾正忠	（『愛知』10二〇九二）

※「表記」は、史料中にみえる織田信成についての表記を記載したもの。
『愛知』10・14と漢数字は、『愛知県史』資料編10中世3、『愛知県史』資料編14中世・織豊に所載の史料番号を示す。

重篤になると、天文二十年九月頃から信秀に代わって、信勝は末盛城にて那古野城《なごや》（同中区）にいた兄の信長とともに、織田弾正忠《だんじょうのちゅう》家領の支配に携わっていく〔関係史料一覧1・2〕。

現在、彼の活動初見としてみられるのが、天文二十年九月二十日付で熱田社座主《あつたしゃざす》の憲信《のりのぶ》に宛てて出された判物《はんもつ》（署判を据えた直状形式の証状）である〔関係史料一覧1〕。ここで信勝は、熱田社座主の憲信に対して、笠覆寺《りゅうふくじ》（名古屋市南区）の寺領内から参銭を徴収することを、「備後守《びんごのかみ》ならび三郎先判《せんぱん》」すなわち信秀・信長が前に出した判物に従って、認めている。このことからも、信勝が信秀に代わり、兄の信長とともに権益を保証する織田弾正忠家の政治主体として認識され、活動していたことがわかる。

天文二十一年三月、信秀が病を快復することなく、四十二歳の生涯を閉じた〔信長公記首巻・定光寺年代記〕。信秀の葬儀は、万松寺《ばんしょうじ》（名古屋市中区）で執り行われ、信勝が折目高《おりめだか》な肩衣・袴を召して参列した。その際、信長は茶筅髪《ちゃせんがみ》に袴を着けず現れ、仏前に抹香を投げかけるという行為をし、家臣らに「大うつけ」と呆れられたのに対比して、信勝の威儀正しい姿が評価されたことが、『信長公記』首巻に記述されている。

末盛城主として、兄信長との両立態勢のもとで活動

天文二十一年（一五五二）三月の織田信秀の死によって、織田弾正忠家の家督は信長が継ぎ、信勝は父の居城だった末盛城を与えられ、同城の城主となった。その際に、信勝には柴田勝家《しばたかついえ》・佐久間次右衛《さくまじえ》

門《もん》ら家臣が付けられたという〔信長公記首巻〕。しかし、織田弾正忠家の置かれている状況は、依然として不安定だったため、信秀生前からの信長・信勝の両立態勢はその後も解消されずに、継続された。

こうした織田弾正忠家の不安定な状況を受け、鳴海城《なるみ》（名古屋市緑区）の山口左馬助教継《やまぐちさまのすけのりつぐ》・九郎二郎《くろうじろう》教吉《のりよし》父子が離反する。そして駿河今川《いまがわ》家に従属し、政治的後見と軍事的安全保障を求めたうえ、織田方の尾張大高城《おおだか》（名古屋市緑区）を攻略した〔信長公記首巻〕。山口教継・教吉父子が離反したのは、彼らの治める鳴海領（鳴海城に付随した領域）が今川方勢力との「境目《さかいめ》」（政治的・軍事的な境界）に位置し、国衆として自家の存立と鳴海領の安泰に努める必要があったためである。そこで義元は、山口家の鳴海領を支援するために、笠寺砦《かさでら》（名古屋市南区）に岡部元信・飯尾連龍ら諸将を出陣させた。そのうえ、九月になると、義元は再び軍勢を派遣し、尾張国八事《やごと》（同昭和区）にまで侵攻した〔定光寺年代記〕。

また、主家の織田大和守家《やまとのかみ》でも、当主・勝秀《かつひで》（彦五郎《ひこごろう》）のもとで宿老の坂井大膳《さかいだいぜん》らが信長と対立し、織田弾正忠家に属する城を攻撃した。なお、勝秀は先代の織田大和守家当主の達勝《みちかつ》弟・因幡守達広《みちひろ》の子とされ、達勝の養子となって織田大和守家の家督を相続した人物とされる。「信友《のぶとも》」という実名が一般的にはよく知られているが、それは後世の編纂物のみにみられる。これに対して、翌天文二十二年九月十日に、当時尾張国清須《きよす》（愛知県清須市）にあった法華寺《ほっけじ》（現在は名古屋市）へ諸役（諸税および労役）を免許した人物に、「織田大和守勝秀」がいる〔法華寺文書〕。「大和守」は織田大和守家代々の当主の受領であり、実名の「勝秀」は先代の当主・達勝の一字拝領（偏諱《へんき》）を受けたものだろう。この人物が、

『信長公記』首巻での仮名「彦五郎」を称す織田大和守家の当主に該当すると判断して、本稿では「勝秀」と記す。

その勝秀が宿老の坂井大膳らによる補佐のもと、有力庶家であった織田弾正忠家の当主・信長に敵対の意を示したのだ。これにより、天文二十一年八月、信長は織田大和守家の軍勢と萱津《かやづ》（愛知県あま市）で戦っている〔信長公記首巻〕。この戦いには、信勝自身の出陣はみられないが、彼に付けられていた柴田勝家は参戦しているので、信長が率いる織田弾正忠家の動向とけっして無関係であったわけではない。

さて、そうした織田弾正忠家の情勢のなかで、天文二十二年に信勝の活動としてみられるのが、「関係史料一覧3〜5」である。3は、美濃国白山社（岐阜県郡上市）に仏像光背を寄進した際の銘文の写で、施主として「織田勘四《（十）》郎信勝」の名がみえる。また4は、熱田神宮（名古屋市熱田区）に寄進した菅原道真画像に付された墨書銘で、そこに「藤原織田勘十郎」の記載がある。いずれも信仰関係で、信勝が積極的に関わっていった姿がわかる。

5は、熱田（名古屋市熱田区）の加《か》藤《とう》順盛《よりもり》に、商売活動のため債権保護などの権益や買得地などの財産を保証した判物である。加藤家は、伊勢国山田（三重県伊勢市）から熱田に移住し、沿岸部の開発や道路整備、町場造成などにも貢献して台頭してきた、同地の有力商人だった。この頃は東・西両家に分かれ、熱田を押さえていた信秀から債務破棄や諸税の免除といった特権を得て、いわゆる御用商人として活動していた〔下村一九九二〕。信勝の判物を得た順盛は東加藤家の当主で、西加藤家に対しては信長による同内容の判物が、天文二十一年十二月二十日に出されている〔西加藤家文書〕。この事実に注目すると、織田弾正忠家による熱田支配は、信長・信勝の両立態勢による政治運営に基づいて、分割して行われていたことがわかる。

このように、この頃の信勝は、兄の信長を当主とした織田弾正忠家のもとで、兄と並立して活動する末盛城主の立場にあったのである。

弾正忠達成を名乗る

天文二十二年（一五五三）七月、織田勝秀が、宿老・坂井大膳らの主導のもとで、尾張国内の対処をめぐって対立した守護の斯波義統《しばよしむね》を尾張清須城内で殺害する。このとき、川狩りに出ていた嫡男の義銀《よしかね》は、那古野城の信長を頼って逃れてきた。信長は義銀を迎え入れ、庇護した。そして七月十八日、柴田勝家に清須城を攻撃させる〔信長公記首巻〕。このときの信勝の対応はわからないが、柴田勝家が清須城を攻撃していることから、兄の信長に協力したようだ。

翌天文二十三年正月、信長は、舅の斎藤道三《さいとうどうさん》が援兵に派遣してくれた安藤守就率いる美濃勢を那古野城の留守居としたうえで、緒川（愛知県東浦町）の水野信元《みずののぶもと》を救援すべく出陣し、今川方の村木砦《むらきとりで》（同）を攻撃し陥落させた。そして四月には、叔父の信光《のぶみつ》と取り計らったうえ、信光を織田勝秀の要請に応じさせて清須城に入らせ、勝秀を襲って自刃、織田大和守家を討ち滅ぼした。そして、信長は義銀とともに清須城に入り、那古野城は信光に与えられた〔信長公記首巻〕。なお、『定光寺年代記』は、この出来事を五月とするが、これは織田大和守家が亡んで、信長が義銀とともに清須城に入った、最終段階の時期であろう。

信勝が織田大和守家の討滅に関わっていたのか、残念ながら史料はなくわからない。しかし、注目したいのは、この年十一月には実名を「達成《みちなり》」と改めていることである。

「関係史料一覧6」は、十一月二十二日に尾張広済寺《こうさいじ》〔愛知県あま市〕に寺地を保証した判物、また「同7」は、十二月に熱田の加藤順盛に改めて商売活動のため、債権保護などの権益や買得地などの財産を保証した判物だが、その署名にはいずれも「達成」の実名がみられる。「達」の字は、守護の斯波義達《よしみち》〔義統の父〕より一字拝領を受けた織田達定《みちさだ》・達勝〔勝秀の先々代と先代〕とその弟・達広〔勝秀の実父〕という、織田大和守家に連なる人物たちが名乗ってきたものである。つまり、「達成」の実名は、織田大和守家とのつながりを示すものである。このことから、達成は信長による織田大和守家の討滅に反対であったのかもしれない。

さらに、翌天文二十四年五月になると、達成は、尾張政秀寺〔名古屋市中区〕の沢彦宗恩《たくげんそうおん》による法語のなかで「霜台御史」として記されている〔関係史料一覧8〕。また、のちのことだが、『定光寺年代記』によると、永禄元年〔一五五八〕三月十八日に「龍泉寺織田弾正忠、城の鍬始《すきはじめ》これあり」と、「織田弾正忠」が龍泉寺城《りゅうせんじ》（同守山区）を築き始めたことがみられる〔関係史料一覧11〕。これは、『信長公記』巻首にみられる「御舎弟勘十郎殿、龍泉寺を城に御拵《こしら》え成され候」の記述と符合することから、『定光寺年代記』にみられる「織田弾正忠」が達成（このときは後述のように信成に改名）を指すことは間違いない。つまり、「霜台御史」とは官途名・弾正忠のことを指し、この頃、達成が自称していたことを示す。「弾正忠」は、織田弾正忠家の当主が代々名乗ってきた官途である。達成が、この官途を名乗ることは、自身こそが織田弾正忠家の当主の立場にあることを世間に示し、兄の信長を否定することにほかならない。「関係史料一覧7」で、すでに一度行った保証を改めて実施したのは、達成が信長との両立態勢による政治運営から抜け出し、独自路線を歩み出したからだろう。

ここに達成は、織田大和守家の滅亡を機に、織田弾正忠家の当主として自身を位置づけ、信長から独立した活動を始めていったのである。

信長との対立から稲生合戦へ

信長は、その後も今川方勢力と戦い続けていたが、彼を支援していた舅の斎藤道三が、弘治二年（一五五六）四月に嫡男の高政《たかまさ》（のちの一色義龍《いっしきよしたつ》）と対立して、長良川での戦いで敗死した。このため、信長は道三の支援を失って、美濃斎藤家とも敵対することになったうえ、岩倉城《いわくら》（愛知県岩倉市）の織田伊勢守家《いせのかみ》らとも対立して、尾張国内で孤立していく。

そうしたなかで、自身を織田弾正忠家の当主と位置づけ、信長から独立した活動を行っていた達成と、信長との間で対立が起き始めていた。二人の対立は、さらに信長の宿老だった林秀貞《はやしひでさだ》とその弟・美作守《みまさかのかみ》の達成方への働きかけも絡まって、深まっていった。林秀貞は、天文二十三年（一五五四）十一月二十八日に殺害された織田信光に代わって、那古野城を与えられていた。ところが、この頃、弟の美作守とともに達成方に通じ、信長へ反旗を示していた。秀貞・美作守兄弟は、信長の置かれている現状に織田弾正忠家の存立維持の難しさをみて、達成に通じたのであろう。

そして、緊張関係を高めていった信長と達成は、達成による信長の直轄地だった篠木三郷《しのぎさんごう》（愛知県春日井市）の押領を発端として、ついに弘治二年八月、稲生《いのう》（名古屋市西区）の地で合戦に至る。このとき、信長は那古野城に備えて、於多井川《おたいがわ》（庄内川）岸に名塚砦《なづかとりで》（同西区）を築き、重臣の佐久間盛重《もりしげ》を配置した。ところが、同月二十三日に雨によって於多井川が増水し名塚砦が孤立したのを機に、達成方の軍勢は柴田勝家率いる一〇〇〇人が名塚砦東の稲生村のはずれに、達成に付いた林美作守率いる七〇〇人が名塚砦の南側に出陣した。これに対し、翌二十四日、信長は七〇〇人の軍勢を率いて援護に向かい、両軍は衝突した。

この合戦は当初、柴田勝家勢の奮戦によって、信長の軍勢が押される状況にあったが、信長の怒りを発した「大音声《だいおんじょう》」（大怒声）に敵勢は恐れ戦《おのの》き、形勢は逆転。信長は、その勢いのもと林美作守勢を攻撃し、自ら美作守の首を討ち取る戦功を挙げて勝利を収めた。

このとき、達成は末盛城にいたが、敗戦は大きな痛手であった。敗戦を受け、達成とともに末盛城にいた母の土田氏が信長に達成の赦免を願い出たところ、信長は母の意を受け、達成を赦した。これを受け、達成は母に連れられて柴田勝家・津々木蔵人《つづきくらんど》とともに剃髪した姿で、清須城の信長のもとへ出頭し、従順の態度を示した〔信長公記首巻〕。

信成の再叛と殺害

信長に敗れ、従順の態度を示した達成は、「弾正忠達成」から「武蔵守信成」に名乗りを改めた。しかし、「関係史料一覧9」によると、翌弘治三年（一五五七）四月にはしばらく連絡をとっていなかった美濃の斎藤高政から情勢を尋ねられるなど、信成に信長と敵対する勢力が接近しつづけていた。そうしたなかで、十一月二十五日に、信成は熱田の加藤順盛に買得した船津を保証している〔「関係史料一覧10」〕。これが、現在伝来している信成による発給文書の終見である。

しかし、永禄元年（一五五八）になると、信成は三月に龍泉寺城を築き始め、さらに信長と敵対する岩倉城の織田伊勢守家と手を結び、信長へ再叛の動きをみせていった。この頃、信成のもとでは、信成の信頼を得た近臣の津々木蔵人が重用され、宿老の柴田勝家は冷遇視されていた。信成周辺に不満を持った勝家は、信成の再叛を信長に知らせた。

信長は、十月頃に岩倉城を攻撃して、織田伊勢守家を逐ったうえ〔横山二〇一四〕、信成の対処に取り掛かった。そして、十一月二日に仮病を装って、信成を清須城に呼び寄せたうえで、殺害した〔信長公記首巻〕。信成の享年は不明（兄信長との年齢関係から二十歳代前半と推察される）で、法名は道悦、遺骸は尾張桃巌寺《とうげんじ》（名古屋市千種区）に葬られた〔寛政重修諸家譜〕。

信成を討った信長は、すでに今川義元に通じていた斯波義銀らを追放していたこともあり、斎藤高政と通じて活動する尾張国北部を除いて、国内大半の反勢力を鎮めた。そして、翌永禄二年二月には上洛し、室町《むろまち》幕府十三代将軍の足利義輝《あしかがよしてる》との謁見を経て、尾張国の国主《こくしゅ》＝戦国大名として活動し始めていく〔言継卿記・信長公記首巻〕。

なお信成の嫡男・坊は、信成が殺害された後、柴田勝家のもとで育てられ、元服して通称（仮名）は七兵衛《しちひょうえ》、実名ははじめ信重《のぶしげ》〔高島郡志所載文書〕、のち信澄《のぶずみ》を名乗った。名字《みょうじ》は、はじめ津田を称した。その後、近江国高島郡（滋賀県高島市）の支配を任されていた浅井家旧臣の磯野員昌《いそのかずまさ》の養子となったようだ。そして、天正六年（一五七八）二月に員昌が信長の怒りを買い失脚すると、近江大溝城《おおみぞ》（滋賀県高島市）の城主として高島郡を支配した。それを機に織田家御一門衆としての立場を強めていき、織田名字を名乗ることを許され、信忠《のぶただ》（信長嫡男）、北畠信雄《きたばたけのぶかつ》（信長二男）、信兼《のぶかね》（信包。信長同母弟か）、信《のぶ》孝《たか》（信長三男）に次ぐ五番目に位置づけられた〔信長公記〕。また妻には、宿老の惟任《これとう》（明智《あけち》）光秀《みつひで》の娘を迎えている。

天正十年六月、信澄は四国出兵に備えて摂津《せっつ》大坂城《おおざか》（大阪市中央区）にいたが、「本能寺の変」の勃発によって、同月五日に光秀に与することを恐れた織田信孝・惟住《これずみ》（丹羽《にわ》）長秀《ながひで》の軍勢の攻撃を受け、同城内で殺害された〔日本史など〕。その嫡男・昌澄《まさずみ》は、羽柴《はしば》（豊臣《とよとみの》）秀頼《ひでより》、大坂の陣後は徳川《とくがわ》将軍家に仕え、後裔は江戸《えど》幕府旗本として続いている。

（柴裕之）

【主要参考文献】

岡田正人編著『織田信長総合事典』（雄山閣、一九九九年）
桐野作人『織田信長―戦国最強の軍事カリスマ』（KADOKAWA〈新人物文庫〉、二〇一四年）
柴裕之『織田信長―戦国時代の「正義」を貫く』（平凡社〈中世から近世へ〉、二〇二〇年）
柴裕之編『論集戦国大名と国衆6　尾張織田氏』（岩田書院、二〇一一年）
下村信博「戦国・織豊期熱田加藤氏研究序説」（『名古屋市博物館研究紀要』一四、一九九一年）
谷口克広『織田信長家臣人名辞典　第2版』（吉川弘文館、二〇一〇年）
村岡幹生『戦国期三河松平氏の研究』（岩田書院、二〇二三年）
横山住雄「岩倉織田氏の終焉と新史料」（『郷土文化』二二九、二〇一四年）

水野信元——家康の伯父にして徳川家の重鎮

織田と松平・今川の狭間で

水野《みずの》氏といえば、徳川家康《とくがわいえやす》の生母於大《おだい》を出した家として知られる。一方で、当時、水野家の当主であった於大の兄信元《のぶもと》は、尾張《おわり》・三河《みかわ》の境目、織田《おだ》氏と松平《まつだいら》氏、そして松平氏の背後に控える今川《いまがわ》氏の狭間に置かれた国衆、境目の領主として一族の趨勢を分ける帰路に立たされ、その運命を左右する選択を迫られた人物である。とくに後世の記録では、神君家康の生母である於大の聡明さを際立たせる存在として叙述されている〔松平記ほか〕。また、自らの方針によって仕えた織田家中でも、讒言によって信長《のぶなが》から殺害を命じられるなど、その評価は芳しくはない。

しかし、『愛知県史』資料編・同通史編の刊行を経た最近の研究成果によって、信元の評価は大きく変化しつつある。そこで以下では、そうした研究を参照しながら、新たに明らかになった信元像をみていこう。まずは、水野氏と彼らが治めた尾張・三河の境目地域の動向ついて概観してみたい。

信元の親類

尾張・三河の境目を流れる境川《さかいがわ》河口部は現在よりも上流に位置し、当時は海が入り込んで衣《ころも》ヶ浦《がうら》が広がっていた。その西部、海浜に位置したのが水野氏の居城緒川《おがわ》城（愛知県東浦町、史料上は「緒川」「小川」「小河」などと記されるが「緒川」に統一する）である。『寛政重修諸家譜《かんせいちょうしゅうしょかふ》』によると、水野信元は忠政《ただまさ》（妙茂）の長男として生まれた。母は松平昌安《まさやす》娘。岡崎《おかざき》松平信定《のぶさだ》の娘を妻とした。父忠政は、天文二年（一五四三）、刈谷《かりや》城（愛知県刈谷市、史料上は「苅屋」「刈屋」と記されるが「刈谷」に統一して表記する）を築き本拠とした。

刈谷城は、背後に衣ヶ浦が広がり防御と海上交通の監視の役割を兼ね備えていた。信元の兄弟には、連歌師宗長との交流が知られる兄近守《ちかもり》や、三河一向一揆後の本願寺教団の中心として赦免獲得に尽力した妹妙春、家康の生母となる妹於大、のちに刈谷水野家を継ぐ末弟忠重《ただしげ》らがいる。

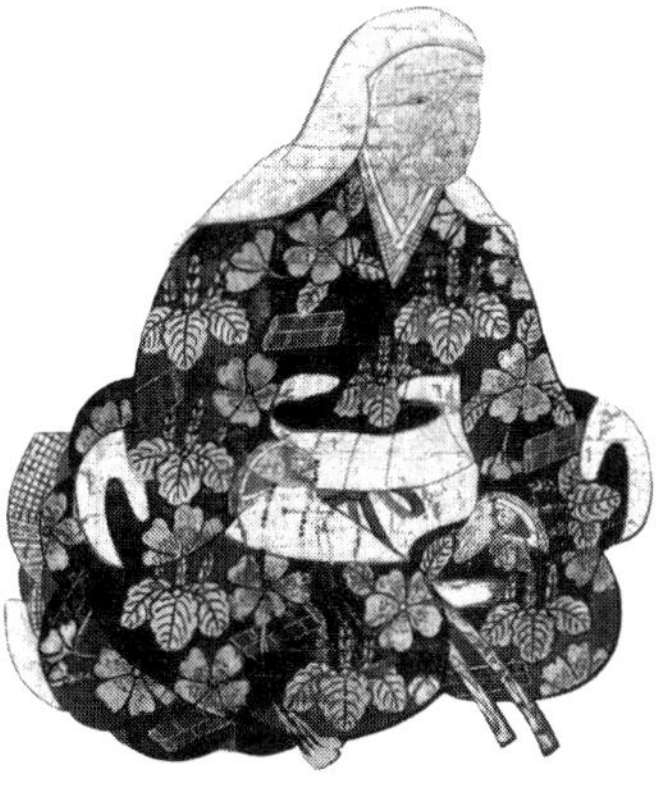

於大の方（伝通院）画像　愛知県刈谷市・楞厳寺蔵　画像提供：刈谷市歴史博物館

妹於大は、忠政と華陽院《けよういん》（大河内元綱《おおこうちもとつな》養女）の娘で、松平広忠《ひろただ》に嫁いだ。そして天文十一年（一五四二）、広忠との間に竹千代《たけちよ》、のちの徳川家康を生んだことから信元と家康は伯父・甥の関係にあたる。しかし、翌年七月十二日に忠政が亡くなると、その跡を継いだ信元は、これまで水野家が関係を築いてきた東方との関係を解消し、勢力を強めてきた西の織田氏と手を組んだ。これにより広忠と於大は離縁させられ、於大は浅羽《あさば》・金田《かねだ》某らの警護を受けて岡崎から緒川へと向かった。このときの信元の行動はその性格をよく表しているので、『松平記《まつだいらき》』をはじめとした徳川創業記に掲載のエピソードを紹介しよう。

於大は、刈谷付近となる十八町畷《じゅうはっちょうなわて》で警護の者どもに自分を置いて岡崎に帰るよう伝えた。兄・信元は短気で、自分が離縁させられて帰されたのだと知れば、怒ってあなたたちを殺すよう命じるというのである。浅羽・金田らは覚悟のうえでの随身と断ったが、於大はさらに続け、ここで殺されれば、この後の和睦に支障が出ること、生き残って跡取りとなる竹千代を援けていくことが大切であると説いた。仕方なく於大の乗る輿を百姓に託し、五六町離れたところで様子をうかがうことにしたが、信元の迎えの使者水野左近清重《さこんきよしげ》・高木主水清秀《たかぎもんどきよひで》らは、松平氏の護衛を討ち取るという命を帯びて三百の兵を率いて来ていたのである。徳川創業記は、家康生母である於大を、信元の性格からその行動を予測して事前に対策を講じた人物として高く評価し、一方の信元をその比較対象として利用し、その短気な性格が強調されている〔山下二〇二三〕。後にも述べるが、記録類における信元は一様に評価が低く、その事績も隠蔽されている節がある。

その後、於大は信元の意向により、阿久比《あぐい》(愛知県阿久比町)の坂部城主久松長家《ひさまつながいえ》のもとに嫁いだ。天文十五年(一五四六)九月十四日、松平広忠が俊勝に送った書状〔士林証文〕では、大野《おおの》城(愛知県常滑市)の佐治為貞《さじためさだ》が味方となったことへの礼を述べていることから、水野氏は背後を突かれる恐れがあり、俊勝を味方に引き入れるための政略結婚であった。

今川氏勢力の伸長と村木砦の戦い

信元が於大を再嫁させた頃、東三河には今川氏が勢力を拡大し、天文十五年（一五四六）十一月十五日、今橋城（愛知県豊橋市）の戸田宣成《とだのぶなり》を攻めてこれを陥した。西三河も視野に入れた義元《よしもと》が松平広忠に人質を要求していたが、天文十六年（一五四七）、松平氏は織田信秀に攻められて降伏し、竹千代を人質として織田氏のもとに遣わしてしまった〔柴二〇二二〕。これを受けて義元は、太原崇孚《たいげんそうふ》（雪斎《せっさい》）を派遣して田原《たはら》戸田氏を攻撃。崇孚率いる今川軍はさらに西進し、翌十七年（一五四八）三月十九日、小豆《あずき》坂《ざか》（愛知県岡崎市）で織田軍と戦闘したが、決着はつかず両軍は撤退した。広忠はここに一時の平穏を得たが、それもつかの間、天文十八年（一五四九）三月六日、広忠は岡崎城内で家臣の岩松弥八《いわまつやはち》に殺害されてしまう。嗣子である竹千代は信元の命で熱田加藤《あつたかとう》家のもとに置かれており、後嗣不在となってしまったのである。そこで義元は岡崎城に軍勢を送り、西三河への進攻を再開。十一月には安城（愛知県安城市）を攻めて信秀の庶子信広《のぶひろ》を捕らえ、同四日、竹千代と人質交換を果たしたのであった。

この後、今川軍により刈谷城が一時占領される〔土佐国蠹簡集残篇三〕が、天文二十年（一五五一）十二月五日付の今川義元書状によると、信秀の「懇望」で刈谷は赦免となったことがわかる〔妙源寺文書〕。しかし、信秀による刈谷赦免、織田・今川氏間の和睦もあっけなく反故となってしまった。同年三月三日、信秀が死去、信長がその跡を継いだのである。

「信長記」首巻によれば、信長は同二十二年四月下旬、美濃の舅斎藤道三《さいとうどうさん》と尾張国聖徳寺《しょうとくじ》で会見したのち、鳴海城《なるみ》（名古屋市緑区）を攻めた。しかし、これは失敗に終わり、逆に翌年には水野氏方の「鳴原（重原）の山岡構」（愛知県知立市）が今川氏により乗っ取られてしまった。さらに、今川・松平氏の軍勢はここを拠点として緒川城攻めを開始し、村木砦（同東浦町）を築いたのである。信長はこれに即応し、道三から援軍を得て那古野城《なごや》（名古屋市中区）の留守を頼み、一月二十一日、自らは船で知多《ちた》半島西岸に入って、二十三日には緒川で信元と対面を遂げ、その翌日明け方には村木砦に攻めかかったのである。信長の小姓も死傷者が多く出たようで、双方が大きな打撃を受けた末に和睦となった。それでもなんとか水野氏は、信長の救援によって難を逃れることができたのであった。

桶狭間の戦いでの足跡

桶狭間《おけはざま》の戦いに至る要因として挙げられるのが、大高城《おおだか》（名古屋市緑区）の帰属に関する問題である。大高城は水野氏一族である大膳《だいぜん》家の本拠であったが、鳴海の山口《やまぐち》氏が調略で奪ったとされ〔信長記〕、永禄二年（一五五九）八月、今川方は朝比奈輝勝《あさひなてるかつ》に大高城への在城を命じた〔土佐国蠹簡集残篇三〕。この大高城を囲むために築かれた付城のうち、中島砦《なかじま》（名古屋市緑区）には緒川水野氏の被官である梶川《かじかわ》平左衛門《へいざえもん》が入った〔信長記・寛永諸家系図伝〕。良好な織田―水野氏関係にあって、大高水野家が没落したことがひとつの契機として捉えられている〔小川二〇二〇〕。

この頃の信元の足跡をたどるうえで注目されているのが、天理本「信長記」である。首巻の翻刻が『愛知県史』資料編一四に掲載されて以降、検討が重ねられてきている〔水野二〇一八・小川二〇二〇・松島二〇二〇・五十嵐二〇二一・服部二〇二一〕。そこには「大高の南大野・小河衆」とあって、大野佐治氏・緒川水野氏の軍勢が大高城の南に配されていたことが記されており、桶狭間の戦い前夜の信元配下の軍勢は、大高城を包囲し、今川方の兵粮搬入を阻止するために出陣していたとみられている。さらに「尾《び》州《しゅう》智多郡《ちたぐん》大高《おおだか》古城図《こじょうず》」「尾州智多郡大高之内鷲津《わしづ》丸根《まるね》古城図」（いずれも名古屋市蓬左文庫蔵）に描かれた大高城を海城と捉え直す動きがあり、さらに中島砦に籠もったという梶川平左衛門のルーツは、水軍の輩出地として名高い紀州熊野《きしゅうくまの》にあるとされる。

松平氏への仲介と弟の死

義元死後の信元の行動としてわかるのは、大高城に入っていた松平元康《もとやす》に浅井道忠《あさいみちただ》を使者として送り、義元の死を報じたことである〔家忠記増補追加〕。敵方とはいえ、信元にとって元康は甥であることから送った使者だと考えられる。しかし元康は、伯父であっても安易に信じるわけにはいかないと道忠を捕らえ置き、味方からの報告を待ったうえで三河へ帰ることを決め、信元からの情報が正しいと確証を得てようやく道忠を案内者として先駆けに加えた。道中、池鯉鮒宿《ちりゅうしゅく》（愛知県知立市）を過ぎた辺りで今川方の残党を討たんとする信元の兵に囲まれたが、道忠が居たことで囲いを解かれたとされ〔松平記〕、元康の慎重さを伝える逸話として伝えられており、信元への信用が薄いことを印象づけている。

さて、残る今川軍は散り散りとなって退却していった。鳴海城に籠城した今川の将・岡部元信《おかべもとのぶ》はこれを堅固に守ったが、あえなく撤退することとなった。しかし元信はその引き際、信元の弟水野信近の居城である刈谷城を襲い、信近ら多くの者を討ち取り、城に放火したのである。元信は、この戦功により氏真《うじざね》から本領を返付されている〔岡部文書〕。これにより刈谷水野氏は一時途絶えてしまった。そこで信元は、城を再建して本拠を刈谷に移し、緒川の城には信近の子・元茂《もとしげ》を養嗣子として入れたのである〔五十嵐二〇〇二〕。退却したとはいえ、今川勢の再侵攻や所領の接する松平氏との境目の動向を監視するためには、緒川よりも衣ヶ浦対岸の街道に近い刈谷を押さえる必要があったということだろう。知多郡は桶狭間の戦い以前の勢力伸長により、一族らを通じて一定の押さえが効いていることから、背後をあまり心配する必要はなく、当面の課題は東に境を接する松平氏との関係であったといえる。

しかし、水野—松平氏間の関係改善は、元康の独立、織田・松平氏間の和睦成立を待たねばならなかった。信元は永禄元年（一五五八）にも松平元康と石ヶ瀬《いしがせ》川で対陣していたが、その抗争は桶狭間の戦い後も続いて永禄四年（一五六一）二月六日に再び信元と家康は石ヶ瀬川で対峙したとされる〔寛永諸家系図伝〕。

この第二次石ヶ瀬合戦はその実態を明らかにしえないが、これは桶狭間の戦いの一環であったとの見直しが図られている。年次記載のない八月朔日付の「石瀬」での忠節に対する筧平十郎《かけいへいじゅうろう》宛の松平元康感状〔譜牒余録〕は、これまで永禄元年あるいは同四年の「石ヶ瀬川」での戦いと読み換えられ、そこでの忠節に対する感状とされてきた。しかし、知多郡には石ヶ瀬とは別に大野城の東に石瀬《いしぜ》（愛知県常滑市）という地名があって混同された可能性を指摘し、元康の岡崎への帰路を海路であったと想定して、その帰途に大野城佐治氏を攻撃した際のものとする永禄三年（一五六〇）説が提示されている〔服部二〇一二〕。

仮に永禄四年だとすれば、合戦の半年後、しかも同年四月とされる水野氏との和睦から約四ヶ月も経って、それ以前の戦いの感状が発給されたことになり、時間経過については疑義が生じる。加えて、桶狭間の戦い後に松平勢が信元の入った刈谷より西の石ヶ瀬川まで進軍することには難がある。そのため、「石瀬」の戦いを永禄三年のこととするのは妥当とも思うがいかがであろうか。いずれにせよ桶狭間の戦い前後における信元の行動は未だ不明だが、鳴海城を堅守した岡部元信が退却する際中に刈谷城を急襲し、信元がこれに直接対応できなかったことを考慮すれば、信元自身も大高城を見据えた位置に出陣していたとみてもよいのではないだろうか。

寺領安堵と大工職をめぐって

信元は、天文二十一年（一五五二）三月八日、善導寺《ぜんどうじ》（愛知県東浦町）に朱印状を与え、家臣の清水左京亮《しみずさきょうのすけ》から寄進した土地を安堵した〔善導寺文書〕。さらに、同年十月二十七日には延命寺《えんめいじ》（愛知県大府市）に、永禄二年（一五五九）五月二日には越境寺《えっきょうじ》にも朱印状を与えた〔延命寺文書・越境寺文書〕。限られた発給文書のなかからではあるが、寺院への安堵状に朱印を使う傾向にある。緒川水野氏当主は代々朱印を使用しているが、印影は印文であるか文様であるか不明で、忠政使用の印影とも若干の差異がある〔新行一九九四〕。

永禄三年（一五六〇）九月、領内の課題に目を向けた信元は、大御堂寺《おおみどうじ》（愛知県美浜町）に対して、特定の大工を定めず、適宜必要な番匠に命じるようにと定めた黒印状を与えた〔大御堂寺文書〕。

中世の寺社にはもともと特定の大工や番匠などの職人が所属しており、彼らが普請・作事を請け負ってきていた。彼らは寺社付きとなることで、安定して仕事を受けることができたのである。彼らは大工所に詰めて作業をしていたが、その土地は境内・領内に寺社から提供されるもので、棟梁には大工所所属する職人を差配・統括する役割を持った。しかし、それらの特権や寺社内の大工所などは次第に物件化し、困窮した大工はこれを担保として金銭を得るなどしたために、職人でないにもかかわらず大工職を得る者も現れ、有名無実化してしまったところもある。その結果、普請が滞るなどの問題が発生し、室町幕府にも大工職に関する相論は訴訟として持ち込まれるほどであった。

おそらく大御堂寺でもこの時期、大工に関する同様の問題を抱えていたが、桶狭間の戦い後も、当地の領主として存続した水野家の当主信元に訴えてこの黒印状を獲得したと考えられる。戦後というタイミングは、新領主やそのまま存続した領主に対し善政を求める好機であり、寺社もその趨勢を見極めて訴えに出たのだと考えられよう〔山下二〇一一〕。この東海地域、尾張から駿河辺りまで物件化した大工職や大工職に関する相論、寺社掟の中に盛り込まれた職人に関する取り決めがしばしばみられるが、信元も当地の領主としてその対応にあたった一人であった。

水野〝十郎座衛門尉〟信元

緒川・刈谷両水野氏の系譜や個々人の来歴については不明な点が多く、一次史料に水野十郎座衛門《じゅうろうざえもん》尉《のじょう》として登場する人物も信元説、信近説があり、とくに後者が支持されてきた。しかし、名乗りの変化を検討した結果、「十郎左衛門尉」〔百官名〕から「藤四郎」〔輩行名〕に変わるのは不自然で、信近は一貫して藤九郎を名乗っていたこと、十郎座衛門尉の名乗りを継いだ人物が信元の養嗣子元茂であることが明らかになった。これにより、前代・十郎座衛門尉はその父信元以外にありえず、十郎座衛門尉＝信元であることが判明したのである〔五十嵐二〇二二〕。

その結果、これまで信近の行動・事績とされてきたもので、信元のものと改められたものがある。一つめは、美濃斎藤氏との通好である。天文十三年（一五四四）九月二十五日、斎藤氏と織田信秀との合戦の様子を伝えた斎藤氏重臣・長井秀元《ながいひでもと》から信元への書状は書留文言《かきとめもんごん》も「恐惶謹言《きょうこうきんげん》」とするなど厚礼で、さらには信元に、家中で対立していた松平広忠に対して調停を求められていた〔徳川美術館所蔵文書〕。また、織田信秀から在陣の御礼などが述べられた返書が送られている〔士林証文〕ほか、今川義元からは尾・三国境での馳走を求められている〔別本士林証文〕など、水野家当主として周辺の領主らと渡り合っていたことがわかる。二つめは松平・今川氏との関係である。天文十五年九月四日付の隣松寺宛松平広忠書状写では、「今度酒井将監水十郎左に一味、相叛き籠城」とあって、信元は広忠配下で上野《うえの》城（愛知県豊田市）の城主の酒《さか》井《い》将監《しょうげん》忠尚《ただよし》を離反させ、すでに広忠と対立する動きがみられる〔刈谷市歴史博物館所蔵御当家御由緒記〕。この頃の信元は、今川氏や織田氏らの反広忠勢力の結集に一役買っていたと評されている〔五十嵐二〇二一〕。

十郎座衛門尉が信元であることが明らかになったことにより、信元の史料上の初見も、これまでの天文二十一年三月八日の善導寺への寺領寄進〔善導寺文書〕から改められることとなった。先の長井秀元書状の二日前、斎藤利政（のち道三）から水野家の使僧である安心軒《あんしんけん》・瓦礫軒《がれきけん》宛の書状に「水十（水野十郎左衛門尉）」とあり、約八年さかのぼることになったのである〔徳川美術館所蔵文書〕。信元の父忠政（妙茂）が亡くなったのは天文十二年であるから、その翌年にはすでに緒川水野家の当主として外交を行っていたことがわかる。

水野信元の対外的評価

水野信元は家康の伯父にあたるので、家康に意見のできる人物であったとされるが、永禄四年（一五六一）五月一日付の北条氏康《ほうじょううじやす》からの書状はそれを示すものである。元康はこの年、今川氏からの独立を図り東三河に侵攻を開始した。これを食い止めるため今川氏真は親類でもある北条氏康を頼った。

氏康は元康と氏真を和睦させるべく、重臣の酒井忠次と信元に協力を依頼したのである。信元宛の書状は写でやや不分明なところもあるが、同日付の忠次の書状と比べると、忠次には「蔵人佐殿《くろうどのすけどの》・駿州一和《すんしゅういちわ》」、つまり松平元康と今川氏真の和睦を成就させることが氏康の念願と簡潔な文章で述べている〔某家旧蔵文書〕のに対し、信元には、長文で丁寧に状況を説明し、元康に意見をして駿・三が和談となって落着となるよう馳走を求めている〔小田原編年録〕。書き出しから信元とは久しく手紙のやり取りをしていなかったようだが、それでも周辺国衆の代表的存在であり、かつ元康の伯父であるということは、和談を願う氏康にとって再び書状を送るに足る重要な人物と認識されていたことがわかる。

また、室町幕府との関係をみると、信元は、足利義輝《あしかがよしてる》の奉公衆《ほうこうしゅう》以下の直臣を書き上げた記録では、織田信長や松平元康とともに「外様衆《とざましゅう》」のなかに位置付けられており、それぞれ同列で自立した存在として扱われていたことがわかる〔永禄六年諸役人附〕。さらに永禄十二年（一五六九）、朝廷から、後奈良《ごなら》天皇十三回忌法要のため権大納言《ごんのだいなごん》山科言継《やましなときつぐ》が三河に派遣され、出資を募ったが、信元は二〇〇〇疋を負担している〔言継卿記〕。信元は織田氏に従属はしているものの、自領では独自の裁量権を持つ国衆で、幕府にとっては織田・松平と横並びで位置付けられており、朝廷へも献金しうる財力を保持していたことがわかる。加えて天正二年（一五七四）徳川氏と武田氏の争いに際して足利義昭は、信元にも武田勝頼との和談を求めたのであった〔別本士林証文〕。

つづいて三河国内、とくに松平氏との関係をみてみよう。今川氏から離反して独立した松平家康（元康より改名）は早々に課題に直面した。永禄六年（一五六三）秋から起こった本願寺《ほんがんじ》教団との戦い、三河一向一揆《いっこういっき》である。信元もこの一揆平定に協力しているのだが、その活躍がやや不自然に隠されている。一揆が小豆坂での戦闘に移る直前の永禄七年（一五六四）二月上旬、信元は刈谷から武具を備えて佐々木《ささき》上宮寺《じょうぐうじ》（愛知県岡崎市）攻撃に向けた砦にいる家康の陣中見舞いに訪れた。しかし、家康は事態急変の報を受けて会見を中断、出陣に同行したいとする信元の申し入れを断り、家康は出陣していったのである〔三河物語〕。

当時は一揆方として戦った渡辺守綱《わたなべもりつな》の残した記録〔渡辺忠右衛門覚書〕には「一揆御和睦、水野下野殿御扱いにて相済み申し候」とあることから、この一揆における信元の役割は非常に大きく、信元の陣中見舞い＝和睦勧告により事態が収束に向かっていったと評価されている〔村岡二〇一〇〕。隣の領主である信元の介入は、松平氏にとっては家康の資質を問われかねない問題であり、『松平記』や『三河物語』ではその痕跡を消し去り、とくに後者では陣中見舞いにすり替えられたのだと考えられる。

やや前後するが、一揆も終盤にさしかかった永禄七年正月、家康は深溝《ふこうず》松平伊忠《これただ》の忠節を賞して徳政を認めた〔譜牒余録〕。これに対し、同年十二月一日、信元も伊忠とその家中に対して徳政令の実施に関する書状を送った〔本光寺常盤歴史資料館所蔵文書〕。家康の徳政を保証する内容で、同時代史料でも信元が家康の動きを追認していることが確認できる。信元の評価は徳川中心史観によって隠されてきていたが、信元は家康の伯父として、さらには、三河国衆でもひときわ大きな存在として影響力を持っていたことかがわかる。

このほか、翌八年には、家康、酒井忠次らとともに桜井寺の白山先達職相論の裁定に加わり〔桜井寺文書〕、同九年には牧野康成の家督相談に尽力することを伝える〔牧野文書〕など、徳川家とその領内、さらには三河のほかの国衆の動きにも深く関与していたのである。

信元誅殺とその後

天正年間に入り、織田―徳川（松平）氏の抱える課題は甲斐の武《たけ》田《だ》氏の存在であった。家康は、元亀三年（一五七二）十二月、三《み》方《かた》ケ《が》原《はら》で大敗し、苦汁をなめた。また同年十一月には、美濃国岩村《いわむら》城（岐阜県恵那市）の城主であった遠山《とおやま》氏が武田氏に降り、翌元亀四年（天正元年）三月に武田家臣の秋山虎《あきやまとら》繁《しげ》が岩村城代として配置された。天正三年（一五七五）六月になり、ようやく信長は長男信忠《のぶただ》を大将として岩村城を攻めたが、なかなかこれを落とせずにいた。信元は、織田信長の命により、佐久間信盛《さくまのぶもり》とともに援軍として加勢していたが、そこで次のような嫌疑がかけられてしまった。城兵は武具などを持ち出して食料の調達に充てていたが、刈谷・緒川衆で食料の交換に応じる者が出たというのである。これを信盛が信長に訴えたため、信長は信元に使者を送った。信元は慌てて使者に家老を同道させたが、道中で喧嘩となって使者・家老が共に死んでしまったため、信元の立場はさらに悪化し、家康のもとに預けられたのである。信長としては、敵方である武田氏と通じる者を処罰しないわけにはいかず、十二月二十七日、大樹寺《だいじゅじ》（愛知県岡崎市）にて家康の命により討ち取られた〔松平記〕。養子の元茂（信政）も殺害されたため、妻に於大、義兄に信元をもつ久松長家は、一時、家康と義絶したという〔尾陽雑記所収松平記〕。

これにより信元の旧領は信盛に預けられ、刈谷水野家は一時離散することとなってしまった。一族の一部は信盛に付属されており、『家忠日記《いえただにっき》』から信元弟忠分《ただわけ》は山崎（名古屋市南区）や緒川に居所を構えていたことがわかる。また、「信長記」巻九から常滑水野監物は紀州雑賀一揆攻めにおいて信盛とともに軍事行動をとっていることが確認できる。

信盛の治世に関する当時の史料はまったく残されていないのだが、天正八年（一五八〇）八月十二日付の信長からの十九条におよぶ折檻状にその様子が垣間見える〔信長記巻十三〕。信長はその第八条で、緒川・刈谷の跡職を申し付けたのに、信盛は水野氏の旧臣の大部分を追い出し、その跡目に人を当てず直轄領として取り込み、金銀に替えるというような横暴を働いたとされる。『松平記』にも似たような記述があり、信盛がまともに水野氏旧領支配を行っていなかったとされ、織田家中から父子ともども追放された。

その跡を任されたのが信元の末弟忠重《ただしげ》である。このときは家康に仕えていたが召し出され、信長から旧領を与えられて、同年九月二十三日、刈谷へ入城した〔家忠日記〕。信元の誅殺から約五年が経って、刈谷水野氏はここに再興を果たしたのであった。

（山下智也）

【主要参考文献】

愛知県史編さん委員会編『愛知県史　通史編3　中世2・織豊』（愛知県、二〇一八年）
五十嵐正也「水野十郎左衛門尉について」（『刈谷市歴史博物館研究紀要』一、二〇二一年）
小川雄「今川氏の三河・尾張計略と水野一族」（戦国史研究会編『論集　戦国大名今川氏』岩田書院、二〇二〇年）
柴裕之『青年家康―松平元康の実像』（ＫＡＤＯＫＡＷＡ〈角川選書〉、二〇二二年）
新行紀一「戦国領主　水野信元」（刈谷市史編さん委員会編『刈谷市史　第二巻　本文（近世）』刈谷市、一九九四年。のち大石泰史編著『シリーズ・中世関東武士の研究　第27巻　今川義元』戎光祥出版、二〇一九年に掲載）
服部英雄「桶狭間合戦考」（『名古屋城調査研究センター研究紀要』二、二〇二一年）
東浦町誌編さん委員会編『新編東浦町誌　本文編』（東浦町、一九九八年）
松島周一「小河・刈谷城主としての水野信近」（愛知教育大学歴史学会編『歴史研究』六六、二〇二〇年）
水野智之「戦国・織豊期の西三河と水野氏」（刈谷市郷土文化研究会編『郷土研究誌かりや』三九、二〇一八年）
村岡幹生「永禄三河一揆の展開過程」（新行紀一編『戦国の真宗と一向一揆』吉川弘文館、二〇一〇年。のち柴裕之編著『シリーズ・織豊大名の研究　第10巻　徳川家康』戎光祥出版、二〇二二年に掲載）
山下智也「戦国期の大工と地域社会―水野信元黒印状を起点として―」（『刈谷市歴史博物館研究紀要』一、二〇二一年）
山下智也「家康の母・於大の生涯」（企画展図録『姫たちの想い　家康を支えた水野家の女性たち』刈谷市歴史博物館、二〇二三年）

北畠具教
——戦国大名の脅威に対峙した勇将

戦国大名としての伊勢北畠氏

伊勢北畠《きたばたけ》氏は、南朝の重鎮であった北畠親房《ちかふさ》の子孫にあたる。親房は南朝の東国経営を指導するうえで、東海地方の海上交通の西の起点にあたる伊勢国を中継拠点に設定しており、まず二男の顕信《あきのぶ》、次いで三男の顕能《あきよし》を伊勢国司に就任させた。とくに顕能と子息の顕泰《あきやす》は、足利将軍家《あしかがしょうぐんけ》が任用した伊勢守護に対抗しながら、南伊勢を支配しつつ、南朝の陣営を支える支柱の一つとなった。

南北朝の合一が成立すると、北畠氏も足利将軍家に帰順し、南伊勢のうち、実力で支配していた一志《いちし》郡・飯高《いいたか》郡を知行主として保持することを認められた。さらに主従関係の象徴として、北畠氏の歴代当主は、足利将軍の偏諱を拝領するようになった（満雅《みつまさ》〈←義満《よしみつ》〉・教具《のりとも》〈←義教《よしのり》〉・政郷《まささと》〈←義政《よしまさ》〉）。戦国期にも、材親《きちか》（←義材《よしき》）・晴具《はるとも》（←義晴《よしはる》）が将軍の一字を授与されている。

一方で、北畠氏は後南朝勢力の蜂起に同調することもあり、足利将軍家から討伐される局面も生じている。もっとも、北畠氏は何度かの危機を乗り越え、室町期・戦国期を通じて、支配の範囲を南伊勢全体に広げつつ、さらに大和国宇陀《うだ》郡や志摩《しま》半島・南伊賀・紀伊国熊野《くまの》にも勢力を及ぼしていった。

また、北畠氏は顕能の代から多気《たげ》（津市）を本拠として、南伊勢の経略を進めながら、木造《こつくり》（同）・大河内《おかわち》（三重県松阪市）・坂内《さかない》（同）・田丸《たまる》（三重県玉城町）などに庶家を分出させており、各氏が自立した領域・家中を形成した。総体としての北畠氏領国は、宗家（国司家）が多気から庶家や従属勢力を統制する多極構造となっていた。

具教の出生から家督相続まで

具教《とものり》は享禄元年（一五二八）に伊勢北畠氏の七代当主にあたる晴具の嫡子として出生した。当時、晴具は十八歳で、すでに家督を継承していた。

晴具には具教のほかに何人かの庶子がいて、そのなかで具政は木造氏、具忠は田丸氏の家督を相続した。両氏とも北畠氏の庶家にあたる。北畠氏の宗家（国司）は、一族の紐帯と自己の主導権を強化する方法論として、庶家との縁組を繰り返しており、具教も坂内氏・田丸氏・星合氏などに息女を嫁がせることになる。

具教の母親（晴具室）は、京都政界の実力者である細川高国《ほそかわたかくに》の息女だった。もともと、晴具の実名は「具国《ともくに》」だったが、高国が擁立した足利義晴《よしはる》（十二代将軍）から、大永五年（一五二五）に「晴」字を授与されて改名した経緯があった。

もっとも、足利義晴・細川高国は大永七年（具教出生の前年）に四国から進出してきた足利義維《よしつな》（堺公方）・

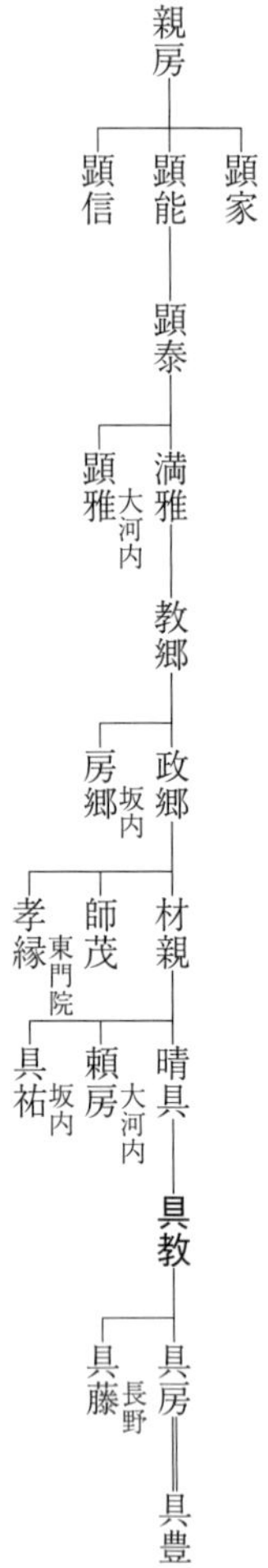

北畠氏復元略系図
※＝は養子

細川晴元《はるもと》の勢力に敗れ、京都から近江国に退去していた。その後、高国は諸国をめぐって、助力を働きかけており、女婿の晴具を頼って、多気（北畠氏本拠）を訪問したこともある。結局、高国の巻き返しは成就せず、享禄四年に摂津国で反攻に失敗して戦没している（大物崩《だいもつくず》れ）。

細川高国と敵対していた足利義維・細川晴元を支えた三好元長《みよしもとなが》には、北畠氏との間に浅からぬ因縁があった。すなわち、元長の父長秀《ながひで》が永正《えいしょう》六年（一五〇九）に畿内で細川高国に敗れ、伊勢国山田《やまだ》（三重県伊勢市）に敗走したところ、北畠材親（晴具の父）に討ち果たされていたのである。長秀は伊勢国を経て、主家の阿波細川氏が守護を務めたことのある三河国に入ろうとした模様だが、北畠氏領国（南伊勢）も全国規模の動乱の一部に組み込まれていた状況を物語る一コマだった。また、具教も祖父の代から続く三好氏との因縁に少なからず苦心させられることになる。

さて、具教は成長に応じ、天文六年（一五三七）頃に北畠氏の家督を継ぎ、さらに天文十年頃から政務を開始するようになった。この時期の具教は、まだ十代前半であるため、父の晴具によって後見されていた。多くの戦国大名と同じく、北畠氏も家督相続を早期に行い、段階的に隠居から当主に権力を移譲していく方針をとっていたのである。以後、北畠氏の領国・家中は、しばらくの間、「御本所《ごほんじょ》」（当主）の具教と、「大御所《おおごしょ》」（隠居）の晴具の二頭体制で運営されていく。

この二頭体制期に、具教は南近江の戦国大名である六角定頼《ろっかくさだより》の息女と結婚して、天文十六年に嫡子の具房《ともふさ》が出生している。当時、六角氏は北伊勢に進出し、中伊勢の長野《ながの》氏と敵対関係となっていた。北畠氏にとっても、長野氏は室町期からたびたび対戦してきた宿敵だったことから、長野氏を共通の敵とする遠交近攻策として、六角氏・北畠氏の同盟が成立したのである。

また、将軍足利義晴が細川晴元と和解し、天文三年に京都に復帰して以来、六角定頼は義晴の政権運営を補佐する最大の与党大名となっていた。北畠氏は公家をルーツとする意識から、南伊勢に在国しながらも、朝廷とのつながりを維持し、官位・官職の昇進にも熱心だった。こうした対朝廷交渉において、足利将軍家に大きな影響力を持つ六角氏との友好が有利に作用することも期待していたのだろう。

東西から領国に迫り来る脅威

晴具から具教への権力移譲は、具教が代替わりの文書を発給する天文十五年（一五四六）頃に一段落したとみられる。この段階で、具教は十九歳となっていた。

こうした具教の成熟におそらく連動して、北畠氏は天文十六年から長野氏に対する攻勢を開始している。同年に具教と六角定頼息女の間に嫡子具房が出生し、六角氏との紐帯がより強まっていたこともあり、対長野氏戦争を有利に進めうる条件が揃ったという判断がなされたのかもしれない。

この攻勢は、大和国宇陀郡の従属国衆（沢氏・秋山氏）まで動員した大規模なもので、天文二十年まで続く長期戦となった。具教は八太《はた》（三重県松阪市）を陣所として指揮を執り、父の晴具も同陣した〔年代和歌抄〕。領国支配の中心は具教に移っていたものの、軍事面では、晴具が具教を後見する態勢が継続していたようだ。

天文十八年には、長野方が八太付近に迫る局面もあったが、翌年には、北畠方の攻勢が進捗して、長野氏の重要拠点である家所城《いえどこ》（長野城東方の支城、津市）の付近まで押し寄せている。具教にとっては、数年に及ぶ戦役を通じて、広域に及ぶ動員態勢を整えつつ、長野氏に対する軍事的優位を確立する機会になったといえよう。

その後、具教は天文二十一年二月に朝廷から従四位下に叙され、次いで十二月に参議に任官した。さらに天文二十三年三月までに、従三位・権中納言にまで昇進している。北畠氏は在国しながら、高位の官位・官職に叙任されることを慣習としてきたが、具教の場合は、長野氏への戦勝を経て、昇進を望むようになり、朝廷に働きかけたのだろう。弟の木造具政・田丸具忠も、具教昇進の前後に左近衛中将《さこのえちゅうじょう》に任官しており、北畠氏が官職を宗家・庶家の格差を示す標識として利用していた状況もうかがえる。

なお、田丸具忠の左近衛中将任官は天文二十二年のことだったが、北畠氏は朝廷に対して、「晴具が重病となっており、存命のうちに具忠の昇進を実現してやりたい」という論理で働きかけている（御湯殿上日記）。実際に晴具が死去するのは永禄六年（一五六三）のことだが、晴具の晩年の動向はよくわからず、天文二十二年の重病を経て、心身とも衰退した結果であるとも考えられよう。

こうして北畠氏の新当主として指導力を発揮しつつあった具教だったが、北畠氏領国の周辺には、より強大な戦国大名の領国拡大が及びつつあり、その脅威に対処せねばならなくなる。

まず天文二十四年には、駿河今川《いまがわ》氏が志摩国に出兵する動きをみせ、具教は大河内城に在陣して、対応の指揮を執ろうとしている。大河内城は、北畠氏庶流の大河内氏の拠点であったが、緊急時には、指揮所として機能した模様である。

当時、今川氏は南尾張の織田信長《おだのぶなが》・水野信元《みずののぶもと》の連合と対峙しつつ、三河国衆の反乱を制圧しようとしていた。また、かねて駿河湾・伊勢湾の海上交通に対する志摩海賊の「暴悪」を問題視していた（神宮文庫所蔵文書）。あるいは、反今川方の三河国衆と志摩海賊の結合を防ごうとする軍事行動だったのかもしれない。

おそらくは、この今川氏の志摩国侵攻の動きに関連して、北畠氏は弘治二年（一五五六）二月に志摩半島の北縁である二見浦《ふたみがうら》（伊勢市）などに出兵している。志摩海賊のうち、田城の九鬼《くき》氏（織田氏の水軍として活躍した九鬼氏の宗家）は、北畠氏と結んだ海賊たちに攻められ、いったん没落に追い込まれたとされるが、志摩海賊の支配をめぐる北畠氏・今川氏の鍔迫り合いのなかで生じた一コマであったと理解すべきであろう。

また、畿内で三好長慶《みよしながよし》の覇権が成立していたことも、北畠氏領国の西方に対する脅威となった。三好氏は永禄《えいろく》二年（一五五九）から重臣の松永久秀《まつながひさひで》を中心に大和国の経略に着手し、翌年にその矛先は北畠氏領国の西縁たる宇陀郡にも向けられ、北畠氏に従属する沢《さわ》氏を没落に追い込んだ。同じ宇陀郡の従属国衆であった秋山《あきやま》氏にも、三好氏に転じる動きがあった。

北畠氏の領国・家中では、三好氏の進撃が宇陀郡にとどまらず、やがて伊勢国内にも達するとの風聞が取沙汰された。そこで、具教は大和・伊勢両国をつなぐ伊勢本街道沿いに城郭を築き、大和国に向けて防備を固めている。

もっとも、三好氏は永禄四年から翌年にかけて、六角氏・畠山氏の攻勢に苦戦し、伊勢国にまで矛先を向ける余裕は無くなった。こうした情勢のなかで、具教は永禄五年三月頃に嫡子具房に家督を譲渡し、かつての父晴具と同じく、隠居の立場から新当主の具房（十六歳）を後見するようになった。

これは、六角氏が優勢に立ち、三好氏を京都から撤退させた時期と重なっている。六角氏・畠山《はたけやま》氏に同調して、三好氏包囲網に参加すべく、六角氏の血を引く具房を当主に据える代替わりを執行したのではないだろうか。畠山氏が河内飯盛《いいもり》城（長慶居城、大阪府大東市・四條畷市）を攻囲した際には、宇陀郡より沢氏・秋山氏・芳野《よしの》氏も参加していたとされ、北畠氏の指示に基づく行動であったと理解することもできる。

結局、三好氏は永禄五年五月の教興寺《きょうこうじ》合戦で畠山氏に勝利し、危機を打開しており、松永久秀も同年中に多聞山城《たもんやま》（奈良市）を築き、大和国の支配体制を一層整備した。北畠氏にとっては、領国西方で強大な勢力と対峙せざるをえない状況が続いていく。

ところで、具教と具房の父子は、北畠氏の歴代（満雅以降）と違い、いずれも足利将軍家の偏諱を拝領していない。その理由は不明確だが、晴具の場合も、「具国」から改名した経緯があり、具教・具房とも、一字授与による改名の機会を逸したのだろう。とくに具房は、将軍足利義輝《よしてる》を支える三好氏との緊張が高まっていた時期に家督を相続しており、偏諱に関する手続きが従来よりも難しくなっていたはずである。

中伊勢をめぐる織田氏との対決

前節でみたように、具教は家督相続後に長野氏に対する攻勢を成功させたが、永禄元年（一五五八）には、子息の具藤《ともふじ》が長野氏を相続している。長年にわたって敵対してきた長野氏を従属させたことを意味する縁組だった。北畠氏の領国が中伊勢にまで伸長し、その勢威が頂点に達した局面だった。

ところが、永禄六年（一五六三）に北畠氏・長野氏の間に抗争が生じている〔兼右卿記〕。その翌年には、長野氏庶流の分部《わけべ》氏が尾張織田氏に支援を求めた。具教は子息の具藤に長野氏の家督を継がせていたが、家中においては、北畠氏に反発する動向も存在したのである。長野氏の従属は、同氏の領域を保護する義務を負ったことと同義だが、中伊勢で長野氏と対立する神戸氏・関氏は、北畠氏と同盟関係にある六角氏と誼《よしみ》を通じており、長野氏は北畠氏から十分な援助を得られず、家中で不満が高まったのかもしれない。

また、分部氏が織田氏を頼ったことは、桶狭間《おけはざま》合戦を経て、かつて志摩国侵攻の動きをみせた今川氏に代わり、織田氏が新たな脅威として台頭しつつあった状況を示すものであった。もっとも、永禄八年に将軍足利義輝が殺害された事件によって、中伊勢をめぐる織田氏・北畠氏の競合はいったん棚上げされた。つまり、義輝の弟義昭《よしあき》が展開する上洛計画に、両氏とも協力する関係となったのである。

永禄九年七月の段階で、義昭派の大覚寺義俊《だいかくじぎしゅん》（母方の叔父）は、大和国衆の十市氏に対し、近いうちに織田氏のほかに「三州（松平氏）・濃州（斎藤氏）・勢州（北畠氏）」が出動する見込みを述べている（『多聞院日記』）。三好三人衆の攻勢に苦戦していた義昭派の松永久秀を支援するために、尾張国から大和国に援軍が派遣され、筒井平城《つついだいら》（奈良県大和郡山市）の守備に加わっていたことも、北畠氏の承認・協力によるものだろう。本来、北畠氏にとって、松永久秀は大和国から領国に脅威を及ぼす存在だったが、義昭支持を共通項として、対立は止揚されていた模様である。

ところが、義昭の上洛計画は、九月に頓挫してしまう。義昭は六角氏の承認のもとで近江国矢島《やじま》（滋賀県守山市）を拠点としていたが、その六角氏が三好三人衆との提携に傾いた結果、越前国への脱出を余儀なくされたのであった。こうした展開をうけて、織田氏は永禄十年に北伊勢に進出し、六角氏の影響下にあった当該地域を平定した。

さらに永禄十一年には、長野氏家中の反北畠派が織田氏の攻勢を引き入れ、具教の子息は南伊勢に退去し、代わって信長の弟である信良《のぶよし》（信兼《のぶかね》、一般には信包《のぶかね》）が長野氏の新たな当主となった。六角氏の外交転換が織田氏の伊勢国侵攻につながり、北畠氏の従属下から長野氏を離脱させる事態に至ったのである。

この後、北畠氏・長野氏は境目で交戦を繰り広げたが、永禄十二年五月に北畠一門の木造氏までもが織田方に転向した。木造氏の当主具政は、具教の弟だったが、室町期から北畠氏と対立してきた木造氏の論理に取り込まれたのである。

かかる情勢のなかで、織田信長が永禄十二年八月に自ら大軍を率いて南伊勢に出陣してきた。従属下に入った長野氏と木造氏に対する安全保障を果たすとともに、六角氏対策という目的もあったらしい。信長は前年に義昭を越前国から迎えて上洛戦を行い、矢面に立った六角氏の領国は崩壊していたが、承禎《じょうてい》・義治《よしはる》父子は甲賀《こうか》郡に後退して、捲土重来《けんどちょうらい》の機会をうかがっていた。こうした六角氏の抵抗を挫くうえで、北畠氏領国を制圧して、甲賀郡の背後をおさえることは有効な一手となりえたはずである。

また、大和国では、四月から十一月にかけて、松永久秀が将軍となった足利義昭の政権に参加していた畿内諸将に支援され、反対勢力の掃討戦を行っている。信長の南伊勢出兵は、成立まもない義昭政権のもとで遂行された公戦の性格も持っていたのだろう。

こうした織田氏の侵攻に対して、具教・具房父子は大河内城に籠城して抗戦した。弘治元年における今川氏侵攻の動きと同様の対応だった。織田方は八万余騎ともいう大軍だったが、北畠勢は粘り強く戦い、織田勢は少なからぬ損害を出したという〔多聞院日記・木造記〕。

約一ヵ月に及ぶ攻防の後、十月に入って、北畠方が信長の次男茶筅丸《ちゃせんまる》（のちの信雄《のぶかつ》）を次期当主に迎えることなどを条件として、織田・北畠両氏の和睦が成立した。つまり、北畠氏は織田氏の従属下に組み込まれたのであった。

和睦の後、織田信長は本拠の岐阜城に直接帰還せずに上洛して、伊勢国の平定を将軍足利義昭に報告している。南伊勢出兵が織田氏の領国拡大にとどまらず、義昭政権による畿内周辺の制圧戦略の一環でもあったことを示す場面だった。

織田氏従属下の北畠氏、そして三瀬の変へ

織田氏との和睦の後、具教・具房父子はまず大河内城から坂内氏（北畠一門）の笠木館《かさぎやかた》（三重県多気町）に入った。籠城の最中に、本拠の多気は織田方に焼き打ちされており、復旧の進行をまって、具教父子は多気にもどっている。ただし、具教の室（具房の母、六角定頼の息女）は、天正二年（一五七四）の段階で、片野《かたの》（津市）に居住しており、具教・具房と別居している〔年代和歌抄〕。織田氏への従属に伴い、甲賀郡で抵抗を続ける六角氏と断交した証として、具教の妻は多気から離れることを求められたのだろ

うか。

元亀二年（一五七一）には、茶筅丸（信雄）の元服が執行され、「具豊《ともとよ》」の実名を称するようになった。「具」字は、北畠氏の通字であった。また、具豊と具教息女の婚儀も行われたが、具教息女は婚姻に先立ち、具房の養女になったともされる〔勢州軍記〕。具房がすでに具教から家督を相続していたことを否定せず、その女婿という立場で、茶筅丸に家督を譲渡させるための手続だろう。

元服後の具豊は、大河内城を居所として、織田氏から出向した守役の津田《つだ》一安《かずやす》などに補佐された。一方で、北畠氏領国の支配において、具教・具房の奉行人であった山室教兼《やまむろのりかね》・房兼《ふさかね》の文書発給は継続したが、具豊付家臣による文書発給はしばらく確認できない。織田氏従属下でも、具教と具房の権力は相応に維持されていたのである。

それでも、天正二年の長島一揆制圧や、天正三年五月の長篠《ながしの》合戦では、具豊が北畠勢の大将として出動している。具豊の成長にともない、織田氏の戦役への従軍を通じて、まず軍事面から権力移譲が進行していったのである。

そして、天正三年六月には、具豊が正式に北畠氏の家督を相続し、翌月に実名を「信意《のぶおき》」にあらためた。北畠氏の通字「具」を捨て、織田氏の通字「信」字を実名に用い、織田氏の一門たる姿勢を前面に打ち出した格好だった。

その一方で、具教・具房は家督交代にともなって政務を停止したが、具教については、六月頃に大和国に入国したとする風聞が取沙汰された〔多聞院日記〕。これは、居所を多気から南方の三瀬《みせ》（多気郡）に移したことの誤伝と推測される。信意（具豊）の家督相続に、具教が不満を抱いているという認識が広まっていたのだろう。

さらに具教は、天正四年五月頃に奉行人（山室教兼）による奉書の発給を再開し、領国支配に影響力を残そうとする姿勢を示した。将軍足利義昭（元亀四年〈一五七三〉に織田信長と決別して京都から退去）が安芸毛利《もうり》氏と提携し、反織田氏勢力を結集させていた時期と重なっており、義昭に同調しているとみなされかねない動きでもあった。

結局、具教は天正四年十一月に信意が討手として遣わした討手によって殺害された。具教は、兵法家の塚原卜伝から剣術を学び、「一の太刀」の奥義を伝授されたほどだったが、近習の裏切りで太刀に細工をされ、満足に応戦できなかったという〔勢州軍記〕。後世に「三瀬の変」と称される事件である。

討手の中心は、北畠一門の木造氏の出身である滝川友足《たきがわともたり》（のちの雄利）で、そのほかにも北畠氏の一族・被官などが参加していた。三瀬の変（具教の排除）には、信意やその父信長の意向のみならず、織田氏の従属下で、北畠氏の領国・家中の維持をはかろうとする勢力によって決行された面もあったのだろう。

粛清の対象は、具教の子や孫にも及んだが、前当主の具房は処断を免れ、北畠氏領国から引き離して、影響力を断つためか、身柄を織田氏重臣の滝川一益《かずます》（北伊勢経略を担当）に預けられ、のちに京都に移り住んだとされる〔勢州軍記〕。織田氏や信意周辺としても、北畠氏嫡流の血統を根絶やしにして、家中の反発を過熱化することは回避した模様である。
しかし、具教の弟具親《ともちか》を中心として、織田氏や信意に対する抵抗活動も根強く続き、南伊勢とその周辺の政治・軍事情勢に大小の影響を及ぼしていくことになる。

（小川雄）

【主要参考文献】

稲本紀昭「北畠氏発給文書の基礎的研究（下）」（『史窓』五三、一九九六年）
稲本紀昭「北畠国永『年代和歌抄』を読む」（『史窓』六五、二〇〇八年）
小川雄「織田権力と北畠信雄」（戦国史研究会編『織田権力の領域支配』岩田書院、二〇一一年）
野倉匡家『伊勢北畠氏の戦国時代―南政の国司 北畠多気御所 隣国に於いて武威を振るう』（豊川御所、二〇二二年）
藤田達生編『伊勢国司北畠氏の研究』（吉川弘文館、二〇〇四年）

木造具政

——北畠氏の有力庶家から織田信雄の後ろ盾へ

室町期の木造氏

木造《こづくり》氏は、伊《い》勢《せ》北畠《きたばたけ》氏において、最も成立の早い庶家にあたる。名字の由来は、北畠顕能《あきよし》（親房三男、伊勢国司家の事実上の初代）の子息である顕俊《あきとし》が、一志《いちし》郡木造庄（津市）に居城を築いたことにあった。顕俊は顕能の長男ながら、母親の身分によるものか、弟の顕泰《あきやす》が北畠氏を継いだため、別家を立てたのである。

木造氏の所領は、名字の由来となった木造のほかに、同じ一志郡の雲出《くもず》・七栗《ななくり》・野辺《のべ》・薗倉《そのくら》・片野《かたの》・大仰《おおのき》・牧《まき》・新家《にのみ》・戸木《へぎ》・石橋《いしばし》・川方《かわかた》（津市）を加えた十二ヶ所を基幹として構成されたという。これらは、北畠氏が南北朝動乱のなかで実効支配を浸透させていた南伊勢の北方周縁に位置した。もともと、顕俊が木造を本拠に設定した意図も、北畠氏勢力圏の北方の守りを固めることにあったとされる〔木造記〕。また、宗家と同様に、木造氏も庶流を分出させており、所領のうち牧や川方を拠点として、牧氏・川方氏が成立している。

さらに、木造氏は北畠氏宗家と同じく、南伊勢の地域権力として存立しつつ、公家としての性格も備えていた。南北朝の合体にともない、北畠氏が北朝に帰順すると、木造氏も歩調を合わせており、二代当主の俊康《としやす》は、叔父顕泰の養子という立場で朝廷に出仕した。まずは、宗家から認められるかたちで、京都の公家社会に参入したのだろう。

しかし、在国を基本とする北畠氏宗家と比較すると、木造氏は在京活動に重きを置いており、むしろ公家としての北畠氏は、宗家ではなく、木造氏を指すという認識まで形成された。そのため、木造氏の官位・官職は、他の庶家はおろか、宗家と同等以上に昇進することもあった。

また、室町期の多くの公家と同様に、木造氏は足利将軍《あしかがしょうぐん》家を上位の存在と仰いでおり、俊康の次代以降は、将軍家から偏諱を授与されている（持康《もちやす》〈←義持《よしもち》〉・教親《のりちか》〈←義教《よしのり》〉・政宗《まさむね》〈←義政《よしまさ》〉）。木造氏が北畠氏の一門という立場にとどまらず、在京活動を通じて、足利将軍家と直結した状況を示している。

足利将軍家や朝廷が木造氏を厚遇したことには、後南朝勢力との関係を保つ北畠氏を牽制する意味合いもあった。北畠氏の三代満雅《みつまさ》は、応永二十二年（一四一五）と正長元年（一四二八）に足利将軍家に敵対して挙兵したが、木造氏（俊康・持康父子）は両度とも将軍家に味方して戦っており、満雅は二度

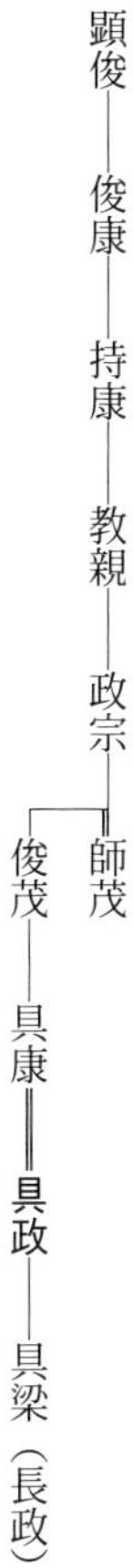

木造氏略系図
※＝は養子

目の挙兵で敗死することになる。

もともと、地域権力としての木造氏は、北畠氏勢力圏の中伊勢・北伊勢で競合関係にある諸氏（長野《ながの》氏など）と対峙する前線を委ねられた存在だった。これは、情勢次第で攻撃の矢面に立たされることも意味しており、宗家の軽率な行動は、木造氏を存立の危機に陥らせる可能性を伴った。そのため、木造氏は公家としても地域権力としても、宗家の後南朝支援には同調せず、むしろ足利将軍家の北畠氏勢力に対する攻撃を引き入れ、存立の保持をはかったのだ。

戦国期前半の木造氏

木造氏は宗家に対抗するばかりではなく、戦国動乱の発端である応仁の乱では、足利義視《よしみ》の伊勢国下向を周旋するというかたちで、北畠氏と京都政界の橋渡し役を務めている。義視は兄義政（八代将軍）から後継者に指名されていたが、応仁元年（一四六七）に京都から退去して、翌年まで北畠教具《のりとも》（満雅後継）に庇護された。これを手引きしたのは、当時、在京していた木造教親（持康後継）だった。

義視の京都退去は、文正《ぶんしょう》の政変で失脚していた政敵の伊勢貞親《いせさだちか》（義政側近）が復権したことに反発しての行動だった。また、当時の北畠氏は、伊勢国の守護職や北伊勢進出をめぐり、一色氏や世保《せぼ》氏（美濃《みの》守護・土岐《とき》氏の庶流）と競合しており、足利将軍家との関係を有利に進めるうえで、義視（次期将軍）の庇護には大きなメリットがあった。木造氏にとっても、伊勢貞親と結ぶ中伊勢の長野氏に対抗するという点で、北畠氏宗家と利害が一致しており、義視の下向を通じて提携を深めようとしたのだろう。結局、義視は義政の求めに応じて、応仁二年九月に帰京するが、やがて西軍に合流して、西幕府の盟主となる。一方で、北畠氏は宿敵の長野氏が西軍に味方したこともあり、東軍にとどまって、義視とは決別している。しかし、義視の伊勢下向は、在京活動に重きを置いてきた木造氏が、動乱に対応して在国に重点を移していく機会にもなった。実際、木造教親は応仁二年十月（または十二月）に伊勢国で死去したとされる。

また、次代の木造政宗は、時期は不明ながら、北畠政郷《まささと》（教具後継）の庶子である師茂《もろもち》を婿養子に迎えた。政宗の実子俊茂《としもち》は、明応四年（一四九五）の出生であり、それ以前に後継者不在を解決するために縁組を成立させたのだろう。また、応仁の乱以降も動乱が続くなかで、しばしば対立してきた宗家との関係を調整する目的もあったと見込まれる。ところが、この養子縁組によって、木造氏は重大な転機を迎えることになる。

北畠氏の宗家は、明応四年に美濃土岐氏の内訌（船田《ふなだ》合戦）に介入して出兵したが、これが木造氏まで巻き込む内訌につながった。その第一幕は、被官や従属国衆が当主北畠材親《きちか》に対して、前当主政郷の施政を非難し、側近の排斥や領国経営の改革を要求したことであった。政郷は、すでに文明十八年（一四八六）に家督を嫡子材親に譲渡して、二頭体制を成立させていた。しかし、応仁の乱から繰り返されてきた軍事行動は、領国・家中に疲弊を蓄積させ、材親に是正（代替わりの改革）を求める運動としてあらわれたのだった。

しかし、材親が要求を拒否して、訴人の一部を処罰（扶持の没収）したことから、以後、北畠氏の家中で謀叛事件が続発するようになった。やがて反乱勢力は、木造氏の後継者であった師茂（材親異母弟）の擁立を画策した。材親から師茂に当主を交代させ、失政の是正を実現しようとしたのだ。さらに明応六年に入ると、木造政宗も北畠氏の主導権を掌握する好機とみたのか、師茂擁立の実働部隊として決起し、北畠氏の内訌は第二幕に移った。

北畠材親と木造政宗・師茂は、四月頃から軍事衝突を開始したが、宗家では、五月に政郷が材親を幽閉するという異変が生じた。政郷・材親の間でも対立が進行しており、政郷は師茂・木造氏との提携を選択したのだった。本来、政郷の美濃国出兵に対する批判が内訌の発端となったのだが、混乱のなかで政郷が反材親勢力に合流したのである。材親はまもなく脱出して、沢氏などの宇陀郡の国衆をも動員して、六月に木造城の政宗・師茂を攻囲した。もっとも、長野氏が介入に乗り出し、木造城の後詰に出陣してくると、材親は大損害を蒙って敗走した。内訌の大勢を決しかねない一戦であった。

ところが、いったんは反材親派に与した政郷が心変わりして、その手回しにより、師茂は八月に身柄を拘束され、同月中に自害させられてしまう。政郷の真意は不明だが、北畠氏の宿敵というべき長野氏を内訌に引き入れた政宗・師茂の手法を危ぶみ、材親との和解に転じたのであろうか。そして、材親の対抗馬たりえた師茂を失ったことで、木造氏は次第に劣勢に陥り、政宗は文亀三年（一五〇三）に木造城から退去した。

結局、翌年七月に朝廷が仲裁に入り、北畠氏と木造氏の和睦が成立した。実質的には、木造氏の屈服であり、政宗は隠居して、滅亡した師茂に代わり、実子の俊茂が家督を相続した。この敗北によって、木造氏は木造城と所領の一部を召し上げられたが、戸木城（津市）を本拠に再設定して、排他的ではないとしても、領域支配をそれなりに継続している。

なお、俊茂期の木造氏については、享禄元年（一五二八）から同三年にかけて、「新城」の普請を行い、「古城」から移転したとする伝承がある〔木造記〕。史実とすれば、戸木城の所在が移転したことになる。家督相続時の俊茂は幼年だったが、すでに三十代に入っており、戸木城を拠点とする態勢の再整備を実施したのだろうか。

享禄年間という時期は、北畠晴具《はるとも》（材親後継）の舅細川高国《ほそかわたかくに》が畿内で足利義維《よしつな》（堺公方）・細川晴元《はるもと》との抗争に敗れ、諸国を転々としていた時期と重なっており、享禄二年には、北畠氏を頼って、一時的にその本拠の多気《たげ》（津市）に滞在したこともある。こうした高国との関係のために、北畠氏領国が危機に陥る事態（義維・晴元と結んだ勢力による攻撃）も想定して、領国北縁に位置する木造氏は、防衛態勢の再整備を実施したと理解することもできよう。

また、俊茂以降の木造氏歴代は、朝廷との関係（叙位・任官など）こそ維持したものの、足利将軍家からの一字拝領を停止し、俊茂の次代から、実名の上部に北畠氏宗家の通字である「具」字を用いるようになった。宗家への恭順が実名で表現されたのだった。

具政・具梁の木造氏相続をめぐる諸相

俊茂の次代は、実子の具康《ともやす》であったが、さらに次代の具政《ともまさ》は、北畠氏宗家から迎えられた養子であった。もっとも、俊茂が隠居した後の木造氏の家督相続は、複雑な経緯を辿った模様であり、木造氏の記録・系図もやや混乱している。実名についても、具政を「具康」、嫡子具梁《ともはり》（一般には長政《ながまさ》）を「具政」とするものが少なくない〔勢州軍記、木造記〕。

本稿の主役たる具政は、北畠晴具の次男であり、天文九年（一五四〇）頃の具康死去を経て、木造氏を相続したとされる〔久居市史〕。具康の任官記録が天文六年で途絶え、具政の任官記録が天文十三年から始まっているため、その間に当主の交代（具康→具政）があったのだろう。

先代の具康については、晴具の姉（具政の叔母）と結婚していたが、子息がいないために、具政を婿養子に迎えたとされる〔勢州軍記〕。あるいは、具康は父の俊茂によって殺害されたとする系図もある〔尊卑分脈〕。具政の相続に先行して、木造氏の家中で内訌が生じており、俊茂は家督の悔い返しを暴力的な方法（具康の粛清）で実行し、あらためて具政に家督を譲渡したと整理すべきかもしれない。

天文六年から同十三年は、近江六角《ろっかく》氏が長野氏を圧倒して、伊勢国の北部・中部に勢力を浸透させつつあった時期と重なる。木造氏の内訌は、こうした情勢への対応をめぐって展開したものであり、具政を新たな当主に据えることで、宗家との紐帯を強める選択がなされたとも理解できる。ただし、史料による検証が難しいため、記して後考をまちたい。

また、具政の生年は天文五年（一五三六）であり〔堂上次第〕、木造氏の相続前後はまだ幼年だったが、兄の具教はすでに天文六年頃に北畠氏の家督を継いでいた。宗家としては、晴具・具教の家督交代によって、具政をスペアとして残しておく必要性が減じ、他家に養子入りさせたのだろうか。

なお、成人後の具政と正妻（俊茂または具康の息女）の間に子は出生しなかったが、具政は庶出の具梁（のちの長政）に家督を譲渡した。この具梁は、木造氏庶流の川方氏から妻を迎えて、嫡子の長国《ながくに》（貞勝《さだかつ》）が出生したともされる〔木造系図〕。具政・長政が木造氏の一族・被官と融和するには、なんらかのかたちで、木造氏の血統を継ぐ後継者をもうけることが求められたのだろう。

ただし、具梁の婚姻については、長野一族の家所藤康《いえどころふじやす》（三河守）の息女を妻に迎えたという記録もある〔木造記〕。具梁の生年は不詳だが、任官記録は天文二十三年から始まっており、その数年前に出生していたはずである。具政の生年（天文五年）も考慮するならば、早くても一五五〇年代前半の出生と考えるのが現実的だろう。よって、具梁の婚姻は、一五六〇年代以降とみておきたい。

長野氏は永禄元年（一五五八）頃に北畠氏の従属下に入り、北畠具教《とものり》の子息具藤《ともふじ》を当主に迎えていた。そこで、木造氏も長野氏の庶流（家所氏）と婚姻関係を結び、北畠氏による長野氏の統制の一端を担ったと理解することもできよう。

しかし、北畠氏・長野氏の関係は安定を欠いており、永禄六年頃から軍事衝突（長野氏家中における反北畠氏勢力の蜂起か）が始まっていた。そのため、具梁の婚姻は、木造氏が独自に長野氏家中と接触していたことや、北畠氏と木造氏の関係が再び変動しようとしていたことを示唆しているとも考えられる。

織田氏の南伊勢侵攻を誘引

長野氏家中の反北畠氏勢力は、永禄七年（一五六四）頃から織田信長と連絡を取るようになり、永禄十一年に当主具藤を追放して、信長の弟信良《のぶよし》（のちの信兼《のぶかね》、一般には信包《のぶかね》）を新たな当主に迎えることで、織田氏の従属下に入った。また、織田氏も北畠氏の報復から長野氏を庇護すべく、一族の津田一安《つだかずやす》を安濃津城《あのつ》（津市。長野氏属城）に入れた。

さらに織田氏は、津田一安を介して、木造具政に内応を働きかけ、永禄十二年五月頃に同意させた。この具政の決断は、重臣の柘植三郎左衛門《つげさぶろうざえもん》と、一族の源浄院玄主《げんぞういんげんしゅ》（のちの滝川雄利《たきがわかつとし》）に促された結果だったともいう〔勢州軍記〕。

具政の織田方帰順については、多気（北畠氏本拠）で催された祭礼にて、同じ一門の田丸《たまる》氏・大河内《おかわち》氏・坂内《さかない》氏よりも格下に扱われたことに憤懣《ふんまん》を抱いた結果とする伝承がある〔木造記〕。しかし、より現実的な理解としては、長野氏が北畠氏の従属下から離脱し、織田氏の南伊勢侵攻が迫りつつある情勢のなかで、家中の支持を保つには、具教との兄弟関係よりも、木造氏の「国家」維持を優先させる必要があったということであろう。

その一方で、北畠氏は木造氏討伐の軍勢を差し向けた。これに対して、織田方も伊勢国経略を担う立場にあった滝川一益《かずます》・津田一安や、先行して従属していた長野氏・関《せき》氏などを援軍として派遣した〔勢州軍記〕。そのうえで、織田信長も八月に美濃国岐阜から出陣して、木造城を経由して、北畠氏の領国に迫った〔信長公記〕。

なお、十六世紀初頭に木造氏が北畠氏に屈服してから、木造城には大和国宇陀郡の沢氏が城番として入り、木造氏は戸木城を本拠としていたが、織田氏の侵攻前後に木造氏は木造城に復帰していたらしい。永禄年間に入ると、三好《みよし》氏から大和国経略を委ねられた松永久秀《まつながひさひで》の進出が宇陀郡にまで及んだことで、沢氏は城番の役割を十全に果たしえなくなり、木造氏は宗家から木造城の回復を認められたのだろうか。

織田方は永禄十二年八月下旬から北畠具教が籠もる大河内城（三重県松阪市）を攻囲し、十月上旬に和睦を結び、信長の次男茶筅丸《ちゃせんまる》（のちの信雄《のぶかつ》）を北畠氏の養嗣子とする縁組を成立させた。この一連の軍事行動では、木造具政に織田方帰順を説いた柘植三郎左衛門・源浄院玄主が案内者をつとめたという〔勢州軍記〕。織田氏の南伊勢平定は、木造氏に誘引される形で達成されたと評しても過言ではない展開だった。

木造氏に依存していた織田氏の南伊勢支配

織田氏は茶筅丸（信雄）を北畠氏に入嗣させるにあたり、伊勢国経略に携わってきた津田一安を傅役《もりやく》として出向させ、木造氏の家中からも、柘植三郎左衛門・源浄院玄主が補佐に取り立てられた。また、茶筅丸は元服後に北畠具教の息女と結婚して、北畠氏を相続する正統性を確保したが、その他に木造具政の息女も別妻としている。まさに木造氏を「与党」とすることで、北畠氏領国を支配しようとする態勢であった。

源浄院主玄については、やがて還俗して、「滝川」の名字と「友足《ともたり》」の実名を称すようになった（「雄《かつ》利《とし》」への改名は一五八〇年代）。「滝川」の名字は、織田氏の北伊勢経略を統括する滝川一益から拝領したものとされる。さらに「友」は、北畠氏・木造氏の通字である「具」と同訓（とも）であった。雄利の「利」も、やはり木造氏歴代が実名に用いた「俊」と同訓（とし）だった。主玄は木造俊茂（具政の先々代）の庶子とされるが、「滝川」の名字を称しつつ、木造一族としての自意識も強く、実名で表現したのだろう。

成人後の信雄（茶筅丸）は、天正三年（一五七五）に北畠氏の家督を相続して、天正四年十一月に三瀬《みせ》（三重県大台町）で隠居していた北畠具教を殺害した。討手の中心は滝川友足だった。この三瀬の変に続き、信雄は友足と柘植三郎左衛門の進言によって、十二月に傅役の津田一安をも誅殺した。信雄は北畠氏の領国・家中を掌握するうえで、木造氏の支持を一層強固にする必要があると考え、補佐の主導権をめぐって友足・三郎左衛門と競合していたと思しき一安を切り捨て、信長も追認せざるをえなかったようだ。

このように、信長・信雄父子が木造氏に依存し、南伊勢を支配している構図の反作用として、天正五年に反対勢力（具教の弟具親など）が蜂起したが、信雄は滝川友足・柘植三郎左衛門を中心として制圧を進めていった。二度（天正七年・同九年）に及ぶ伊賀国侵攻も、南伊勢周辺に潜む反対勢力を掃討するための軍事行動であった。

信雄が独断で行った第一次伊賀国侵攻は失敗に終わり、柘植三郎左衛門は討ち死にすることになった。しかし、織田氏の大規模な助勢で実施された第二次伊賀国侵攻にて、滝川友足は総大将の信雄に代わって伊勢方面からの進撃を指揮しており、信長の弟信兼を当主とする長野氏まで統率の対象とした（『信長公記』）。信長次男の補佐役という立場は、北畠氏にとどまらず、織田家中全体における友足の権限も大きく拡張させたのである。

なお、木造具政の嫡子は、「長政」の実名で知られているが、天正四年までは「具梁」を称していた。「長政」に改名した時期は不明ながら、おそらく三瀬の変以降に、北畠氏の通字である「具」字を捨て、織田信長から偏諱を拝領したのであろう。かつての足利将軍家との結合（宗家と並行しての主従関係）を織田氏との間に成立させたともいえる。

南伊勢を去る

本能寺《ほんのうじ》の変の後、織田氏の内訌があいつぐなかで、信雄は尾張国や北伊勢・中伊勢を領国として、織田氏の家督を代行する立場まで手中にした。その右腕となったのは滝川雄利（友足）であり、依然として木造氏が信雄を支える構図が続いた。

しかし、信雄は織田氏の家中から十分な支持を得られず、やがて羽柴秀吉《はしばひでよし》に政治的主導権が移っていく。信雄の器量不足による展開と説明されがちだが、滝川雄利の重用にみられる木造氏との密着が織田氏の一族・被官からの不支持につながったとも理解できる。また、信雄・秀吉が対決した天正十二年（一五八四）の小牧《こまき》合戦では、織田氏の家中はおろか、信雄が長年経営してきた南伊勢でも離反者が続出した。木造氏に依存した支配方式に不満が高まっており、戦時に表出してしまったのである。

こうした情勢のなかで、木造具政・長政父子は羽柴方の蒲生氏郷《がもううじさと》や織田（長野）信兼に攻撃されたが、木造城の回復後も維持していた戸木城に籠もって対抗した。戸木城が十月に開城すると、信雄もまもなく秀吉に屈服しており、いかに木造父子を恃みにしていたかがうかがわれる。

豊臣政権下の信雄は、尾張国のほかに北伊勢の領有を維持しており、木造氏も父祖伝来の木造領から退去しつつ、北伊勢で新たな所領を与えられ、田辺（三重県いなべ市）を居城に定め、領域権力として再出発することになった。ところが、信雄は天正十八年に改易され、木造氏も所領を失ってしまう。

のちに木造長政は織田秀信《ひでのぶ》（信長嫡孫）の重臣に取り立てられ、秀信の没落後は福島正則《ふくしままさのり》に召し抱えられ、子孫は尾張徳川氏に仕えたとされる〔木造系図〕。また、滝川雄利や木造俊宣《としのぶ》（具康の血統を称す）の系譜も、徳川《とくがわ》将軍家の旗本として存続した。

（小川雄）

【主要参考文献】

赤坂恒明「天正四年の『堂上次第』について―特に滅亡前夜の北畠一門に関する記載を中心に―」（『十六世紀史論叢』二、二〇一三年）
伊藤裕偉「中世後期木造の動向と構造―北畠氏領域における支城形態の一事例」（『Mie history』vol7、一九九四年）
『久居市史 上巻』（久居市総務課、一九七二年）

長野政藤・尹藤・植藤
——足利将軍との関係を武器に大勢力に対抗

伊勢長野氏の成立と発展

伊勢長野氏《いせながの》は、源頼朝《みなもとのよりとも》に側近として重用されたが「曾我《そが》兄弟の仇討ち」で殺害された工藤祐経《くどうすけつね》の後裔を称しており、安濃《あの》郡長野（津市）を拠点としたことを名字の由来とする。

長野氏の動向は、南北朝動乱の初期段階から確認される。その初見は、建武三年（一三三六）に建武政権と足利尊氏《あしかがたかうじ》の間で繰り広げられた京都攻防戦に際し、「伊勢国の住人長野工藤三郎左衛門尉《さぶろうざえもんのじょう》」が足利方として竹田縄手で奮戦したことである〔梅松論〕。

しかし、長野氏はある時期から反足利方に転じており、延文五年（一三六〇）には、足利将軍家から離反した伊勢国守護の仁木義長《にっきよしなが》に味方している。また、義長は近江国で敗退すると、長野城に数年間籠城したとされ〔太平記〕、長野氏が義長の有力な与党だったことがわかる。結局、義長は貞治五年（一三六六）に将軍家に帰参するが、長野氏は反足利方の姿勢を維持しており、ようやく明徳元年（一三九〇）頃に仁木氏を介して将軍家に帰順した〔醍醐寺文書〕。

以後の長野氏は、足利将軍家の奉公衆（直臣）に位置付けられ、歴代当主は足利将軍家から一字を拝領している（満高《みつたか》〈←義満《よしみつ》〉・教高《のりたか》〈←義教《よしのり》〉・政高《まさたか》〈←義政《よしまさ》〉）。そのため、有事には伊勢国守護（仁木氏など）の指揮下に入らず、独自に軍勢を組織して、伊勢国や近江国・大和国を転戦した。一連の軍事活動の基盤は、南北朝期に長野一族が結成していた「蝿払一揆《はえはらいいっき》」であり、さらに将軍家の権力・権威と結びつくことで、中伊勢の国人や地侍を被官化していったようだ。

こうした動向を通じて、長野氏は安濃郡一帯に勢力を広げ、奄芸《あんき》郡にも進出していった。室町期の伊勢国では、南伊勢の知行主である北畠氏に次ぐ規模にあたる。寛正三年（一四六三）に、足利将軍家は五十鈴《いすず》川堤防の修築費用を伊勢国に課して、伊勢国守護の一色《いっしき》氏のほかに、長野氏と関《せき》氏にも徴収を命じている。これは、長野氏を安濃郡、関氏を鈴鹿《すずか》郡の知行主と認め、それぞれに郡内の費用徴収を求めたものだった。当時の中伊勢では長野氏と関氏が並び立っていると、将軍家から認識されていたこともわかる。

また、長野氏は安濃郡に勢力圏を広げるなかで、伊賀街道や安濃川流域の要衝に一族を分出させ、細《ほそ》

長野氏復元略系図
※＝は養子
※……は関係性不明

野《の》氏・雲林院《うじい》氏・分部《わけべ》氏・家所《いえどこ》氏などを成立させた。長野城を中核としつつ、伊賀国から安濃津《あのつ》（「日本三津」の一つに数えられた港湾都市）に至る交通を経済基盤として掌握する戦略だったともされる。

長野政高の強勢と横死

応仁の乱では、長野氏はあるときは東軍、あるときは西軍の陣営に味方している。

長野氏がこの動乱に関わるのは、応仁元年（一四六七）五月に長野政高《まさたか》（弥次郎《やじろう》）が関盛元《もりもと》とともに伊勢貞親《さだちか》を京都まで護衛してきたことを端緒とする。貞親は将軍足利義政《よしまさ》の信認厚い側近だったが、文正元年（一四六六）の政変で失脚し、京都から伊勢国に逃れ、長野氏に庇護されていた。そして、動乱の勃発とともに、貞親は政権復帰を果たすことになり、長野氏や関氏の軍勢を伴って京都に舞いもどったのである。

その後、長野政高は伊勢国にいったん帰還し、文明二年（一四七〇）八月に仁木氏・関氏とともに上洛したが、まもなく東軍の陣営から離脱した。これは、鈴鹿郡の安楽御厨《あんらくみくりや》をめぐる長野氏・関氏の競合関係を背景としていた。当時、安楽御厨の代官職は、長野氏のものだったが、九月頃に義政政権は関氏のものとする裁定を下した。本来、長野氏と関氏には、ともに伊勢貞親の帰京を支援した経緯があったものの、関氏が何らかの方法で出し抜き、義政政権に安楽御厨の代官職回復を認めさせたのだ。この裁定を不服として、政高は京都から退去したようだ。

当初、義政政権は長野政高に帰京を求めたが、政高が応じないことから、やがて北畠氏に討伐を指示した。もともと、義政政権は北畠氏を東軍に味方させるために、同氏を伊勢国守護職に補任していた。さらに長野氏が東軍（義政政権）から離反した結果、北畠氏は勢力を南伊勢から北進させる大義名分を得ることになり、長野氏を共通の敵とする関氏も同調した。これに加えて、北畠氏は守護の権限によって、大和国宇陀《うだ》郡の従属国衆である秋山《あきやま》氏を北伊勢に派遣したため、長野氏は南北から挟撃されかねない形勢に追い込まれた。

そこで、長野政高は北畠氏や関氏に対抗するべく、美濃国の土岐《とき》氏（守護）・斎藤《さいとう》氏（守護代）と提携した。土岐氏・斎藤氏は、西軍の有力な与党であり、両氏を介して西軍に参加したことを意味する選択でもあった。

文明五年八月からは、斎藤妙椿や石丸利光の軍勢が北伊勢に侵攻し、長野氏と示し合わせて河曲《かわわ》郡まで進出した。そして、長野政高は斎藤氏の攻勢に北畠氏や北伊勢の国衆が対処している隙に乗じ、伊勢国中部の経略を進めていった。それでも、文明七年に京都で東西両軍の中心だった細川《ほそかわ》氏・山名《やまな》氏の和睦が成立すると、長野氏は軍事行動をいったん低下させている。足利将軍家との関係も、すでに文明五年中に好転していた。

この後、長野政高は文明十一年に北畠氏と再戦している。同年八月に足利将軍家が伊勢国守護を北畠氏から一色氏に交代させたことが発端だった。ところが、北畠氏は北伊勢の明け渡しに応じず、今度は政高が将軍家の上意に背く北畠氏を討つ立場となった。

長野政高は反北畠派の国人（後藤氏など）と結び、十一月に北伊勢で北畠勢と交戦して勝利した。一方で、北畠氏の当主政郷は、神戸《かんべ》城（三重県鈴鹿市）で巻き返しをはかった。神戸城は、関氏から分出した神戸氏の本拠であり、関一族が北畠氏を支え、長野氏の北進に対抗している構図でもあった。

結局、文明十二年四月に和睦が成立し、北畠政郷は南伊勢に引き上げた。しかし、まもなく北畠氏は関氏と結び、長野氏との戦争を再開している。長野氏は八月に関氏に敗退して、鈴鹿郡からは後退したものの、以後は奄芸郡北部に広がる栗真《くりま》荘を確保して、関氏の侵入を抑えつつ、海上から北伊勢の員弁《いなべ》郡に進出するという戦略を展開した。

こうして、長野政高は優勢な北畠氏を相手に鎬を削りながら、支配領域を固めたのだが、文明十八年四月四日に京都で不慮の死を遂げた。この日、政高は公家の正親町三条公治《おおぎまちさんじょうきんはる》の屋敷を訪問したところ、同屋敷に数百人の徒党が夜討をかけ、公治は難を逃れたものの、政高は落命してしまったのだ〔政覚大僧正記〕。

当時、正親町三条公治は伊勢貞陸《さだみち》（貞親孫）とともに西軍の巨魁だった畠山義就《はたけやまよしひろ》の赦免を進めていると噂されており、襲撃事件も義就の赦免に反発する細川政元《まさもと》の仕業だったという〔大乗院寺社雑事記〕。政高の上洛そのものは、親交のあった是心院了高《ぜしんいんりょうこう》（一条兼了の息女）を訪問するためのものだった。しかし、政高もかつて西軍に味方した経緯があることを鑑みると、なんらかのかたちで義就赦免の運動に参加して遭難したとも考えられる。

長野政藤・尹藤の躍進

長野政高の横死によって、長野氏の家督は政藤《まさふじ》（与次郎《よじろう》、宮内大輔《くないのたいふ》）に引き継がれた。政高と政藤の関係性はよくわからない。これまでの歴代惣領は「高」字を通字としてきたが、政藤の代からは「藤」を通字とするようになる。おそらく、政藤の家は惣領家とは別の系統であり、政高の横死を経て、惣領の地位を手中にしたのだろう。

政藤以降の長野氏も、三人の惣領が足利将軍家から偏諱を拝領している（政藤〈←義政〉・尹藤《ただふじ》〈←義尹《よしただ》〉・稙藤《たねふじ》〈義稙《よしたね》〉）。そして、戦国動乱のなかでも将軍家と関係を持ちながら、北畠氏や関氏とわたり合うという系統交代前からの戦略を継続した。

長享元年（一四八七）から、足利将軍は二代（義尚《よしひさ》・義材《よしき》）にわたって近江国に親征して、六角氏討伐の指揮を執った。一連の戦役において、長野氏は北畠氏・関氏、あるいは伊勢国内の奉公衆諸氏と歩調を合わせ、南近江に出陣している。一方で、長野氏は栗真庄をめぐる関氏との競合も続け、さらに河曲郡へも再進出した。

また、明応元年（一四九二）の政変で、足利将軍家が義澄《よしずみ》方と義材（のちの義尹、義稙）方に分裂したことは、長野氏の動向にも大小の影響を及ぼした。

明応四年（一四九五）には、美濃国で守護土岐氏の跡目をめぐり、土岐政房・斎藤妙純（妙椿養子）の陣営と、土岐元頼《もとより》・石丸利光《いしまるとしみつ》の陣営に分かれて動乱（船田合戦）が起きた。政変後に成立した足利義澄政権は、元頼方を支持していたが、長野政藤は政房・妙純方として美濃国に出兵している。応仁の乱で長野政高と提携した斎藤持是院家を支援しつつ、共同で北伊勢を経略しようとする軍事行動だった。政権回復を目指していた義材を支持する立場にあったようだ。

さらに、明応六年に長野政藤は北畠氏の内訌に介入した。北畠氏も美濃国の動乱に介入（土岐元頼・石丸利光に味方）していたが、当主材親《きちか》の弟師茂《もろもち》を擁立する反乱勢力が形成され、師茂を養子としていた有力庶家の木造氏も同調していた。そして、同年六月に材親方が木造城《こづくり》（津市）を攻撃したところ、政藤は木造氏の救援に出陣して、弟の戦死という損害を出したものの、材親方の数百人を討ち取るという大勝をおさめた〔中院師淳記〕。

しかし、北畠材親は次第に盛り返して、文亀元年（一五〇一）に木造城を攻略するとともに、おそらく海上から栗真庄にも手を伸ばした。長野氏と北畠氏は、永正元年（一五〇四）四月にいったん和睦したものの、同年中に再戦に及び、栗真庄で戦闘が続いたらしい。斎藤妙純が明応五年に南近江で討ち死にして、北方（美濃）に連携しうる相手がいなくなったことも、長野氏に不利に働いた。このように、対北畠氏戦争が長期化していくなかで、長野政藤は死去（または隠居）して、永正五年頃までに尹藤（与次郎）が家督を相続した。

尹藤が長野氏の当主だった期間の前半は、第二次義稙政権期とある程度重なっており、その政略に同調して、勢力を拡大させた。足利義稙（義材、義尹）は長らく畿内から離れていたが、永正五年に細川政元の死去に乗じて政権回復を果たした。これに対して、足利義澄は近江国に後退して捲土重来を期した。そこで、義稙政権は永正七年正月に、各地の大名・国衆に近江国出兵を求める御内書を発給した。尹藤も受給者の一人であり、義稙政権の与党勢力に連なっていたことがわかる。

そして、長野氏はおそらく近江国の親義澄勢力に圧力をかけることを大義名分として、永正八年（一五一一）に北伊勢の桑名《くわな》（木曽・長良・揖斐三川の河口に位置する港湾都市）を占領した。桑名は自治都市でもあり、反発して逃散する住民も多かったが、長野氏は長島の本願寺門徒の協力も得ながら、次第に桑名を支配下に組み込んでいった。本願寺教団にとっては、安濃郡や栗真庄の門徒を長野氏に保護させる見返りでもあった。

もっとも、栗真庄では依然として北畠氏との対立が続いた。義稙政権が北畠材親を永正五年九月に伊勢国守護職に補任したことも、北畠氏に北進の大義名分を与えた。長野氏は永正十年九月に栗真庄で北畠氏に大敗して、数百人を討ち取られるという損害を蒙った。それでも、長野氏は栗真庄の支配を維持しており、永正十二年三月に義稙政権から命じられた栗真庄撤退にも応じなかった〔守光公記〕。

結局、北畠氏の側が次第に栗真庄の経略から手を引くことになった。たしかに、尹藤は義稙政権の与党という立場にあったが、その行動は長野氏の「国家」の利益に叶う範囲にとどまり、「国家」の存亡に関わる問題（領域北縁たる栗真庄の保持）では、将軍の上意に従わなかったのである。

長野稙藤の苦闘

長野氏の当主は、大永三年（一五二三）頃までに尹藤から稙藤に交代した。稙藤は父と同じく、足利義稙から偏諱を拝領した。義稙は初名の「義材」から幾度か改名しており、「義稙」は永正十年（一五一三）頃から称した実名だった。稙藤への偏諱授与も、永正十年以降のことだろう。

ただし、稙藤の家督相続に先行して、第二次義稙政権は大永元年に崩壊しており、同年中に足利義晴《よしはる》（義澄子息）が細川高国に擁立されて将軍に就任していた。義稙政権も北畠氏を伊勢国守護職に補任したが、義晴政権の場合も、細川高国を介して、北畠氏との関係を強めている。北畠氏の当主具国は、高国《たかくに》の女婿であり、さらに大永五年に義晴から偏諱を拝領して「晴具《はるとも》」に改名した。また、晴具は大永六年に上洛して、高国との親交を深めている。義晴政権とのつながりを緊密とすることで、将軍家を利用した外交などで長野氏よりも優位に立とうとする政略だろう。殊に伊勢国の場合、長野氏を含め、奉公衆の系譜を引く領主が多く、将軍家とのつながりは外交上の優位点になりえた。

足利義晴と細川高国は、大永七年に細川晴元の攻勢に敗れ、京都から退去して、高国は享禄四年（一五三一）に摂津国で敗死した。義晴は近江国で健在だったものの、北畠氏にとっての利用価値は著しく減じた。しかし、義晴が細川晴元と和解して、天文四年（一五三五）に帰京する前後から情勢が変わってくる。長野氏にとっての変化は、近江六角《ろっかく》氏の北伊勢進出が本格化したことである。

もともと、北伊勢は多数の国人領主が群立していた地域で、中伊勢（長野氏・関氏）や南伊勢（北畠氏）と比較して、勢力の結集は緩やかだった。長野氏が北畠氏・関氏と渉り合いながら、桑名などを支配しえた背景でもある。

その一方で、北伊勢の諸領主のうち、梅戸《うめど》氏は六角氏に従属することで、長野氏に対抗する路線をとり、大永五年頃に六角定頼の弟である高実を当主に迎えた。ただし、六角氏・梅戸氏の結合に反発して、朝倉氏などが長野氏に接近するという作用も生じており、ただちに長野氏の北伊勢経略が危機に陥ったわけではない。

こうした状況を変化させたのが義晴政権の復活である。義晴は長らく南近江の六角定頼に庇護されており、帰京の実現も定頼の尽力によるところが大きかった。そのため、義晴は帰京後も定頼を有力な与党とすることで、安定的な政権運営が可能となった。また、細川晴元も六角氏との提携を重視し、天文六年に定頼の息女と結婚している。長野稙藤も政所頭人の伊勢貞孝《さだたか》を申次《もうしつぎ》として、義晴政権との間に音信を重ねたが、頻度・影響力とも、六角氏には及ばなかった。

このように、京都政界で六角定頼の存在感が大きくなりつつあるなかで、梅戸氏は天文五年に長野氏から桑名の支配を奪い取ることを画策した。従来よりも六角氏の支援を引き出しやすくなった政情に対応した動きだった。

結局、長野氏の桑名支配に協力していた本願寺教団の長島願証寺が調停して、桑名を長野氏・梅戸氏の両属とする妥協が成立した。しかし、長野氏は天文七年に桑名から梅戸氏の勢力を排除し、単独支配を回復するための軍事行動をとった。実際には、願証寺が再び調停に入ったのか、長野氏は武力行使に及ばず、桑名の両属は維持されたものの、長野氏と梅戸氏の緊張は翌年も続いた〈天文日記〉。

このような情勢のなかで、天文九年九月から十月にかけて、六角義賢《よしかた》〈定頼嫡子〉が北伊勢に出陣し、長野方の朝倉《あさくら》氏などを攻撃した。この六角氏の軍事行動について、義晴政権は長野氏の申次である伊勢貞孝に若干の配慮を見せながらも、六角氏に「御内書」を発給して、出兵を実質的に公認した〈大館常興日記〉。さらに、本願寺教団も六角方に協力している〈天文日記〉。まさに、六角氏・長野氏が京都政界に有した影響力の差が如実にあらわれた展開だった。

六角氏の主力は天文十年中に引き上げたが、以後も長野氏の劣勢は続き、数年のうちに北伊勢からの後退を余儀なくされ、領国は安濃・奄芸両郡に縮小した。さらに長野氏を苦境に陥らせたのが、六角氏と北畠氏の同盟だった。成立の時期は不分明だが、六角定頼の女婿となった北畠具教《とものり》の嫡子具房《ともふさ》が天文十六年に出生しており、前年までに成立していたはずである。この同盟は、長野氏を共通の敵とするものだったのであろう。

長野藤定・具藤の挫折

北畠氏は天文十六年（一五四七）から長野氏領国に対する攻勢に出てきた。晴具・具教父子が自ら指揮するという力の入れようだった。六角氏との紐帯が強まり、円滑な連携が可能になったと見込んでの軍事行動だろう。

この戦役の最中である天文十八年四月に、長野氏の家中で「錯乱」が生じ〔分部文書〕、当主も遅くとも翌年までに稙藤から藤定に交代した。衰勢と危機への対応をめぐって、内訌が起こるとともに、代替わりによる刷新が図られたのだろうか。天文十八年十月には、長野方が北畠晴具・具教の陣所である八太《はった》（三重県松阪市）まで迫っており、内訌の収拾を経ての反攻と理解することもできる。

しかし、地力では北畠氏に及ばず、天文十九年に長野氏は本拠（長野城）の東方に位置する家所城（津市）に兵力を集め、防備を固めざるをえない劣勢に追い込まれた〔分部文書〕。北畠氏の攻勢は、天文二十年で終わったものの、長野氏の衰勢はより明瞭となった。

そこで、長野藤定は活路を鈴鹿郡への再進出に求めたようで、六角氏が没落に追い込んだ神戸氏の本領回復を支援する一幕もあったという〔勢州軍記〕。神戸氏は宗家の関氏や北畠氏と結び、長野氏と対立してきたが、六角氏の中伊勢進出、関氏との関係悪化によって、長野氏と提携することを選択したとみられる。

さらに長野氏は、永禄元年（一五五八）頃に北畠具教の子息具藤《ともふじ》を新たな当主に迎えている。「具藤」

という実名も、北畠氏の通字「具」と、長野氏の通字「藤」を合わせたものであり、「具」字を上部に置くことで、北畠氏・長野氏の上下関係を表現する意味を含んでいた。つまり、長野氏は実質的に北畠氏の従属下に入ったのだ。

長野氏はあえて北畠氏に従属し、南方の安全を確保したうえで、鈴鹿郡への再進出に取り組もうとしたようだ。しかし、提携していたはずの神戸氏が関氏と和解するなど、事態は思惑通りに進まなかった。また、具藤体制のもとで、北畠氏から援軍を得て、関氏・神戸氏に対する攻勢に出たものの、かえって苦戦を重ねたらしい〔勢州軍記〕。あるいは、同盟関係にある六角氏と中伊勢をめぐって対立するような事態を躊躇し、北畠氏が十分に支援しなかったのかもしれない。

永禄六年九月には、吉田兼右《よしだかねみぎ》が伊勢神宮参詣の道中に北畠氏と長野氏の合戦を避けた行路をとっている〔兼右卿記〕。鈴鹿郡進出の不振から、長野氏の家中で、北畠氏への従属を見直す動向が生じ、外形的には北畠氏・長野氏の戦争と映ったのだろうか。また、長野氏庶家のうち、分部氏が永禄七年頃に尾張国の織田信長に支援を働きかけている。

さらに、永禄十年に織田氏が北伊勢に進出してくると、翌年には、長野氏の家中で分部氏などが具藤を追放して、信長《のぶなが》の弟信兼《のぶかね》（初名は信良、一般には信包《のぶかね》）を新当主に迎えた。北畠氏に対する反発を背景として、上位権力をより強大な織田氏に置き換えた政変だった。

その後、具藤は北畠氏に身を寄せていたが、北畠氏も永禄十二年に織田氏に従属したことで、長野氏への復帰は至難となった。さらに天正四年（一五七六）に父の具教が殺害された三瀬《みせ》の変にて、具藤も田丸《たまる》城（三重県玉城町）で討ち取られたという。
新当主の信兼は、長野藤定の息女を妻とすることで、長野氏相続の正統性を確保した。信兼は後に「織田」名字を称するが、分部氏などに支えられる構造は継続した。なお、信兼が豊臣政権期に改易された後、分部氏は江戸時代に大名として存続していく。

（小川雄）

【主要参考文献】

岡野友彦『中世久我家と久我家領荘園』（八木書店、二〇〇二年）
『亀山市史』（インターネット公開、二〇一一年）
『久居市史 上巻』（久居市総務課、一九七二年）
『美里村史 上巻』（美里村、一九九四年）
水野智之「伊勢長野氏家譜・伊勢長野九族略系にみる中世文書」（『ふびと』六四、二〇一三年）
『四日市市史 通史編』（四日市市、一九九五年）

遠山景任・直廉

――織田・武田の狭間で生き残りを図った東美濃の名族

東美濃の名族遠山氏

遠山《とおやま》氏は、鎌倉期以来、美濃東部恵那《えな》郡の遠山荘を本拠とした一族である。遠山の金さんこと、遠山景元《かげもと》の先祖にあたる家でもある（ただし、金さん自身と中世遠山氏が直接血縁関係にあるわけではない）。遠山氏の治めた恵那郡は美濃東部の境目に位置し、同時に飛驒・信濃・三河各国の周縁部とも接している。戦国期には有力な戦国大名である武田信玄《たけだしんげん》や織田信長《おだのぶなが》の領域に挟まれるかたちとなり、遠山氏の動向も両者から大きな影響を受けている。

まずは、景任《かげとう》・直廉《なおかど》の時代に入る前も含め、遠山氏の基礎情報をみていくことにしたい。室町期の遠山氏は、幕府奉公衆《ほうこうしゅう》として足利将軍に直属しており、美濃国の守護大名土岐《しゅごだいみょうとき》氏の支配に属さない存在であった。こうした構造は戦国期にも継続していく。天文二十二年（一五五三）五月に伊勢神宮《いせじんぐう》（三重県伊勢市）の遷宮費用が各地の武家に募られた際、美濃では斎藤道三《さいとうどうさん》とともに遠山氏が別枠でかつ同じ格式としてあがっている。道三が美濃国主となった後も、遠山氏は引き続き独自の立場を保っていたのである。美濃周縁部に位置し、美濃の大名権力に包摂され切らない構造が戦国期における遠山氏の独自の展開につながるといえよう。

また、前代から続く一面として一族が多数分立・併存する形態もあげられる。室町期には苗木《なえぎ》・明《あけ》智《ち》・櫛原《くしはら》・岩村《いわむら》・神野・飯間《いいま》（飯羽間《いいばま》）・安木《あぎ》・馬籠《まごめ》・馬場《ばば》・下村《しもむら》各氏の存在が見出せるが、こうした基層構造は、戦国期にも継続する。景任・直廉死去直後の元亀三年（一五七二）十月十八日の書状で、上杉謙信《うえすぎけんしん》は遠山氏のことを「遠山七頭」と表記している。戦国後期でも、遠山各氏が当主のもとで分立・併存していたことがうかがえる。

一族の中では、苗木・明智・岩村の三家の勢力がとくに大きく、この三家が中心的存在として鼎立していたようである。戦国期には、岩村遠山氏が惣領的立場となり、一五三〇年代以降は景前《かげさき》が前面に出てくるようになる。景前は、天文三年（一五三四）に本拠地岩村の城下にある大円寺《だいえんじ》（岐阜県恵那市）再興に関与しているほか、同十一年には領内の笠置神社《かさぎじんじゃ》（恵那市）へ新たに寄進された梵鐘に領主として名がみえ、さらに同十六年には岩村城内にある八幡宮社殿を建立している。こうした領内寺社の興隆と同時に、景前は飛騨三木《みつき》氏や信濃知久《ちく》氏をはじめ周辺領主との関係にも気を配り、大円寺の妙心寺《みょうしんじ》派禅僧を介して関係維持に努めている。この景前の跡を継いで遠山氏を担うのが子の景任とその弟直廉である。景任は岩村遠山氏惣領として、直廉は苗木遠山氏に入り景任を支えていく。なお、景前三回忌にあたる永禄元年（一五五八）、景前の妻が供養のため毎月一度の「浄斎」を誓っている。表には出てこないが、実際には景前妻も少なからず景任・直廉を支えていたことだろう。

景任・直廉と信玄との出会い

景任・直廉時代の遠山氏は、武田信玄から最も大きな影響を受けていたといっても過言ではない。先述の元亀三年（一五七二）の上杉謙信書状では、遠山兄弟の時代には信玄に人質を差し出していたと述べており、信玄に従属するような関係にあったことがわかる。景任・直廉と信玄とのこうした関係に至る契機はどのようなものであったのだろうか。

史料に見える遠山氏と信玄との関係の初見は、天文二十四年（一五五五）九月二十七日頃にまでさかのぼる。このとき、信玄（永禄二年〈一五五九〉以前は晴信）はすでに服属させた木曽義康《きそよしやす》に宛てて苗木遠山氏の本拠である高森《たかもり》（苗木城、岐阜県中津川市）について述べている。木曽氏は信濃の西端に位置する領主であり、遠山氏（とくに苗木遠山氏）と領域を接していることから、信玄は木曽氏を通じて当該地域の情勢を把握していたようである。信玄は義康に対し、備えを固めるよう指示すると共に、織田信長・斎藤道三は信玄が同盟を結ぶ今川義元《いまがわよしもと》と敵対関係にあるため、高森城を織田・斎藤方に渡すようなことはあってはならないと述べている。

高森城と同様、他の遠山領も不穏な情勢にあった。天文二十四年に遠山氏は反今川勢力として今川方と対立しており、九月七・八日には領内の明智（恵那市）も戦場となっている。このように遠山氏は敵対勢力から領内へ攻め込まれていた。あるいはそれと連動して岩村遠山氏に反旗を翻す遠山諸氏もいたかもしれない。こうした状況もあってか、少なくとも弘治二年（一五五六）正月下旬より前に、岩村遠山氏は敵対勢力に対し、軍事的劣勢を強いられていた。

これらの状況を受けて、時の当主景前は親武田派として信玄に援軍派遣を要請する決断をする。当時の信玄はこの頃までに、木曽氏と同様、遠山氏と領域を接する伊那《いな》郡の諸氏も支配下においており、景前は信玄の軍事力に期待をかけたのである。信玄も遠山氏の要請に応え、出兵の意志を見せる。信玄にとっても領国西端にて領域を接し、かつ親武田氏の姿勢を見せる遠山氏の安定を望んだといえる。

なお、このとき、岩村城下の大円寺住持希《き》菴玄密《あんげんみつ》は、甲府（甲府市）にて信玄の保護を受ける遠叔という既知の禅僧の尽力によって、信玄から大円寺への略奪を禁止する制札を入手している。武田軍の登場に城下も不安に陥っていたのである。また、これまで天文二十四年（一五五五）と推定され、近年では弘治二年説も出されている八月十八日の信玄書状では、斎藤方が東美濃へ攻勢をかけたと記されており、大井《おおい》（岐阜県恵那市）の地も話題に挙がっている。遠山領各地の流動的情勢をみてとれる。ちなみに、この文書の宛先に名を連ねる秋山虎繁《あきやまとらしげ》（かつては晴近や信友として知られていた）は後年天正三年（一五七五）の岩村城籠城戦における武田方城将として著名な人物である。

いずれにせよ、遠山氏は軍事的後ろ盾を得るべく武田氏に接近し、立場を固める道を選んだ。この年、父景前も死去し、遠山氏の舵取りは景任と直廉に委ねられる。景任・直廉は遠山氏を率いる初期の段階から信玄との関係が宿命づけられていた。

信玄路線を行く景任・直廉

遠山氏は、道三から権力を奪取した義龍《よしたつ》治める斎藤氏と敵対していた。永禄三年（一五六〇）、隣国の近江南部を治める六角承禎《ろっかくじょうてい》は義龍に敵対する勢力として尾張織田氏、越前朝倉《あさくら》氏とともに遠山氏をはじめとする東美濃の勢力をあげている。斎藤氏に対抗すべく、景任・直廉は引き続き信玄を頼ることになる。なお、斎藤氏との関係は龍興《たつおき》の代である同九年（一五六六）閏八月十八日時点でもあまり良好ではなかったようで、斎藤氏が遠山氏との関係に苦慮する様子が垣間みえる。

信玄もまた遠山氏を重要視していた。永禄五年十月二十九日、信玄は遠山一族の三郎兵衛入道《さぶろうひょうえにゅうどう》に宛てて、北条氏康《ほうじょううじやす》を支援すべく自身が関東へ出馬するため、「岩村家中」が一層堅固であるよう働きかけることが重要だと述べている。関東出兵にあたって、背後の西方は守りが弱くなり、兵を割くこともできないため、その分、背後の備えとして遠山氏に期待していたといえる。

永禄六年頃になると、信玄は美濃久々利《くくり》（岐阜県可児市）へ兵糧を送ることを計画している。信玄は久々利に近い長井隼人とも友好関係にあり、これら親武田勢力への支援を狙ったものといえる。このとき信玄は、信濃国境から久々利までは遠山領内から人夫を出して兵糧を運送すべきと述べている。武田氏の戦略に遠山氏が組み込まれつつある様子をみてとることができる。

永禄七年六月十三日、信玄は景任・直廉に宛てて書状をしたため、信玄は尾張および金山城《かねやまじょう》（兼山城、可児市）と遠山氏が入魂《じっこん》の関係にあることを知って安堵したと述べている。また、越後上杉勢が信濃へ出兵してきたという情報を入手したため、出陣することを伝えている。遠山氏は信玄出陣の際に鉄砲衆五十人を派遣することになっていたようで、信玄は遠山氏に約束の鉄砲衆を急ぎ派遣するよう頼んでいる。なお、このとき遠山氏側では援軍として直廉自身も出陣の準備を進めていたが、稲葉山城《いなばやま》（岐阜市）の勢力が金山城へ攻撃をかけるとのことから、信玄は直廉の出陣が遅れることはもっともなことと述べている。

尾張・金山城・稲葉山城をどの勢力に比定するかは研究者によって評価が分かれるが、永禄七年は竹中半兵衛《たけなかはんべえ》がクーデターを起こし稲葉山城を占拠する時期にあたることから、稲葉山城の勢力を半兵衛とし、半兵衛方に攻められる金山城を斎藤龍興側の長井氏、尾張を同国の反信長勢力に比定する見解が出されている。文中では、直廉の出陣延期の理由として金山城の緊張状態があげられているが、金山城と苗木遠山氏を継いだ直廉の居城高森城は共に木曽川筋に位置しており、無視しえない状況にあったのである。なお、同七年は信玄による飛騨三木氏攻めも行われている。信玄は七月十五日の書状にて、直廉に軍を早く飛騨へ派遣するよう要請しており、延期していた軍勢派遣の催促と考えられている。ちなみに、信玄との交渉では、比較的景任より直廉の登場場面が多く、信玄との関係では直廉が前面に立っていた可能性もある。

ところで、信玄は景任・直廉に鉄砲衆五十人の派遣を強く願っているが、この記述から鉄砲はこの時点ですでに東美濃にも及び、遠山氏も鉄砲衆を軍事力に組み込んでいたことがわかる。信玄もまた、いち早く鉄砲を重視していた一人で、鉄砲伝来からおよそ十年後の天文二十四年（一五五五）、信玄が上杉氏との戦いに備え、旭城《あさひじょう》（長野市）に三百挺の鉄砲を搬入したとする記録もある。ただし、武田領国で鉄砲は十分に普及していたとは言いがたい。軍役でも動員できる鉄砲の不足をうかがわせる記述が知られている。鉄砲そのものだけでなく、火薬や訓練を積んだ射手が求められる鉄砲衆の確保は容易でなかったようである。今回の事例でも信玄が鉄砲の確保に腐心している様子が垣間みえる。また、勢力規模が大きく異なるとはいえ、武田領国より西に位置する遠山氏の方ほうが鉄砲を入手しやすい環境にあったのかもしれない。

武田・織田両氏の関係と景任・直廉

永禄八年（一五六五）頃になると可児郡を支配下においた織田信長の勢力が美濃東部にも及んでくる。『信長公記《しんちょうこうき》』には、武田方と織田方が神篦口《こうの》（岐阜県瑞浪市）で戦闘に及んだことが記されている。当時、遠山氏の勢力は神篦城（鶴ヶ城）にも及んでいたことから、遠山氏も武田方としてこの衝突に大きく関わっていた。四月十一日に信玄は遠山右京亮《うきょうのすけ》に宛てて神篦城での戦功を賞している。右京亮たちの活躍もあって神篦城は遠山方として維持されたようである。ただし、信玄が景任・直廉に八月七日（写によっては七月とも）に宛てた書状では、それ以前に神篦城に隣接する小里氏が信長方の助けを受け、反遠山の立場を鮮明にしたことがうかがえる。信長も同年十二月二十八日に津島社《つしましゃ》（愛知県津島市）の社家堀《ほっ》田右馬大夫《たうまのたいふ》に対し、遠山氏は敵方であるものの、右馬大夫の檀那でもあるため特別に遠山領内へ出入りすることを許可している。信長は敵対勢力として、遠山領内への往来を制限していたのである。

このように遠山氏と対立していた信長は、対斎藤氏戦を有利に進め、永禄十年には稲葉山城を制圧している。斎藤氏に勝利した信長は、目を西に向け上洛を志向していく。一方、信玄も今川義元の息子氏真《うじざね》と対立し、同十一年末には駿河へ出兵することとなる。両者の思惑が一致した結果、信長と信玄は和睦を結ぶ。その後の今川攻めの過程で信玄は、北条氏康や徳川家康《とくがわいえやす》とも関係を悪化させていくが、信長との和睦関係はしばらく続く。

こうして織田・武田両氏の関係が改善されていくなかで、遠山氏と織田氏との緊張関係も次第に緩和していったとみられる。『信長公記』では、元亀元年（一五七〇）に織田軍が浅井・朝倉連合軍の籠る比叡山《ひえいざん》を包囲した際（志賀の陣）、苗木久兵衛《きゅうべえ》が従軍したと記している。この苗木久兵衛はのちに苗木城主として知られる飯羽間遠山氏出身の遠山友忠《ともただ》と考えられている。また、『甲陽軍鑑《こうようぐんかん》』には信長が永禄八年に信玄四男の勝頼《かつより》に苗木遠山氏（直廉カ）の娘を信長養女として嫁がせたことが記されるほか、景任の妻は信長の叔母、苗木遠山氏の妻は信長の妹であったとする。年次や前後の記述に一次史料と異なる部分がみられるため、真偽のほどは定かではないが、興味深い記述として知られている。判断材料は少ないが、後年、景任・直廉死去後の情勢のなかで織田方が岩村城を配下に収める余地のあったことや、その後も織田方に属す遠山氏がいることとあわせ考えると、遠山氏は信玄と同様、信長との関係を改善させていき、一族の中には、将軍を奉じて存在感を強める信長に接近する者も現れた、ということはいえそうである。

ここまでみてきたように、景任・直廉の時代の遠山氏は、信玄との関係が最も大きな比重を占めている。ただし、時には信玄の意図しない行動を取ることもあった。永禄元年(一五五八)、今川義元は奥三河の領主奥平《おくだいら》氏に宛てて、名倉船戸橋(愛知県設楽町)にて遠山氏と戦ったことを賞している。信玄と義元は同盟関係にあったが、遠山氏による反今川氏の姿勢は信玄と関係を結んだ後も継続していたことがうかがえる。

すでに今川氏と同盟を結んでいた信玄がこの遠山氏の出兵をどう認識していたか(あるいは把握していたか)は不明だが、先述した天文二十四年(一五五五)の書状でも、信玄は木曽氏に対して、信玄が今川氏と入魂なことはご存知でしょうかとわざわざ述べており、前線では両氏の同盟関係と意図しない動きもまま見られたようである。また、永禄十二年二月二十七日に飛驒の三木良頼《よしより》は上杉謙信に対し、武田氏の駿河出兵の状況を伝えているが、武田氏の情勢については実際に従軍した遠山氏から入手したと述べている。こちらも一見すると、武田方の遠山氏と上杉方の三木氏が情報交換する奇妙な事例となっているが、両氏は先代の景前と直頼の時代には友好関係にあり、こうした関係も影響していた可能性がある。信玄への依存を深める景任・直廉だが、近隣の領主同士との関係もなお重要な位置づけにあった。

景任・直廉時代の遠山領

　ここまで政治動向を中心に景任・直廉時代の遠山氏をみてきたが、遠山領内についてもみてみたい。景任が本拠とした岩村城は戦国期において、遠山領内の政治・軍事の最重要拠点として機能していた。岩村遠山氏が滅亡した後も、岩村の地は恵那郡の中核地として重視されつづけ、江戸時代にも譜代大名が配置されている。

　そうした岩村の地は、宗教勢力にとっても一大拠点であった。先述したように、岩村城下には妙心寺派寺院の大円寺があった。大円寺の住持希庵玄密は、本山の京都妙心寺の住持に五回就任した経歴を持つ人物である。先住の明叔慶浚《みょうしゅくけいしゅん》もそうであったが、希庵は当時の妙心寺派を代表する禅僧だったのである。希庵は永禄七年（一五六四）には、信玄や武田領内の妙心寺派禅僧の懇望によって、一時、恵《え》林寺《りんじ》（山梨県甲州市）住持を務めている。領内においても、遠山氏配下で手向郷《とうげ》（岐阜県恵那市）を治める勝《かつ》氏の求めに応じて牛頭天王宮《ごずてんのうぐう》に寄進する鐘の銘文を執筆したことが、『常陽襍録《じょうようざつろく》』という禅宗の詩文を集めた記録からうかがえる。このように希庵は、大円寺を中心に優れた文筆能力を発揮していた。なお、岩村には美濃・越前・加賀《かが》三国にわたる信仰の地、白山《はくさん》の檀那場でもあったことが、白山長滝《ながたき》社の別当寺塔頭宝幢坊《ほうどうぼう》の古文書にみえる。

　景任・直廉の時代、岩村以外の遠山領内でも寺社興行が行われていた。大井武並社《おおいたけなみしゃ》（岐阜県恵那市）では前当主景前の死去や戦乱によって中断していた再建事業が景任をはじめ遠山氏配下の各氏の支援によって再開されている（永禄七年落成、この再建時には、鬼瓦に金箔が貼られている）。また、延友遠山氏は景前時代にも笠置神社（同恵那市）への寄進鐘に本願として見えるほか、神篦城山麓に所在する諏訪神社（同瑞浪市）の社殿造営に大檀那として関わっている（永禄八年落成）。津島社社家や高野山子院の檀那場が遠山領にもあり、伊勢神宮の遷宮費用が遠山氏にも募られたという事例とあわせ、遠山領は内外のさまざまな宗教勢力を支える重要な基盤の一つであったといえる。

なお、直廉は永禄十二年六月、領内の広恵寺《こうえじ》（同中津川市）に権益安堵の制札を発給している。戦国期の遠山氏が領内に発給した現存唯一の史料として注目されている。また、近年史料紹介された「高野山常慶院《じょうけいいん》遠山家過去帳写」では、近世の遠山氏による取捨選択はあるものの、戦国期遠山氏の位牌情報が記されている。中には景前の没年月日が弘治二年（一五五六）七月十三日であることや、景任と直廉が異母弟であることを示唆する情報もあり、さらなる議論が期待される。史料残存数の限界もあり、遠山氏をめぐる政治情勢は研究者によって見解が大きく異なる部分も多いが、宗教史料を含め新たな史料発見の可能性もまだ残されているといえよう。

景任・直廉の死とその後の遠山氏

良好な関係を維持していた織田氏と武田氏だが、次第に亀裂が生じていく。上洛した信長はその後、浅井・朝倉氏をはじめとする反信長勢力や大坂本願寺と戦いを繰り広げるようになる。一方、信玄も徳川家康との関係を修復することができず、家康は上杉謙信と同盟を結び、信玄との対立を深めていった。信玄もこれに対抗すべく本願寺《ほんがんじ》や朝倉氏との連携を模索するようになり、その過程で家康と同盟する信長との対決も視野に入れるようになる。こうした情勢のなか、元亀三年（一五七二）に景任・直廉兄弟があいついで病死するという事態が発生する。それまで景任・直廉兄弟は、基本的に親武田路線をとり、人質も信玄に出すなど、信玄に依存する道を選んだ。しかし、遠山氏を率いてきた景任・直廉兄弟が病死したことで、遠山氏内部では後継者問題が発生し、信長につくか信玄につくかもあわせ混乱していく。

岩村城跡　岐阜県恵那市

　遠山氏の状況をみた信長は、岩村城に織田信広《のぶひろ》と河尻秀隆《かわじりひでたか》を入れ、遠山氏当主の居城岩村城をおさえることで一時的に遠山氏を信長方に帰属させる。新たな当主として信長五男の御坊丸も擁立したとされる。この信長の動きについて、謙信は三河情勢とあわせて信長・家康は信玄に敵対したと判断している。十一月六日に家康が松平真乗《さねのり》に宛てた朱印状では、岩村城から、武田勢が信濃方面より進んできている旨、連絡があったことを記しており、岩村城が信長方として機能していることがうかがえる。
しかし、まもなく岩村城は武田方の手中に入る。信玄は十二日に岩村へ軍勢を入れると伝えており、十四日には岩村城を掌握し軍勢を移している。この事件について信玄は岩村が味方に属したと主張し、信長方も「岩村逆心」と捉えている。信長の手法に不満を抱いた遠山氏勢力が、進軍する武田方の軍事的脅威を契機に寝返ったことがうかがえる。ただし、織田氏への反逆は遠山氏全体に及んだわけではなく、延友遠山氏や明智遠山氏、苗木遠山氏らは信長方に留まっている。
こうして遠山氏の治めた恵那郡は、織田と武田の抗争地となり、一連の争いで遠山一族の多くも戦死していく。織田対武田の構図は、長篠《ながしの》合戦後に信長方が岩村城を包囲・落城させることで決着するが、生き残った遠山一族も、本能寺の変後に東美濃制圧を目指す森長可《もりながよし》によって所領を追われ、復帰は関ケ《せきが》原《はら》の戦いまで持ち越されることとなる。景任・直廉没後の遠山氏は苦難の道を歩んでいく。

（岩永紘和）

【主要参考文献】
宇田川武久『鉄炮伝来』（講談社、二〇一三年（初出一九九〇年））
小笠原春香『戦国大名武田氏の外交と戦争』（岩田書院、二〇一九年）
小川雄「一五五〇年代の東美濃・奥三河情勢」（『武田氏研究』四七、二〇一三年）
菊池敏雄「美濃攻略における信長の外交」（『日本歴史』八三〇、二〇一七年）

柴辻俊六『戦国期武田氏領の地域支配』（岩田書院、二〇一三年）
田澤大樹「甲尾同盟の成立・崩壊と岩村遠山氏」（『中京大学文学会論叢』七、二〇二一年）
文化財建造物保存技術協会編『重要文化財武並神社本殿保存修理工事報告書』（武並神社、二〇一〇年）
三宅唯美「室町幕府奉公衆遠山氏について」（『年報中世史研究』一七、一九九二年）
三宅唯美「神篦城主延友氏関係文書の紹介とその動向」（『瑞浪市歴史資料集』二、二〇一三年）
三宅唯美「天文二十二年五月外宮一禰宜度会備彦書状写について」（『濃飛史艸』一〇六、二〇一四年）
三宅唯美「大井武並神社造営と遠山・斎藤・武田氏の動向」（『戦国遺文　土岐・斎藤氏編』第一巻月報一、二〇二三年）
三宅唯美「「高野山常慶院遠山家過去帳写」について（一）」（『郷土研究岐阜五〇周年記念論集』、二〇二三年）
横山住雄『中世美濃遠山氏とその一族』（岩田書院、二〇一七年）

土岐頼芸——覆される凡愚な美濃守護のイメージ

美濃土岐氏と頼武・頼芸兄弟の争い

美濃土岐《とき》氏は、南北朝期に土岐頼貞《よりさだ》が美濃守護になって以来、代々美濃守護職を継承した。三代将軍義満《よしみつ》期のいわゆる土岐康行《やすゆき》の乱で、三ヶ国守護（美濃以外は尾張《おわり》・伊勢《いせ》）の座は失うものの、美濃守護職は頼忠《よりただ》―頼益《よります》―持益《もちます》―成頼《しげより》―政房《まさふさ》と継承した。成頼のときに応仁の乱が起こり、成頼は西軍方についた。乱の後半は斎藤妙椿《さいとうみょうちん》の働きもあって、土岐氏は西軍の中でも主力の一角となり、乱後は足利義視《あしかがよしみ》・義稙《よしたね》父子を美濃に迎え入れている。

妙椿・妙純《みょうじゅん》と続く守護代斎藤氏の勢力は、守護土岐氏を上回っていたが、明応五年（一四九六）に妙純をはじめとする斎藤一族の主立った者が近江《おうみ》で戦死すると、斎藤氏の影響力は低下する。しかし、土岐氏の支配力が拡大したわけでもなかった。そうした状況下で、永正十五年（一五一八）に政房とその長男頼武《よりたけ》との間に抗争が起こり、頼武は妻の父朝倉貞景《あさくらさだかげ》を頼って越前へと没落し、代わりに後継者として立てられたのが、政房の次男頼芸《よりのり》であった。

翌永正十六年六月に政房は没し、頼芸がそのまま当主となるが、九月になり、頼武が朝倉氏の後援を得て美濃へ入り、抵抗勢力を討って頼芸を排し、当主の座を奪い取った。このとき頼芸がどう動いたかは不明で、戦後も頼芸は斎藤彦四郎ら家中の反頼武派に担ぎ上げられただけとして許されたのか、あるいは国内のどこかへ移されたのか定かでない。国外に出た様子はないので、そのまま美濃国内に留まっていたであろうことは確実である。

こうして美濃国主として頼武の政治が始まる。近世以降この頼武は、頼純《よりずみ》〔土岐斎藤軍記など〕・盛頼《もりより》〔美濃国諸旧記など〕・政頼〔美濃明細記など〕の名で知られ、頼芸を擁した斎藤道三《どうさん》によって越前へ追い出されたとされてきた。しかし、美濃守護家の名前のあり方からしても、将軍の偏諱をもらわなければ「頼○」の名になるはずなので、政頼・盛頼となるわけがない。また頼純は息子〔後述〕の名で、それと混同した結果である。文書史料上では頼武の名のみが確認される。

その後、数年は美濃国内は安定していたが、大永五年（一五二五）になり、隣国近江で六角《ろっかく》氏と京《きょう》極《ごく》・浅井《あざい》氏の抗争が起こると、美濃国内でもそれに連動するように紛争が起こる。再び頼芸を担いだ勢力が蜂起したようで、頼武は八月の合戦で重臣斎藤利良《としよし》を失っている。このとき頼芸を支持したのは、頼芸統治下で守護代になった斎藤又四郎、妙純の持是院《じぜいん》家を継承していた斎藤利隆《としたか》（妙全《みょうぜん》）と、斎藤利良の重臣であった長井《ながい》長弘《ながひろ》、そして長弘に見出された長井新左衛門尉《しんざえもんのじょう》（斎藤道三の父）らである。

兄頼武との戦いが同年内か、翌年まで続いたかが定かでないが、六年までには決着して、頼武は越前へ退去している。大永七年四月には、頼芸が朝廷へ代始の御礼の進物を献上していることがみえ〔お湯殿の上の日記」、幕府にも同時期にしていたのだろう。これでひとまず、頼芸は家督の座を盤石にしたと考えられる。頼芸は当主につくと、それまで兄頼武の仮名であった次郎へと改めた。これは父政房も用いていた、土岐氏当主が継承する仮名である。

そして天文《てんぶん》元年（一五三二）になって頼芸は、守護所を福光《ふくみつ》（岐阜市）から東に位置する枝広《えだひろ》（同）へと移している。その背景として、長井一族の影響が指摘されている。翌天文二年になると、それまで頼芸を支えてきた長井長弘と新左衛門尉があいついで死去し、それぞれの子景弘《かげひろ》と規秀《のりひで》（道三の初名）へ代替わりしている（ただし景弘は翌年道三に討たれる）。守護代も斎藤又四郎《またしろう》から斎藤利茂《とししげ》へと移行している。

甥頼充との争い

このように頼芸家中が刷新されていた天文四年（一五三五）、美濃国内を大災害が襲う。長良川の大洪水である。これにより枝広付近は大損害を受け、「厳助往年記《げんじょおうねんき》」によれば死者二万余、流失家屋数万を数えたという。頼芸は一時的に枝広から大桑《おおが》城（岐阜県山県市）へと移ったらしい。この状況を機とみて動いたのが、越前朝倉氏のもとにいた頼武の子次郎頼充《よりみつ》（のちに頼純という。ただ一次史料にみえないので、本稿では頼充で統一）である。頼充は大永四年（一五二四）生まれで、このときまだ十二歳でしかなかったが、母の実家朝倉氏と、近江六角氏の支援を受けて美濃国内へ軍を動かした。四年段階では、中濃から西濃にかけての旧頼武派の蜂起に留まっていたが、五年になり、朝倉・六角の軍が美濃国内へ攻め入っている。

頼芸方もこうした状況をただ手をこまねいてみていたわけではなく、幕府・朝廷に働きかけていたようである。頼芸はこの年七月に美濃守に任官し、八月にその御礼を言上している〔後奈良天皇宸記〕が、武士の任官は基本的に幕府に申請するものなので、幕府とも交渉していたのは確実である。おそらく、幕府を動かして朝倉・六角を制止しようと働きかけたのであろうが、結局これは間に合わず、九月には西濃で別府《べっぷ》城（同瑞穂市）が頼充方の斎藤彦九郎《ひこくろう》に攻められ、彦九郎の支援に朝倉から三千、六角から千二、三百が向かっている〔天文日記〕。

この争乱は一進一退の状況で膠着し、天文七年後半になってようやく終息した。結果として頼芸は頼充へ譲歩し、頼充へ大桑を渡して、いずれ家督を譲り渡すかたちをとったとみられる。また、この戦乱のなかで台頭したのが斎藤道三で、それまでの長井から斎藤へと苗字を改めていて、政治的地位が上昇している。

こうして戦乱は終わったものの、結局、頼芸は家督の座を頼充へ渡そうとしなかったようで、それが原因か、天文十二年に頼充は大桑城を逐われて尾張犬山《いぬやま》へと逃れている。頼充は反撃に出るべく、美濃の周辺諸国へ働きかけた。前回支援してくれた六角氏は、天文七年の和議の結果、頼芸の妹を迎えたこともあって、今回は積極的に動かなかったが、尾張守護斯波《しば》氏が、応仁の乱以来続いていた越前奪回をあきらめて、朝倉氏と協力する体制を取ったことにより、天文十三年九月に北の越前大野《おおの》郡から朝倉勢が、南の尾張から織田信秀《おだのぶひで》を中心とする斯波勢が美濃へ攻め入った。

このときは稲葉山《いなばやま》城下での合戦で道三が織田信秀に大勝したことにより、朝倉・斯波勢が引き、頼芸方は難を逃れるが、その後も頼芸方と頼充方の抗争は続いたらしく、天文十五年にようやく和議が結ばれ、頼充が美濃へ戻り、道三の娘が頼充の室となった。このとき頼芸が頼充へ家督を譲ったかは不明だが、少なくとも譲渡の既定路線が改めて確認されたであろうし、これ以後頼芸の統治に関する文書が出ていないことからすると、事実上譲渡されていた可能性が高い。

美濃追放

天文十六年（一五四七）十一月、大桑城にいた頼充が二十四歳の若さで病死した。道三が毒殺したともいわれるが、のちに六角氏が道三・義龍《よしたつ》父子を非難したときに、土岐の兄弟衆を毒殺・暗殺したと述べていながら、頼充の死は早世としか記していない〔春日家文書〕ので、ただの病死だったのだろう。これを受けて頼充の弟八郎頼香が道三と戦端を開き、織田信秀の協力をあおいでいるが、信秀はここでも天文十七年八月の合戦で道三に大敗を喫し〔武家聞伝記〕、頼香は結局道三と和したものの、まもなく殺害されている。先述の兄弟衆も同時期に殺害されたのだろう。また、守護代であった斎藤利茂や、持是院家を継承していた斎藤大納言《だいなごん》妙春《みょうしゅん》も、この頃には姿を消したり、殺されたりしている。

頼充の死を契機に再び起こった美濃の内乱は、結果として道三が大利を得るかたちで終わり、土岐家中の面々も入れ替わりや興亡があり、道三に近い者が台頭することになった。気づいてみれば頼芸の周囲には、政房時代までいた一族や有力家臣たちがいなくなっていた。

そして天文十九年の冬、頼芸は道三の手によって美濃国主の座を追われ、美濃から追放される。

道三が頼芸追放の挙に出るにあたって警戒すべき相手のうち、越前朝倉氏は、孝景がすでに天文十七年に没し、まだ年若い義景《よしかげ》が継承したばかりであり、近江六角氏は、京都から足利義晴《よしはる》・義輝《よしてる》父子が近江へ没落して、その対応を最大の課題としていて、他国へ目を向ける余裕が無かった。そして尾張でも、織田信秀とは濃姫《のうひめ》と信長《のぶなが》との婚姻による関係強化と、信秀自身の健康問題で、もはや道三と敵対するような状況になかった。美濃国内でも道三と戦陣を共にした者が多く、政務も頼芸ではなく、道三が実質取り仕切るようになっていたことから、反対勢力も少なかったようである。そのため、頼芸の追放は大きな戦乱もなく済んだ。ここに二百年以上続いた土岐氏の美濃支配は終わりを告げた。

また、頼芸だけでなく、息子次郎頼次《よりつぐ》や弟揖斐《いび》光親《みつちか》も同時に国外へ追いやられた。光親は幕府や本願寺から「土岐五郎」と呼ばれ、独自の外交をしていたことから、単純な一門ではなく、守護家から別家を立てていた。光親は苗字の地である揖斐郡に拠点を持っていたこともあり、越前へ逃れている。頼次は、後年江戸幕府に仕えて旗本になって、慶長十九年（一六一四）に七十歳で没したというから、頼芸追放のときにはまだ六歳であった。家督継承者の「次郎」であったので、頼芸の嫡子であった。頼次はいつからかは不明だが、頼芸と別行動をとり、おそらく京都へ上って、長じては松永久秀の家臣になっている。

流浪の果てに

頼芸は道三から追放されてどこに行ったのか。『濃陽諸氏伝記《のうようしょしでんき》』や『美濃明細記《めいさいき》』は越前朝倉義景を頼って落ち延びたとしている。しかし、頼武・頼充父子ならともかく、頼芸と朝倉氏との間には直接的な関係はない。頼芸と同じ頃に美濃を逐われた弟揖斐光親が越前へ逃れたようなので、それと混同したのかもしれない。

頼芸追放の翌年七月に、摂関家近衛稙家《このえたねいえ》から今川義元《いまがわよしもと》・織田信秀《おだのぶひで》に対し、頼芸を美濃へ入国できるよう支援が指示されている〔近衛文書〕が、詳細は六角定頼が伝えると稙家書状にみえる。頼芸妹は定頼室であったので、頼芸はまず近江へ赴いて六角氏を頼ったのだろう。

そして道三が父子二代で成り上がったことを記す、永禄三年（一五六〇）に出された六角承禎《じょうてい》条書写〔春日家文書〕には、頼芸がまだ六角領内にいるような記述がみられず、この時点ですでに近江を去っていたようである。では、どこに行ったのか。近世成立の美濃国に関する地誌では、上総万喜《まんき》〔万木とも、千葉県いすみ市〕にいたところ、稲葉一鉄《いなばいってつ》に迎えられて美濃へ帰国したとする。

この上総万喜には、同族の土岐氏がいた。土着した来歴の詳細は不明だが、十六世紀中頃には万喜を中心とした夷隅《いすみ》郡東部に勢力を拡げていた。頼芸と万喜土岐氏の関係がどこから生じたか、これも定かでないが、次に述べる治頼《はるより》の江戸崎《えどさき》土岐氏継承にあたって、仲介でもしたのであろうか。ともあれ、頼芸はここに数年滞在したようである。

頼芸の弟治頼は、遠く常陸《ひたち》江戸崎（茨城県龍ケ崎市）の土岐原氏を継承していた。治頼時代の関係は不明ながら、治頼の子治英《はるひで》と頼芸は音信を何度も交わしている。おそらく万喜から出したのであろう、頼芸から治英への書状には、前年に音信と黄金を送ってくれたことを謝すとともに、治英の求めに応じて土岐系図と頼芸の筆になる絵を送り届けている〔諸岡武男家文書〕。あるいは頼芸が江戸崎まで足を伸ばすこともあったかもしれない。

その後、頼芸は、甲斐の武田信玄のもとに身を寄せていたことが『甲陽軍鑑《こうようぐんかん》』にみえ、客分牢人衆の一人にあげられている。同書によれば、武田方が徳川家康《とくがわいえやす》方の吉田《よしだ》城（愛知県豊橋市）を攻撃している様子を頼芸は見物している。

天正元年（一五七三）に信玄が没して息子勝頼《かつより》の代になっても、頼芸はそのまま甲斐国に留まり続けた。恵林寺《えりんじ》（山梨県甲州市）に知己である快川紹喜《かいせんじょうき》が住持として居していたことも一因だったのかもしれない。天正十年に織田信忠《おだのぶただ》が武田領国へ攻め入り、武田氏は滅亡するが、『兼見卿記《かねみきょうき》』によると、このとき頼芸は同じく武田氏のもとに身を寄せていた織田信清《のぶきよ》・佐々木大原高保《ささきおおはらたかやす》（六角義賢子）らと共に生け捕られている。織田方に捕縛されたこの牢人衆の多くは処断されているが、頼芸は信長と敵対したことはなく、老齢でもあったことで許されたようである。

命は助かったものの、再び身の置き所を失った頼芸に救いの手を差し伸べたのは、旧臣の稲葉一鉄であった。一鉄は美濃国内の自領へ頼芸を迎え入れ、大野《おおの》郡岐礼《きれ》村（岐阜県揖斐川町）に館を建ててそこに住まわせた。約三十年ぶりに故郷である美濃に戻った頼芸は、そこで同年十二月に八十二歳の生涯を終えた。

土岐氏累代の供養塔　岐阜県山県市・南泉寺境内

頼芸の統治と評価

頼芸は、近世の軍記や近現代の物語のなかでは、必ずといっていいほど、凡愚で遊興にふけり、あげく道三によって追放される、典型的なダメ武将として描写されている。評価が高いのはせいぜい絵師としての腕くらいか。

なるほど、たしかに自分で重用して引き上げた者によって地位を失ったのは、どうひいき目に見ても弁解できない失態である。

しかし、ここまでみてきたように、兄頼武や甥頼充との争いを克服して、自らの地位を確立できている。その過程での道三の役割は小さくはないものの、実際は大きくもなかった。道三の政治的立場が肥大化するのは、頼充の義父となった天文十五年（一五四六）から、頼充死後の争乱を鎮めた天文十八年頃の間である。それまでは、家中の支えもありながら、頼芸も一定度の政治的役割を果たしていたとみるべきだろう。

では、実際の頼芸の政務はどのようなものであったのか。美濃時代に頼芸自らが発給した文書は、偽文書と判断できるものを含めても十六通ほどで、宛行《あてがい》・安堵など権利関係の文書はその半数にも満たない。年代がわかる文書は、天文五年の頼充との抗争のなかで龍徳寺《りゅうとくじ》へ出した禁制が初出で、終見は頼充との二度目の抗争中の天文十三年と、期間も短い。かといって、奉行人《ぶぎょうにん》や重臣の奉書が多く出ているかといえば、そうでもない。奉行人体制そのものは、現在残る史料を見る限りでは、取次を務める私《きさ》市芸泰《いちのりやす》をはじめ、新たに奉行人に取り立てられた者が数人みえ〔三宅二〇二一〕、奉行人体制構築の片鱗がみえるが、事例が少ないことから確立していたとはいいがたい。

土岐氏の美濃支配は、十五世紀後半から守護代斎藤一族が主導しており、斎藤妙純の横死後にその影響力が低下したといっても健在で、土岐氏当主による政治体制は整備されず、斎藤一族を中心としたあり方のままであった。その点を周辺諸国と比較すると、奉行人体制が整備され、当主権力もある程度確立した近江六角・越前朝倉には遠く及ばず、織田一族任せな尾張斯波氏のあり方に近いといえよう。それが頼芸段階でやや変わりつつあったのは、評価してもよいのではないか。道三・義龍時代に重臣として台頭する安藤《あんどう》・稲葉・桑原《くわばら》（のちの氏家《うじいえ》）らも、頼芸時代になって西濃で勢力を拡大した者である。

彼らの起用を頼芸が主導したかまではわからないにしても、頼芸の政務はそうした新興勢力にも支えられていたのであった。

頼芸の政治への姿勢はあまり積極的ではなかったかもしれないが、兄・甥との戦いはそれなりに長く（頼芸当主時代の四割近くを占める）、ずっと怠惰にふけることが許される状況ではなく、またしていたらすぐに当主の座を追われていただろう。つまるところ、斎藤道三が下剋上できる余地として、無能凡愚なお飾り大名であったため、簡単に懐に取り入れられ、下剋上を許してしまう、という江戸時代の人々が抱く人物像を、頼芸は押しつけられていたのである。こうしたイメージの投影は、他地域でも有能な戦国大名によって敗北し、家を滅亡させられた、旧態依然とした室町以来の大名・領主の最後の当主によくなされるところである。滅亡・没落した大名は、最初からネガティブな先入観による評価がされがちなので、彼らの実像をできるだけフラットな視線から、改めて再検討する必要があるだろう。

（木下聡）

【主要参考文献】

内堀信雄「斎藤道三登場前後の城と町」（鈴木正貴・仁木宏編『天下人信長の基礎構造』高志書院、二〇二一年）
木下聡『斎藤氏四代』（ミネルヴァ書房、二〇二〇年）
木下聡「揖斐光親の政治的位置」（『戦国遺文　土岐・斎藤氏編』月報、東京堂出版、二〇二三年）
佐藤圭「土岐大膳大夫入道宛朝倉義景書状」（『龍ケ崎市史研究』九、一九八六年）

千葉県立総南博物館編企画展図録『万木土岐氏と夷隅の城』（二〇〇〇年）
三宅唯美「長井長弘の権力確立過程」（鈴木正貴・仁木宏編『天下人信長の基礎構造』高志書院、二〇一二年）
横山住雄『斎藤道三と義龍・龍興　戦国美濃の下剋上』（戎光祥出版、二〇一五年）

斎藤道三——戦いに身を投じつづけた下剋上の象徴

道三の前半生は父新左衛門尉の事績？

斎藤道三《さいとうどうさん》といえば、北条早雲《ほうじょうそううん》と並ぶ下剋上の体現者として有名である。しかし、その実像については史料が少なく、多くが謎に包まれている。そうしたなか、道三を知る根本史料として、発見以来、注目されてきたのが、近江南部の大名六角承禎《ろっかくじょうてい》が息子義治《よしはる》に宛てた長文の文書である。この文書は、道三の死からおよそ五年後の永禄三年（一五六〇）に書かれ、家臣たちに対し息子義治が斎藤義龍《よしたつ》（道三の息子）と同盟を結ぶことがないよう意見したものである。文書には義龍と同盟を結ぶことがいかに愚かなことか、承禎の思いつく限り列挙されており、何としても義龍との同盟を阻止したい承禎の必死さが文面に滲み出ている。

そのなかで承禎は、義龍は先祖代々悪逆の限りを尽くした成り上がり者の一族であり、その一族に追放された美濃守護土岐《とき》氏を庇護する当家が義龍と同盟を結ぶことは「末代の瑕瑾《かきん》」と主張する。実はこの文脈のなかで道三の出自に関しても言及がある。承禎は、義龍の祖父は西村新左衛門尉《にしむらしんざえもんのじょう》という者であり、もともと京都妙覚寺《みょうかくじ》の僧侶であったが、美濃長井《ながい》氏に仕えて争乱の中で台頭し、最終的に長井の名字を名乗るまでに出世したと述べている。この記述によって、道三の前半生にあたると考えられてきた事績が、父新左衛門尉によるものと見直されるようになったのである。ちなみに、戦国時代を生きた太田牛一《おおたぎゅういち》（一五二七～一六一〇頃）執筆の『信長公記《しんちょうこうき》』でも父新左衛門尉の事績を道三によるものとしている。承禎の場合、道三に国を追われた土岐氏を匿《かくま》うことで正確な情報を入手できたであろうが、当時の人々も道三の出自についてあまり把握できていなかった可能性がある（あるいは道三による国盗りの印象がそれほど大きかったのだろうか）。

父新左衛門尉が出世できた背景には、当時の美濃国内の事情によるところが大きい。十五世紀末、美濃では船田合戦《ふなだかっせん》と呼ばれる大規模な内紛が発生し、争いを制した斎藤妙純《みょうじゅん》もその後の近江遠征に失敗し、妙純本人をはじめ重臣層の多くが戦死した。こうした重臣層の人材払底とともに、美濃ではその後の十六世紀前半にも土岐頼武《よりたけ》と頼芸兄弟が家督をめぐって争いを繰り広げる。こうした情勢が新興勢力である新左衛門尉の出世につながっていったのである。

道三の下剋上

天文二年（一五三三）頃に亡くなったと考えられている新左衛門尉に代わって史料上に現れるのが長井新九郎規秀《しんくろうのりひで》、のちの道三である。なお、道三は身分上昇などの変化に応じて長井新九郎規秀、斎藤左《さ》近大夫利政《こんのたいふとしまさ》、斎藤左近大夫道三、斎藤山城守《やましろのかみ》道三のように名乗りを変えていくが、ここでは便宜上、

斎藤道三［利政］画像　東京大学史料編纂所蔵模写

基本的に道三と表記する（義龍の表記も同様）。名乗りをはじめ、本文で取り上げられていない論点については、末尾の主要参考文献を参照願いたい。

道三について、先述の六角承禎は、「代々の惣領を討ち殺し、権限を奪い取って斎藤氏を名乗るようになった。それだけでなく土岐次郎を婿に取り、次郎が早世すると、舎弟の八郎を稲葉《いなば》山《やま》城（岐阜城、岐阜市）の城下町井口《いのくち》に呼び寄せ、いいがかりをつけて自害させ、そのほかの兄弟も毒殺などによって皆殺しにしてしまった」と記している。長井氏から斎藤氏となったこと、また多くの土岐一族を殺した人物と認識されていることがわかる。以下、この記述に沿って道三の下剋上をみていこう。

長井氏について、天文二年（一五三三）十一月二十六日の道三初出文書では、同じ名字の長井景弘《かげひろ》という人物が共に署判しており、この人物が長井氏惣領に比定されている。しかし、翌三年（一五三四）九月から道三は単独で文書を発給し始め、景弘は史料から姿を消してしまう。そのため、この間に景弘は道三の手によって殺害されたと考えられている。

次に斎藤名字を名乗る経緯だが、天文四年に美濃では長良川《ながら》の大洪水が発生し、この災害を契機に戦乱が発生する。土岐氏の家督争いをめぐる土岐頼芸と次郎こと頼充《よりみつ》（頼純。頼武の子）の争乱と考えられており、越前朝倉《あさくら》氏や六角氏も関与する大規模なものであった。このとき、道三は頼芸方についたと考えられている。戦乱については不明な点も多いが、道三についていえば、この戦乱以降、斎藤利政と改め、左近大夫を称するようになる。

この頃の道三の立場がわかる事例として、同十年十一月の本願寺《ほんがんじ》による頼芸とその家臣たちへの贈答があげられる。贈答は一般的に各氏の格式に応じて差がつけられるが、道三の場合、斎藤氏のなかで三番目に多く贈り物をもらっている。長井氏から斎藤氏に改めた道三は着実に出世を遂げていったのである。

道三が土岐頼充を婿にとる契機もまた戦乱であった。天文十二年（一五四三）頃になると、土岐頼芸と頼充の関係は再び不穏になり、翌十三年九月、美濃国外に逃れていた頼充は朝倉氏と尾張斯波《しば》・織田氏の援軍を頼みに美濃入国をめざし、挙兵する。朝倉氏は六十八歳の朝倉宗滴《そうてき》が軍を率い、二十二日には城下町井口に大規模な放火をかけている。同じく尾張衆も井口まで進軍した。稲葉山城下まで攻め込まれ、二五〇〇〇〜二六〇〇〇とも称される大軍に苦戦する頼芸・道三方であったが、夕方になり敵が兵を引き始めた機会を狙い猛攻をかける。

このとき、攻められたのが織田信秀《おだのぶひで》（信長の父）の軍で部将級も含む数百人が討ち取られている。さらに総崩れになった兵は木曽川《きそ》で大量に溺死し、信秀は辛うじて帰国するありさまであった。この戦いによって、道三は朝倉氏と尾張衆を撤退させることに成功する。対立はその後も続いたが、同十五年に両者は道三が頼充を婿にとるかたちで和議を結んだ。

道三の婿となった頼充だが、天文十六年十一月十七日に二十四歳で夭折してしまう。頼充が早世すると、道三は八郎はじめ頼充の兄弟を皆殺しにしていく。八郎については、同十七年（一五四八）十一月に華厳寺《けごんじ》（岐阜県揖斐川町）に禁制を発給後、史料から姿を消す頼香が推定されている。また、守護代の斎藤利茂も同年七月以降に史料からみえなくなり、同年二月には兼山《かねやま》城主の斎藤正義《まさよし》も久々利《くくり》氏に暗殺されている。

この間、道三は頼香ら反道三勢力と協調していたと思われる信秀とも再び戦う。『信長公記』の記述によると、十一月上旬、道三は北近江の浅井《あざい》氏に加勢を頼み、織田方の入る大垣《おおがき》城（同大垣市）を挟み撃ちにしようとした。これを知った信秀の軍勢は、道三方が大垣城を攻めたことで守りの手薄となった稲葉山城を攻めるべく、十七日に美濃へ進軍、竹ケ鼻《たけがはな》（同羽島市）を放火し、そこから稲葉山城方面の茜部《あかなべ》口（岐阜市）へ向かった。これに慌てた道三は稲葉山城に戻り信秀軍に備える。両者膠着状態が続くも、信秀出陣の隙を突いて清須織田家が信秀に反旗を翻し、やむなく信秀は帰陣したという。

このように道三と信秀の対立はその後もしばらく続くが、この時期の信秀は東の今川氏や尾張国内の敵対勢力とも対峙していかねばならず、配下の平手《ひらて》政秀《まさひで》の尽力もあり、息子の信長と道三の娘を結婚させ同盟を結ぶことにする。道三はこれを受け入れた結果、南方との関係を安定させ、美濃国内でも土岐・斎藤氏の有力者があいついでいなくなったことで、天文十九年十月から翌二十年七月の間に主君の頼芸を美濃から追放し、権力を奪取するに至った。こうして道三の国盗りは成し遂げられた。

道三と寺院

土岐氏から権力を奪取した道三だが、数年後に息子の義龍と義絶し戦死してしまう。そのため、美濃国主としての姿はそれほどわからないが、ここでは寺院との関係を中心にみてみたい。

土岐氏配下時代も含めると、道三は先述の天文三年（一五三四）の文書発給以降、同八年に美江寺《みえじ》（天台宗、岐阜市）、同十四年に阿願寺《あがんじ》（禅宗、岐阜市）へも単独で権益安堵の文書を発給している。このうち、美江寺へは上意下達文言が見えるものの、阿願寺ではそうした文言も見られず、道三の影響力がより直接的に浸透しているといえる。また、年不詳だが、道三は小塩良為という人物を通じて立政寺《りゅうしょうじ》（浄土宗、岐阜市）の寺領へ段銭諸役を賦課しようとしている。美江寺・阿願寺・立政寺は城下町井口やその周辺に立地しており、この地域における道三の存在感の大きさが垣間みえる（美江寺については、道三の時代に現在地へ移されたという伝承がある）。稲葉山城のある井口は道三の拠点として知られるが、寺院への影響力という点からもこうした性格がうかがえる。

道三は、真宗《しんしゅう》の本願寺《ほんがんじ》教団や禅宗《ぜんしゅう》の妙心寺《みょうしんじ》派のように戦国期に影響力を拡大させた宗教勢力の寺院とも関わりを持っていた。本願寺教団については、本山の大坂本願寺と何度かやり取りをしている。先述天文十年に本願寺が土岐・斎藤各氏へ贈答を行った際、初めて接触する者が多いなか、本願寺と道三はこの時点で既知の間柄であった。道三は、同十二年には本願寺に美濃門徒による横暴の鎮静化に協力を求め、また土岐氏追放後の天文二十年も本願寺と贈答を行い関係を保っている（このとき、井口の上宮寺が使者を務めている）。

領内の寺院とは、有力寺院である性顕寺《しょうけんじ》（岐阜県神戸町）から何度か贈答が行われているほか、美濃国主となった同二十年頃には、それまで追放していた西円寺《さいえんじ》（同大垣市）住持の帰国を認め、寺領の返付を行っている（このときに道三と西円寺の間を取り次いだ宮川氏は、道三と縁戚関係にある一方で、本願寺にも帰依している）。道三は同二十三年には城下町井口の道場に対しても、寄進・権益安堵を行っている。美濃国内における本願寺の影響力は強く、家臣にも帰依者が多いなかで本山や領内の本願寺寺院とどう向き合うかは、道三にとっても重要な課題であった。

妙心寺派について、道三による明確な保護は見出せないが、後年の永禄三～五年（一五六〇～六二）、義龍を後ろ盾に美濃禅宗界の覇権を握ろうとした別伝の処遇をめぐる義龍側と快川紹喜《かいせんじょうき》ら美濃妙心寺派諸住持で騒動が発生した際（別伝騒動／別伝の乱）、龍谷という禅僧は、先代道三から保護を受けたため義龍側に与したと主張している。なお、先述の阿願寺も妙心寺派である。また、汾陽寺《ふんようじ》（岐阜県関市）や慈恩寺《じおんじ》（不詳）は、道三に戦陣見舞いを行っている。諸寺院がこうした戦陣見舞いを行う背景には、為政者である道三から寺領などの権益を保障してもらうことにあった。道三もまた、こうした在地の要望に応えることで美濃国主としての立場を固めていったといえる。ちなみに、道三自身は井口の常在寺に肖像画が残ることからもうかがえるように、法華宗《ほっけしゅう》を信仰していたようである。

美濃国主としての道三

前項では、比較的史料の多い寺院との関係をみてきたが、道三は天文十八年（一五四九）に本巣郡の真桑名主百姓中に宛てて用水取得の裁定も下しており、村落裁定に臨む姿も垣間みえる。また、年不詳だが同年五月より以前に室町幕府から道三に対し、関東から京都へ進上される鷹・馬を運ぶ一行が美濃を通行する際、便宜を図るよう要請がなされ、道三もこれに応じている。これらの事例も含め文書上、道三は天文十八年頃までに美濃における事実上の支配者として君臨していたと考えられている。

ただし、他の戦国大名については奉行人を通じた奉書や印判状の発給を行う事例が少なからずみられるが、道三の場合は明白な事例が見出せない。刑罰についても『信長公記』では、道三が罪の軽い者を牛裂きの刑に処し、あるいは罪を犯した者の妻・親・兄弟に釜茹での刑を執行させるなど、その凄惨さが記されている。独裁的な道三の裁判形態を反映しているのかもしれない。また、残酷な処刑は見せしめとしての面も考えられており、潜在的に道三に反発する勢力が少なくなかったことをうかがわせる。後年に義龍との抗争で道三に属する軍勢が少なかったことも、そうした一面が影響したと評価されている。それゆえ、道三の段階では、いまだ予断を許さない領内情勢に目を光らせる必要があり、権力機構の整備は義龍以降の課題として残されることになった。

次に道三の支配領域について目を向けてみる。道三が権限を掌握していく時期の文書発給先をみると、井口城下町を中心に西は安八郡や本巣郡南部、北は武儀郡の一部（汾陽寺のある武芸谷周辺）などに及んでいるようである。後年、義龍のクーデターを受けた道三が山県郡に逃れたこともあわせると、これらの地域はとくに道三の影響力が強かった可能性がある。また、道三領国自体は、美濃全土には及んでいない。恵那《えな》郡の遠山《とおやま》氏や郡上《ぐじょう》郡の東《とう》氏（戦国期に一族の遠藤氏が台頭）は、室町幕府の奉公衆《ほうこうしゅう》として土岐氏時代から自立的な勢力であり、それは道三の時代も同じであった。

天文二十二年（一五五三）五月に伊勢神宮《いせじんぐう》（三重県伊勢市）の遷宮《せんぐう》費用が各地の武家に募られた際、美濃では道三とともに遠山氏が別枠であげられている。さらに注目すべきことに、道三は武田《たけだ》氏や北条氏と比べると格式が一段下がっており、遠山氏と同格扱いであることが指摘されている。土岐氏から権力を奪取したものの、国主としては家格が低い現状にどう対処していくか、これも次代の義龍に残された課題となった。

こうしてみると美濃国主としての道三は、領国統治の点で多くの課題を抱えていたことがわかる。ただし、道三の場合、領国統治という課題にたどり着くまでの過程が長かったことに留意する必要がある。武田信玄《しんげん》・今川義元《いまがわよしもと》・織田信長といった有名な戦国大名が活躍できた背景には、その基礎を作り上げた彼らの父たちの役割が大きかった。道三の場合も、最終的に自身の一族を最高権力者とする体制を確立し、また結果的ではあるが、自身の死によって義龍の権力基盤が強化された。美濃三人衆として著名な稲葉《いなば》・氏家《うじいえ》・安藤《あんどう》三氏や武井夕庵が道三死後、引き続き重要な役目を担っていくことも見逃せない。このことを踏まえると道三も、長井氏から斎藤氏へ自らの家格を上昇させ、美濃における国盗りを成し遂げたという点で、次代への基礎固めを果たした父たちの一人に数えることができよう。ここでは、こうした観点で美濃国主となった道三の意義を評価しておきたい。

なお、道三は茶湯の関心も高かった。道三は梅雪軒《ばいせつけん》という茶人（村田珠光流）が美濃を訪れた際、懇願して梅雪軒の再訪時に、「数寄《すき》 厳《よそおい》 之《の》図《ず》」という茶会時の部屋飾りに関する書物を入手している。茶器に関しても、先述天文二十年（一五五一）の本願寺との贈答にて、道三は象眼《ぞうがん》の装飾を施した水指《みずさし》を贈り、本願寺からは東山御物《ひがしやまごもつ》の曜変《ようへん》（天目《てんもく》茶碗）を贈られている。また、道三は領内の寺院から贈り物として柿や抹茶を送られることもあったが、こうした贈り物は茶会に使用されることがあったかも知れない（柿は栗と並んで茶会に用いられることの多い果物である）。道三台頭以前の美濃では有力者による茶湯文化への造詣が深く、権力を掌握する過程で道三もまた茶湯への関心を深めていったと考えられている。

信長との関係

　道三といえば、国盗りと並んで、信長の力量を早くに評価していたことでも有名である。そうした事例としてよく知られるのが聖徳寺《しょうとくじ》（愛知県一宮市）の会見である。『信長公記』に記された概要は以下のようになる。

　織田氏と同盟を結んだ道三だが、家臣たちは婿の信長は大たわけだという。そのたびに道三はそれを否定していたが、あるとき、一度対面して信長の器量を見極めようと思い立つ。天文二十一年（一五五二）頃の四月下旬、道三は富田《とみだ》（同一宮市）の聖徳寺まで赴くので、対面したい旨を信長に申し入れ、会見が実現する。美濃・尾張両国の国境に近い富田は美濃・尾張双方から課役等の免除特権を受ける中間地帯であった。そのため、道三は聖徳寺を会見場所にしたのであろう。

　信長を見極めたい道三は、会見に先立ち聖徳寺の御堂の縁に威儀を整えた服装の老人を七、八百人用意させて、信長がその前を通るように仕向け、自身は町境の小さな家から密かに信長の姿をうかがった。槍・弓・鉄砲で装備されたかなりの軍勢を率いてやってきた信長は、奇抜な格好であったものの、寺に到着するなり服装を一新する。道三の重臣たちは信長がわざとたわけを演じていたのだと驚かされる。対面時の信長の対応も見事で、道三はぐうの音も出ず苦い顔をするしかなかった。さらに、信長を見送った道三は自軍の槍が信長軍の槍と比べて短いのに気づき、おもしろくない様子で引き上げた。帰途、猪《いの》子兵介《こひょうすけ》という者が、道三にやはり信長はたわけでしたねと話しかけると、道三はそうであれば残念だ。

道三の子どもはそのたわけの門外に馬をつなぎ、臣従することになるだろうと述べ、それ以降、道三の前で信長をたわけと呼ぶ者はいなくなった。

以上が会見の概要だが、『信長公記』ではその後、信長が今川方の村木城《むらき》（愛知県東浦町）を攻めた際、信長の要請に応え、道三が清州城（同清須市）の留守を預かる城番として安藤守就《あんどうもりなり》を援軍に派遣したことが記されている。また、道三が織田一族の織田玄蕃允《げんばのじょう》（秀敏《ひでとし》）に対して、信長が若年でありいろいろ苦労していると思うが、信長家中の安定に尽力して欲しいと申し入れた事例もある。

このように、道三は信長に手厚い援助を与えている。信長の力量を評価していることも大きいだろうが、国盗りをしたばかりの道三は、六角氏をはじめ敵対勢力が少なくなく、数少ない味方として信長は重要な存在であった。一方で『信長公記』の逸話からもうかがえるように、信長はたわけだからという理由ながら、美濃内部では信長との同盟に疑問を持つ声が少なくなかった（織田氏とは同盟以前に激しく対立していたことも影響しているか）。このことは突き詰めると、同盟を維持する道三の判断自体も問われかねない。道三にとって信長の力量は想定以上だったと思われるが、信長を高く評価し、手厚い援助をおこなった背景には、貴重な同盟相手の立場を安定させ、ひいては家臣たちに同盟を納得させるという自らの存立に関わる問題も絡んでいたかもしれない。

道三の最期

道三には息子義龍がおり、道三自身、義龍に家督を移すことを考えていた。道三は天文二十三年（一五五四）三月五日付で城下町井口の道場に対し、寄合所であるため宿としての利用を免除しているが、五日後に義龍も、新九郎利尚《しんくろうとしひさ》として同内容の文書を発給している。ただし、翌二十四年三月十四日に道三は、自身が主体となって朝廷へ連絡しており、権力移譲は徐々に行う予定だったと考えられている。

しかし、次第に父子の関係は悪化していく。その背景として『信長公記』では、道三が穏当な性格の義龍を愚か者とみなし、次男孫四郎《まごしろう》、三男喜平次《きへいじ》のほうが利口であるとしてかわいがるようになったことをあげている。道三はとくに喜平次を溺愛していたようで、「一色右兵衛太輔《いっしきうひょうえのたいふ》」の名乗りを与えたと記されている。「一色右兵衛太輔」改名の真偽はともかく（事実ならのちの義龍による一色改姓との関わりで興味深いが）、こうした道三の偏愛が弟たちを助長させ、結果、弟たちに蔑まれ面子を潰された義龍の実力行使に発展する。このとき、義龍叔父（庶子とも）の長井隼人も積極的に協力しており、隼人が義龍をそそのかした可能性も指摘されている。

決意した義龍は、十月十三日から病と称して一ヵ月近く引き籠もり、十一月二十二日に道三が稲葉山麓の私宅へ下ったのを機に日根野弘就《ひねのひろなり》を通じて孫四郎・喜平次を殺害、年来の鬱憤を晴らす。義龍は弟殺害の顚末を山麓の道三に伝える。道三は驚くも、軍勢を呼び寄せ井口の町を放火し、その隙をついてか長良川を越え山県郡の山中に退いた。この時点で義龍に道三を拘束・殺害する動きがみられないことから、義龍としては父道三とは穏当な形での解決を考えていたかもしれない。しかし、身の危険を感じた道三は義龍と戦う道を選んだ。やがて義龍も道三を討つことも厭わない姿勢をみせ、父子は義絶し、全面戦争に発展する。

数ヵ月後の弘治二年（一五五六）四月十八日、道三は鶴山《つるやま》（岐阜市）に兵を進める。このとき、信長も道三救援のために出陣している。対する義龍も信長の到着以前に決着を図るべく、二十日の午前、軍を進めた。義龍方の動きを見た道三は、自ら鶴山から長良川の川端に布陣し、両軍は激突する。兵力はすでに稲葉山城をおさえた義龍側が有利だったようで、『信長公記』に次いで比較的信憑性のある『江濃記』では、人質が義龍側にあることで国中の兵は義龍についたとしている。それでも道三は、義龍軍の先陣竹腰道塵《たけごしどうじん》を討ち取り奮戦する。しかし、続いて押し寄せた義龍率いる大軍には敵わなかった。最期は長井忠左衛門《ちゅうざえもん》が道三に組み付き生け捕りにしようとしたところ、小真木源太《こまきげんた》が道三のすねを切って押し倒し首級をあげた。道三に組み付いた忠左衛門はのちの証拠として道三の鼻を削いだという。戦乱に身を投じ続けた道三らしい最期であった。

（岩永紘和）

【主要参考文献】
石川美咲「戦国期美濃国における後斎藤氏権力の展開」（『年報中世史研究』三九、二〇一四年）
木下聡編『美濃斎藤氏』（岩田書院、二〇一四年）
木下聡『斎藤氏四代』（ミネルヴァ書房、二〇二〇年）

岐阜市歴史博物館編『特別展　道三から信長へ』（道三から信長へ展実行委員会、二〇〇六年）
久留島典子『一揆と戦国大名』（講談社、二〇〇九年）
三宅唯美「天文二十二年五月外宮一禰宜度会備彦書状写について」（『濃飛史艸』一〇六、二〇一四年）
横山住雄『斎藤道三と義龍・龍興　戦国美濃の下克上』（戎光祥出版、二〇一五年）

斎藤義龍・龍興——道三の恐るべき子と孫

父殺しの義龍

ドストエフスキー著『カラマーゾフの兄弟』の主題は「父殺し」である。フロイトは父殺しの精神構造を「エディプス・コンプレックス」と名づけた。洋の東西を問わず論点としての「父殺し」は、学者たちの探求心に火をつけてきた。日本の歴史上、もっとも有名な「父殺し」といえば、斎藤道三《さいとうどうさん》・義龍《よしたつ》親子だろう。ただ、歴史家をして、彼らの心の内を語らしめることはできない。歴史家ができるのは、親子のしたこと、その「史実」を跡づけ、そのことが「社会」に与えた影響の意味を解くことである。

斎藤義龍の存在は、中世から近世へと変わりゆく「美濃社会」に何をもたらしたのか。

父子二重権力の相剋

親子は初めから対立していたわけではない。当初、道三は、斎藤氏の美濃国主としての地盤を固めるべく、嫡子義龍に対し、段階的な権力の譲渡を計画していたようだ。義龍発給文書の初見は、天文二十三年（一五五四）三月に稲葉山《いなばやま》城下・井口《いのくち》（現在の岐阜市の市街地）の真宗《しんしゅう》道場に宛てた禁制であり、

斎藤義龍画像　岐阜市・常在寺蔵　岐阜市歴史博物館写真提供

道三の決定を五日遅れて追認する内容であった〔浄安寺文書〕。このとき、義龍は数えで二十六歳である。翌年三月には、道三が斎藤氏を代表して朝廷との交渉にあたっている〔お湯殿の上の日記〕。

ところが、弘治元年（一五五五）十一月、事態は急展開を迎える。義龍は道三に反逆し、道三を井口から追放したのである。一連の騒動は、織田信長《おだのぶなが》の右筆《ゆうひつ》・太田《おおた》牛一《ぎゅういち》の記した『信長公記《しんちょうこうき》』に詳しい。これをもとに経過を追ってみよう。道三とその子どもたち義龍・孫四郎《まごしろう》（次男）・喜平次《きへいじ》（三男）は、いずれも日常的には金華山《きんかざん》山頂の稲葉山城に居住していた。義龍は、弟たちとは別棟に居住していたようで、仮病を装い、自邸の奥へ引き籠もった。十一月二十二日、道三が「山下の私宅」に下ると、義龍は家臣の長井《ながい》隼人佐《はやとのすけ》・日祢野弘就《ひねのひろなり》と謀り、弟二人を呼び寄せ誅殺した。これに肝を冷やした道三は、井口の城下町に火を放ち、「山県《やまがた》と云ふ山中」（前代土岐《とき》氏の守護所大桑《おおが》のことか）に退いたのであった。道三は山上の主たる屋敷とは別に、山下にも私宅をもっていた。おそらく、山上では、道三と義龍は異なる曲輪《くるわ》か建物に居住していたのだろう。この時期の稲葉山城は、空間構造的にも二重権力状態にあったのである。

道三が退去した直後、義龍は北加納《きたかのう》の美江寺《みえじ》（岐阜市美江寺町）に対して禁制を発給した〔美江寺文書〕。この禁制は奉書《ほうしょ》形式をとらず、義龍の名乗りもそれまでの「利尚《としひさ》」から「范可《はんか》」へと変わっている。道三を稲葉山城から追放したことで、晴れて義龍は国内向けの文書発給を単独で行えるようになったのである。一方、道三は山県への退去にともない、国主としての影響力を大幅に後退させたとみられる。これ以降、道三の国内向けの文書発給はほぼみられなくなる。

弘治二年四月、道三による国外向けの文書発給の動きがあった。長良川《ながらがわ》合戦を目前に控えた四月一日、道三と義龍は個別に、伊勢神宮《いせじんぐう》遷宮の材木運搬のため「河上 諸役所中」宛の勘過状（通行証）を伊勢神宮関係者の一志満王大夫《いちしまんおうたいふ》に与えている〔永禄記〕。この段階に至っても、道三・義龍双方が美濃国外から勘過状を期待される存在だったのである。

同年四月十八日、道三は「鶴山《つるやま》」（岐阜市上土居）に居陣し、同二十日、道三と義龍は長良川の河原で合戦に及び、道三は敗死した〔信長公記〕。こうして美濃国は、義龍の単独支配の段階を迎える。

斎藤六人衆体制の成立

長良川合戦から二年の月日が経った永禄元年（一五五八）、前代守護の土岐氏とはほとんど関わりがない新参の斎藤氏家臣たちが美濃国政への関与を始める。「新参の家臣」とは、竹腰尚光《たけのこしひさみつ》、日比野清《ひびのきよ》実《ざね》、長井衛安《ながいもりやす》、安藤守就《あんどうもりなり》、日祢野弘就、桑原直元《くわばらなおもと》の六人である。以下、彼らを斎藤六人衆、もしくは六人衆と呼ぶ。彼ら六人衆のなかには、美濃国西部に広がる平野部、西美濃地域に基盤をもつ国人層出身の者（竹腰・安藤）もいた。このことは、斎藤義龍がそうした土岐氏とは関わりのない西美濃の領主層に担がれた国主であったことを示唆しよう。

六人衆の史料上の初出は、同年六月十日付の根尾《ねお》川上流域を灌漑する真桑《まくわ》用水の相論に関する連署状である〔安藤鉦司氏所蔵文書〕。これに先立って、同年四月に義龍の制札が出されている〔安藤鉦司氏所蔵文書〕。この相論は真桑用水掛りの村々（岐阜県本巣市上真桑周辺）よりも根尾川（旧籔川）の上流、籔川扇状地の扇頂に位置する曽井《そい》方（本巣市曽井中島周辺）が新規に井水を引こうとしたことに端を発した。同年春に義龍は上使を派遣し、実地検分を行ったうえで、曽井方の取水は不法と判定し制札を発給した。曽井方は、この裁定を不服とし、再度斎藤氏に訴え出た。しかし、六人衆は義龍の上使実見に基づく「仰出」（判断）を心得るようにと繰り返し、曽井方の訴えを退けた。このように、六人衆は義龍の決定を受けて、義龍の意を在地へ伝達する役割を果たしていた。

永禄二年には、義龍の判物などを前提とせずとも、斎藤六人衆独自の文書発給がなされるようになる。同年十二月十日付の六人衆連署状では、立政寺《りゅうしょうじ》（岐阜市西荘）での鵜飼を禁じている〔立政寺文書〕。これを破った場合の処罰を加える主体は、義龍が想定されている。とはいえ、六人衆は、義龍の判物などを前提とせずとも、あくまでも六人衆単独の文書発給によって権力の意思を伝えている。斎藤義龍の

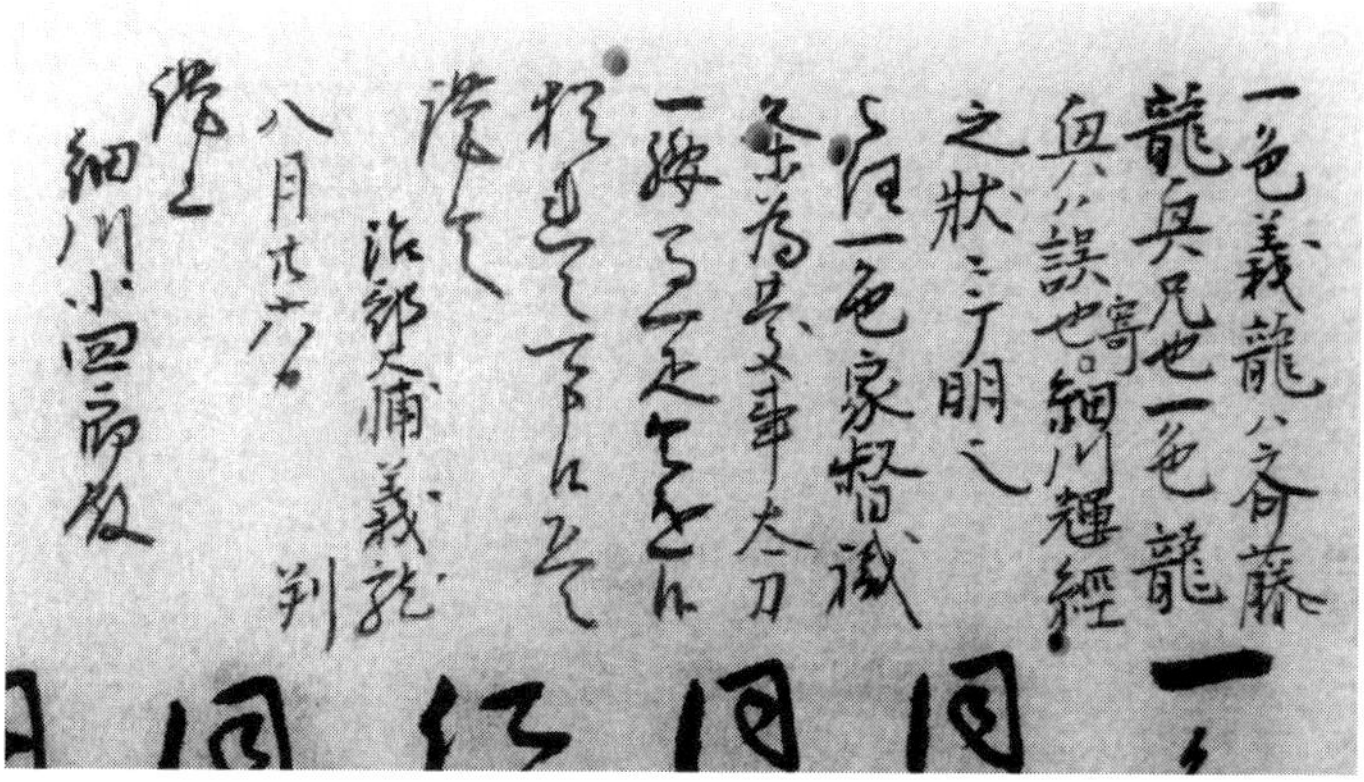

一色（斎藤）義龍書状写（〈細川家譜（漆塗箱入）自家便覧十五〉）　熊本県立美術館蔵

宿老衆として、彼らは義龍を権力の頂点に戴きつつも、権力の意思を発給文書上に示す主体となっていったのである。

一色改姓の意義

斎藤義龍は、相伴衆《しょうばんしゅう》に任命され、桐文や将軍偏諱《へんき》を拝受するなど、室町幕府から種々の栄典を受けた。その最たるものが一色《いっしき》姓への改姓である。一色氏とは、将軍家に連なる足利《あしかが》一門の格式高い血筋の家である〔谷口二〇一九〕。十六世紀において、一色氏は丹後国のみの守護職を有したが、家中の統制がとれず守護としての求心力を失っていた。つまり、一色は有名無実化した名字といえる。義龍にとっての一色改姓は、道三以来の斎藤氏の出自の「低さ」を補い、守護土岐氏を凌駕するための方策であった。

弘治四年（一五五八）二月、義龍を治部大夫《じぶのたいふ》に任ずることを伊勢貞孝《いせさだたか》が勧修寺《かじゅうじ》尹豊《ただとよ》を介して奏上し、それを正親町《おおぎまち》天皇が聴許した〔お湯殿の上の日記〕。この時期、将軍足利義輝《よしてる》は京都不在であったため、義龍は官途の申請を朝廷へ直奏したのである。この年の末に、義輝と三好長慶《みよしながよし》の和睦が成立し、義輝が帰洛すると、翌永禄二年（一五五九）四月に義龍は義輝の相伴衆に任命された〔厳助大僧正記〕。そして同年八月、義龍は一色家家督を幕府から認められた。同月二十六日、義龍は義輝の御供衆の細川輝経《ほそかわてるつね》へ、「一色家督職」斡旋の御礼に太刀や馬を進上した〔自家便覧〕。この一色改姓と同時に、義輝から「義」の偏諱を拝領し、「義龍」に改名した可能性が高い。さらに、永禄四年二月には、義龍は左京大夫《さきょうのだいぶ》に任官する〔瑞光院記〕。左京大夫は前代の守護土岐頼武《よりたけ》・頼芸《よりのり》でさえもなれなかった官途であり、義龍の任官は「土岐氏を超える存在」になることを意図したものであった〔木下二〇一四・二〇二〇〕。

注目したいのは、義龍のみならず斎藤六人衆までもが丹後一色家臣団の名字に改めている点である。義龍の改姓と同時期に、竹腰氏は成吉《なりよし》姓に、安藤氏は伊賀《いが》姓に、日祢野氏は延永《のぶなが》姓に、桑原氏は氏家《うじいえ》姓に改姓した〔日比野氏と長井氏も改姓したと思われるが、二人とも改姓後の名字で史料上に現れる前に戦死したため、詳細は不明〕。六人衆のそれぞれの名字は、一色氏家臣団の中でも伝統的な家柄のものである。六人衆も急速に台頭した、いわば成り上がり者集団である。六人衆を改姓させることで、彼らの正統性を創出し、併せて当主—家臣という身分秩序を可視化させる狙いが、義龍にはあったのだろう。

一連の栄典受給により、斎藤（一色）氏の家格は急上昇した。そうして身に付けた権威をもって、他大名を牽制する効果への期待もあったのだろう。永禄三年七月、隣国近江の六角承禎《ろっかくしょうてい》は、息子の義弼《よしすけ》と義龍の娘との間で進んでいた縁談を解消させるべく、義弼の重臣らに対して、斎藤氏と婚姻関係を結ぶことは、いかに六角氏にとっての弊害であり、不都合であるか切々と説いた〔草津市蔵春日家文書〕。承禎は将軍義輝に、義龍の言上を聞き届けないように再三申し入れをしたと述べている。また、幕府政《まん》所《どころ》執事《しつじ》の伊勢氏と斎藤氏との縁組についても、承禎は斎藤氏から伊勢氏への輿入れの荷物を押しとることで妨害したという。要するに、承禎は斎藤氏の急激な家格上昇を危ぶみ、これを妨害しようとしたわけである。

結局、義弼と義龍の娘との婚姻は叶わなかったが、承禎の意図とは裏腹に、斎藤―六角氏間の軍事的な同盟は妥結に至った。その証拠に、永禄四年閏三月、六角氏への「合力」のため斎藤軍が近江に出兵している〔永禄沙汰〕。また、義龍の娘と伊勢貞孝の息子貞良《さだよし》も成婚に至った。つまり、一色改姓をはじめとする義龍の栄典受給は、六角氏などの他大名の干渉や妨害の抑制・牽制策として、一定程度功を奏したといえよう。

別伝騒動――義龍・六人衆の同床異夢

永禄三年（一五六〇）九月、斎藤義龍は、臨済宗《りんざいしゅう》妙心寺《みょうしんじ》派の一派・霊雲《れいうん》派の別伝宗亀《べつでんそうき》を開祖とし、井口城下町に北接する長良川中州に伝燈寺《でんとうじ》（岐阜市早田）を開創した。同年十二月、義龍の名で美濃国内の禅宗寺院は伝燈寺に帰属することなどが触れられた。これは、崇福寺《そうふくじ》（岐阜市長良福光）の快川紹《かいせんしょう》喜《き》を筆頭に妙心寺派四派のうちの霊雲派以外の三派（東海《とうかい》派・聖沢《しょうたく》派・龍泉《りょうせん》派）の僧侶たちの反感を買い、快川ら一団は尾張へ出奔することで斎藤氏に抗議の意を表した。当時の書状類の写をまとめた編纂物の『永禄沙汰』（別名『別伝悪行記』）によって騒動のあらましを追うことができる。

対立の最中の永禄四年二月十六日、斎藤六人衆は妙心寺（京都市右京区）へ書状を送った。その内容から義龍と六人衆との間の微妙な意向の違いが読み取れる。義龍は快川ら出奔僧に憤慨するも、「国之儀」を優先させ、別伝をいったん伝燈寺から退院させたが、義龍自身の禅宗に対する信心深さを理由に別伝の伝燈寺への復帰を妙心寺に求めた。問題は、国内の妙心寺派に対する処分である。義龍は、国内での霊雲派（特芳《とくほう》一派）以外の妙心寺派の布教を認めないと極論している。義龍の考えを伝えたうえで、六人衆は、処分は一連の騒動を引き起こした快川一人に留め、残りの出奔僧十七人は従来どおり活動することを打診し、落としどころを探っている。このように、義龍は別伝を庇護し、妙心寺派三派の処分を断行しようとしたのに対し、六人衆は事態の収拾を図ろうと周旋していた。

なぜこれほどまでに義龍は別伝に入れ込んでいたのか。その要因の一つに、別伝の師である亀年禅愉《きねんぜんゆ》の存在があげられる。亀年は国師号を有し、朝廷や畿内近国の大名とも太い人脈があった。一色改姓に代表されるように、義龍は中央からの栄典受給に対する志向が強かった。義龍が別伝を厚遇した背景には、別伝を通じて亀年に近づくことで、周囲の武家に格の高さを主張し、自らの国主としての正当性に箔をつけるねらいがあったと考えられている〔岩永二〇二一〕。

その後、義龍の要請で将軍足利義輝が介入し、騒動は泥沼の様相を呈した。ところが、翌四年五月十一日の義龍の病死を契機に、にわかに収束してゆく。義龍の死後早々に六人衆が瑞龍寺《ずいりょうじ》（岐阜市寺町）の評定衆へ働きかけたことにより、出奔衆の帰国が実現し、騒動はようやく終結した。時を同じくして、同月十三日には尾張織田信長軍の美濃国境への侵攻を受けたが、当主の突然死した窮地にありながら斎藤勢は善戦していた〔信長公記〕。

義龍、波乱の三十二年の生涯は、意外にあっけない幕切れだった。

義龍死後の対外政策

父義龍に代わって、当主の座に就いたのは、弱冠十五歳の龍興《たつおき》だった。この時期の斎藤氏にとって、信長の脅威に対抗するうえで、対外政策は喫緊の課題であった。斎藤氏は、永禄三年（一五六〇）以来の六角氏との協調関係を継続させると同時に、畿内の一大勢力である三好氏との接触を開始する。永禄五年六月二日、六角氏が三好氏と和睦して勝軍地蔵山《しょうぐんじぞうやま》（京都市左京区）から陣を引き払った〔お湯殿の上の日記〕。これを契機に具体的な三好氏との交渉が動き出し、翌年三月、まずは伊勢貞辰《さだとき》（備中守家）から伊勢氏庶流周辺のグループから三好氏と斎藤氏の間で誓詞（起請文）を交換するよう斎藤氏へ要請があり、斎藤氏は誓詞を調整する方針である旨を返答した〔尊経閣文庫所蔵文書〕。こうして同年六月、伊勢氏庶流とその周辺の人々の働きかけによって、斎藤龍興と三好義興《よしおき》の間の同盟が成立した〔彰考館文庫所蔵文書〕。

三好氏は、六角氏の牽制を意図して斎藤氏との同盟を望んだのだろう。一方、斎藤氏は、対立する三好氏と六角氏のどちらにも通じていたのである。ところがその後、三好氏では永禄六年八月二十五日に当主義興が亡くなり、六角氏では同年十月にいわゆる観音寺《かんのんじ》騒動（家臣団の当主への反発によって生じた家中の内部分裂）が起こり、両氏ともに当主の求心力が低下してしまった。ゆえに、結果的には斎藤氏にとって両氏との同盟で得られたうまみは、さほどなかったのかもしれない。

注目したいのは、一連の三好・六角両氏との対外交渉にあたり、斎藤氏の外交文書の発給体制に変化が生じた点である。実交渉の場面で、龍興が直接的に文書発給を行った徴証はない。斎藤六人衆のメンバーを中心とした義龍期以来の重臣のうち二人が、龍興宛の外交文書を取り次いでいた。つまり、斎藤氏を代表して対外交渉を取り仕切っていたのは、六人衆たちだったのである。

稲葉山城奪取と長井隼人佐の台頭

永禄七年（一五六四）二月六日白昼、斎藤六人衆の一員であった安藤守就は、菩提山《ぼだいさん》城（岐阜県垂井町）主の竹中半兵衛《たけなかはんべえ》（守就の娘婿）とともに、稲葉山城を占領し、龍興や側近を城から追い出した。龍興の家臣六人が討ち殺され、龍興と稲葉山城から脱出したのは、延永（日祢野）弘就と成吉（竹腰）尚光、そのほか馬廻り衆であった〔荘厳講記録〕。龍興ら「退衆」は稲葉山城下の人家を放火し、鵜飼《うかい》（岐阜市）・

祐向山《いこうやま》（岐阜県本巣市）・揖斐《いび》（同揖斐川町）などに城を構え対陣した。崇福寺の快川紹喜は、これを両人による美濃「一国」を領する行為だとし、安藤・竹中両氏の味方をしたものは、恥を知らず義のない者ととらえていた〔明叔慶浚等諸僧法語雑録〕。したがって、このクーデターは安藤・竹中両氏の単独行動ではなく、一定数彼らの支持者がいたことがわかる。

安藤・竹中の稲葉山城占有は八ヶ月に及んだ。龍興は、十月下旬頃までに稲葉山城に戻った〔尊経閣文庫所蔵文書〕。無血開城だったとみられるが、この騒動を経て、安藤守就は六人衆の構成員から外れ、政策決定の仕事からは遠のいた。

これと入れ替わるように、長井隼人佐の斎藤氏権力内での発言力が増していく。長井隼人佐は、斎藤道三の子で、義龍の異母兄、龍興の叔父にあたる。道三が初め父長井新左衛門尉《しんざえもんのじょう》と同じ長井姓を名乗ったことから、隼人佐は道三から長井の名跡を継承したとみられ、東濃の金山《かねやま》城（同可児市）に拠点を置いた〔横山二〇一五〕。永禄七年以前においては、隼人佐の権力中枢への関与はほぼみられない。しかし、永禄八年頃から甲斐武田《たけだ》氏との同盟締結に向けた交渉が開始されると、隼人佐が指導力を発揮してゆく。

永禄七年十月、快川紹喜の甲斐恵林寺《えりんじ》（山梨県甲州市）への入寺に際し、隼人佐は武田信玄《しんげん》からの要請で路次の伝馬《てんま》などを差配することでこれを支援した〔崇福寺文書〕。同盟の段取りをつけたのは快川であった。まず、それぞれの重臣同士の「誓詞」を、次いで「太守」（当主）同士の「直書」を快川が取り次いで交わし誓約する、という手順で快川は進めようとしていた〔高安和尚法語集〕。紆余曲折の末、永禄九年十一月までに同盟は成立したとみられる。十一月七日付快川宛の一色義棟《よしむね》（龍興から改名）書状から、このたびの馳走の御礼が快川のもとへ進上され、汾陽寺《ふんようじ》（岐阜県関市）が使僧として甲斐へ行き、日祢野弘就が副状《そえじょう》を発給したことがみてとれる〔武田神社文書〕。

長井隼人佐の台頭による斎藤氏家臣団の変化は、武田氏との同盟交渉で如実に現れた。六角氏や三好氏と同盟を結んだときとは異なり、六人衆は誓詞を書く場面や龍興の礼状において取次として現れるだけで、実交渉の場面での関与はほとんどみられなかった。武田氏との同盟は、快川紹喜や汾陽寺といった長井隼人佐と関係の深い人物が中心となり進められたのであった。

稲葉山落城と龍興の最期

そもそも、なぜ斎藤氏は武田信玄との同盟に舵を切ったのか。それは、信長という外圧への対抗策であった。永禄八年（一五六五）夏、犬山城《いぬやま》（愛知県犬山市。城主は信長の姉婿で親斎藤派の織田信清《のぶきよ》）はじめ濃尾境目の斎藤方の城が信長軍によって次々と落とされた〔快川・希庵・悦崗等法語雑録、信長公記など〕〔横山二〇一五〕。永禄九年八月二十九日、この春に足利義昭《よしあき》（この頃は「義秋」を名乗る）の仲裁により成立した和議を破り、信長軍は濃尾の境を流れる木曽川へ進軍した。信長軍は河野島《こうのしま》（岐阜県岐南町・笠松町付近か）に陣を構え、龍興軍も川を挟んで対陣した。しかし、閏八月八日未明、台風による河川の増水の影響を受け、信長方は敗走した〔中島文書〕。これを受けて、閏八月二十五日、このとき近江を経て若狭にいた義昭は龍興に対し、再三の「馳走」を呼び掛けている〔名古屋市博物館蔵足利義秋御内書〕。

永禄十年八月一日、安藤守就・稲葉《いなば》良通《よしみち》・氏家直元ら「美濃三人衆」が信長方に内応し、これを梃子に信長軍は稲葉山城を包囲し、ついに八月十五日、龍興は降参し、稲葉山城は落城した〔信長公記〕。こうして、義龍の死から六年三ヶ月、内憂外患こもごも至る龍興の美濃国主としての日々は終わりを迎えた。

伝斎藤龍興館跡　一乗谷朝倉氏遺跡第28次調査区・字「斉藤」南から　写真提供：福井県立一乗谷朝倉氏遺跡博物館

その後の龍興の足どりは杳としてつかめない。稲葉山城を脱した龍興一行は船で伊勢長島《ながしま》へ逃れ、次いで三好氏を頼りに京都へ上ったらしい〔信長公記など〕。そして、元亀三年（一五七二）春、龍興は越前から油坂《あぶらざか》峠を経て美濃への入国を企図し、その協力を仰ぐため大坂本願《おおさかほんがん》寺《じ》を通じて越前大野《おおの》・美濃郡上《ぐじょう》両郡の真宗寺院に根回ししていた〔安養寺文書〕〔木下二〇二〇〕。この頃、龍興は越前の朝倉義景《あさくらよしかげ》を頼り、一乗谷《いちじょうだに》〔福井市城戸ノ内町ほか〕に寄寓していたようだ。だが、美濃入国計画は幻に終わり、龍興が国主として美濃へ返り咲くことは二度となかった。翌天正元年（一五七三）八月十日、龍興は信長に敗れ、近江との国境にほど近い越前刀根坂《とねざか》（福井県敦賀市）の山中で朝倉氏の諸将とともに散った〔信長公記〕。享年二十七であった。

（石川美咲）

【主要参考文献】

石川美咲「戦国期美濃国における後斎藤氏権力の展開」（『年報中世史研究』三九、二〇一四年）
石川美咲「斎藤義龍・龍興の外交と家臣団編成」（鈴木正貴・仁木宏編『天下人信長の基礎構造』高志書院、二〇二一年）
岩永紘和「別伝騒動をめぐる一考察―斎藤義龍の戦略と臨済宗妙心寺派の諸動向から―」（『ヒストリア』二八六、二〇二一年）
木下聡編『美濃斎藤氏』（岩田書院、二〇一四年）
木下聡『斎藤氏四代』（ミネルヴァ書房、二〇二〇年）
谷口雄太『中世足利氏の血統と権威』（吉川弘文館、二〇一九年）
横山住雄『斎藤道三と義龍・龍興　戦国美濃の下克上』（戎光祥出版、二〇一五年）

安藤守就 ——信長に追放された数奇な生涯

出自と斎藤家重臣の地位

安藤守就《あんどうもりなり》と氏家卜全《うじいえぼくぜん》（直元《なおもと》）・稲葉一鉄《いなばいってつ》（良通《よしみち》）を総称して、俗に美濃（または西美濃）三人衆と呼ぶことがされているが、これは信長家臣になってからのことで、斎藤《さいとう》家臣時代にはそのようには呼ばれていなかった。信長にほぼ同時にこの三人が降ったことによる産物である。当然不破光治《ふわみつはる》を入れた四人衆という呼び方も存在せず、これは後世の創出である。

守就の出自は、近世の系図で伊賀《いが》氏に繋げるものがある。守就が一時期伊賀氏を名乗っていたことによるものであるが、これは義龍《よしたつ》による斎藤氏の一色《いっしき》氏化施策によって、守就も一色氏重臣の一つである伊賀へと苗字を改めただけなので、本来は守就と、鎌倉幕府以来の名族伊賀氏とはまったくの無関係である。伊賀氏の後裔とする系図も、そうしたいきさつを知らない近世の者によるこじつけに過ぎない。

守就は北方《きたがた》城（岐阜県北方町）主であったとされる（息子の城とも）。同じ本巣郡内の真桑《まくわ》（同本巣市）には、享禄四年（一五三一）から五年にかけて起きた真桑・莚田《むしろだ》用水相論の際に、地頭方として安藤氏がみえるので、むしろこちらとの関係があったとみるほうがよいのではないか。つまり、本巣郡内の地域に根ざした領主の一族であったと。とはいえ安藤氏は、これ以前には土岐《とき》氏家臣としても、美濃国内の大所領を有する氏族としてもまったくみえないので、十六世紀以降の土岐氏の内乱の中で大きく成長していったのだろう。こうした家のあり方は、三人衆でくくられる氏家（元は桑原《くわはら》）・稲葉氏も共通していると考えられる。

『信長公記《しんちょうこうき》』首巻で、天文二十三年（一五五四）に村木《むらき》（愛知県東浦町）攻めのために出陣する信長のために、斎藤道三《どうさん》によって信長への援兵として尾張へ派遣されたのが、守就の史料上の初見になる。このとき守就は、出陣した信長に代わって清須《きよす》の留守居を務めている。ここから守就は、この時点で道三からの信頼が厚く、また一軍の将にたる扱いを受けるような地位にあったことがわかる。

しかし、弘治元年（一五五五）十一月に道三とその息子義龍とが敵対すると、守就は義龍側についたようである。翌年の合戦で父道三を討ち取った義龍は、美濃国主として本格的に政務を執り始め、重臣六人をひとまとめにして編成し、彼ら六人衆による連署状を出すことで、自身の政務の補佐をさせる。守就は、日根野弘就《ひねのひろなり》・竹腰尚光《たけごしひさみつ》・日比野清実《ひびのきよざね》・長井衛安《ながいもりやす》・桑原（のちに氏家）直元と共に、この六人衆に名を連ねた。

義龍は永禄元年（一五五八）以降、積極的に室町幕府との交渉を重ね、治部大輔《じぶのたゆう》へ任官した後、幕府相伴衆《しょうばんしゅう》に列し、ついには一色苗字を認められて、将軍足利義輝から「義」字を与えられ、一色義龍と名乗る。そして永禄四年二月に左京大夫《さきょうのだいぶ》に任官すると、三月から五月の間に、六人衆たちもそれぞれ一色氏重臣の苗字へと改めている。日根野弘就は延永《のぶなが》に、竹腰尚光は成吉《なりよし》に、桑原直元は氏家に、そして安藤守就は伊賀にそれぞれ改め、官途も同時に変えている。守就はそれまでの日向守《ひゅうがのかみ》から伊賀守に、つまり伊賀伊賀守となっている。苗字と受領とが同じなのは、同時期の幕府に摂津摂津守元造・伊勢《いせ》伊勢守貞孝《さだたか》がいるように、当時の武家社会では別段おかしなことではなく、むしろ苗字由来の受領官にすることに意義があったと思われる。

また、この義龍期に守就の娘が近江国境近くの菩提山《ぼだいやま》城（岐阜県垂井町）主竹中半兵衛《たけなかはんべえ》（重治《しげはる》）に嫁いでいる。半兵衛の父重元《しげもと》は、近江六角《ろっかく》氏との間を媒介する役割を土岐氏時代に果たしていた岩手《いわて》氏を討って、代わりに菩提山城主となった人物である。義龍時代でも、近江との関係で地理的に重要な位置にあったわけなので、守就と縁組みさせたのは、半兵衛・守就双方を重視した結果といえよう。

離反と美濃三人衆

義龍は永禄三年（一五六〇）から四年にかけて、自らが帰依した僧別伝《べつでん》をめぐる問題に端を発した騒動を起こす。この騒動は周辺諸国や朝廷・幕府も巻き込み、妙心寺《みょうしんじ》派を大きく揺るがしたが、その最中の永禄四年五月に、義龍は病により三十三歳の若さで急死した。これにより、後ろ盾を無くした別伝は没落し、この騒動は一気に終息するが、その後、始末に奔走していたのが六人衆たちであった。しかも六人衆のうち、日比野清実と長井衛安は、義龍死後すぐに美濃へ侵攻してきた織田信長の軍を迎撃した森部《もりべ》（岐阜県安八町）合戦で討死しており、残る四人で年若い龍興《たつおき》を補佐しつつ、領国統治をしなければならなかった。

　それでも信長の攻勢をしのいでいたが、永禄七年二月、守就の娘婿竹中半兵衛が、龍興を追い出して稲葉山《いなばやま》城を占拠した。このとき守就は、半兵衛を支援して、城下に軍勢を展開している。半兵衛の意図が何であったかはさておき、一般的にこの占拠は半兵衛主導のもとで行われたとされている。しかし、乙津寺《おっしんじ》（岐阜市）の自述《じじゅつ》の語録の中にこの一件を指して「伊賀守謀反なり」とあるように、当時の人々の目からすると、守就の所行であると認識されていた。半兵衛が直接率いる軍は非常に少なく、守就の手勢が中心であったのは間違いないし、半兵衛も守就のバックアップがあったからこそ実行に移したのである。

　義龍時代から重臣六人衆の一人として活動していた守就が、半兵衛と共にこのような挙に及んだ理由は、遊興・酒色にふける龍興を諫めるため、ではない。これは、後世半兵衛の清廉さや無私を強調するために創作された話である。実際のところは、私怨や自己顕示欲などが半兵衛の理由である。そして守就の理由としては、龍興の伯父長井《ながい》隼人佐《はやとのすけ》が家中に復帰し、対武田《たけだ》外交を引き受け始めている状況や、犬山城を攻囲している織田勢への対処、半兵衛の領する菩提山城領からすれば脅威になる、近江の六角・浅井氏への対応といった、対織田・武田・浅井氏らとの政治外交方針をめぐる家中内対立が背景にあったと推測される。守就としては、婿の半兵衛は近江との外交の窓口となる存在であり、そちらを軽視されるのは自らの政治的立場も弱まることになるからである。

その後、同年の十月前半に龍興は稲葉山城に復帰している〔尊経閣文庫所蔵文書〕ので、それまで守就・半兵衛の稲葉山占拠は続いていたことになる。龍興復帰後の守就の処遇については、守就が政務に復帰することは無かったものの、息子定治《さだはる》が六人衆の生き残りの他三人と連署した書状を出している〔中島文書〕ので、守就の地位を継承していることがわかる。おそらく交渉によって平和裏に龍興へ稲葉山城を渡す見返りに、守就・半兵衛も所領・地位などを保障されていたのだろう。

定治が出仕したとはいえ、守就はやはり自身の政治的立場や一色（斎藤）家の政治方針に不満があったのか、あるいは斜陽の龍興に見切りをつけたのか、永禄十年八月、稲葉一鉄・氏家卜全と共に織田信長へ内通した。これにより信長は稲葉山城を攻囲して、龍興を没落させた。

かくして織田家中に加わった守就は、同時に信長へ降った氏家・稲葉と共に、美濃三人衆として大まかに一括りにされ行動した。

主な戦歴としては、永禄十一年の足利義昭《あしかがよしあき》を擁しての上洛作戦に始まり、同十二年の北畠氏の伊勢大河内城《おおこうち》（三重県松阪市）攻め、元亀元年（一五七〇）の姉川合戦、同二年の伊勢長島《ながしま》一向一揆攻め、天正元年（一五七三）の足利義昭の籠もる真木島城《まきしま》（京都府宇治市）攻め、および越前朝倉《あさくら》攻め、同二年の伊勢長島一向一揆殲滅作戦、同三年の越前一向一揆攻め、同四年の石山本願寺《いしやまほんがんじ》攻め、同五年の加賀《かが》出陣、同六年の播磨神吉城《かんき》（兵庫県加古川市）攻めおよび摂津有岡城《ありおか》（同伊丹市）攻めなどが挙げられる。いずれも氏家や稲葉と一緒の出陣で（稲葉は別行動を取るときもある）あった。

また、天正元年の足利義昭との交渉において、織田重臣たちが義昭側近と起請文を取り交わしているが、守就ら三人も「濃州三人衆」として織田重臣のなかに名を連ねており、新参でありながら、彼らが織田家中で重んじられていたことがわかる。これは三人の各所領が美濃衆の筆頭にあったからであろう。

では、美濃国内における守就の勢力はいかほどのものであったのか。『美濃明細記《めいさいき》』の記述には「氏家は少し大身也、伊賀（守就のこと）は少身也」とあって、安藤・稲葉・氏家の三者のうち、氏家がやや所領が広く、逆に安藤分は小さかったという。これを実際に確かめられるような、所領の全貌がわかる史料は無い。ただ、守就の本拠地と所領の場所は、三者の中で一番大桑城・稲葉山城に近く、その西方に位置する稲葉、西濃でも南西部に拡がる氏家よりも、広大な所領を形成しにくい地勢上の条件があるので、実情を反映した記述といえる。

後述の守就追放後に稲葉氏へ与えられた所領として、本領の河西城（岐阜県北方町か）周辺二千貫がみえる〔稲葉家譜〕。この河西地域は、永禄十二年に信長から三人衆へ春秋の段銭・夫銭を三分の一ずつ与えられた場所〔豊後臼杵稲葉文書〕で、三者の支配領域からすると、長良川の西岸一帯とみるべきだろう。

また、天正十一年に提出された稲葉氏本知・新知知行目録〔豊後臼杵稲葉文書〕のなかに、糸貫川《いとぬき》と江戸川《ごうど》（当時の長良川、今の古川）に挟まれた約五千貫の地がみえるが、ここは稲葉氏本領からは安藤氏の本拠北方城を挟んだ東方にあるので、旧安藤領であった可能性が高い。この知行目録と、その三日後に稲葉氏へ秀吉が与えた目録〔豊後臼杵稲葉文書〕にある稲葉氏の知行高（前者は約三万六千貫、池田との競合分を差し引いた後者は二万三六四〇貫余）を参考にすると、一万から二万貫の間ぐらいが三人衆の知行高であったと推測され、そうなると江戸時代の小大名クラスの所領を持っていたことになる。

追放と守就の最期

天正八年（一五八〇）八月十七日、突如として守就は、父子ともども信長から所領を没収されて追放された。この五日前には佐久間信盛《さくまのぶもり》・信栄《のぶひで》父子が追放されていたが、この日守就は、林秀貞《はやしひでさだ》と丹羽氏勝《にわうじかつ》と共に処罰された。『信長公記』によれば、先年、信長が窮地にあった際によからぬたくらみをしたとのみあって要領を得ないが、『当代記』によると、武田信玄《しんげん》に内通した咎で遠流に処されたとある。同様の見方は『美濃国諸旧記』などにもみえる。この理由であれば、信長と信玄とが手切れをした元亀三年（一五七二）後半から四年にかけてのことであろう。実際、同時期には、美濃郡上《ぐじょう》の遠藤慶隆《えんどうよしたか》・胤繁《たねしげ》が信玄と浅井《あざい》・朝倉の間を仲介する動きをみせており、両遠藤氏の動きは信長にはばれなかったが、守就も似たような動きをしたか、信玄の調略の手が伸びて反応を示したかしたのだろう。龍興時代に武田との関係強化に反発した守就が、その武田との関係を疑われて追放されるのは皮肉じみている。

追放された守就父子が具体的にどこへ行ったのかは一次史料には見えない。『美濃国諸旧記』は北山《きたやま》（岐阜県大垣市と同池田町にまたがる赤坂北山か）に落ち延びて身を隠したとし、『新撰美濃志』は武儀《むぎ》郡谷口《たにぐち》村（同関市）の山中に潜んだとする。『当代記』の遠流にされたとする記述と反していて、どちらが正しいか不明である。同じく追放された佐久間父子が高野山、ついで熊野へ移り、林が京都に住んだことからすると、守就父子も他国へ一度は出たかもしれない。

守就父子の所領のうち、前述のように本領河西城周辺二千貫は稲葉一鉄の子貞通《さだみち》に与えられた。おそらく同様に氏家氏などにもいくらか分与され、残りは信忠《のぶただ》管轄になったと考えられる。

天正十年六月二日、いわゆる本能寺《ほんのうじ》の変によって織田信長・信忠父子は自害した。美濃の統治者である信忠が不在状況となったことで、美濃国内も混乱状態に陥った。その間隙を縫って守就は本領のあった本巣郡で挙兵した。このとき守就の長男定治・次男尚重《なおしげ》・孫・弟瑞蔵主《ずいぞうす》も守就の蜂起に付き従っている。

守就の挙兵の詳細を物語る同時代史料は乏しく、地誌や家譜類に頼らざるをえない（しかも年代や人名を誤っている）。ひとまず、それらにより以下みていく。

「稲葉家譜」では、守就の子定治（「稲葉家譜」表記では伊賀守範俊）が挙兵を主導している。北山に蟄居していた定治は、旧領をとりもどすべく家臣を集めて江渡《ごうど》城（岐阜市）に拠り、北方城に父守就を置いた。定治はさらに本田（岐阜県瑞穂市）に軍を進め、六月七日に稲葉一鉄の派遣した三十余の兵に迎撃されるが勝利する。兵を集めた一鉄は翌日早朝に北方城を攻撃し、守就を討ち取り陥落させる。定治と弟七郎の守る江渡城では、折しも定治兄弟が首実検をしていたところに一鉄の派遣した別働隊が攻め

安東（安藤）守就戦死地の碑　岐阜県北方町　画像提供：北方町教育委員会

かけ、兄弟は討ち死にした、とある。

『美濃国諸旧記』では、天正十一年四月十七日に、守就は織田信孝《のぶたか》の呼びかけに呼応して、北山から本巣郡へ出張り、北山要害に立て籠もる。稲葉一鉄は大野郡清《おおのぐんきよ》水《みず》城（同揖斐川町）から、貞通は曽根《そね》城（同大垣市）から出陣して、四月十七日から合戦を始め、稲葉先手を守就は破るものの、反撃を受けて、守就と子尚就《なおなり》（定治のこと）・孫尚政《なおまさ》、守就次男尚重、守就弟瑞蔵主等七百余は十八日午後まで戦うが、守就は稲葉家臣村瀬《むらせ》大隅《おおすみ》・古田《よしだ》五郎兵衛《ごろうひょうえ》兄弟と鑓を合わせて討たれる。八十四歳であった。瑞蔵主も村瀬大隅に討たれ、尚重は勇戦するが石丸権六郎《いしまるごんろくろう》・山岸権左衛門《やまぎしごんざえもん》に討たれる。尚就は加納悦《かのうえつ》右衛門《えもん》勢に、尚政は貞通勢に討たれ、守就父子兄弟および家臣たちはみな討ち死にした。守就の遺体は、守就が帰依していた汾陽寺《ふんにょうじ》（同関市）の住持が持ち帰った。汾陽寺には守就ら五人の位牌が存在している、とある。

　いずれにせよ、守就の蜂起に従った一族がみな討ち死にしたのは確かであろう。守就の年齢は諸説あるが、八十歳を超えていたという。これが事実なら相当の高齢で出陣したことになるが、そうなると信長から追放されたとき、守就は実質隠居していて、息子の定治が主に活動していたとみるのがよいだろう。「稲葉家譜」は守就ではなく、定治主導で蜂起が進められているように記述しているが、守就が高齢であったなら、これが実情だったといえる。

守就の子らは、父と運命を共にしたようだが、『美濃国諸旧記』は定治の子が大野郡住人高屋氏に養育され、その家を継いだという伝承を載せている。

また「土佐諸家系図」によると、守就の弟郷氏（名前は不審、『新撰美濃志』『美濃国諸旧記』のように守就次男七郎守重とする説もある）の妻は山内一豊《やまうちかずとよ》の妹であった。守就追放後に、守重の妻と子可氏《よしうじ》は守就婿である関係により、竹中重治（この時点ですでに故人）領内に住んだ。郷氏は守就と運命を共にしたが、一豊が長浜城主になると、可氏は招かれてその家臣となった。のちに山内苗字を拝領し、土佐藩家老となって、子孫は代々次席家老を世襲している。同系図では、可氏の弟三次（源吾）は毛利秀頼養子となって、天正十年の信濃高遠《しなのたかとお》城合戦で討ち死にし、もう一人の弟次左衛門《じざえもん》は同じく一豊に仕えるも早世したという。守重娘三人はそれぞれ可氏与力たちに嫁いだとある。

守就の弟将監《しょうげん》（直重《なおしげ》・郷重《さとしげ》とも）は、斎藤龍興没落後の動向は不明だが、蒲生氏郷《がもううじさと》に仕え、蒲生苗字をもらうほどに重用されたという〔蒲生郡志〕。ただし、天正十五年の蒲生家臣の多くが名を連ねている馬見岡綿向《まみおかわたむき》神社奉加帳にはみえない。氏郷が会津へ移封されると、七千石を領した〔蒲生家支配帳〕（別史料では六千石とも）。氏郷没後には石田三成に仕えて、関ヶ原の合戦で戦死したという〔関原軍記大成〕が、明確な裏付けは無い。

最後になるが、守就の個人的性格や教養については、残る史料の乏しさから不明な部分が多いが、医者曲直瀬道三《まなせどうさん》との交流や、その曲直瀬道三へ出した守就の書状中に、在京している時に名物茶道具を見せてもらった記述〔「自養録」紙背文書〕があることから、稲葉良通同様に、医学や茶湯に通じていたことがうかがえる。

（木下聡）

【主要参考文献】

木下聡『斎藤氏四代』（ミネルヴァ書房、二〇二〇年）
谷口克広「安藤伊賀守守就と平左衛門尉定治」（『日本歴史』四四六、一九八五年）
谷口克広『織田信長家臣人名辞典　第2版』（吉川弘文館、二〇一〇年）
宮本義己「戦国大名斎藤氏と茶の湯―稲葉良通相伝の珠光流不住庵梅雪茶書―」（『茶湯』一五、一九七九年）

稲葉良通 ——文武に秀でた美濃の勇将

出自と斎藤家臣時代

稲葉氏は、本姓越智《おち》氏で、伊予河野《こうの》氏の分流とされている。その真偽は不明だが、美濃守護土岐《とき》氏は文明《ぶんめい》頃でもいまだ伊予国内に所領を有しており〔大野系図所収文書〕、土岐一族揖斐《いび》氏が伊予に在国し、そのまま土着している（伊予土岐氏）。この由緒から逆に伊予から河野一族が美濃に来ることもありえることで、『寛政重修諸家譜《かんせいちょうしゅうしょかふ》』や『美濃明細記《めいさいき》』などは、美濃稲葉氏初代通貞《みちさだ》（通高とも。入道塩塵《えんじん》）が寛正年間に美濃にやって来るいきさつを述べている。ちょうどその前後、伊予国では河野宗家教通《のりみち》と、予州家通春《みちはる》との争いが起こっており、通貞の美濃入国はそれに関わってのものかもしれない。なお、稲葉氏と深い関わりのある林氏は、美濃国安八郡林（岐阜県大垣市）を苗字の地とすると言われている〔美濃国諸旧記〕が、土岐氏の所領の一つである伊予国拝志《はやし》郷（林郷、同東温市）である可能性もある。いずれにせよ、この段階ではさほど大きな規模の領主でなかったのは確実である。

通貞の子通則《みちのり》には六人の子がおり、末子が良通という。末子だったため、当初は僧侶になるべく崇福《そうふく》寺《じ》（岐阜市）に入っていたが、大永五年（一五二五）の牧田《まきた》（大垣市）合戦で、通則とその子五人すべてが討ち死にしたため、良通は還俗《げんぞく》して家督を継ぐことになったとされている。この大永五年の争乱は、近江での紛争が美濃国内にも飛び火したものだが、土岐氏でも頼武《よりたけ》・頼芸《よりのり》兄弟の家督争いへと発展し、弟頼芸が勝利することになる。この牧田合戦での働きをきっかけに、頼芸方として活躍したことが、道三の美濃国主時代に、稲葉氏が西濃でも有数の領主になっていたことにつながるのだろう。

稲葉良通（一鉄）画像　岐阜県揖斐川町・月桂院蔵

ところで、『実隆《さねたか》公記』大永四年（一五二四）三月二十七日条に、三条西実隆《さんじょうにしさねたか》を訪問している「土岐被官稲葉彦六」がみえる。良通とその子貞通《さだみち》は仮名が彦六であったとされるため、この人物は良通となるが、そうすると、先述の伝承のように良通が家督継承する前年に、すでに良通が俗体に戻っていることとなり、伝承と矛盾する。良通が彦六である同時代史料を確認できないため（貞通にはある）、良通の兄の一人か一族の誰かである可能性も残るが、稲葉氏の由来も含め、江戸時代の稲葉家が主張する伝承をそのまま受け取るのは危険だろう。なぜならば、上述のように近世には越智氏を称していながら、秀吉時代に受けた貞通（良通子）の叙任を示す口宣案《くぜんあん》には「藤原」姓で書き載せられているからである。

稲葉氏が躍進したもう一つの理由として、良通の妹が斎藤道三へ嫁いだことがあげられる。時期的には、良通が家督を継承した後とみるのが妥当である。この良通妹と道三との間に生まれたのが、道三の嫡子である義龍《よしたつ》になる。一般には頼芸から道三が譲り受けた女性が義龍を産み、そのため義龍は頼芸の実子であったとする説がよく知られているが、これは江戸時代に成立した俗説であり、義龍が道三の実子であるのは、当事者・周囲の認識からすれば明らかである。

道三は周知のように、父長井新左衛門尉《ながいしんざえもんのじょう》の死後に家督を継承してから、あいつぐ美濃国内の戦乱の中で頭角を現していく。良通も具体的な活動こそみえないものの、のちに信長に降った頃に西濃で広域にわたる所領を有しているので、道三同様に勲功を挙げて、所領を拡大していったとみられる。

この道三との姻戚関係もあって、天文十九年（一五五〇）に道三が頼芸を追放して美濃国主へと成り上がっても、良通はそのまま道三に付き従った。しかし、数年後の弘治《こうじ》元年（一五五五）十一月、良通は決断を迫られることになる。道三とその子義龍とが敵対したからである。

両者と関係の深い良通が、どちらの陣営につき、どのような動きをみせたかはわからない。しかし、勝利した後の義龍の扱いからすれば、良通は中立の立場をとったか、道三寄りの動きをとったのだろう。すなわち、道三一派を排した義龍は、重臣六人衆に政務の補佐をさせるが、所領規模では良通とほぼ同格、あるいは良通が上回る安藤守就《あんどうもりなり》・桑原直元《くわはらなおもと》（氏家卜全《うじいえぼくぜん》）がこの六人衆に取り立てられたのに対し、良通はそこに入れられず、義龍の政治の中枢から遠ざけられていたからである。とはいえ良通は、義龍からみて伯父にあたるわけなので、明確に敵対していなければ、さほど処罰はされなかったと思われる。

義龍死後もそうした良通の政治的立場は変わらなかったようだが、龍興《たつおき》時代の後半になると、良通は新治《にんばり》苗字を用いている〔稲葉家譜・保阪潤治氏所蔵文書〕。義龍の晩年、義龍が一色苗字へ改めたことで、六人衆も丹後一色氏重臣の苗字にそれぞれ変更していた（竹腰《たけごし》→成吉《なりよし》、桑原→氏家など）が、新治も丹後の地名であることから、良通も六人衆に準じる立場に上昇していたことがうかがえる。その背景には、龍興家督継承直後の織田方との合戦で六人衆のうち二人が戦死したことと、永禄七年（一五六四）の竹《たけ》中半兵衛《なかはんべえ》稲葉山城《いなばやま》（岐阜市）乗っ取り事件に六人衆の一人安藤守就が関与した結果、守就が政務の中枢から外れたことがあったと考えられる。

織田家臣として

龍興方は織田信長《おだのぶなが》との戦いで終始劣勢に立たされていた。犬山城《いぬやま》（愛知県犬山市）が陥落した永禄八年（一五六五）には、東濃地域にも信長の勢力が及ぶようになる。翌年に上洛をめざす足利義昭《あしかがよしあき》の肝いりで、龍興と信長との間に和議が結ばれるが、まもなくそれも破れ、再び龍興と信長との間に戦端が開かれる。

そして永禄十年八月、良通は安藤・氏家と共に信長へ内通する。それを契機に信長は軍を動かし、稲

素懸威鎧兜　稲葉良通の所用といわれている　岐阜県揖斐川町・清水神社蔵　揖斐川歴史民俗資料館寄託

葉山城を陥落させ、龍興を美濃から没落させた。これにより信長は美濃の中濃・西濃地域を押さえることになった。西濃地域を代表するこの三人が同時に寝返りをした背景には、これ以上龍興を上に戴いても自家を保てないと見切りをつけたのと、家中内での政治方針をめぐる対立があった（これは守就に顕著）ことなどがあげられよう。

良通は出家後の法名一鉄の名でよく知られるが、永禄十一年より前に出されたと考えられる下間頼総《しもづまらいそう》宛書状写〔稲葉家譜〕に「新治伊予入道」とある。龍興を見捨てて信長に仕えたことを契機とするのか、この頃に息子貞通が成人しているので家督を譲るつもりだったのか、それとも他の理由かは判然としないが、氏家直元も良通と同じ頃に入道して、卜全と号しているので、信長に臣従したのを契機とするのが妥当か。

稲葉山城陥落の功績者である良通ら三人は、そのまま信長から本領を安堵されたうえに、新たな所領を与えられている。永禄十二年に良通の子貞通が信長からもらった朱印状〔中都留一郎氏所蔵稲葉文書〕

をみると、本知行分・当知行分・与力分の安堵に加え、おそらく与力として良通に附属された日祢野《ひねのや》弥次右衛門《じえもん》・国枝助右衛門《くにえだすけえもん》・土居《どい》・堀池《ほりいけ》分の当知行・与力・家来・名田・寺社領、そして軽海《かるみ》（岐阜県本巣市）・中川《なかがわ》（同大垣市）の半分を新たに与えられている。これが良通から相続安堵された分なのか、良通から分割された分なのか明確でないが、信長から新たに所領を与えられているのは確実である。安藤・氏家も同様の処置が取られたとみてよいだろう。

織田家臣となった後の良通は、後述のように安藤・氏家と一緒に行動・従軍することが多く、結果この三人は美濃三人衆と一括りで呼称された。これより前、畿内では「三人衆」でよく呼ばれていた三好三人衆が活躍していたので、美濃三人衆の呼び名もそれに由来すると考えられる。

織田家臣としての良通の主な従軍経歴は、『信長公記』によれば、永禄十一年九月の義昭を擁した上洛作戦、永禄十二年八月の北畠《きたばたけ》領伊勢《いせ》大河内《おおこうち》城攻め、元亀《げんき》元年（一五七〇）五月の近江守山《もりやま》での一揆勢からの防衛、翌月の姉川合戦、元亀二年五月の伊勢長島一向一揆攻め、元亀三年七月の小谷《おだに》城攻め、天《てん》正《しょう》元年（一五七三）七月の足利義昭が立て籠もる山城真木島《まきしま》城（京都府宇治市）攻め、翌月の越前朝倉攻め、天正二年七月の伊勢長島一向一揆《ながしまいっこういっき》攻め、天正三年八月の越前《えちぜん》一向一揆攻め、天正四年の大坂本願寺《おおさかほんがんじ》攻め、天正五年二月の紀伊雑賀《さいか》攻め、天正六年六月の播磨神吉《かんき》城（兵庫県加古川市）攻めなどがある。

多くが安藤・氏家と同陣であるが、守山での防衛は良通父子のみが手がけており、天正二年の長島攻めでは、安藤・氏家（卜全は元亀二年に討ち死にしていて、ここでは息子）が信長先陣の一角にいるのに対し、良通父子は柴田勝家・蜂屋頼隆《はちやよりたか》と共に別働隊となり、香取口から入って大鳥居城《おおとりい》（三重県桑名市）を攻めている。このように安藤・氏家がほぼセットで動いているのに対し、良通は独自の働きを割り振られている場合があった。これを良通が三人衆のなかで最も信長の信頼を受けていたからだとする評価〔谷口二〇一〇〕もあるが、そのように即断もできず、一考する必要があるだろう。

ところで天正三年末に美濃国の支配は、織田家家督と共に、信長から息子信忠《のぶただ》へと委譲されるが、良通ら三人衆は信忠の指揮下に入らず、信長直属のままで従軍をしている。それは良通らの所領内への干渉も、信忠からは無かったことを意味する。

良通は、「稲葉家譜」や『寛政重修諸家譜』などに、天正七年に息子貞通へ家督を譲って、自らは清水城《きよみず》（岐阜県揖斐川町）に移ったとある。実際天正七年の摂津有岡城《ありおか》（兵庫県伊丹市）攻めでは、良通は従軍せずに、息子貞通が出陣している。以後、良通の姿は、『信長公記』では、天正十年に武田攻めから安土へ戻る途中の信長に宴の席を設けているのがみえるのみで、文書発給も確認できない。系図類にある良通の年齢が正しければ、このときすでに六十五歳なので、一線を退いて領地に退いたといえる。

天正八年に安藤守就が信長によって追放されると、守就の旧領や与力に対して、信忠の支配が及ぶようになっている。稲葉・氏家は引き続き信長直属であったとされるが、確証は無い。天正十年三月の武田攻めでは、良通以外の稲葉一族が木曽口《きそ》から信濃へ攻め入っている。武田滅亡後に森長可《もりながよし》が飯山（長野県飯山市）を攻めた際、貞通ら稲葉一族は加勢に派遣されているが、『信長公記』の書きぶりは、信忠からは別個に団平八を派遣したとあるので、信長によって派遣されたと読める。そうすると、稲葉・氏家はこの段階でも信長直属であったとみるのがよいだろう。

そして同年六月、本能寺《ほんのうじ》の変が起こる。このとき良通は息子貞通と共に美濃にいたが、その混乱の最中に旧領回復を図って挙兵した安藤守就父子を撃破して、これを討ち取っている。良通父子はこの前後に寺社へ二人で連署した禁制を出しているが、岐阜城近くの瑞龍寺《ずいりょうじ》(岐阜市)にも掲げている。岐阜城近辺は信忠麾下にあった斎藤利堯《としたか》(道三の子)が収拾して、禁制も掲げていたが、岐阜城から離れた地にいた良通父子も、信頼に足る存在として寺社側から認識されていたことがわかる。

その後、備中からとって返した羽柴秀吉《はしばひでよし》が明智光秀《あけちみつひで》を討ち、混乱が終息したことによって清須会議が行われた結果、美濃国は信長の三男信孝が領することになる。変わらず美濃国内に所領を持つ良通父子も、そのまま信孝の麾下に入った。

豊臣政権のなかで

周知のように、美濃国主となって岐阜城に入った織田信孝《のぶたか》は、まもなく柴田勝家《しばたかついえ》と組んで、兄信雄《のぶかつ》や秀吉と敵対し始める。その状況下で良通は、秀吉・信雄側についたらしく、信雄へ孫徳千代を人質として出そうとしている〔中都留一郎氏所蔵稲葉文書〕。

良通をはじめとした美濃国内の有力者の支持を得られなかったこともあり、信孝は天正十年(一五八二)

十二月に秀吉に攻められ、母を人質に出して和議を結んだ。良通はそれを受けて、翌年正月上旬までには上洛している〔石谷家文書〕。旧臣斎藤利三《としみつ》の妻子を領内にかくまっているのは、ちょうどこの頃である。

五月に信孝が滅亡すると、代わりに美濃には池田恒興《いけだつねおき》・元助《もとすけ》父子が岐阜城・大垣《おおがき》城を与えられて入る。するとまもなく良通との間に境目相論が起こり、秀吉から調停を受けている。一連の関係文書〔「豊後臼杵稲葉文書」〕をみると、池田分と稲葉分とが混在している状況がわかり、秀吉裁決の結果、天正十一年十一月時点での稲葉家の所領は、都合二万三六四〇貫余となっている。

小牧《こまき》・長久手《ながくて》の陣でも、良通は秀吉方についている。種々残る陣立書を参考にすると、稲葉勢は二千五百を率いている。これより多い軍勢は、羽柴秀長《ひでなが》・堀《ほり》・池田《いけだ》父子・森《もり》・丹羽《にわ》・筒井《つつい》ぐらいで、宮《みや》部《べ》・長谷川秀一《はせがわひでかず》と同数、蒲生《がもう》・細川忠興《ほそかわただおき》などよりも上になる。なお『多聞院日記《たもんいんにっき》』は、この頃の噂として「ミノノ三人衆」が徳川方へ寝返った話を書き載せている。すでに安藤は没落しているにもかかわらず、「三人衆」の認識がいまだ残っていることがわかる。

天正十三年七月十三日になると、秀吉の関白宣下《かんぱくせんげ》に連動して、良通は昇殿している。同時に昇殿したのは松井友閑《まついゆうかん》・前田玄以《まえだげんい》・施薬院全宗《やくいんぜんそう》で〔兼見卿記〕、彼らは戦場での働きではなく、文官寄りの働きをした者であり、僧形である。また、友閑・玄以はすでに法印でもあった。同年十月に細川藤孝が法印に任じられていること〔細川家記〕、『寛政重修諸家譜』に良通が法印であったとみえること、この後に出された秀吉からの文書の宛所に「三位法印」とあること〔豊後臼杵稲葉文書〕からすれば、良通は昇殿と同時に法印に任じられたのだろう。豊臣政権下では法印となった者が多くみえるが、良通はその先駆けの一人に位置づけられる。

そして孫典通が天正十三年十月六日に従五位下侍従《じゅごいのげじじゅう》に叙任され〔豊後臼杵稲葉文書〕、羽柴苗字ももらい、以後典通が稲葉家督になったようである。ただし、典通は九州の陣に従軍した際に秀吉の勘気を受けて蟄居させられ、貞通が家督に復帰し、天正十六年正月五日に従五位下侍従に叙任している〔稲葉文書〕。

豊臣政権下において、侍従に任官することを公家成《くげなり》と呼んでいるが、天正十三年段階で公家成しているのは、結城秀康《ゆうきひでやす》・宇喜多秀家《うきたひでいえ》・丹羽長重《にわながしげ》・細川忠興《ほそかわただおき》・織田信秀《のぶひで》・毛利秀頼《もうりひでより》・蜂屋頼隆・津川義康《つがわよしやす》に限られる。良通の法印と同時に、その庶長子重通も従五位下兵庫助《ひょうごのすけ》に叙任している(諸大夫成《しょたいぶなり》)ことも含め、織田旧臣の中でも稲葉一族は厚遇されていたといえる。

天正十四年九月に良通は六四四七貫余の知行目録を秀吉から出されている〔稲葉家譜〕が、家督の典通とは別個に与えられたものであろう。その後、天正十五年までは良通は在京していたようだが、上述のように貞通の家督復帰が行われたため、美濃へ帰国した。そして翌天正十六年十一月十九日に清水城で病没した。七十四歳であった。

一武将として

良通が知勇に秀でた武将であるとの認識は、『名将言行録《めいしょうげんこうろく》』に紹介される逸話から、古くより定着している。武勇については、すでにここまでみてきた通りである。文化・教養面については、茶湯・薬学・香道・和歌などに通じた教養人だった。

これらをよく示すのが、「中都留一郎氏所蔵稲葉文書」所収の一連の文書群である。そこには茶湯の道具および手前の書付、薬の処方・薬効・原材料の書付に加え、息子貞通やその女房衆へ調合した薬を送り、その服用の仕方を指示した文書があり、なかには妻の父三条西実枝《さねき》から薬の処方の伝授を受けた口伝書も存在する。そして良通が詠んだ和歌を書き留めた短冊も残されている。また、『太平記《たいへいき》』や『源氏物語《げんじものがたり》』を貞通から預かっていて、父子ともに文学作品への造詣がうかがえる。

茶湯については、道三時代から深い関心と造詣を持ち、道三が美濃にやってきた不住庵梅雪軒《ふじゅうあんばいせつけん》に懇望して伝授された、村田珠光《むらたじゅこう》伝来の茶湯座敷飾りを示す「数寄厳之図《すきよそおいのず》」（国立国会図書館所蔵）を書写して、志野省巴《しのしょうは》に相伝していることや、十七世紀前半の茶人である松屋久重《まつやひさしげ》の著『松屋名物集』に、良通の所持していた茶道具として、晩鐘《ばんしょう》（掛軸）・道鑑釣船《どうかんつりぶね》（花入）・香炉《こうろ》が書き留められていることからも、知識・道具ともに兼ね備えていたことがわかる。

また、「稲葉家譜」には、志野宗温《しょうおん》から飛鳥井《あすかい》筆の名香についての写本をもらったことや、天正二年（一五七四）に信長が東大寺正倉院《とうだいじしょうそういん》の蘭奢待《らんじゃたい》を切り取った際に、良通も分配を受けた一人であることがみえるし、薬学・医学は、当代一の医師である曲直瀬道三《まなせどうさん》から医術の奥義書の伝授を受けるなど、医学関連の書物が子孫により現代にもたらされている〈臼杵市歴史資料館の解説による〉。

詩歌に関しては、稲葉家には連歌に関する典籍が現在に多く伝来している〈臼杵市歴史資料館所蔵〉。和歌に通暁した三条西家とも、実隆・実枝と交流があったのはすでに述べたところである。そして近世中頃の説話〈常山紀談附録〈雨夜燈〉・稲葉家譜など〉ではあるものの、織田信長が密かに良通を殺そうと試みた際に、良通が漢詩をすらすら読み、その意味を説明したのを聞いて、殺害を免れた一件からも、歌・詩に通じていたことがわかる。

一個人としての良通はどんな人物だったのか。思い込んだり、言い出したりしたら、是が非でも押し通そうとする気の強い性質を一鉄〈一徹〉と呼ぶのは、良通に由来する言葉であるとされる〈書言字考節用集・名将言行録〉。その真偽はさておき、江戸時代に流布していた言説なのは間違いない。そうした性質がうかがえるのは、明智光秀のもとへ走った家臣斎藤利三・那波直治《なわなおはる》を稲葉家へ帰参させるように強硬に主張したところにもうかがえる。利三はそのまま光秀麾下に留まるが、那波は信長の裁定によって稲葉家に戻っている〈稲葉家譜〉。

とはいえ、こうした頑固な側面だけではない。近年見出された『石谷家文書《いしがい》』の良通書状や、前述の「中都留一郎氏所蔵稲葉文書」所収の息子貞通への書状などをみると、親族に対する良通の愛情と面倒見の良さがうかがえる。

良通は戦国期の武将としては、長所・短所両方が同時代史料からわかる点で貴重であり、興味深い存在といえる。そして三人衆でただ一人、子孫が近世大名として続いた点でも評価できるのではないだろうか。

（木下聡）

【主要参考文献】

木下聡『斎藤氏四代』（ミネルヴァ書房、二〇二〇年）

谷口克広『織田信長家臣人名辞典　第2版』（吉川弘文館、二〇一〇年）

宮本義己「稲葉一鉄の医道知識と薬方相伝」（『国学院大学大学院紀要』五、一九七三年）

宮本義己「戦国大名斎藤氏と茶の湯―稲葉良通相伝の珠光流不住庵梅雪茶書―」（『茶湯』一五、一九七九年）

山内譲「土岐氏・浄瑠璃城・徳川城―戦国期伊予の国人領主―」（『四国中世史研究』一、一九九〇年）

吉田義治「美濃戦国武将の一断面―稲葉一鉄の文事的素養―」（『岐阜県歴史資料館報』二八、二〇〇五年）

あとがき

『戦国武将列伝6　東海編』の編者の一方とならないか、打診があったのは、出版社と編者を同じくする『図説 徳川家康と家臣団』の企画が進行中のことであった。

戦国期の東海地域といえば、「三英傑」（信長・秀吉・家康）の揺籃の地であるとともに、武田氏・北条氏と三国同盟を結んだ今川氏が強勢を誇り、斎藤道三・義龍父子が骨肉の争いを繰り広げたことでも知られている。一般的な人気や関心は高く、研究の進展も著しい。はたして浅学非才の身で編者がつとまるものなのか、若干の不安もあったものの、なんとか刊行に漕ぎ着けることができたのは、執筆者各位による奮励の賜物であって、幾重にも感謝しなければならない。

近年の戦国史研究では、「三英傑」の事績を相対視することの重要性が説かれているが、それでも全体的な関心は、戦国期の後半、東海地域でいえば、今川義元や斎藤道三の時代以降（つまり「三英傑」の父親世代）に偏っているところがある。本書は、そのまた前の世代にあたる今川氏親などを立項しており、戦国動乱の初期から「三英傑」段階に至る東海地域の動向を追える内容となった。その一方で、応仁・文明の乱のメイン・プレイヤーだった斎藤妙椿を立項できなかったこと、北伊勢・中伊勢の国衆を十分に取り上げられなかったことは心残りでもある。

また、『戦国武将列伝』の各巻は、戦国大名や国衆だけではなく、大名権力を支えた重臣たちも取り上げることを特徴とする。本巻では、今川氏の家中からの立項に限定されており、東海地域における今川氏の存在感がいかに突出していたかを再認識させられた。

ところで、本巻の企画が立ち上がった当時は、新型コロナウィルス流行が二年目に入り、図書館の利用制限など、依然として執筆・調査は困難な情勢が続いていた。さらに編者も含め、執筆者の多くが若手とは言い難い年齢・立場となっており、執筆に割けるリソースは減少しつつあった。それでも、原稿が揃ったのは、不利な環境に適応してみせた各執筆者の円熟の度合を示していよう。

編者（小川）が若手だった時期にも、戦国期に関する一般向けの論集は、列伝形式のものも含め、多く刊行されていたが、執筆を担っていたのは、よりベテランの研究者や、あるいは小説家が多かった。これと比較すると、現在は、若手や中堅が一般書に寄稿しうる機会は格段に多くなっている。戎光祥出版の場合も、『戦国武将列伝』をはじめ、矢継ぎ早に企画を打ち出すことで、書き手の裾野を広げてきた。編者としては、戦国史研究の前線に触れた読者の中から、新世代の研究者が育って、前線に加わってくれる展開にも期待したいところである。

二〇二四年五月

小川　雄

【執筆者一覧】（掲載順）

柴 裕之 別掲

小川 雄 別掲

糟谷幸裕
一九七五年生まれ。現在、一般財団法人歴史科学協議会事務書記。
【主な業績】「「境目」の地域権力と戦国大名―遠州引間飯尾氏と今川氏」（渡辺尚志編『移行期の東海地域史』勉誠出版、二〇一六年）、「国衆の本領・家中と戦国大名――今川領国を事例に」（戦国史研究会編『戦国時代の大名と国衆』戎光祥出版、二〇一八年）、「今川氏の天文の三河侵攻・再考」（『静岡県地域史研究』一三、二〇二三年）

鈴木将典
一九七六年生まれ。現在、静岡市歴史博物館学芸員。
【主な業績】『戦国大名武田氏の領国支配』（岩田書院、二〇一五年）、『戦国大名武田氏の戦争と内政』（星海社新書、二〇一六年）、『国衆の戦国史―遠江の百年戦争と「地域領主」の興亡―』（洋泉社歴史新書y、二〇一七年）

大石泰史
一九六五年生まれ。現在、静岡市文化財保護審議会委員。
【主な業績】『今川氏滅亡』（ＫＡＤＯＫＡＷＡ、二〇一八年）、『今川義元〈シリーズ・中世関東武士の研究 第二七巻〉』（編著、戎光祥出版、二〇一九年）、『城の政治戦略』（ＫＡＤＯＫＡＷＡ、二〇二〇年）、

酒入陽子
一九六六年生まれ。現在、流通経済大学スポーツ健康科学部教授。
【主な業績】「家康家臣団における大須賀康高の役割」(『日本歴史』六一二号、一九九九年)、「下館藩主　黒田直邦の暇―正徳三年「暇之記」に見える黒田直邦―」『小山工業高等専門学校研究紀要』四二、二〇一〇年)、「今川氏真子息澄存―近世初期、本山派修験再編との関わりから―」(黒田基樹編著『今川氏真』戎光祥出版、二〇二三年、初出二〇一四年)

遠藤英弥
一九七六年生まれ。現在、戦国史研究会会員。
【主な業績】「今川氏家臣朝比奈親徳の政治的立場」(黒田基樹編著『今川氏真』戎光祥出版、二〇二三年、初出二〇一二年)、「今川氏親家督相続前後の小鹿氏」(黒田基樹編著『今川氏親』戎光祥出版、二〇一九年、初出二〇一五年)、「太原雪斎」(日本史史料研究会編『戦国僧侶列伝』星海社新書、二〇一八年)

小笠原春香
一九八〇年生まれ。元駒澤大学非常勤講師。
【主な業績】『戦国大名武田氏の外交と戦争』(岩田書院、二〇一九年)

茶園紘己
一九八七年生まれ。現在、山梨県立博物館学芸員。
【主な業績】「永禄期牛久保の牧野氏とその家中」(『戦国史研究』七三号、二〇一七年)、「戦国期今川・徳川領国にみる「名代」」(『国史学』二二七号、二〇一九年)、「安城松平家における阿部大蔵の位置と役割」(戦国史研究会編『論集戦国大名今川氏』岩田書院、二〇二〇年)

谷口雄太
一九八四年生まれ。現在、青山学院大学文学部准教授。
【主な業績】『中世足利氏の血統と権威』(吉川弘文館、二〇一九年)、『〈武家の王〉足利氏』(吉川弘文館、二〇二一年)、『足利将軍と御三家』(吉川弘文館、二〇二二年)

小林輝久彦
一九六三年生まれ。現在、公益財団法人大倉精神文化研究所客員研究員。
【主な業績】『新編西尾市史　通史編1　原始・古代・中世』（共同執筆、西尾市、二〇二二年）、「駿河今川氏による今橋城及び田原城の落城時期再考」（『大倉山論集』六八輯、二〇二二年）、「家康の三河領国化」黒田基樹編著『徳川家康とその時代』戎光祥出版、二〇二三年）

山下智也
一九八八年生まれ。現在、刈谷市歴史博物館学芸員。
【主な業績】「後北条領国における新宿立て―原兵庫助訴状の検討―」（『日本歴史』八〇五、二〇一五年）、「合戦時の輸送と宿場―小田原合戦時の伝馬課役から―」（『織豊期研究』一八、二〇一六年）、「戦国期の大工と地域社会―水野信元黒印状を起点として―」（『刈谷市歴史博物館研究紀要』一、二〇二一年）

岩永紘和
一九九五年生まれ。現在、大手前大学史学研究所研究員。
【主な業績】「戦国期東海・甲信地方における臨済宗妙心寺派の地方展開」（『信濃』七二（八）号、二〇二〇年）、「『言継卿記』に見る一六世紀の魚介類消費」（『琵琶湖博物館研究　調査報告』三六号、二〇二三年）、「法泉寺に残る四通の中世後期・近世初期古文書写」（『日本歴史』八七六号、二〇二一年）

木下聡
一九七六年生まれ。現在、東洋大学文学部教授。
【主な業績】『中世武家官位の研究』（吉川弘文館、二〇一一年）、『室町幕府の外様衆と奉公衆』（同成社、二〇一八年）、『斎藤氏四代』（ミネルヴァ書房、二〇二〇年）

石川美咲

一九九一年生まれ。現在、福井県立一乗谷朝倉氏遺跡博物館 学芸員。

【主な業績】「戦国期土岐・後斎藤氏の美濃支配—用水相論を事例に—」（『ヒストリア』二六九号、二〇一八年）、『戦国遺文 土岐・斎藤氏編』第一巻（編著、東京堂出版、二〇二三年）、『越前・若狭武将たちの戦国』（編著、岩田書院、二〇二三年）

【編者略歴】

柴 裕之（しば・ひろゆき）

1973年生まれ。

東洋大学大学院文学研究科博士後期課程単位取得退学。博士（文学）。

現在、東洋大学・駒澤大学非常勤講師。

著書に『戦国・織豊期大名徳川氏の領国支配』（岩田書院）、『徳川家康——境界の領主から天下人へ』（平凡社）、『織田信長——戦国時代の「正義」を貫く』（平凡社）、『清須会議——秀吉天下取りへの調略戦』（戎光祥出版）、『青年家康—松平元康の実像』（KADOKAWA）、編著書に『図説 徳川家康と家臣団』『図説 豊臣秀吉』『図説 明智光秀』（戎光祥出版）など多数。

小川 雄（おがわ・ゆう）

1979年生まれ。

日本大学文学研究科博士後期課程単位取得退学。博士（文学）。

現在、日本大学准教授。

著書に『徳川権力の海上軍事』（岩田書院）、『水軍と海賊の戦国史』（平凡社）、共著に『阿茶局』（文芸社）、共編に『本藩名士小伝 真田昌幸・信之の家臣録』（高志書院）、編著書に『図説 徳川家康と家臣団』（戎光祥出版）など多数。

戦国《せんごく》武将《ぶしょう》列伝《れつでん》6　東海編《とうかいへん》

2024年6月20日　初版初刷発行

編　者　柴 裕之・小川 雄
発行者　伊藤光祥
発行所　戎光祥出版株式会社
〒102-0083 東京都千代田区麹町1-7 相互半蔵門ビル8F
TEL：03-5275-3361（代表）　FAX：03-5275-3365
https://www.ebisukosyo.co.jp
制作協力　株式会社イズシエ・コーポレーション
印刷・製本　モリモト印刷株式会社
装　丁　堀 立明

ISBN：978-4-86403-445-6